SERVIÇO SOCIAL DO COMÉRCIO
Administração Regional no Estado de São Paulo

Presidente do Conselho Regional
Abram Szajman
Diretor Regional
Luiz Deoclecio Massaro Galina

Conselho Editorial
Aurea Leszczynski Vieira Gonçalves
Rosana Paulo da Cunha
Marta Raquel Colabone
Jackson Andrade de Matos

Edições Sesc São Paulo
Gerente Iã Paulo Ribeiro
Gerente Adjunto Francis Manzoni
Editorial Clívia Ramiro
Assistentes: Maria Elaine Andreoti, Mateus Gonçalves
Produção Gráfica Fabio Pinotti
Assistente: Thais Franco

OS SATYROS: TEATRICIDADES
EXPERIMENTALISMO, ARTE E POLÍTICA

MARCIO AQUILES (ORG.)

edições sesc

© Marcio Aquiles, 2024
© Todos os autores, 2024
© Edições Sesc São Paulo, 2024
Todos os direitos reservados

Tradução Carlos Leite (mandarim) e Luis Felipe Labaki (russo e ucraniano)
Versão para o inglês Dawn Taylor e Rodrigo Maltez Novaes (apresentação)
Preparação Elba Elisa Oliveira
Revisão Silvana Vieira (português/inglês), Leandro Rodrigues (português) e Rodrigo Maltez Novaes (inglês)
Design Casa Rex
Foto da capa André Stefano

Dados Internacionais de Catalogação na Publicação (CIP)

Sa84   Os Satyros: teatricidades: experimentalismo, arte e política /
       Organização: Marcio Aquiles. – São Paulo: Edições Sesc São
       Paulo, 2024. –

           280 p. il.: fotografias. Bilíngue (inglês/português).
           ISBN: 978-85-9493-284-6

           1. Teatro. 2. Teatro digital. 3. Cinema. 4. Os Satyros. 5.
       Experimentalismo. 6. Teatricidades. 7. Experiência estética.
       8. Ativismo social. 9. Inclusão social. 10. Educação. I. Título. II.
       Aquiles, Marcio.

                                                            CDD 780

Elaborada por Maria Delcina Feitosa CRB/8-6187

Edições Sesc São Paulo
Rua Serra da Bocaina, 570 – 11º andar
03174-000 – São Paulo SP Brasil
Tel.: 55 11 2607-9400
edicoes@sescsp.org.br
sescsp.org.br/edicoes
🅕 🅧 🅞 🅓 /edicoessescsp

A PRAÇA E O PALCO

DANILO
SANTOS
DE MIRANDA

Diretor do Sesc São Paulo (1984 a outubro de 2023)

Texto escrito em agosto de 2023

Falar sobre teatro significa comentar um acontecimento capaz de mobilizar afetos profundos. Essa capacidade de afetação ocorre sobretudo por uma condição espacial, já que o espaço compartilhado por artistas e públicos se enche de significações plurais, tornando possível a magia da cena.

    E tudo isso parte do palco. Em termos espaciais, o palco é o ponto focal da linguagem teatral. De acordo com a dramaturgia, suas fronteiras se expandem e se contraem: ora torna-se paisagem distante, ora delimita os contornos de um quarto. Pensar tais transformações ocorrendo num mesmo endereço tem qualquer coisa de extraordinário — quem poderia dizer, olhando da calçada, que o espaço cênico situado poucos metros adentro poderia transportar as plateias para tão longe?

    Simultaneamente, o teatro também pode viabilizar a imersão mais completa no local específico onde está inserido. No caso d'Os Satyros, esse mergulho adquire aspecto emblemático: desde 2000, a companhia tem se dedicado, poética e socialmente, à complexidade da praça Roosevelt, situada no centro de São Paulo. Sensível às demandas comunitárias da região, o grupo, fundado pelo ator Ivam Cabral e pelo diretor e dramaturgo Rodolfo García Vázquez, trouxe para dentro de sua coxia, plateia e cenário a diversidade do entorno, tematizando identidades marginalizadas e questionando, entre inúmeros postulados, a normatividade dos corpos.

Esse trabalho, empreendido ao longo de décadas, tem possibilitado certa transformação urbana num sentido profundamente distinto do conhecido processo de especulação imobiliária ou gentrificação que invariavelmente é ligado à exclusão de populações vulnerabilizadas. Ao invés disso, por meio de iniciativas como a SP Escola de Teatro, o Festival Satyrianas e os projetos pedagógicos voltados à inclusão social — desdobramentos do trabalho artístico da companhia —, Os Satyros têm contribuído em suas imediações por meio da ação cultural educativa. Como resultado dessa iniciativa, nas últimas duas décadas, a praça tem sido cenário de diversos encontros, agregando públicos e artistas em torno da experiência estética — gesto que aproxima a companhia de teatro ao Sesc no que tange à proposta de ação no território, partilhada por ambos.

Neste volume, organizado por Marcio Aquiles, crítico teatral e escritor, as veredas percorridas pela companhia de teatro fundada em 1989 são investigadas segundo vieses que abarcam a pedagogia, a estética, as artes cênicas, entre outras perspectivas. Para além dos ensaios textuais, o livro inclui, em sua última seção, uma antologia de registros fotográficos que sublinham a ênfase dedicada pelo grupo à construção visual da cena, configurando, ademais, memória iconográfica de sua história.

Tais atributos compõem uma publicação situada entre a investigação crítico-teórica e a consolidação da memória do teatro brasileiro. Essa última característica adquire uma perspectiva pessoal, uma vez que, ao longo desses anos de trabalho à frente da direção do Sesc São Paulo, pude testemunhar e participar da efetivação dessa história nos diversos palcos que tiveram a honra de receber Os Satyros. Nesse período, também integrei o conselho da Adaap (Associação dos Artistas Amigos da Praça), que gere a SP Escola de Teatro. Tal experiência proporcionou o aprofundamento da amizade entre Ivam, Rodolfo e eu, bem como o fortalecimento e a conjugação de nossos esforços, pautados no aprimoramento do campo ampliado das artes cênicas.

Para além desses fatores, a publicação enseja a análise do alcance da cultura, bem como sua dimensão educativa, na transformação de pessoas e espaços. Essa perspectiva, por sua vez, encontra afinidade na concepção que orienta a ação do Sesc, instituição comprometida com a democratização das linguagens artísticas articulada a uma estratégia educativa não formal. Desdobrar os sentidos da obra teatral em suas esferas social e política implica reconhecer os contextos que perfazem a experiência estética. No caso d'Os Satyros, essas vivências circunscrevem palco, praça, cidade — territórios físicos e simbólicos construídos no corpo a corpo entre ficção e realidade.

32
OS SATYROS E O TEATRO DE GRUPO: LIBERDADE, IDENTIDADES
KIL ABREU

48
OS SATYROS E SUAS PESSOAS EXTRAVAGANTES
MARICI SALOMÃO

90
UM CINEMA DE LUZ E TREVAS
GUILHERME GENESTRETI

16
REPRESENTAÇÃO CÊNICA E REPRESENTATIVIDADE SOCIAL
MARCIO AQUILES

58
UM CALEIDOSCÓPIO CÊNICO FASCINANTE
MIGUEL ARCANJO PRADO

100
OS SATYROS E A REVOLUÇÃO DO TEATRO DIGITAL
RICKY e DANA YOUNG-HOWZE

22
A PRAÇA ROOSEVELT DAS RUÍNAS AO *HYPE*: NOVAS ARQUITETURAS E SOCIABILIDADES A PARTIR DO TEATRO EXPANDIDO DOS SATYROS
SILAS MARTÍ

68
INTERSEÇÕES ESTÉTICAS E PEDAGÓGICAS DOS SATYROS
BETH LOPES

160
**TURNÊS
INTERNACIONAIS**

162
**PRÊMIOS,
HOMENAGENS
E DISTINÇÕES**

112
**FORTUNA
CRÍTICA**

144
**FICHAS DE
ESPETÁCULOS**

176
**SOBRE
OS AUTORES**

242
**SELEÇÃO
DE IMAGENS**
image selection

180
**ENGLISH
VERSION**

276
**CRÉDITOS
DAS IMAGENS**
image credit

**REPRESENTAÇÃO
CÊNICA E
REPRESENTATIVIDADE
SOCIAL**

MARCIO
AQUILES

Esta obra tem como objetivo descrever as práticas artísticas, proposições pedagógicas e atividades socioculturais da Companhia de Teatro Os Satyros ao longo de seus 35 anos de trajetória. Histórias, referências, processos e dispositivos criativos serão coligidos por meio de agrupamentos temáticos, a fim de dar conta do vasto universo estético e político de um grupo envolvido com teatro, cinema, ativismo social e educação.

A companhia sempre passou longe do modo de produção autotélico, da arte pela arte, preferindo contaminar-se pela cidade e pelas pessoas, o que resulta nas onipresentes interseções entre texto e contexto, teoria e práxis, criação autoral e recepção pública, binômios determinantes nas teatricidades[1] do coletivo.

Desde a chegada à praça Roosevelt, em dezembro de 2000, o coletivo segue um projeto previamente planejado, com vista a potencializar os meios de sociabilidade do centro paulistano e, assim, dar início a um grande processo de revitalização urbana. Inspirados, em boa parte, pelo trabalho desenvolvido no período em que ficaram sediados em Portugal (1992-99), abriram seu teatro numa área da cidade então considerada pelos próprios habitantes como degradada e violenta. O Espaço dos Satyros 1 movimentou a cena noturna,

---

1   Jogo de palavras fruto da união de cidade e teatralidade que compõe o título deste livro. O termo-conceito vem emprestado da tese de doutorado de Marcelo Sousa Brito, *O teatro que corre nas vias* (UFBA, 2016), que se encaixa muito bem na arte urbana e no ativismo social proposto pelos Satyros.

por meio dos espetáculos apresentados e de seu café-bar, em pouco tempo transformado em ponto de encontro de artistas e intelectuais. Em 2006, quando o coletivo Parlapatões se instalou na Roosevelt, a região teve seu potencial artístico, social e econômico rapidamente ampliado. Novos grupos teatrais e estabelecimentos comerciais também abriram empreendimentos na praça, e o local se tornou um dos mais importantes *points* de São Paulo.

Se hoje a conjunção entre urbanismo[2] e urbanidade[3] parece quase óbvia como condição para o bem-estar social, no início do século XXI não era bem assim. O papel dos Satyros como catalisadores da revitalização urbana que hoje corre a passos largos em todo o centro da capital paulistana é inegável. A partir deles, o teatro transcendeu sua capacidade de prover entretenimento, consciência política, apuro cognitivo e formação linguística e cultural para também se transformar em agente direto de transformação social. Seu exemplo reverberou por toda a Grande São Paulo, e, desde então, dezenas de coletivos instauraram pequenas revoluções nos territórios onde se instalaram. Para citar alguns poucos exemplos: Cia. Mungunzá (região da Luz); Coletivo Estopô Balaio (Jardim Romano, zona leste de São Paulo); Grupo Pandora (Perus, zona noroeste); Teatro de Rocokóz (Parelheiros, zona sul); Cia. AsSimétrica (Embu das Artes); Grupo Clariô (Taboão da Serra); Teatro Girandolá (Francisco Morato/Franco da Rocha) – entre inúmeros outros grupos que desenvolvem trabalhos artísticos e pedagógicos em suas regiões, com intervenções em espaços públicos, oficinas comunitárias, ações de formação e democratização do acesso à arte e à cultura, legitimando, inclusive, manifestações antes estigmatizadas.

Por essa ligação intrínseca da Cia. Os Satyros com a cidade, escolhemos iniciar os capítulos temáticos com um texto sobre geografia, cultura e urbanidade e, para escrevê-lo, convidamos o jornalista e crítico de arte Silas Martí.

Como sequência lógica, o capítulo seguinte abordará a inserção da companhia dentro do modelo estético-político denominado teatro de grupo. Desde a sua fundação, em 1989, Os Satyros carregam como característica a criação de projetos de pesquisa continuados – em que as montagens sempre foram erigidas ao lado de ações pedagógicas de longo prazo – e de alta capilaridade social, modelo que seria posteriormente bastante estimulado pela Lei Municipal de Fomento, instituída em 2002.

São Paulo tem hoje algumas centenas de coletivos, uma cena rica, complexa e subestimada, ainda a ser desbravada por mais setores da população e, também, pelas mídias nacional e estrangeira. Embora alguns meios especializados já reconheçam a cidade como

---

2 Organização racional de sociedades urbanas, conforme as necessidades de suas populações.
3 Preceitos de civilidade que revelam boas maneiras e respeito nos relacionamentos sociais.

polo de destaque nas artes cênicas, não existe uma constatação generalizada sobre o fenômeno, tampouco uma estratégica ampla de exploração cultural e comercial da manifestação. Ao contrário do que ocorre na Broadway ou nos principais centros europeus, a metrópole paulistana apresenta uma diversidade de linguagens – em produção e constante ressignificação – consideravelmente ampla, quase inigualável no espectro mundial. Como espectadores, temos à disposição variados formatos de teatro: dramático; épico; performativo; teatro de rua; itinerante; circo-teatro; melodrama; teatro lírico; musical; ritualístico; *performance* autoficcional; teatro de bonecos; de concepção afiliada à máscara; palhaçaria; improviso; teatro-dança; teatro documentário; lambe-lambe; representações de matrizes identitárias e ancestrais; entre outras tipologias igualmente relevantes e significativas. Para localizar conceitualmente Os Satyros dentro dessa gigantesca rede e apontar algumas características do sujeito histórico teatro de grupo, convidamos o curador e crítico teatral Kil Abreu.

Com esse chão histórico bem arado, podemos passar do geral ao particular e analisar o processo criativo dos Satyros. Para versar sobre o tema, convocamos Marici Salomão, uma das maiores especialistas em dramaturgia no Brasil. Com mais de 140 espetáculos em seu repertório, a companhia já trabalhou com diversos modos de produção, flanando por abordagens mais dramáticas, épicas ou performativas em cada uma de suas montagens. Como corolário dessa polifonia textual, chega-se a uma gama de mesmo relevo em relação à encenação, com variados dispositivos cênicos desenvolvidos especificamente para cada trabalho, sempre por meio de formas híbridas e bastante provocativas. Essa polissemia cênica deriva também da própria "cara" do coletivo, altamente representativo em termos de gênero, etnia, identidade e pluralidade cultural. Desde sua fundação, elenco e equipe técnica têm origens e perfis de todos os matizes, culminando na indissociação entre seu discurso e sua prática, o que garante o lastro reconhecido que Os Satyros carregam. Não faz sentido, por exemplo, procurar novas práxis que vão além do teatro burguês eurocêntrico por meio de um elenco majoritariamente branco (encenando para uma plateia também branca). Nos Satyros, tanto companhia quanto público são multiétnicos e plurais em termos identitários e ideológicos. Com essa mirada, chamamos o jornalista e crítico de teatro Miguel Arcanjo Prado para redigir essa seção da obra.

Por sua vez, o sistema cênico do coletivo, organizado a princípio em torno do que chamaram de teatro veloz, desdobrou-se em metodologias e práticas pedagógicas que serviram, desde seus primórdios, como ação social militante. Ministraram, assim, oficinas e cursos em Curitiba, Lisboa e São Paulo (no centro e no Jardim Pantanal, extremo da zona leste, onde tiveram, inclusive, o Espaço dos Satyros 3 por um período). Essas experiências foram bem-sucedidas e despertaram o interesse do poder público, que os convidou para gerenciar uma escola a ser criada. Imbuídos do espírito da partilha, perceberam que tal projeto deveria extrapolar os domínios dos Satyros. Assim, convidaram artistas de outros grupos para desenvolver, junto a eles, um sistema pedagógico, ação empreendida ao longo de três anos que culminou com a criação da SP Escola de Teatro – Centro de Formação das Artes do Palco em 2010 e, em 2017, da MT Escola de Teatro, em Cuiabá, hoje filiada à Universidade do Estado de Mato Grosso (Unemat). Atualmente, a companhia mantém em sua sede na praça Roosevelt os projetos Satyros Lab, Satyros Teens e Silenos. E o texto sobre pedagogia teatral ficou a cargo de Beth Lopes, encenadora, pedagoga e professora da Universidade de São Paulo.

Todo esse escopo revela, acima de tudo, artistas que têm uma certa comichão, um desassossego de querer criar muito, incessantemente e em múltiplas vias, motivo que os leva à produção audiovisual. Após trabalhos televisivos e cinematográficos (em curta e média-metragem), aventuram-se no mundo das grandes telas com o longa-metragem *Hipóteses para o amor e a verdade*, estreia que foi sucesso de público e crítica. O projeto seguinte, *A filosofia na alcova*, contudo, promoveu um rebuliço libertino – com direito a uma orgia cênica verídica colossal – e comercial, ficando mais de um ano em cartaz, ininterruptamente, no Cine Belas Artes, algo absolutamente extraordinário para qualquer filme nacional exibido neste século. Guilherme Genestreti, jornalista e crítico de cinema, assumiu a tarefa de compor essas e outras narrativas.

Por fim, traremos uma reflexão sobre uma pauta incontornável desde a pandemia causada pelo coronavírus: o teatro digital. Muito se escreveu a respeito do fenômeno nas redes sociais, sobretudo com uma atitude negativa, desclassificando a manifestação como forma teatral. Aos meus olhos de crítico e pesquisador de teatro, e sem receio de parecer reducionista, considero que, se há alguma instância de representação, com finalidade estética, para um público, é o teatro. Tanto faz se o atuante se comunica de maneira predominantemente dramática, épica ou performativa e se o público está presente virtualmente ou no mesmo espaço físico. É óbvio que, em pouco tempo, se constituiu um rizoma extenso, com peças digitais ao vivo por aplicativos como o Zoom; peças pré-gravadas; experimentos próximos a curtas, médias e longas-metragens; telefilmes etc., o que dificulta a classificação da atividade sob um mesmo guarda-chuva – algo que já aconteceu com fotografia e cinema, por exemplo, ou teatro, *performance*, *happening*, *site specific* e exposição de artes visuais, que até hoje têm suas fronteiras borradas e nem por isso deixaram de ser feitas.

Parte da classe artística e da crítica mostrou ojeriza a esse novo formato pela simples dificuldade de uma definição epistemológica unívoca, mas o importante nesse caso é a própria práxis, é ela que define o rumo da atividade artística e mesmo o das investigações subsequentes. A solução para o impasse, porém, é muito simples. Não é necessário entrar nos méritos socioeconômicos (grupos e artistas precisavam, como todos, de renda, e o teatro digital foi uma das formas encontradas para obtê-la) ou estético-relacionais (quem tem necessidade de fazer arte e se comunicar não gosta de ficar parado). Dizer, contudo, que o teatro digital[4] não pode ser classificado como teatro é tão absurdo quanto afirmar que o futebol só existe se o espectador assistir a ele presencialmente no estádio. Para escrever esse desfecho da seção analítica do livro, convidamos os críticos norte-americanos Ricky e Dana Young-Howze, duas das vozes mais ativas, militantes e – o mais importante – pertinentes quando se pensa em teatro digital. Se Os Satyros já tinham uma imensa repercussão internacional antes do teatro digital – haja vista que encenaram nos principais festivais do mundo, em mais de trinta países –, ao se tornarem um dos primeiros coletivos do planeta a trabalhar, e com alta sofisticação estética, nesse novo gênero, consolidam-se como uma das mais importantes e ativas companhias teatrais do planeta.

Concluído o estudo analítico, este volume se encerra com a fortuna crítica, em que optamos por privilegiar principalmente excertos de reportagens e resenhas mais antigas, tanto por sua importância histórica quanto pela possibilidade de sua materialização como fonte documental, dado que a maior parte delas ainda não estava digitalizada. Para o cumprimento da tarefa, foi fundamental o acervo organizado com programas e recortes de jornais e revistas que a companhia mantém desde a sua fundação. Por isso, agradecemos a generosidade do coletivo em emprestar, por três anos, essas trinta pesadíssimas pastas ao organizador desta obra, para pesquisa minuciosa e detalhada em meio a milhares de documentos.

Desse modo, ao leitor desejamos uma leitura divertida, ao sabor dos excelentes textos e das fotos que ilustram o livro; e, aos críticos e pesquisadores, deixamos esta pequena contribuição teórica e documental para futuros desdobramentos, porque Os Satyros estão sempre em movimento e não param. Nunca.

---

4   Ou virtual, ou telemático; a denominação é o que menos importa neste caso.

A PRAÇA ROOSEVELT DAS RUÍNAS AO *HYPE*: NOVAS ARQUITETURAS E SOCIABILIDADES A PARTIR DO TEATRO EXPANDIDO DOS SATYROS

SILAS MARTÍ

No imaginário de certa juventude paulistana, aquela que descobriu muito da vida, do sexo e das drogas nos inferninhos da rua Augusta, no fervo da Frei Caneca e até nas noites torpes e mais sujas da Bento Freitas e do largo do Arouche, a praça Roosevelt funcionou por décadas como um coração acelerado no centro de tudo. Era uma âncora urbana indissociável de seu teatro mais afrontoso, Os Satyros, um espaço que ainda encara o seu ofício no palco como ato de transgressão necessário. Seus espetáculos primeiro se firmaram ali, fincados no subsolo do paredão de prédios que ainda davam para as espirais de concreto da velha praça, um antro de pegação, prostituição e um discreto tráfico de drogas, pó e maconha fácil, longe do chapadão de concreto hoje dominado pelos skatistas e pelas cafeterias de inclinação vegana.

O palco minúsculo do teatro e, depois, o de sua segunda sede, onde o tablado se montava num porão ainda mais cavernoso, eram o centro de gravidade que trazia para dentro de quatro paredes toda a febre que havia do lado de fora. Isso nunca deixou de ser. A vida na praça Roosevelt, que seria o nome da peça mais famosa da companhia depois, sempre esteve também nos enredos e no palco do grupo de atores e dramaturgos que transformaram esse espaço no centro de São Paulo. Foi um motor de mudanças urbanas antes difíceis de imaginar – e fez tudo acontecer numa velocidade espantosa, da reforma que reestruturou a praça à gentrificação e especulação imobiliária que viu botecos se tornarem *lounges* de drinques e aluguéis multiplicarem de valor. Provavelmente foram poucos os especuladores dos rumos da metrópole que conseguiram calcular o que a implantação de um teatro e, depois, de outras casas que vieram a reboque dele, poderia causar no tecido urbano descartado como morto por aqueles que desdenhavam do centro paulistano, os mesmos que depois redescoririam ali o que faz uma cidade ser uma cidade.

Rodolfo García Vázquez e Ivam Cabral, fundadores dos Satyros, deixaram claro desde o início que suas peças partiam da observação dos moradores do centro, e não espanta que certo desassossego, uma pulsão de morte que é marca da juventude e algo da mais aguda solidão se consolidassem depois como alguns dos elementos centrais das peças. Os prédios residenciais da praça, com seus bares e mercadinhos nos andares térreos, formam uma muralha sem recuo em relação à calçada, com portas se abrindo direto para a fúria da vida na rua. A maioria deles são de quitinetes, apartamentos minúsculos antes habitados por eletricistas, bombeiros, travestis dadas ao *trottoir*. São eles, intercalados com algo da velha burguesia ou da classe média alta que se esqueceu de abandonar o centro, os personagens de muitas das tramas. E, mesmo que não apareçam tal como os vemos na rua, sentados à mesa do bar, é esse espírito que anima muitas das almas em cena ali.

Também não espanta que a marca estética definidora do teatro dos Satyros seja de pendor expressionista, um tanto barroca. É a maquiagem de tons berrantes, corpos entre o belo e o grotesco, luzes contrastantes, gritos que cortam sussurros, o despudor que espelha um lugar da cidade mergulhado em certa pátina de imundície, de atos bárbaros que se davam como corriqueiros tanto no palco quanto lá fora. Os assaltos eram muitos, às vezes à ponta de faca ou com caco de vidro, a rua ainda se enchia de andarilhos e não era tão raro ouvir histórias de suicídios, de gente que se atirava do alto de algum prédio num momento de desespero. Mais de uma vez, cheguei a ver um corpo coberto por um lençol branco, estendido no chão, a caminho do trabalho ou de uma festa qualquer, da mesma forma que um corpo aparece estendido no palco nos primeiros instantes de *A vida na praça Roosevelt*.

Minha vida, aliás, se cruzou com a da praça Roosevelt por causa dos Satyros. Quando ainda ensaiavam *Os 120 dias de Sodoma*, fiz parte de um grupo da Universidade de São Paulo disposto a filmar um documentário um tanto desconstruído sobre a construção da peça. Lembro muito pouco as cenas gravadas, o rumo que a coisa toda tomou. Nem sequer um corte final do tal filme deve haver guardado em algum canto, hoje, em fitas analógicas. Mas fui arrebatado por aquele espaço, a tal vida em trânsito livre da calçada para os palcos e vice-versa. Era Marquês de Sade, mas era também o centro paulistano e sua devassidão mistificada. Fora isso, eram atores e diretores apaixonados por um lugar que viam como *leitmotif*, palco e destino incontornável de suas criações. O sentido de *performance* transbordava para além daqueles que todas as noites se maquiavam, ensaiavam e encaravam o público diante dos holofotes, tanto que um colega da equipe do filme acabou entrando para o elenco da peça, talvez ele também atraído pela desordem daquilo tudo. Meses depois do documentário frustrado, que espero nunca ver, com receio que desfaça a aura dessas memórias, eu já tinha alugado um apartamento no prédio de número 234 da praça Roosevelt.

Não tardou até que sentisse o primeiro drama, este de ordem urbana, consequência clara da agitação do teatro. A escalada do aluguel, que fez muitos dos meus vizinhos buscarem endereços mais em conta longe da vida na praça, ameaçou me expulsar dali. Era o sinal de que a Roosevelt chegava ao ponto de passar de ímã de desajustados e aventureiros a uma centrífuga *yuppie*, replicando o que se passou em tantos bairros de uma cidade em que o mercado imobiliário parece movido a anfetaminas. Determinado a ficar, enfim comprei um apartamento, que mantenho até hoje, no edifício espelhado ao antigo, com mesma planta e mesmo tamanho, já que antes os dois juntos formavam um hotel. É no térreo desse prédio, o de número 222, que Os Satyros mantêm sua base até agora, ao lado da escola de teatro que ajudaram a fundar. Da janela da minha sala, via os atores baterem o texto nas escadarias e, quando saía pela porta da frente do prédio, esbarrava neles todo fim de noite bebendo alguma coisa nas mesinhas espalhadas pela calçada.

O ponto alto, no caso, era viver no coração de São Paulo uma situação que teóricos do urbanismo definem como as condições ideais de pressão e temperatura para a vida saudável na metrópole, a densidade urbana a serviço dos encontros e dos desencontros da vida. Era disso que falava Jane Jacobs, autora que transformou em bairro modelo o Village nova-iorquino pré-gentrificação, ao falar sobre os olhos das ruas, as engrenagens da rotina. Os ensaios cheios de bom senso de Jacobs, em nada revolucionários e, ao mesmo tempo, capazes de abrir os olhos para a cidade que queremos, moveram montanhas em Nova York. Ou melhor, desarmaram rolos compressores que empreiteiros delirantes queriam pilotar para arrasar um dos mais ricos bairros da ilha de Manhattan. É fato que existe a riqueza imobiliária hoje ostentada no SoHo, em Greenwich Village, no Meatpacking District, em TriBeCa e afins, mas aqui falo em termos de complexidade do tecido urbano, uma trama de pequenas vias de séculos de idade que desafiam o plano ortogonal das quadras, que se alastra por toda a ilha, para formar aquilo que a autora chama de vizinhança. Jacobs falava da tapeçaria intrincada de praças, ruas, jardins e prédios, que fazem de suas janelas os olhos sobre o espaço urbano. Sua escrita se tornou peça central do argumento contra o desatino do planejador urbano mais controverso da história nova-iorquina, Robert Moses, o homem que quis traçar uma enorme via elevada cortando ao meio todo o sul de Manhattan e, assim, dilacerar essas teias urbanas em benefício do trânsito veloz dos automóveis.

Mas São Paulo não é Nova York. A capital paulista, um dos exemplos de crescimento urbano desordenado e galopante mais conhecidos da história recente, teve na figura de alguns prefeitos o espírito de Moses. Foi durante a gestão de Paulo Maluf que o elevado, mais conhecido como Minhocão, foi erguido, rasgando o centro da metrópole com uma via para carros. Seu viaduto tem a praça Roosevelt como um ponto de inflexão. É ali que a estrutura começa a brotar do subsolo para as alturas. O contraste do mamute de concreto com a vida urbana pedestre, de vínculos estabelecidos no dia a dia da vizinhança, não poderia ser maior. A via expressa que elevou carros e congestionamentos à altura das janelas das salas de estar dos que então eram apartamentos do chamado alto padrão acabou por desestruturar os bairros centrais da cidade e deixou, em seu rastro, cortiços, ocupações irregulares e ruínas abandonadas.

Debaixo dessa estrutura, o fluxo do *crack* foi encontrando abrigo, uma realidade que ativistas urbanos hoje ainda tentam mudar, com o sonho de fazer do Minhocão o High Line paulistano. Vislumbram ali algo do impacto do parque suspenso que ressignificou um ramal ferroviário desativado no bairro nova-iorquino do Chelsea. Ali, ao contrário dos arredores do Minhocão, a intervenção fez da região uma das mais cobiçadas e caras de Manhattan, onde agora se concentram as galerias de arte mais poderosas do planeta e prédios desenhados por grandes estrelas da arquitetura, entre eles Renzo Piano e Zaha Hadid.

As estruturas de concreto que até menos de uma década atrás dominavam a praça Roosevelt, uma espécie de labirinto cinza que abrigava um mercadinho modesto e floriculturas, além de toda a fauna de travestis, traficantes e pessoas em situação de rua, durante muito tempo emprestavam um ar de ruína ao endereço. Era algo esquecido na malha urbana que, a despeito da sombra permanente, fazia com que florescessem os lampejos de vanguarda, que eram os teatros defronte à praça, Os Satyros à frente. Na história do urbanismo, aliás, exemplos de ruínas, terrenos baldios, prédios abandonados e zonas decadentes se multiplicam como vetores de gentrificação, de uma nova ordem espacial que desponta, desafiando o caos, para atrair novos moradores, interesses, ativos econômicos, o *business* – imobiliário, social, marqueteiro, o simples *hype* – que move a metrópole. Urbanistas e geógrafos já classificaram esses espaços como *terrain vague*, zonas mortas, zonas selvagens, ruínas urbanas. Sociólogos os descrevem como zonas desprezadas que de repente se tornam joias nas mãos de empreiteiros e políticos, aliados em projetos de expansão muitas vezes envoltos na propaganda enganosa da revitalização – afinal, nada é mais vital que a vida crua, orgânica da cidade.

UM LUGAR FEIO E TORTO

"É um lugar feio e torto." Numa das primeiras cenas de *A vida na praça Roosevelt*, um personagem ilumina com uma lanterna os contornos de uma maquete da praça, num estranho efeito de espelhamento didático. No porão de um daqueles prédios, a plateia se vê diante do todo microscópico em cena – os prédios, as torres da igreja da Consolação, algo da mata raquítica infestada de ratos que emoldura a boca de uma das faixas do túnel que leva ao Minhocão, as lajes de concreto, que ainda resistiam de pé antes da reforma de grandes proporções. "Nos prédios em volta da praça ficam os bordéis. E ainda tem os escritórios, os botecos, o ponto dos travestis e uma pequena fábrica de produtos de metal", diz Ivam Cabral, em cena. "É tão boa ou tão ruim como qualquer outra praça dessa cidade."

Bom e ruim, no entanto, são conceitos que se anulam na realidade da praça; entram em colapso, um diante do outro, na aspereza magnética do concreto. A decadência, o charme gasto do lugar, que fez dele um atrativo para as companhias de teatro com enxutas contas bancárias – para dizer o mínimo no sentido de precariedade –, não vinha de sempre. Os Satyros chegaram ao centro paulistano quando a região se encontrava em profundo declínio, na virada do milênio, um ponto crítico gestado depois de décadas de glória. Afinal, ali na praça, que antes fora um campo de futebol, um estacionamento e espaço de feiras livres, ficava o Cine Bijou, farol da contracultura onde filmes de arte desafiavam a ditadura em sessões que movimentavam a *intelligentsia* da cidade. E, sem dúvida, certa burguesia ilustrada que ocupava alguns dos prédios com apartamentos mais generosos ali, antes que se instalasse um período de trevas. Essa fase começou com a construção dos túneis da ligação Leste-Oeste, que levou à elevação da praça em relação ao nível da rua, e culminou com o projeto arquitetônico no mínimo controverso de Roberto Coelho Cardozo, as lajes de concreto que ganharam o apelido de "monstrengo" por parte de seus detratores. A queda em desgraça da Roosevelt então só se acentuou ao longo das décadas perdidas na cidade, que foram os anos 1980 e 1990, com a hiperinflação e a fuga da classe média em direção aos bairros das zonas sul e oeste.

O estabelecimento dos teatros na praça, Os Satyros à frente, criando um novo ponto de interesse complementar, digamos *off*-Broadway ou *fringe*, ao Cultura Artística pré-incêndio, dobrando a esquina, coincidiu com uma espécie de volta do pêndulo no eixo migratório entre os bairros que ditavam moda na cidade. Os palcos impenetráveis, quase inferninhos, que se firmavam ali foram desbravadores na crista de um movimento que acendeu a redescoberta do centro, a velha metrópole, algo que ia da *Pauliceia desvairada* de Mário de Andrade, que falava da "grande boca de mil dentes" da cidade e seus "arranha-céus valentes", até chegar aos "arranha-céus de carniça" nos versos de Roberto Piva, que via pombas crucificadas na praça da República e as "lacerações dos garotos no Ibirapuera angélico". Entre a glória e o inferno, algo novo brilhava nos escombros cinzentos da praça Roosevelt. Surgia o tal Baixo Augusta, onde os puteiros se tornaram boates concorridas, do Vegas ao Bar do Netão; isso tudo até as festas ocuparem túneis, viadutos, trilhos de trem, terrenos baldios na cracolândia.

Meu vizinho de prédio na praça Roosevelt era o alemão Thomas Haferlach, um rapaz loiro, magro e com cara de *nerd* que revolucionou a noite paulistana com a festa que desafiou o modelo de boate para sempre. Foi nada menos que o fundador da Voodoohop, festa que começou no Nova Babilônia, inferninho da Augusta; depois, migrou para o Bar do Netão, na mesma rua, um espaço exíguo que transbordava de gente, levando a pista de dança para a calçada; e enfim encontrou sua morada mais longeva num prédio abandonado numa travessa da avenida São João. A Voodoohop fez daquela torre detonada e esquecida, perto da mítica esquina com a Ipiranga, um farol para o futuro da noite da cidade; virando, pouco tempo depois, um evento nômade, foi a precursora das baladas sem teto que chacoalhariam São Paulo, levando multidões ao Minhocão, ao túnel embaixo da Roosevelt, a buracos da cracolândia e, em sua fase final, a sítios e cachoeiras do interior paulista. Era a festa como vetor de mudança, uma renovação urbana que acontecia em paralelo com o auge dos teatros da Roosevelt e que tinha o hedonismo e o desbunde como valores fundamentais, não muito diferente daquilo que era encenado nos palcos dos Satyros.

Quando os tratores enfim arrasaram a praça Roosevelt para transformar o espaço num chapadão liso de concreto, território dominado pelos skatistas do centro paulistano, com uma base da Polícia Militar de brinde, Os Satyros também avançaram, ao lado de outros coletivos, na construção da SP Escola de Teatro, *retrofit* de um prédio antigo na praça, vizinho à sede principal do teatro, sinal de que a gentrificação enfim vingava ali. Era o tempo de novos ares, tudo mais *clean*, austero, alisado. O puteiro que resistia até então numa ponta da praça, a Kilt, prédio *kitsch* da esquina que imitava um castelo medieval com manequins escalando a fachada, veio abaixo no afã modernizador – não que isso bastasse para varrer a lascívia dali, já que em pouco tempo a Kilt, virando a esquina, reencarnou em versão menor num canto da rua Nestor Pestana, agora com uma fachada toda espelhada, à moda do estilo consagrado pela Faria Lima e pelo Itaim Bibi, a São Paulo corporativa e pós-moderna.

O choque de gostos, anseios urbanos, perfis gentrificadores, enfim, passou a dar as cartas na praça Roosevelt. O progresso trazido pelos teatros – e por isso podemos entender a valorização palpável dos imóveis ali e o súbito interesse da prefeitura em fazer sair do papel uma reforma em grande escala – logo pôs em xeque a própria existência dos teatros. Na Roosevelt mais rica do que nunca, que se aproximava da lógica cenográfica da Vila Madalena, com seus bares decorados para lembrar a Lapa carioca, velhos negócios foram fechando para dar lugar a bares descolados, restaurantes caros – tudo, enfim, virava butique. Uma autoescola logo se transformou em empório de produtos importados, os velhos botecos viraram cervejarias artesanais, *lounges* coloridos e afins. Mas logo os aluguéis subiram em proporção equivalente ao verniz de *glamour* alcançado. Os Satyros resistiram firme ali, mas perderam uma de suas sedes, fecharam um restaurante em que tinham participação e quase decidiram encerrar as atividades na praça, dizendo que se mudariam para a Luz, outro bairro esquecido que tinham certeza que poderiam ocupar e reerguer.

Essa narrativa do artista e da classe criativa como agentes desbravadores de zonas mortas que logo voltam a brilhar e atrair cobiça na malha urbana se repete em toda metrópole. O SoHo nova-iorquino era um amontoado de fábricas velhas quando primeiro chegaram os artistas, que fizeram do bairro uma usina de mudança estética, centro nevrálgico do minimalismo, da *performance* e de outras vanguardas. Hoje, quem anda pelo bairro encontra uma sucessão anódina de lojas de grife. O mesmo aconteceu em Williamsburg, Bushwick e Dumbo, no Brooklyn; o distrito antes longínquo, do outro lado do rio East, cheio de galpões fabris, atraiu uma primeira leva de artistas em busca de ateliês mais espaçosos. Hoje esses velhos galpões se tornaram *lofts* caríssimos e hotéis-butique com vistas estonteantes para o *skyline* de Manhattan.

No caso paulistano, o impacto dos Satyros na praça Roosevelt é inegável. O teatro não só liderou uma onda de novas casas que fincaram raízes ali como reavivou algumas tradições. O Cultura Artística, que chegou a amargar certa decadência, ficava outra vez reluzente. Nos arredores, a migração de jovens, em grande parte escritores, artistas, atores, deu novo fôlego ao bairro da Santa Cecília, perto da praça. Logo viriam galerias de arte, ateliês de alta-costura, restaurantes de *chefs* estrelados. Um efeito parecido se sente no Bom Retiro, que, de velho reduto do comércio de roupas, passou a abrigar centros culturais ambiciosos, como a Casa do Povo e uma versão repaginada da Oficina Cultural Oswald de Andrade, reforçando um circuito já estabelecido e antes um tanto solitário na Luz, com a Pinacoteca e a Sala São Paulo.

O que aconteceu na Roosevelt talvez possa ser lido como uma versão mais orgânica e em menor escala de planos espetaculares já vistos mundo afora. Os contornos brilhantes e as curvas que desafiam a gravidade do Guggenheim de Bilbao, na Espanha, foram considerados, desde a construção do museu, desenhado pelo "starchitect" canadense Frank Gehry, como o motor de renovação que devolveu o fôlego econômico à cidade espanhola antes marcada pela atividade industrial. No rastro das fábricas em decadência, um novo destino artístico surgia e, à sombra do amontoado metálico de Gehry, uma onda gentrificadora tomou o lugar. Na literatura urbanística, o impacto transformador do museu ali acabou se consolidando sob a alcunha de "efeito Bilbao". Nessa mesma direção, de olho num futuro econômico independente do petróleo, países como os Emirados Árabes Unidos e o Qatar construíram outras filiais do Louvre e do Guggenheim, saídas dos iPads do mesmo Gehry, do francês Jean Nouvel, da iraquiana Zaha Hadid e de todos os outros dessa turma, o que deu outra cara, ainda mais faraônica, ao Golfo Pérsico.

No centro paulistano, políticos tentaram o mesmo milagre, quando chamaram os também badalados suíços da firma Herzog & De Meuron para construir um megateatro de dança no coração da cracolândia. Criticado pelo seu orçamento estratosférico e por ser burguês demais, o projeto, que deslocou parte do fluxo do *crack* ali e arrasou um enorme terreno, foi logo abandonado. O Rio de Janeiro das Olimpíadas também acelerou projetos de impacto avassalador na zona portuária da cidade. Lembrando o que muitos paulistanos querem fazer com o Minhocão, saiu de cena a Perimetral, o elevado que encobria a vista do centro da capital fluminense para o mar, e surgiram no horizonte o Museu de Arte do Rio e o Museu do Amanhã. O primeiro, uma reforma radical de um velho edifício modernista; e o segundo, uma obra mirabolante, em forma de bromélia ou lagarta esticada, do polêmico "starchitect" espanhol Santiago Calatrava.

EFEITO SATYROS

O efeito Satyros teve um impacto mais restrito no centro de São Paulo. E as leituras talvez se confundam. Quem viveu o auge da praça Roosevelt no momento em que a gentrificação ocorria a todo vapor, lutando para ficar ali, contra a corrente da especulação imobiliária, talvez acabe dando peso demais à influência dos teatros, caso deste autor. Mas é fato que tudo ao redor se transformou de modo inquestionável. Talvez outro ponto de inflexão, um novo início da guerra civil no asfalto que marca o coração paulistano há décadas, tenha sido o incêndio do Teatro Cultura Artística. Lembro ter visto as labaredas consumirem o prédio, que ainda ostenta na fachada o belo mural de Di Cavalcanti, na volta de alguma festa, descendo a Augusta a pé – um estranho fulgor, errado, numa noite ímpar. Tudo vinha ao chão, no momento em que a praça parecia estar consagrada no imaginário urbano como centro irradiador de uma contracultura contemporânea, ou seja, bem digerida pelas classes dominantes, a ponto de desviar o fluxo do dinheiro e das atenções para aquele canto antes desprezado da cidade.

Os heróis da praça, em certo sentido, então se tornavam seus algozes. No arco narrativo da contracultura, do *underground* em geral, aquilo que desponta como destino fora do radar, a improvável pérola no chiqueiro, agoniza quando enfim se torna chique. A praça Roosevelt não rivaliza com distritos endinheirados paulistanos de praxe, como os Jardins, Higienópolis, os bairros ao redor do parque Ibirapuera e agora uma gentrificada Santa Cecília. Mas aquilo que fez da Roosevelt esse farol da cultura urbana vive sob constante ameaça. Teatros podem ser despejados, festas já não existem. A pandemia de coronavírus acelerou esse processo, lacrando o que faltava lacrar em nome das necessárias medidas sanitárias. O que resta são memórias e a esperança de que um retorno à ordem seja nada mais que a ressurreição do caos que sempre fez a praça Roosevelt ser o que ela é.

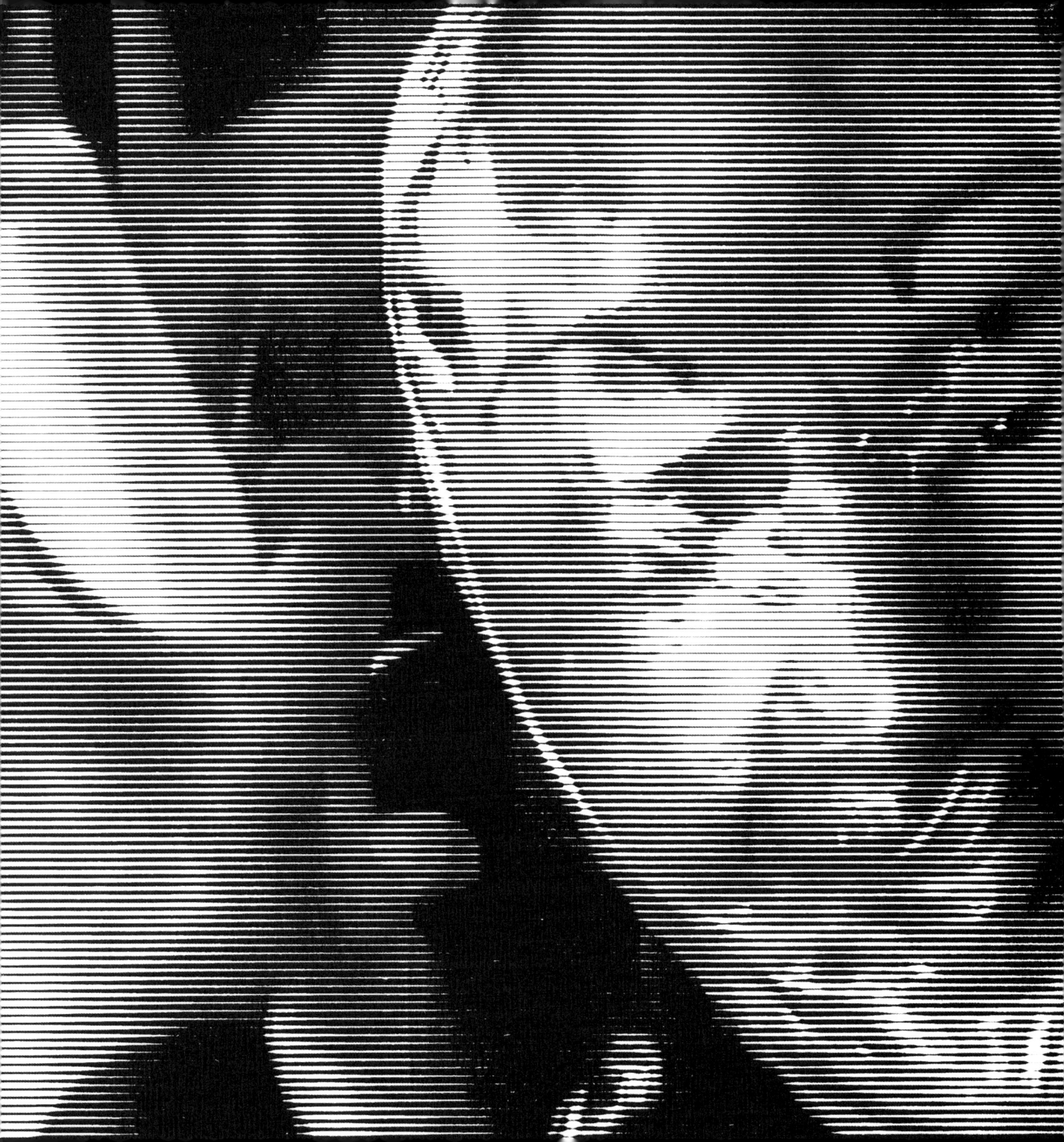

OS SATYROS E O TEATRO DE GRUPO: LIBERDADE, IDENTIDADES

KIL ABREU

Nos mais de trinta anos que separam o surgimento de Os Satyros do momento atual, há uma história de caminhos como que feita por descaminhos. Primeiro, eram apenas percebidos, mas, depois, evidentemente deliberados. Dos espetáculos iniciais – *Aventuras de Arlequim* (1989), *Um Qorpo Santo dois* (1989) e *Sades ou noites com os professores imorais* (1990) – aos que recentemente, em 2020 e 2021, inventaram formas de sobrevivência da linguagem nos meios digitais, há uma produção que denota uma trajetória artística das mais significativas na cena brasileira. Nesse tempo e nas inspirações colhidas, agora vistos em conjunto, pode-se dizer que a companhia construiu o esperado e o inesperado, articulando uma sólida e regular trajetória estética, ao mesmo tempo que tomou gosto por levantar também, paralelamente (ou junto) a essa obra em andamento, uma outra, que podemos chamar, sem medo de erro, de extraestética. O "extra", no entanto, não se dá como afastamento da fatura teatral, está imbricado nela e tem a ver com todas as ações de deslocamento, formação, ocupação de territórios físicos e imaginários. Os Satyros criaram não só um teatro próprio (aqui não nos referimos ao edifício teatral, mas ao teatro *ele mesmo*), como também o seu entorno, em ações de muitas ordens, que o informam, alimentam e são imprescindíveis ao projeto artístico.

As relações entre as escolhas dramatúrgicas aparentemente diversas do princípio (a *commedia dell'arte*, Qorpo Santo, Sade) e as encenações performativas de agora configuram-se consequentes umas às outras. Elas nos dizem sobre a inquietação iconoclasta que sedimentaria o futuro e sobre como ela ganhou formas no palco e além dele. Com a distância que o tempo propicia, é possível visualizar e avaliar invenções que ajudaram a tornar rotina temas e procedimentos não usuais na cena. Os tateamentos iniciais já mostram, por exemplo, o desejo de reunir o que não se havia reunido, de fazer brotar no chão do palco os que em geral subsistiam fora dele e que, cultivados, trouxeram novos campos de discussão a respeito da convivência, especialmente na cidade de São Paulo. Não há dúvida de que já no início a vocação para a ação grupal estava apontada – sem que isso se confunda com o que, nos anos 1970, se chamou "criação coletiva".

A desordem intencionada, provavelmente espontânea, na procura pelo que definiria a companhia, inspirada em atitudes criativas não apolíneas, foi lembrada pelo crítico Valmir Santos da seguinte maneira:

> Como os sátiros na mitologia dos povos gregos, seres metade homem, metade animal que acompanhavam o deus Dionísio (do vinho e das festas) em suas jornadas por montanhas e bosques, os fundadores do grupo cortejaram o pendor dionisíaco em contraponto à hegemonia apolínea daquele final da década de 1980. O diretor Rodolfo García Vázquez e o ator Ivam Cabral perseveraram na contramão em termos estéticos e temáticos[1].

Esse contraponto pode ser lido como reação. Teria a ver, ao mesmo tempo, com uma distância e uma aderência. Distância de um modelo de produção teatral mais próximo do comercial, que não interessava; e sintonia com um teatro que, pode-se dizer, estava mais próximo do "social", mas já em aspectos particulares da sociabilidade, interessado mais na avaliação de comportamento que na apresentação das demandas comuns à cena política tradicional. Nesses primeiros anos, as balizas que guiariam a produção do grupo teriam, então, algumas características: a busca por modos de autoprodução que se avizinhavam do que marcaria o chamado teatro de grupo, que renascia; e a prospecção artística demarcando a razão de ser dessa busca, com um repertório que avançava eclético, misturando, na primeira metade da década de 1990, a montagem de textos originais a autores como Sade, Georg Büchner, Oscar Wilde e Nelson Rodrigues, entre outros. Abriam-se ali as veredas na direção da crítica e de uma militância em bases micropolíticas, ou inspiradas no que mais adiante chamaríamos políticas identitárias.

1 Santos, 2015.

MODOS DE PRODUÇÃO E CONTEXTO

Em uma frente, o final dos anos 1980 representa, para parte dos artistas de teatro de São Paulo, um momento de vida ou morte, em que é imperativo pensar nas estratégias de sobrevivência ou conformar-se ao modelo do teatro de produção. Do ponto de vista da conjuntura, vivem-se ainda as consequências do desmonte promovido pela ditadura militar e da desmobilização das instâncias coletivas de reunião. Sim, o céu está agora relativamente aberto a alguma tolerância e à liberdade de expressão. Mas a prática artística não conta com instrumentos públicos de apoio que sejam regulares e descentralizados. A falta de políticas públicas provoca, decerto, a disposição para recomeçar a sobrevivência em termos grupais. Nessas condições, por óbvio, há mais chances de os artistas sobreviverem agregados que dispersos. Estamos na chamada "década do encenador" (expressão que deve ser vista sempre de forma relativa), em que a atividade teatral pauta-se hegemonicamente pelo talento isolado de diretores e diretoras, em um esquema de produção teatral fechado ao compartilhamento de tarefas, à reunião menos hierarquizada que marcará adiante a cena de grupo.

Frutos dessa transição entre a cena de diretor e o fenômeno do teatro de grupo, Os Satyros organizam-se a partir de suas lideranças e sem jogar fora a criança junto com a água do banho. Desde sempre parece haver a preocupação em manter as funções criativas definidas, de maneira que as assinaturas individuais sejam preservadas (direção, dramaturgia, cenografia, atuação etc.), sem que isso desautorize o viés de criação compartilhada. É uma estratégia possível entre os modos de organização que passam a ser experimentados naquele momento. E que segue até hoje e preserva os ofícios, os saberes, as tarefas de cada área sem que o desejo de invenção grupal se perca.

O movimento Arte contra a Barbárie – e com ele, depois, a Lei de Fomento ao Teatro – só surgiria no final dos anos 1990, com suas demandas de ressistematização das ações do poder público visando a subvenção cultural e o acesso cidadão às criações. Mas, como sempre acontece, a "grupalização" é um chamado, uma necessidade de época, amplamente difundida, antes mesmo que se torne política pública. A questão que se coloca, independente da aderência ao movimento, é: como os artistas podem sobreviver fora do modelo de renúncia fiscal (o modelo então vigente), sedimentado na Lei Rouanet, em âmbito federal, e na Lei Mendonça, no âmbito municipal? Como se consegue produzir às margens do processo de mercantilização da produção teatral? Como erguer modos de atuação que, junto à fatura artística, promovam a cidadania sem interferência direta do "mercado"?

Dez anos antes do Arte contra a Barbárie e da Lei de Fomento ao Teatro, salvo engano, já era essa a pauta dos Satyros. O grupo está entre os que difundem, desde a década anterior a esses eventos, o que marcaria a cultura de grupo dali em diante. Nesse quadro, o mais importante parece ser demarcar a autonomia nas escolhas feitas e também as dinâmicas de elaboração e seus agentes. Ou seja, decidir não apenas sobre *o que e como representar*, mas também *com quem* e *por que* representar. É uma equação que dá conta de certa politização da produção cênica, colocando em perspectiva um teatro que, para além de ser de boa qualidade, existe para arregimentar texto e contexto, a obra e seus/suas agentes, muitas vezes resgatados através das dramaturgias, tomados como tema e forma dos trabalhos. Essas relações fazem parte desde o princípio do modelo de grupo arregimentado pelos Satyros. O teatro abarca escolhas não só possíveis como também necessárias aos artistas que articulam as suas formas, técnicas e campos de reflexão. A condição estética da cena – seja através de dramaturgias já prontas, seja através de textos originais – é que ela configure de alguma maneira a expressão necessária de seus criadores e criadoras.

Essas são balizas que vão aos poucos caracterizando um caminho marcado por alguns fatores: a escolha de universos de ficção que acolhem uma parte dos que estão nas franjas da megalópole; nessa direção, a escolha de dramaturgias que comportem a ideia de política em seu significado amplo; a escrita de textualidades próprias; o gosto pela formação; o gosto pela ocupação – o que ganha maior exemplaridade na história do grupo a partir da sede instalada na zona central de São Paulo, na praça Roosevelt, a partir de 2000.

O QUE É UM GRUPO?

Ainda hoje há certa confusão quando se tenta definir o que é ou o que caracteriza um grupo de teatro. Há, de fato, uma dialética nem sempre fácil de enxergar. Confunde-se a existência do grupo com o registro no CNPJ ou mesmo com a reunião eventual de artistas para a montagem de uma obra. Mas o que se convencionou chamar teatro de grupo tem configuração mais vertical e menos fortuita.

Experiência com lastro histórico por vezes precário, o capítulo mais recente do teatro de grupo no Brasil acontece, como sabemos agora talvez com maior clareza, por meio da revisão "pragmática" das dinâmicas de criação coletiva. O momento atual, dentro do ciclo cujo início se convencionou demarcar a partir de meados dos anos 1990, é demonstrativo de uma passagem única que assimila o esforço de politização dos anos 1960, a resistência dos 1970 e, certamente, o ensimesmamento dos anos 1980, quando surgem Os Satyros.

A história do teatro de grupo no Brasil dá-se aos saltos. É adiada ou interrompida como a própria história do país. Mas, sem dúvida, nos anos 1990, a prática de grupo é retomada de maneira relativamente mais ampla e em condições novas, com alguma continuidade a partir dali. Entretanto, isso nem se dá no Brasil inteiro e de modo uniforme, nem nasce sob as mesmas condições e motivações daquelas acontecidas nas décadas anteriores. Isso define tanto a novidade da experiência quanto a fatura estética que resulta dela.

A história dos Satyros ilustra uma parte disso. Nos diz, por exemplo, que grupo não é apenas a reunião de pessoas afins, com visões de mundo e de invenção comuns. E, por outro prisma, também não é, na experiência brasileira, sinônimo de família. Não são os laços permanentes entre os integrantes o que constitui a forma grupo, e sim a durabilidade da pesquisa artística, ainda que o "núcleo duro" do grupo não permaneça o mesmo *ad infinitum*. A história da maior parte deles nos diz que, ao núcleo duro, agregam-se e desagregam-se artistas colaboradores, que ficam ali pelo tempo de uma ou algumas montagens ou pesquisas determinadas. A rotatividade da colaboração é entendida como algo esperado e em princípio não prejudica o projeto estético, se visto no longo prazo. Esse horizonte dinâmico lançado pelo grupo também se modifica com o correr do tempo, inclusive com o rodízio de integrantes. O que marca a existência do grupo é então uma *experiência* colocada em perspectiva. Qual seja, a de um tipo de organização que não tem como finalidade um evento artístico, ainda que um evento, um espetáculo, por exemplo, possa estar entre os planos, como, de fato, quase sempre está. "Trata-se, antes, de um projeto estético, de um conjunto de práticas marcadas pelo procedimento processual e em atividade continuada, pela experimentação e pela especulação criativa, que pode desdobrar-se ou alimentar desejos de intervenção de outra ordem que não a estritamente artística."[2]

Outra recorrência interessante, relacionada com a organização interna dos grupos e que tem referência também nos Satyros, é do quanto é decisiva para a vida do coletivo e para a experimentação a existência de uma ou mais lideranças artísticas com as quais os demais componentes criam. Se em muitos casos essa liderança é praticamente dispensada em favor de uma dinâmica que promove o rodízio nas diversas funções criativas (por exemplo, grupos que a cada trabalho experimentam a direção de um dos integrantes), em outros, ela é essencial para a orientação estética e política que define as singularidades do grupo enquanto tal. Parece ter sido este o formato adotado pelos Satyros. Ao regerem os movimentos da companhia, Rodolfo García Vázquez e Ivam Cabral funcionam também como os filtros que distinguem questões, formalizam os planos de pensamento que vão à cena (daí, parte da dramaturgia original) e separam o essencial do acidental.

Sem que se dispense o número impressionante de colaboradores e colaboradoras das várias áreas criativas do teatro que foram agregados como criadores e criadoras à trajetória da companhia, a dupla opera uma articulação ao mesmo tempo gerencial e artística sem a qual o grupo não existiria. O coletivo torna-se então um lugar de reunião inventiva, contornando o risco de se tornar uma igreja. É espaço em que os chamados

[2] Abreu, 2011, p. 140.

da época, suas questões nevrálgicas, encontram a *performance* dos corpos, que problematizam e atualizam as novas emergências do velho drama da existência sem torná-lo refém de receitas sociológicas, psicanalíticas ou variantes. Compreende-se que as questões da cidade e especialmente da vida de uma parcela dos cidadãos e cidadãs, que presentificam em cena, estão em pleno trânsito. Não são realidades imobilizadas em si. Isso não é lateral à configuração de grupo que Os Satyros empreendem. Constitui talvez a sua substância filosófica: ali a ideia de grupo perfaz um percurso que vai da reunião entre afins para criar teatro ao surgimento de um campo de embates em que a condição atual do humano é investigada.

Assim, Os Satyros trabalham reiterando o fundamental à existência dessa forma de organização complexa a que chamamos grupo: formulam em matéria cênica a experiência comum dos seus fazedores, em processos que só poderiam ser empreendidos no ambiente favorável da reunião coletiva. A companhia vem nestes anos animando, dando feição e narrativa aos impasses das relações e ao nosso sentimento diante da época em que vivemos. Como outros artistas que se reúnem em invenções compartilhadas, tem sido um dos laboratórios seminais do teatro em São Paulo. Os grupos parecem cumprir esta função histórica: a de serem os melhores lugares para a gestação das leituras que tentam dar conta de investigar simbolicamente as contradições do Brasil atual.

OS SATYROS:
MEDIAÇÃO E IDENTIDADES

Feita a definição do que significa o trabalho de grupo, resta se aproximar do que vem movendo Os Satyros como grupo em particular. Para isso, os conceitos de mediação cultural e de identidade parecem úteis.

A mediação pode ser compreendida no seu sentido usual – uma ação de caráter pedagógico feita por alguém a partir do lugar intermediário entre a obra de arte e o fruidor. Como explica o professor Flávio Desgranges, trata-se nesse caso de um conceito que, levado ao teatro,

> [...] dá conta de qualquer ação que ocupe o que por alguns autores é chamado de terceiro espaço, aquele existente entre a produção e a recepção. Podemos compreender a mediação teatral [...] como qualquer iniciativa que viabilize o acesso dos espectadores ao teatro, tanto o acesso físico, quanto o acesso linguístico[3].

---

3 Desgranges, 2008, p. 76.

Podemos dizer que nos Satyros cumpre-se a função mediadora sem que seja necessária a figura física do mediador. Isso acontece no ato primeiro da facilitação do acesso, mas sobretudo em relação à linguagem a que se refere Desgranges. Devemos compreender a linguagem como instância em que se definem não só as características formais da expressão, como também o seu plano de pensamento. E as escolhas que levam a ele. Com um teatro que toma para si, também no campo da linguagem, a tarefa de representar dilemas humanos em geral sob o ponto de vista dos que foram postos à margem do contrato social, a companhia tem feito durante sua trajetória um tipo de mediação e de pedagogia através de uma posição "na própria carne", como dizia Artaud. Ou seja, a partir das próprias escolhas temáticas, do universo de assuntos, personagens e modos de performá-los. Essa intuição acontece já na primeira década de existência, com a eleição de textos que, levados à cena, discutem as questões existenciais e a politicidade dos que por algum motivo foram colocados ou vivem nas bordas da sociedade. Assim, não é gratuita a escolha de autores como Oscar Wilde (*De profundis*, 1993), Valle-Inclán (*Divinas palavras*, 1997) ou Lautréamont (*Os cantos de Maldoror*, 1998). Em geral, os textos são tomados como pontos de partida e encenados em redramaturgias que vão aproximar o original da realidade local, fazendo o pacto de representação em que a reescritura passa a falar mais proximamente a língua do lugar, o Brasil, a São Paulo daquele momento. Podemos dizer então que nessas encenações, que prenunciam o desejo das outras que virão adiante, o grupo intui que a mediação, tanto quanto a linguagem, é um campo de disputa. Ou seja, mediação e linguagem pedem estratégias de ocupação – enfrentamentos de muitas ordens – do lugar físico, assim como a invenção de novos imaginários capazes de alcançar o arcabouço de questões que o grupo quer discutir.

Mediação, escolhas, linguagem. Mas o que é que a linguagem comporta? O que interessa ser transformado em linguagem do/no teatro? Sem forçar o argumento, talvez um fato, em princípio exterior à fatura artística, tenha sido definitivo para que aquelas intuições iniciais configurassem as línguas com as quais o grupo transita e que o singularizam enquanto grupo: a instalação da companhia na praça Roosevelt.

Kelly Yumi Yamashita e Miguel Antonio Buzzar identificam na chegada dos Satyros à praça uma forma de denúncia do poder público. Algo talvez correlato aos projetos de ação cultural que oferecem às comunidades de zonas dominadas pelo tráfico e pela violência uma parte do que o Estado não cumpre:

> A expressiva disputa por ações do poder público experimentada pelos Satyros através de uma estratégia particular – a incorporação de parte dos ocupantes da área (em especial, travestis e moradores de rua), não propriamente como público, mas como elenco ou como produção – sinaliza para um sentido renovado no âmbito do teatro, que traz à luz

um conjunto de atores que na maior parte das vezes é subtraído, para não dizer desconsiderado como atores sociais.[4]

Essa relação entre a disputa urbanística através do teatro e a incorporação dos sujeitos que o processo gera dispara um aspecto forte, resultado da convergência entre estética e política: a discussão identitária, a pauta de comportamento sob o ponto de vista da autonomia. Qual seja, de sujeitos excluídos, empurrados para os andares de baixo da cidade, que agora são não só representados como passam a representar em seu próprio nome. O tema da identidade é vivido como indicador sociopolítico ao mesmo tempo que articula a visão de mundo empenhada ali. Em outras palavras, com a sede da praça Roosevelt, o grupo abre para si não apenas um espaço físico em um lugar degradado da cidade, mas toma para si uma tarefa: a de um tipo de mediação através do teatro que tem como centro inevitável a representação de uma crise, que não é apenas social ou urbanística *stricto sensu*, é uma crise maior, civilizatória. E a questão do reconhecimento das identidades será mobilizada dali em diante nos espetáculos que passam a pautá-la. Montagens como *Sappho de Lesbos* (2001), *A filosofia na alcova* (2003), *Faz de conta que tem sol lá fora* (2003), *Transex* (2004), *A vida na praça Roosevelt* (2005) e *O anjo do pavilhão 5* (2006), entre outras, dão conta dessa rica e complexa paisagem humana nas beiradas da grande cidade, seja no aspecto social propriamente dito, seja no aspecto mais detidamente existencial. Criaturas e situações "de exceção" que passam a ser uma espécie de periferia que vira centro no imaginário do grupo. Ou, dizendo de outra maneira, aqueles e aquelas colocados moral e politicamente na condição de enjeitados passam a ocupar o lugar central do processo teatral. A essa altura, tal processo já é mais grupal do que nunca, devido à inevitável arregimentação das diferentes histórias de vida assimiladas aos trabalhos.

Ainda a propósito dos sujeitos representados, vistos enquanto sujeitos, e não objetos, vale dizer que a identidade organiza nas pessoas o sentimento de singularidade, de autorreconhecimento, não mais junto à negação das experiências vividas (por exemplo, da vivência transexual, das moralidades "fora da ordem"). O trabalho do grupo teatral passa a estimular o reconhecimento dos indivíduos, dos ideais, das aspirações dos grupos humanos que estão além do teatro. É o que podemos chamar de surgimento de uma cultura, agora em chave afirmativa, mesmo que localizada em meio à crise.

A crise impõe a construção de novas fundações para a reflexão e a elaboração de práticas igualmente novas, capazes de situar a vida em um horizonte de possibilidades a serem exploradas. Talvez, mais do que em qualquer outra época anterior, a arte que se

[4] Buzzar; Yamashita, 2013, p. 2.

produz na atualidade esteja marcada por esse sinal de crise, de suspensão do sentido comum e do imaginário acerca de quem somos[5].

Em resumo: suspensão do estado de coisas para que se crie um horizonte de possibilidades a partir das margens. Pode-se imaginar que essa foi a tarefa, se não rigorosamente planejada, ao menos efetivamente vivida pelo grupo nas últimas duas décadas. Para a qual arregimentaram-se as mediações artísticas necessárias.

GRUPOS, ESTÉTICAS DO ERRO

Um dos fenômenos mais interessantes relacionados ao teatro de grupo nos mostra como certas formas tradicionais foram francamente confrontadas e como se instituiu naturalmente, de maneira não organizada, uma espécie de militância estética do erro. A cena moderna no Brasil e boa parte do seu projeto crítico, baseado ainda no textocentrismo e nos gêneros literários, instituíram um sistema movido pela noção de adequação. Assim, dos gêneros fundamentais – o épico, o lírico, o dramático e, no teatro, a tragédia, o drama, a peça épica, a comédia de costumes, a farsa, o texto poético – derivariam as respostas esperadas da cena. Para um receituário crítico mais ou menos comum entre os anos 1940 e final dos anos 1970, o adequado era pensar que havia balizas que indicavam um modo "certo" de encenar, de interpretar um drama, por exemplo, que diferia do tratamento dado a uma tragédia. O teatro épico, por sua vez, comportaria procedimentos que, aplicados, dariam conta de localizar a dimensão social das relações, e por aí vai. Esse sistema estético gerou, entre outras coisas, uma pedagogia no campo da crítica, que orientava os artistas, os espectadores e o próprio exercício crítico a partir dessa noção de adequação a formas, digamos, modelares.

São essas formas modelares que a cena de grupo vai desafiar. Não como projeto deliberado, mas naturalmente, pela própria natureza dos seus processos. Apesar das muitas diferenças entre os processos, a depender dos grupos, há um ponto que parece comum: a criação compartilhada da cena, mesmo quando ainda se baseia no texto como centro irradiador do espetáculo, e mesmo quando conta com um único autor assinando a escrita, tende a desobedecer às noções de gênero e adequação. É que, colocadas em prática as diversas matrizes e influências que o texto assimila à cena de grupo, ela tende a seguir impura, matizada. Para dar conta das tantas vocalizações e expectativas por vezes contrastantes que o coletivo demanda, os gêneros misturam-se e promovem suas "políticas do erro", que ao fim e ao cabo tendem a ser acertadas. O desacordo em relação aos modelos será

---

5 Barros; Laurenti, 2000, p. 14.

compensado com o fato de que aquelas formas novas, muitas vezes não inscritas, embora não se enquadrem docilmente, são as formas necessárias da expressão teatral, as que mais se aproximam, com certa honestidade, de processos inspirados em vozes múltiplas.

Assim, um Brecht montado pelo Núcleo Bartolomeu de Depoimentos será fortemente vazado por outros modos de narratividade que não os da épica tradicional, oriundos, por exemplo, da cultura *hip hop*, da *spoken word*, do depoimento pessoal mesclado à problemática social. Pensemos em um espetáculo como *Terror e miséria no terceiro milênio – improvisando utopias*. É, na prática, um espetáculo parelho ao inventário brechtiano. Cria uma fábula atual e estratégias cênicas frescas para dar conta dela. Da mesma forma, uma cena do Teatro da Vertigem pensada para algum espaço urbano, a despeito de contar sempre com um autor que assina o texto final, resultará invariavelmente em uma dramaturgia da mistura, dada a maneira particular – que eles chamam "processo colaborativo" – de geração, roteirização e encenação dos materiais. E daí por diante. São formalizações que procuram caminhos ainda não percorridos, donde surge a tarefa de enfrentar a insuficiência dos esquemas dados e assumir a forma também como crise, para que dela nasçam arranjos que revelem o coro que está por trás (ou, às vezes, no primeiro plano) da espetacularidade.

Esses desvios que se instalam na representação não estariam distantes dos impasses de identidade do próprio país.

> Nesse sentido a cultura de grupo também se oferece como um excelente problema crítico, porque ao invés de vermos nessas experiências prováveis erros de construção, talvez seja preciso considerá-las como evidências consequentes de um teatro que encontra na incompletude o modo mais original de dizer o seu lugar e a sua época, ou seja, de dizer sobre a sua historicidade[6].

Essa vocação para estéticas impuras encontra também nos Satyros um chão fértil. Não só pelo ambiente criativo da forma-grupo (nos termos aqui descritos), mas sobretudo pela eleição dos materiais. Do *esperpento* de Valle-Inclán até o coro global de *A arte de encarar o medo*, as condições de criação em que o grupo se coloca e os campos de reflexão que chama para si pedem também essa implosão dos modos tradicionais, para que as relações entre assunto e forma sejam ajustadas.

Um exemplo, do ponto médio da trajetória do grupo até aqui, é o espetáculo *A vida na praça Roosevelt* (2005), dramaturgia da alemã Dea Loher – ficções ou performances, relatos e autorrelatos de moradores ou frequentadores da praça. A excelente encenação

---

[6] Abreu, 2010, p. 44.

de Rodolfo García Vázquez para esse texto excepcional dá conta de uma sintonia poucas vezes vista a favor do teatro. A qualidade e a capacidade de mobilização do espetáculo têm uma síntese certeira na crítica de Mariangela Alves de Lima, que nos diz sobre a condição ao mesmo tempo local e universal da montagem e, na questão que nos interessa aqui, sobre como os grupos sociais que oferecem à autora e ao encenador as histórias ali contadas são retratados (e são mesmo retratos) no trânsito entre vidas "desimportantes" e a grandiosidade épica do quadro, que fala a São Paulo, ao Brasil e além:

> Aqueles que perderam seu lugar no mundo do trabalho, pessoas segregadas em razão do comportamento sexual, bandidos e os desmoralizados mantenedores da lei são figuras que o conceito moderno de cidade exila sem afastar. Isola-se o indivíduo em meio à multidão. O movimento da peça é, por essa razão, duplo. Caracteriza o exílio social e econômico e a solidão extrema para, em seguida, representar as novas formas de agrupamento e auxílio mútuo construídas de modo original[7].

São várias as formas da grupalidade ali. A dos sujeitos que inspiram a peça, bem recortados na escala social, e a do grupo que os representa de maneira não realista, embora a realidade seja o motor melancólico que move o projeto. Em qualquer caso, tanto o texto de Loher quanto a encenação de Vázquez apontam para uma forma que se aproxima da alegoria e promove, por condição dos materiais colhidos, aquela mistura entre gêneros e procedimentos. Nesse caso particular, trata-se de uma montagem que certamente dialoga com o que o dramaturgo e teórico francês Jean-Pierre Sarrazac chamou "rapsódias íntimas", uma espécie de épica pelo avesso em que as subjetividades são tomadas como imediatamente políticas e, mesmo no plano das histórias pessoais, configuram vozes coletivas a tingir o tecido da época. Coros íntimos que dão conta de representar, no drama pessoal, a melancolia da situação grupal: "Pouco importa que a personagem seja mundialmente célebre ou desconhecida, porque ela é englobada num processo coral, é atravessada de ponta a ponta pelas aspirações, pela submissão, pelas revoltas, pela condição de uma categoria social ou de todo um povo"[8].

GRUPALIDADE GLOBAL, TEATRO DIGITAL
Essa mútua repercussão entre Os Satyros como grupo de teatro e outras grupalidades surgidas na dinâmica social ganhou um capítulo novo no contexto da pandemia de covid-19

---

7 Lima, 2005.
8 Sarrazac, 2002, p. 46.

que assolou populações mundo afora. A situação *sui generis* do Brasil, naquele momento sob um governo que se movimentava propagando o negacionismo como política de Estado e o assassinato como o lugar-comum dos dias, colocou toda a sociedade diante de uma nova conjuntura que mobilizava, quase sempre de forma violenta, tanto o sentimento coletivo a respeito do quadro político e sanitário quanto a percepção individual sobre a existência. Nos liames dramáticos dessa nova crise, em que, com o fechamento das salas, a atividade teatral foi interditada, a companhia fez da falta uma presença potente. Entre outros espetáculos concebidos e apresentados em plataformas digitais, *A arte de encarar o medo* impressiona pela aventura estética e logística. E por reafirmar a forma-grupo em uma dimensão não imaginada. A peça, uma ficção distópico-futurista, imagina um mundo em que a pandemia, passados 5.555 dias, ainda não foi vencida, e as pessoas continuam isoladas. E, daí, todo o corolário de percepções e sentimentos a respeito do que seria a vida íntima e social assim concebida, no longo prazo.

Para colocar em rede o projeto, anuncia-se, não sem polêmica, a chegada do "teatro digital" e, com ele, algo sem precedentes até aqui na cena brasileira. São três montagens comportando mais de cem artistas de vários continentes, de dez países diferentes. Do ponto de vista dos meios, a ocupação dos sítios tecnológicos não é uma novidade para o grupo, que já trabalhava em torno do que batizaram "teatro ciborgue". Espetáculos como *Hipóteses para o amor e a verdade* (2010), *Cabaret Stravaganza* (2011) e a série de montagens que compõem o projeto *E se fez a humanidade ciborgue em sete dias* (2014) já davam conta das aproximações entre representação e virtualidade. Mas aqui as coisas tomam outra dimensão. Sob a forte influência que a sociabilidade gerada na pandemia cria, *A arte de encarar o medo* multiplica em uma dimensão não experimentada a ideia de criação grupal. Isso se dá no próprio grupo e além dele, na direção dos artistas que foram mobilizados em outros continentes e que criaram uma parte das interferências dramatúrgicas a partir do roteiro de Ivam Cabral e Rodolfo García Vázquez.

Além da logística e da tecnologia, que precisou ser descoberta e afinada para que das telas surgisse o teatro vivo, o projeto comporta algumas questões fundamentais quanto à ideia de trabalho coletivo. Sem dúvida, a principal delas diz respeito à conjugação, sem prejuízo político, dos diversos lugares de fala, de artistas que estão no mesmo trabalho, mas não têm as mesmas origens. Entre o Zimbábue e os Estados Unidos há uma distância que não é apenas geográfica e que não poderia ser aplainada, sob risco de falseamento. Quanto a isso, então, o que chamamos grupo ganha um significado extraordinário, pois se torna o espaço de uma coexistência cultural. Na fala do diretor:

> Não faria nenhum sentido nós, Satyros, como decolonialistas que somos, pensarmos a montagem com um olhar unicamente brasileiro. Apesar do pouco tempo de que dispúnhamos, passamos a investigar possibilidades de criação em *devising*, valorizando

as identidades culturais dos artistas. Para mim, especialmente, foi emocionante ver em cena elementos da religiosidade iorubá de artistas nigerianos como M'Bola ou Segun, que se relacionavam profundamente com a tradição afro-brasileira. Ou assistir aos sul-africanos trazendo canções lendárias do movimento do *apartheid* para o espetáculo[9].

Como lembra o crítico Rodrigo Nascimento, são montagens que nos chegam através das redes devolvendo uma promessa que o braço tecnovivo da globalização, a internet, rendida ao mundo mercantil, mal cumpriu: a de "ser uma rede mundial, ser uma teia para viabilizar contatos, ser ferramenta de diálogo horizontal".

E aqui então teremos talvez a síntese não planejada, mas efetiva, do trabalho do grupo. No avesso das recentes distopias encenadas, na verdade é de uma quase utopia que a companhia fala, subliminarmente. O teatro dos Satyros, ao reconhecer a alteridade e a liberdade como elementos fundantes da arte, busca, nos meios técnicos arregimentados e nas percepções de mundo intuídas, a afirmação de convivências que, compartilhadas, possam também ser chamadas de justas.

[9] Vázquez, 2020.

referências bibliográficas

ABREU, Kil. "Dramaturgia colaborativa: notas sobre o aprendizado da desmedida no teatro brasileiro". *Subtexto: revista de teatro do Galpão Cine-Horto*. Belo Horizonte: 2010, ano VII, n. 7.

_____. "Da retomada ao dissenso: notas sobre experiência e forma no teatro brasileiro contemporâneo". Em: ARAÚJO, Antônio; AZEVEDO, José Fernando Peixoto de; TENDLAU, Maria (org.). *Próximo ato: teatro de grupo*. São Paulo: Itaú Cultural, 2011.

BARROS, Mari Nilza Ferrari; LAURENTI, Carolina. "Identidade: questões conceituais e contextuais". *Revista de Psicologia Social e Institucional*. Londrina: 2000, vol. 2, n. 1.

BUZZAR, Miguel Antonio; YAMASHITA, Kelly Yumi. *Ressignificação do espaço urbano e o teatro de rua: a cidade, a representatividade da rua e a prática teatral contemporânea*. São Paulo: Instituto de Arquitetura e Urbanismo/USP, 2013.

DESGRANGES, Flávio. "Mediação teatral: anotações sobre o projeto Formação de Público". *Revista Urdimento*. Florianópolis: 2008, n. 10.

LIMA, Mariângela Alves de. "Um recorte sensível do desamparo". *Caderno 2. O Estado de S. Paulo*. São Paulo: 30 set. 2005.

NASCIMENTO, Rodrigo. "Satyros criam os meios e a ânima para o teatro na pandemia". *Cena Aberta: teatro, crítica e política das artes*. 31 out. 2020. Disponível em: <https://cenaaberta.com.br/2020/10/31/satyros-criam-os-meios-e-a-anima-para-o-teatro-na-pandemia/>. Acesso em: 10 jul. 2021.

SANTOS, Valmir. "Um teatro que fala às profundezas". *Teatrojornal*. 24 fev. 2015. Disponível em: <https://teatrojornal.com.br/2015/02/um-teatro-que-fala-as-profundezas>. Acesso em: 13 jun. 2021.

SARRAZAC, Jean-Pierre. *O futuro do drama: escritas dramáticas contemporâneas*. Lisboa: Campo das Letras, 2002.

VÁZQUEZ, Rodolfo García. "Cada descoberta um aprendizado", entrevista com Rodolfo García Vázquez. *Cena Aberta: teatro, crítica e política das artes*. 30 dez. 2020. Disponível em: <https://cenaaberta.com.br/2020/10/30/a-crise-acontece-no-auge-do-avanco-tecnologico-mas-a-tecnologia-nos-redimensionou-entrevista-com-rodolfo-garcia-vazquez/>. Acesso em: 15 jun. 2021.

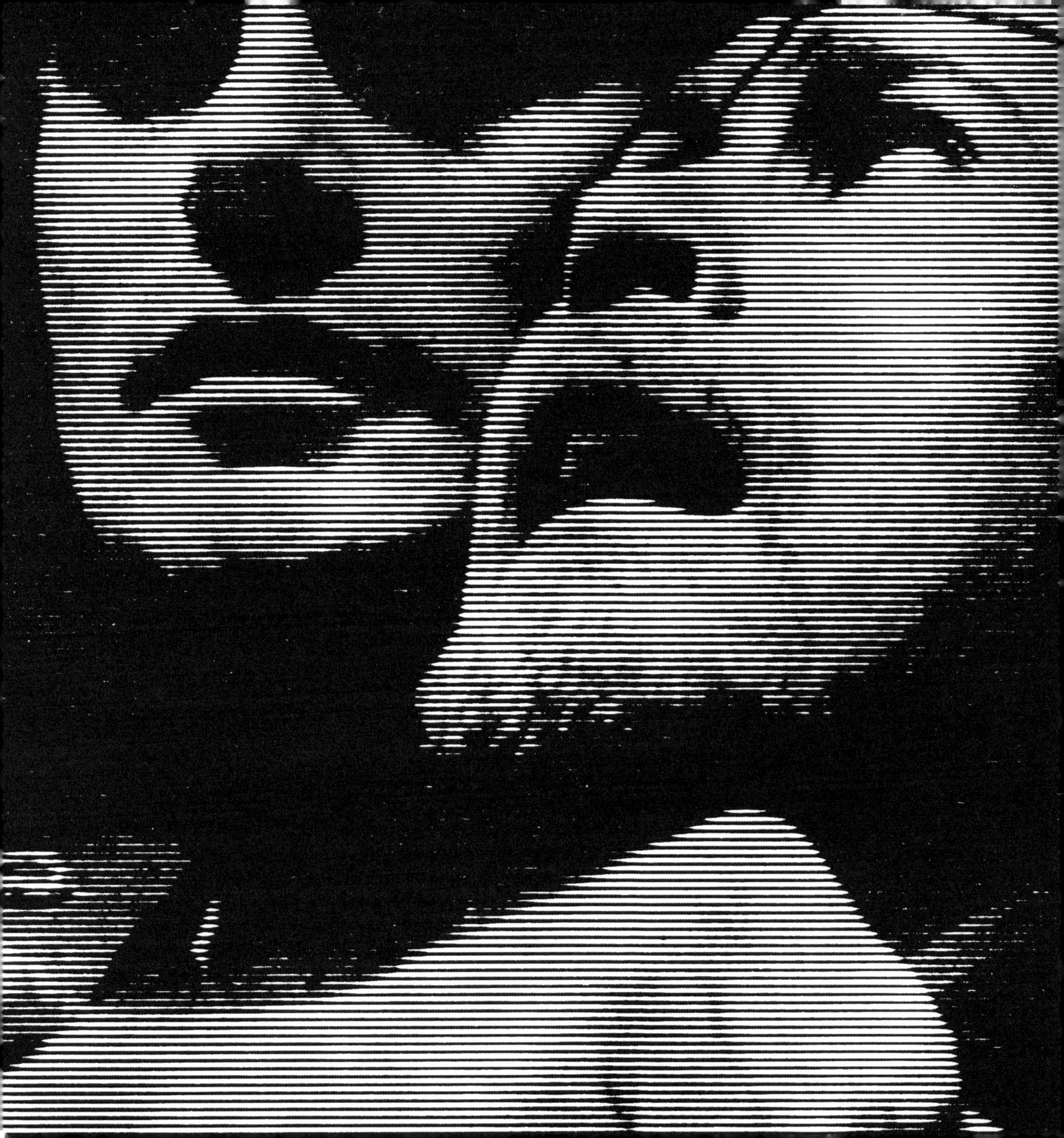

OS SATYROS
E SUAS PESSOAS
EXTRAVAGANTES

MARICI
SALOMÃO

De uma companhia com tamanha fertilidade criativa sou compelida a dizer de saída que não é tão simples abranger toda a dramaturgia. Sem exagero, seria preciso escrever um livro para destacar o que de mais importante esse longevo coletivo já criou, pelas mãos de Ivam Cabral e Rodolfo García Vázquez, fundadores do grupo em 1989. Dois homens de teatro: o primeiro, ator; o segundo, diretor, mas ambos, igualmente – ou acima de tudo –, dramaturgos, dionisíacos e fabuladores contemporâneos dos seres-solidão das grandes cidades.

No carrossel de possibilidades de abordagem, minha contribuição será a de demarcar algumas características de sua obra escrita, em sintonia com o pensamento da cena teatral contemporânea, abarcando as textualidades híbridas (entre o lírico, o épico e o dramático), sobretudo nas peças escritas a partir de 2010 (com a estreia de *Hipóteses para o amor e a verdade*), em que reconheço o triunfo dos personagens. Considerando que são autorias criadas tanto individualmente como a quatro mãos – sem falar nos inúmeros textos escritos a convite –, Os Satyros nos surpreendem com uma lista de mais de 140 montagens em três décadas – sendo que Ivam e Rodolfo, individualmente ou em duo, assinam em torno de 50% desse total, num largo espectro de temas e formas.

Ao situar as influências políticas e sociais do grupo, ao lado de outros igualmente relevantes nascidos nessa década, mesmo que bem no final dela, deparamos invariavelmente com 1988, ano da promulgação da Constituição Federal, a chamada Constituição Cidadã, que aqueceu os horizontes sociais e culturais do país. E fortaleceu o processo de redemocratização do Brasil, depois do período militar que durou de 1964 a 1985. A Carta Federal, considerada um marco para os direitos cidadãos, garantiu tanto liberdades civis quanto deveres do Estado.

Assim, o teatro também se embebia de novos tempos: igualdade de direitos de gênero, raça e credo; direito ao voto direto, ao seguro-desemprego, e outros que a democracia podia afiançar. Assim como outras companhias tão relevantes no país, Os Satyros nasceram sob a insígnia da liberdade de expressão. Não haveria censura nem impedimentos para a criação. A trupe gestada em 1989 aportou no centro de São Paulo adornando de cores extravagantes a cidade de concreto. Trariam também a energia correspondente ao sentimento social de um poder que "emana do povo".

PROVOCAÇÃO

1990 também foi um ano de muitas mudanças no mundo e no Brasil: de um lado, a reunificação da Alemanha; de outro, a redemocratização do Brasil, com a eleição à presidência de um autointitulado "caçador de marajás", Fernando Collor de Mello, que seria deposto dois anos depois. Um ano de muita movimentação na vida social, cultural e política, envolta em algum desassossego: Cazuza morria de aids, as poupanças dos cidadãos eram confiscadas, o PIB ia de mal a pior. *Ghost* bombava nas telas de cinema, imortalizando o *hit* "Unchained Melody".

No esporte, Ayrton Senna ganhava o bicampeonato mundial de Fórmula 1. As novelas nunca foram exatamente o mal de tudo no Brasil, mas vale lembrar que *Pantanal*, da rede Manchete, colocava a exuberância da natureza brasileira em primeiro plano e fez um sucesso retumbante. E o teatro?

O teatro iniciava 1990 ainda sob o impacto de montagens elaboradas no caldeirão da era do encenador, com nomes de alto relevo, como Antunes Filho, José Celso, Bia Lessa, Gerald Thomas e Ulysses Cruz. Transbordavam grandiosidade espetacular, mas – e fui testemunha ocular da época –, na maior parte das vezes, deviam em texto (de fato, a maior parte desses textos não sobreviveu às montagens); eram produzidas de forma a servir à cena/espetáculo.

No final dos anos 1980, na vasta entrevista concedida ao jornalista, crítico e ator Alberto Guzik, para o livro *Cia. de teatro Os Satyros: um palco visceral*, ao lado de Rodolfo García Vázquez, Ivam Cabral ressaltou:

Foi em 1989, e Gerald Thomas reinava absoluto sobre o teatro brasileiro. Tinha também o Antunes Filho. Ambos haviam abolido o texto no teatro. E o teatro que se produzia naquele momento era formal demais [...] e o teatro que a gente queria era menos formal, mais visceral [...]. Queríamos a provocação, trabalhar com autores e textos não convencionais[1].

A bem dizer, se, por um lado, não tínhamos exatamente um teatro dito "bem comportado" na cena dos anos 1990, considerando a obra de Nelson Rodrigues e a da novíssima geração de 1969 (formada por Leilah Assumpção, Consuelo de Castro, Isabel Câmara e José Vicente, em São Paulo, e Antonio Bivar, no Rio de Janeiro), por outro, também não podíamos falar de um teatro de cunho altamente transgressor para além do Teatro Oficina, comandado pelo dionisíaco José Celso (mas que havia fechado as portas nos anos 1970, preparando o retorno que só ocorreria na década de 1990[2]).

Foi assumindo a posição de provocar as plateias brasileiras com autores e textos pouco ou nada convencionais que Os Satyros decolaram com muita potência. Ao analisar hoje, trinta anos depois, posso dizer que é difícil separar a dramaturgia da companhia, em todas as suas fases – menos ou mais textocêntricas –, de um festivo desacato aos "bons" costumes.

"A intenção é que o público saia da sala de espetáculos amando ou odiando, mas jamais indiferente", assegurou o diretor Rodolfo Vázquez, em reportagem que realizei em 1990 para o Caderno 2, de O Estado de S. Paulo. De fato, a radicalização de algumas propostas não poupou críticas e alguns narizes torcidos.

ESTÉTICAS

Quando estreou Sades ou noites com os professores imorais[3], no Teatro Bela Vista, em 1990, a companhia já carregava um DNA de estética extravagante. Também no código genético do coletivo, a oferta do incômodo temático, invariavelmente atrelado às provocações cênicas. Não à toa, o grupo ganharia alcunhas como teatro de "libertinagem" e "devassidão". No caso de Noites com professores imorais, essas características eram representadas pelos personagens Dolmancé de Nerville e Juliette de Saint'Ange, ao escolherem uma jovem para realizar suas ávidas experiências sexuais.

A peça Os cantos de Maldoror, de 1998, baseada nos poemas do Conde de Lautréamont (pseudônimo de Isidore Ducasse), transformados em prosa por Ivam Cabral, também provocava grande desconforto no público, que era transportado em um ônibus, num passeio

---

[1] Guzik, 2006, p. 59.
[2] Exatamente em 1994, o Oficina voltaria à cena com a montagem de As bacantes, baseada na peça do poeta trágico Eurípides.
[3] O espetáculo seria recriado em 2003, como A filosofia na alcova, entrando em temporada já no Espaço dos Satyros 2. Também foi apresentado em Lisboa, em 1993, gerando polêmica por onde ficou em cartaz.

em que ia como que perdido para o "meio da mata", em contraposição a um texto de alta voltagem poética:

> Vim a ti para te retirar do abismo. Aqueles que são teus amigos te olham, chocados e consternados toda vez que te encontram, pálido e consumido, nos teatros, nas praças públicas, nas igrejas. Abandona esses pensamentos que tornam o teu coração vazio como um deserto. São mais ardentes que o fogo. Teu espírito está tão doente que nem mesmo reparas nisto[4].

Quando inaugurou a sede dos Satyros na praça Roosevelt, em 2000, a companhia estreou *Retábulo da avareza, luxúria e morte*, baseado nos textos de Ramón del Valle-Inclán. A peça era composta de um texto principal e dois curtos, e dava a medida do fôlego de seus criadores em acrescentar diferentes estéticas à linha de força do grotesco, como as técnicas do teatro de marionetes e de sombras. A plateia era estimulada não a inverter de posição, como em *De profundis* (1993), mas a dividir o espaço da representação com os atores. A ação transcorria num cabaré, com mesinhas de bar, e aos espectadores-figurantes era servido vinho.

Os personagens principais: Dom Igi, dono de taberna, assassino e de caráter mesquinho; sua amante Pepona, uma prostituta velha, mas que espera um dia obter satisfação sexual; e o jovem Andaluz, filho da mulher assassinada por Dom Igi, que vai ao encontro do velho homem em busca de vingança. Na narrativa, o dono da taberna contratava artistas para mostrarem seus números (sombras e marionetes). Por isso, havia – como se tornaria habitual nos Satyros – um elenco grande em cena: dez atores.

Vale aqui destacar também o conceito do *"esperpento"*, criado por Valle-Inclán, instado a enxergar o estado de degradação de sua Espanha dos anos 1920 "a partir de uma realidade tão absurda que só poderia ser vista de fato através de lentes deformadoras", explicou Vázquez, à época da estreia, para mim, então repórter no *Caderno 2*. Um tipo de poética surgida nos primeiros decênios do século XX, que tem por características "exaltar" as deformidades das figuras dos heróis clássicos refletidos em espelho côncavo, resultando em imagens grotescas, distorções e dissonância, como crítica política e social sobre seu próprio tempo.

Como tragicomédia, o texto não abre mão do humor grotesco e de um suspense crescente em torno da amoralidade de cada personagem. Os temas discutidos estão no próprio título: avareza, luxúria e morte. Suspense ronda a matéria textual em que o público não sabe quem será vítima ou assassino até os momentos finais do espetáculo. Com esse dispositivo, que chamamos na dramaturgia de surpresa, a dupla divide o suspense,

4 Cabral, 2006, p. 135.

em que a plateia acompanha o anúncio de um assassinato ou acontecimento terrível, comprovando, como nas tragédias gregas, o "como" isso se dará na narrativa, uma vez que o "o quê" já está dado de antemão. Tanto a surpresa quanto o suspense – ou ironia dramática – fazem parte das estratégias criativas dos dramaturgos.

Em cena, desfilam figuras grotescas, pintadas com exagero, em composição fortemente binômia: o fracassado e o exitoso, o ingênuo e o esperto, o triste e o alegre, o suicida e o vivente, o desregrado consciente e o regrado que não se entende como tal… No fundo, semelhantes na dor que liga os párias sociais. Formam, assim, um caudal estranho e matizado nas cenas, que são alinhavadas por narrativas exuberantes. As características do grotesco, tão presentes na obra de Sade, são um forte legado às montagens da companhia. O grotesco com ênfase em figuras estranhas, deformadas, feias e bizarras, considerando aqui a criação dos personagens tão marcantes da dupla[5].

Logo, as ousadias temáticas, os desregramentos sexuais e a presença do elemento grotesco na composição dos tipos e das ações são tão enfáticos que parecem até encobrir, por assim dizer, a presença de um tema perturbador: a intensa e incontornável solidão dos seres das metrópoles. É nos personagens comportamental e sexualmente descomedidos, no controle ou não dos próprios desejos, que a companhia parece encontrar seu maior trunfo, pois faz da margem – das bordas da vida humana sempre em perigo – matéria-prima de suas criações.

ANCORAGEM

As peças da juventude dos Satyros estavam mais ancoradas na direção de um texto do que em radicais experiências de encenação. Não foram poucos os textos selecionados de autores contemporâneos, que formam um extenso repertório de montagens, do espanhol Valle-Inclán e do britânico Philip Ridley ao norueguês Jon Fosse, passando pelo autor francês Bernard-Marie Koltès e pelo brasileiro Sérgio Roveri. Também figuram os projetos especiais da companhia, que sempre encamparam generosamente dramaturgos menos ou mais experientes para escrever sob encomenda.

E, ao lado de tantos autores, as criações de Rodolfo e Ivam. Como atesta Rodolfo García Vázquez[6], as peças dos Satyros podem ser divididas em quatro eixos de criação: textos teatrais clássicos, adaptações de obras literárias, criação dramatúrgica a partir de material biográfico e criação própria.

---

5   Curioso notar que o próprio espaço – ou espaços que a companhia já teve na praça Roosevelt – remete-nos, em alguma medida, a uma espécie de caverna ou gruta, o que reforça a estética do grotesco, contaminada por traços expressionistas.
6   Vázquez, 2016.

Ainda que não possamos colocar esses eixos em cronologia, pois, de alguma forma, interpenetram-se, é possível notar que, a partir da adaptação de obras literárias, trilhou-se um expressivo caminho de criações próprias, enfatizadas tanto no texto como na encenação. (No sentido da força espetacular, Os Satyros, antenados com o espírito da época, o *Zeitgeist*, porém de modo original, direcionaram-se de maneira incontornável para experiências do uso de tecnologias em cena não só como parte do espetáculo, mas também como dramaturgia.)

Também se percebe uma migração da força de personagens de caráter mais dissoluto, criados a partir das adaptações (Sade, Artaud, Lautréamont e Valle-Inclán), para personagens em conexão com o universo social, nascidos das intensas vivências com e na emblemática praça Roosevelt. Essa "guinada" temática, por assim dizer, assomou a partir de meados dos anos 1990, mas ganhou força irredutível quando a companhia criou sua primeira sede no número 214 da praça.

Será possível perceber nas peças futuras uma espécie de decantação das explicitações sexuais de *Noites com os professores imorais*, *A filosofia na alcova*, *Cantos de Maldoror*, *De profundis*, *Transex*, entre outras, para um mergulho mais profundo nos temas da solidão, da incomunicabilidade, dos ruídos e abismos sociais das metrópoles. Arriscaria dizer que do interior das vidas devassas a companhia abriria fendas para devassar as vidas de personagens à margem pelas vias da exclusão social, sem, no entanto, abandonar o cunho dissoluto, anticonservador e libertário de seus personagens.

De fato, no decorrer dos anos 1990, críticos e teóricos falam com propriedade sobre a relação dramaturgia e sociedade. O crítico Jefferson Del Rios, no prefácio ao livro *Quatro textos para um teatro veloz*, salienta: "Os dramaturgos dos anos 90 recolocaram em pauta a degradação social das grandes cidades. O que era explicitado quase só por Plinio Marcos ganhou o interesse desses novos autores que se voltam para a violência das periferias e para a transformação dos pequenos delitos em crimes horrendos"[7]. Ele ainda destaca que alguns autores retomam o fio do isolamento sob o mesmo sentimento de desamparo e estranheza das peças dos anos 1970.

A vida na praça Roosevelt, que gerou o texto homônimo de Dea Loher, desdobrou-se em criações autorais premiadas e muito significativas por parte dos fundadores dos Satyros. Vejo isto como triunfo dos personagens, em composições formais híbridas entre o épico, o lírico e o dramático, com elencos numerosos e sob uma grande diversidade de gênero, raça e classe. Não só *Hipóteses para o amor e a verdade* (2010), como também *Cabaret Stravaganza* (2011); a trilogia *Pessoas perfeitas* (2014), *Pessoas sublimes* (2016) e *Pessoas brutas* (2017); mas também *Haiti somos nós* (2016), *Cabaret Fucô* (2017) e *Mississipi* (2019), entre outras.

---

[7] Cabral, 2006, p. 21.

DOMÍNIO TÉCNICO

> FOI ASSIM QUE ACEITEI A VIDA EM MIM
> COMO UMA FERIDA ABERTA
> QUE EU NUNCA QUIS QUE CICATRIZASSE.
> Max, em *Mississipi*, de Ivam Cabral e Rodolfo García Vázquez

Na prolífica dramaturgia da dupla Ivam e Rodolfo, a mistura dos gêneros literários – o épico, o lírico e o dramático – mostra-se relevante e é manipulada com grande domínio técnico. Nítida é a opção pela fusão de gêneros nas peças que compõem a Trilogia das Pessoas, mas que se estende em outras criações, como *Hipóteses para o amor e a verdade* e *Mississipi*. São textos resultantes de depoimentos colhidos em entrevistas com pessoas em situação de rua no entorno da praça, somados aos dos atores do grupo, e azeitados no poder da ficção.

Podemos replicar aqui um excerto da pesquisadora Silvia Fernandes, no prefácio da revista *A[l]berto*, Especial Dramaturgia, para falar do pensamento do dramaturgo e teórico francês Jean-Pierre Sarrazac, que também está presente na dramaturgia dos Satyros:

> É o que nota Jean-Pierre Sarrazac quando salienta que textos essenciais como os de Edward Bond, Thomas Bernhard, Heiner Müller, Bernard-Marie Koltès, Jean-Luc Lagarce e Sarah Kane, por exemplo, esforçam-se por conjugar as intenções dramática e lírica, em geral reveladas na relação catastrófica com o outro e consigo mesmo, à expansão épica em direção ao mundo e à sociedade[8].

Nas peças da companhia, esse hibridismo das formas encampa as inúmeras ações dos personagens, regidas na maior parte das vezes pelas desmesuras do amor, do desejo sexual, do medo e, sobretudo, de uma imensa e incontornável solidão. Como aponta Jefferson Del Rios:

> Ivam escolheu o registro da marginalidade, mas não a dos que praticam a violência consciente e assumida. Ao contrário, é a inquietante fragilidade das suas figuras que incomoda. Os repentes erráticos de viúvos, sem teto, solteirões, travestis, gente de programa e suicidas em potencial baixam sobre esses enredos como a luz da rua[9].

Também é marcante nesses textos a presença de multinarrativas, aparentemente independentes no início da trama, mas interseccionadas na medida em que acompanhamos

---

8 Garcia, 2013, p. 6.
9 Cabral, 2006, p. 23.

o desenvolvimento das ações. A fertilidade de tais narrativas nasce dos desejos de cada personagem – e são tantos personagens, em acordo com uma notável atitude política da dupla em manter, com ou sem crise econômica, dentro ou fora de uma pandemia, elencos numerosos, o que atesta diversidade e compromisso com a continuidade de trabalho de seus atores. Daí que em tais peças boa parte das narrativas – todas muito atuais – provêm da participação destes, que improvisam a partir de suas próprias vidas.

É o poeta, dramaturgo e jornalista Guilherme Dearo quem sublinha no prefácio da publicação de *Pessoas sublimes*:

> Um de seus momentos fundadores aconteceu em 2008, quando Ivam e Rodolfo resolveram entrevistar moradores da praça Roosevelt e do centro. A ideia era registrar suas histórias, preservar parte da memória e identidade da cidade e de seus cidadãos. Senhoras, homens solitários, prostitutas, travestis, moradores de rua. [...] São nos ensaios que, dos exercícios mais malucos e inocentes, surgem ideias, palavras e frases que acabam se revelando decisivas para o texto final. [...] Parte do texto final se deve aos *insights* dos atores – em momentos de extrema concentração, durante exercícios; ou em momentos despretensiosos, no bar em frente ao teatro ou em rodas de conversa no palco, essas ideias, que vêm sem aviso, modificam o processo de maneira irreversível[10].

Estive sempre me perguntando – sobretudo nos tempos pandêmicos – como o teatro pode dar conta da realidade? Quais as pulsões e estratégias para fazer arte dos sensíveis detectores de perigo que nossa sociedade dispara nos dias de hoje? Especificamente no caso do Brasil, olho atentamente para como a dramaturgia pode registrar esses tempos tão bizarros na política, economia, cultura, sem falar na saúde e educação. Em *Mississipi*, por exemplo, compreendi que é possível acoplar a realidade anômala a uma forma estética coerente, coesa, não maniqueísta e, acima de tudo, poética. E dessa acoplagem oferece-se um registro de nossos tempos, a partir das vidas, mais uma vez na trajetória dos Satyros, de seres imersos em solidão e marginalidade.

É assim que Ivam Cabral, Rodolfo García e todos os integrantes dos Satyros reinterpretam na prática o papel do artista neste início do novo século. E, como diz Ernesto Sabato, o grande escritor argentino do século XX, autor de *Sobre heróis e tumbas* e *O túnel*, entre tantas outras obras, sobre o que é ser um criador: "É um homem que, em algo 'perfeitamente' conhecido, encontra aspectos desconhecidos. Mas, sobretudo, é um exagerado". Exagerados, extravagantes e coerentes na sua jornada: estes, alguns dos predicados de uma companhia com 35 anos de uma fértil existência.

---

[10] Cabral; Vázquez, 2016, p. 14.

referências bibliográficas

CABRAL, Ivam. *Quatro textos para um teatro veloz*. São Paulo: Imprensa Oficial, 2006.

_____; VÁZQUEZ, R. G. *Pessoas sublimes*. São Paulo: Giostri, 2016.

GARCIA, Silvana (coord.) *A[l]berto: revista da SP Escola de Teatro*. São Paulo: 2013.

GUZIK, Alberto. *Cia. de teatro Os Satyros: um palco visceral*. São Paulo: Imprensa Oficial, 2006.

VÁZQUEZ, Rodolfo García. *As formas de escritura cênica e presença no teatro expandido dos Satyros*. Dissertação (Mestrado em artes cênicas) – Escola de Comunicações e Artes, Universidade de São Paulo. São Paulo: 2016. Orientador: Marcos Aurélio Bulhões Martins.

UM
CALEIDOSCÓPIO
CÊNICO
FASCINANTE

MIGUEL
ARCANJO
PRADO

A primeira vez que entrei no Espaço dos Satyros na praça Roosevelt, bem no centro de São Paulo, foi no ano de 2007. Jamais me esqueço daquela sensação que senti, um misto de medo e fascínio pelo desconhecido. Afinal, aquele teatro era diferente de tudo o que eu, um jovem jornalista recém-chegado à metrópole paulista, vindo de Belo Horizonte, já havia visto até então. O impacto da encenação proposta pelo grupo foi gigante, ao ponto de aquele teatro e aquela companhia se tornarem para mim sinônimo de teatro em São Paulo, a metrópole mais cosmopolita do Brasil. Caetano Veloso canta que Rita Lee é a mais completa tradução da cidade; se atualizasse a canção, certamente teria de citar também Os Satyros entre os versos de "Sampa".

Rodolfo García Vázquez é o grande encenador da história do grupo. Diretor de hábil sensibilidade para compor quadros belíssimos em cena, transportando o ordinário ao onírico, ele fusiona sentidos para criar poesia cênica, em uma poética que é intrínseca ao coletivo. A encenação dos Satyros dialoga o tempo inteiro com uma iluminação pensada, na maior parte das vezes, para criar atmosferas distintas em uma sala escura, como que transportando o espectador no tempo e no espaço. Ver as peças dos Satyros, muitas vezes, é como se encontrar dentro de um sonho – ou pesadelo –, tamanho o envolvimento que a encenação cria no espectador. Envolvimento este que provoca distintos tipos de sensação: medo, desejo, repulsa, amor e ódio ao que se vê, e que vão se misturando em uma cadeia psicológica digna de Freud.

Vázquez consegue mesclar com maestria distintos corpos e registros de atuação, que, unidos em cena, formam um conjunto coeso, para contar a história apresentada no palco, o que desperta interesse no público e evidencia as fartas referências internacionais que o diretor possui, sobretudo do teatro feito na Europa no fim do século XX e começo do século XXI. Vázquez flerta com o pós-dramático todo o tempo, mas não abre mão do teatro narrativo, performativo e até mesmo do épico-dialético brechtiano, no que este tem de mais político; assim, costura estilos e *performances* de forma habilidosa, imerso na miscelânea de gente que transita pela metrópole na qual o grupo escolheu desenvolver sua pesquisa estética.

Afinal, a cidade de São Paulo, historicamente, é feita de migrantes que vêm de todas as regiões brasileiras e também de imigrantes oriundos de diversos países do mundo, gente que se une imediatamente aos paulistanos natos, numa simbiose que gera diversidade em cada esquina, diversos sotaques, que se ouvem no metrô, por exemplo, com a maior naturalidade do mundo. Assim como a Pauliceia desvairada definida pelos modernistas, o Satyros é o lugar no qual tudo se une e se transforma mutuamente, em uma velocidade estonteante; nele é gerada uma arte única e exuberante, com essa troca intensa promovida por seus fundadores, Ivam Cabral e Rodolfo García Vázquez. Funciona como a grande ágora da cidade e, não à toa, é o epicentro de um de seus mais emblemáticos territórios, a praça Roosevelt.

A encenação navega muitas vezes na intimidade e na cabeça de seus personagens, colocando o espectador na posição de *voyeur* ou, muitas vezes, de um analista freudiano, para quem as figuras em cena revelam os desejos e feitos que não confessariam a mais ninguém. Em muitos dos espetáculos, escutar e ver o que se apresenta no palco não é algo confortável; muito pelo contrário, a encenação dos Satyros joga o tempo todo com desejo e repulsa, sadismo e masoquismo, em uma espécie de *yin-yang* necessário à vida em seu eterno movimento no tempo, de fluxo ou refluxo. Outro importante fator na encenação é o seu diálogo constante com as novas gerações, rejuvenescendo a cada temporada, com a entrada de novos atores nos espetáculos do grupo. Tal diálogo faz a companhia antecipar tendências e comportamentos sociais, que se revelam de forma natural, fruto do processo de convívio diário entre seus fundadores e artistas recém-chegados ao espaço, com novas percepções da vida, que logo são assimiladas pelo grupo em sua simbiose constante. E esse frescor sempre presente nas encenações não deixa de dialogar também com atores de trajetórias fartas, gerando potência nesse encontro e troca geracionais, com olhos que tudo já viram encontrando-se com miradas inocentes, o que provoca faíscas que brilham diante dos espectadores. A encenação dos Satyros é de nível internacional. Ao mesmo tempo que o grupo trata de temáticas brasileiras, estas são abordadas de forma universal. O que parece interessar é o comportamento da humanidade, o que revela o olhar de sociólogo de Vázquez no teatro que ele constrói. A companhia desenvolve em seus espetáculos um verdadeiro estudo antropológico e psicológico das vicissitudes dos habitantes da metrópole São Paulo, muitas vezes entrando nas entranhas mais profundas de seus atores, que se oferecem de forma despida ao público, em entregas genuínas e poéticas no que a humanidade tem de mais frágil. E é aí que o grupo consegue uma identificação imediata com quem o vê, sobretudo com os moradores que compartem sua cidade, ou provoca o fascínio pelo desconhecido, no caso de plateias estrangeiras a seu cotidiano geográfico. A cartografia que Os Satyros propõem é desenhada por sentimentos, atmosferas, volúpias, traumas e vícios que parecem inconfessáveis até serem vistos e ouvidos em seu palco.

A esse excesso de humanidade que Vázquez constrói em sua encenação é acrescida, nos últimos anos, uma farta curiosidade pela alienação humana nas novas tecnologias digitais e em rede, que leva o grupo a investigar essa simbiose cada vez mais profunda e inseparável entre o homem e a máquina, geradora de um novo tipo de humanidade, a humanidade ciborgue, como Vázquez propõe.

Esse homem-máquina não é atacado pelo diretor em sua encenação, muito pelo contrário, ele apresenta sua nova humanidade fria, distópica e futurista no aqui e agora, com esse autorreconhecimento provocando assombro nas gerações provindas do século XX e identificação nas novas gerações altamente tecnológicas desde o berço, frutos do século XXI. Os Satyros fazem essa transição de séculos, essa ponte entre o pós-moderno e o distópico-futurista que se impôs como realidade de forma veloz, sobretudo durante a pandemia. É como se a encenação de Vázquez sempre olhasse para a frente e, nessa mirada, acumulasse todo o passado que já a atravessou, sem ser pesada ou nostálgica, muito pelo contrário, pois busca enxergar o que de humano resta nesse porvir. Em seu olhar tecnológico, o grande feito dos Satyros é expor que as máquinas só têm sentido quando alimentadas de humanidade, como são as redes sociais, por exemplo. A máquina em voo solo é só uma aventura fria. Ela só ganha sentido se o homem nela acredita e nela compartilha suas inquietações e desventuras, em sua busca tão humana por atenção e reconhecimento do outro. É assim que Vázquez transforma o homem-robô em simplesmente homem, um novo homem, mas ainda tão humano quanto nas fragilidades mais humanas possíveis.

Com espetáculos tão emblemáticos, Cabral e Vázquez tornam-se uma dupla fundamental não só no cotidiano do grupo, desde sua fundação, em 1989, com múltiplas andanças pelo mundo, como também nomes cruciais para o andamento do campo criativo das artes cênicas no estado de São Paulo e na cultura brasileira como um todo, estimulando criativamente seus pares e inovando em linguagem estética assim como em alianças sociopolíticas que fortalecem o setor teatral. Além disso, colocam o teatro brasileiro na ponta da vanguarda mundial, como ocorreu em 2020 com o teatro digital promovido pela companhia, apresentado em quatro diferentes continentes com a internacionalmente premiada montagem *A arte de encarar o medo*, escrita pelos dois e dirigida por Vázquez, e que lá fora ganhou o nome em inglês *The Art of Facing Fear*. Mais um exemplo da forte movimentação do grupo rumo ao novo, ao desconhecido, ao futuro.

Cabral e Vázquez são duas mentes inquietas e que se recusam a perder o frescor juvenil. Em sua ânsia por desbravar, estão constantemente em busca de renovação e em diálogo profundo com o futuro que virá, antecipando pautas, estéticas e tendências no campo das artes cênicas, não só no contexto brasileiro, mas também no internacional. Afinal, qual outro grupo brasileiro já fez peças com atores do Quênia, da Nigéria, da África do Sul, da Índia, da Venezuela, da Bolívia ou das Filipinas? Os Satyros conseguem tudo isso em um mesmo espetáculo, como o já citado *The Art of Facing Fear* ou *Toshanisha: The New Normals*, de 2021, um feito que reitera sua alta capacidade de conexão e de promover a troca entre artistas diversos, fazendo da pluralidade, inclusive a geográfica, seu carro-chefe.

Esse furor internacional dos tempos pós-pandêmicos não é novidade na história do grupo, já que, no começo da década de 1990, os atores da companhia partiram com a cara e a coragem rumo à Europa, deixando para trás o Brasil em crise durante o governo Fernando Collor, que esmigalhou o setor cultural, algo que foi repetido três décadas depois pelo governo de Jair Bolsonaro – período em que o grupo novamente buscou conexões internacionais de forma mais intensa, mas, dessa vez, de modo digital, com o deslocamento geográfico impedido pela pandemia.

E foi essa coragem de partir rumo ao desconhecido que proporcionou a *expertise* que faz dos Satyros uma das companhias brasileiras mais bem-sucedidas e respeitadas atualmente no mundo. Durante as andanças europeias, nas passagens por festivais de diferentes países, o grupo conseguiu ser destaque no disputado Fringe de Edimburgo, sendo notícia na renomada BBC e nos principais jornais britânicos, o que colocou a companhia entre as de maior relevância na América Latina. E isso foi fruto da universalidade de sua estética, ao carregar uma humanidade altamente reconhecível e também perturbadora em qualquer parte do mundo onde se apresente.

A partir de 1994, o grupo alternou-se entre Europa e Brasil, período em que manteve sede em Curitiba – aberta até 2005 – e também em Portugal. Mas foi em 2000 que a companhia tomou a decisão que mudaria sua história: fechou a sede portuguesa e decidiu concentrar suas atividades em um só espaço recém-alugado na praça Roosevelt, o que parece ter sido uma das decisões mais acertadas em sua trajetória. Ao estabelecer-se em um lugar, a encenação dos Satyros encontrou ambiente adequado para realizar seus experimentos e dialogar de forma mais cotidiana e profunda com seu entorno, o que refletiu em espetáculos cada vez mais sofisticados e de poéticas mais buriladas por seu encenador.

O grupo encontrou na praça, a partir de 2004, a sua grande temática, já que o espaço reunia um verdadeiro caleidoscópio da metrópole. A Roosevelt era então um lugar degradado da região central paulistana, entregue à violência do tráfico e à prostituição de rua. Com a movimentação gerada pelas peças dos Satyros, que atraíram intelectuais, classe artística e comunicadores, o local logo foi transformado em um centro efervescente de cultura, em constante ebulição, atraindo outros grupos teatrais para terem sede no lugar, nessa época ainda com aluguéis baratos – a ironia é que a revitalização da praça pelo teatro foi o que também gerou a subida dos preços. De todo modo, Os Satyros criaram um modelo de revitalização do espaço público por meio da arte que tornou-se tema de estudos acadêmicos no campo da ocupação urbana e exemplo em fóruns de urbanismo globais.

É preciso ressaltar que isso não se deu sem ameaças de morte vindas de traficantes e outros tipos de tentativas de intimidação; no entanto, o grupo sempre soube resolver tudo com muito diálogo e capacidade de articulação política com o seu entorno, e também trazendo tais conflitos para dentro da cena, transformando qualquer um que cruzasse o caminho da companhia em personagem, cena e poesia.

E foi tal capacidade de articulação que tornou os fundadores do grupo, em conjunto com a atriz Cléo De Páris, maior musa da história da companhia e da própria praça Roosevelt, integrantes do time de artistas que concebeu a criação da SP Escola de Teatro – Centro de Formação das Artes do Palco, hoje referência internacional, com uma pedagogia inovadora do ensino das artes cênicas e que muito bebeu da fonte criativa dos Satyros. Pedagogia esta que bebe também da fonte de Paulo Freire para criar um espaço de liberdade de pensamento e criação artística, e que antecipou tendências, como a decolonização teórica e o protagonismo de questões identitárias com recortes de gênero, etnia e sexualidade, por exemplo.

Dentro da temática de valorização da população LGBTQIA+, a SP Escola de Teatro ainda foi vanguarda no movimento de contar com um grande time de colaboradoras transexuais. Essa é outra temática que está no DNA dos Satyros, que trabalham com atrizes trans e travestis desde sua chegada à praça Roosevelt, período em que essa população era estigmatizada dentro do próprio teatro, mas cuja humanidade era investigada e poetizada nos espetáculos da companhia, precursora da humanização dessa população.

E é aí que se situa uma figura icônica que integra de forma inseparável a trajetória dos Satyros e que trouxe sua singularidade como potência às encenações do grupo: a diva cubana Phedra D. Córdoba (1938-2016), que foi, com seu inconfundível carisma e sua personalidade geniosa, a grande estrela da companhia até a sua morte. Phedra integrou a história do teatro latino-americano, com atuação não só na Cuba natal pré-castrista como também na noite de Buenos Aires, onde foi descoberta pelo produtor de teatro de revista Walter Pinto e levada ao Rio de Janeiro. Nessa cidade, tornou-se companheira de geração de travestis icônicas dos palcos, como Rogéria e Divina Valéria. Dali, nos anos seguintes, no auge da ditadura civil-militar, transferiu-se para São Paulo, metrópole onde brilhou em casas noturnas como Medieval e Nostromundo. Isso antes de ser convidada por Cabral e Vázquez a integrar a companhia, ao cruzar com os dois na praça Roosevelt. Ambos a tirariam de um lugar de ocaso na carreira e a converteriam em estrela hoje indiscutível do teatro nacional.

Busquei condensar a personalidade de Phedra, e também seus conflitos internos e com o grupo, geradores de múltipla poesia, em *Entrevista com Phedra*, que escrevi em 2016 e que estreou em 2019 no Espaço dos Satyros. Dirigido por Juan Manuel Tellategui e Robson Catalunha, o espetáculo contou com Márcia Dailyn, a primeira bailarina trans do Theatro Municipal e nova diva dos Satyros e da praça Roosevelt, interpretando de forma eloquente a homenageada e contracenando com Raphael Garcia, que viveu o jovem repórter que fui, e teve direção de produção de Gustavo Ferreira e realização de Cabral e Vázquez. Lembro que ambos terminaram a sessão com lágrimas nos olhos. Mas voltemos à Phedra real.

Phedra foi estrela de espetáculos que marcaram a chegada dos Satyros ao centro paulistano, como o premiado *A vida na praça Roosevelt* e *Transex*, pioneiro na abordagem da temática em nosso teatro. Com sua indiscutível estrela, logo ela foi muito acolhida pela imprensa paulistana, hipnotizada pelo seu fascínio, assim como pela televisão, o que deu ao grupo ampla projeção.

Por ter levado ao Olimpo da cultura brasileira artistas como Phedra D. Córdoba, Os Satyros tornaram-se ícones da chamada cena *underground* do teatro paulistano, sem medo de abordar tabus sociais em seus espetáculos ou em seu cotidiano, nem de convertê-los em temas a serem vistos e discutidos cenicamente. E essa assimilação não se encontra apenas na encenação, mas também no encontro real. Dono de um movimentado bar em sua sede, frequentado por pessoas de diferentes origens e matizes, o grupo ainda é responsável pela criação do maior festival de artes cênicas de São Paulo, e um dos maiores do país, o Festival Satyrianas. Comandado por Cabral, Vázquez e o coordenador geral Gustavo Ferreira, também longevo ator da companhia, o evento, com suas 78 horas ininterruptas de arte, tornou-se uma das mais importantes plataformas de lançamento de novos espetáculos no teatro brasileiro. Assim, o futuro do teatro brasileiro é parido nos Satyros, e, nessa troca, o grupo e sua encenação se renovam constantemente, através do contato intenso com novas propostas e experimentações, com o evento funcionando como um efervescente laboratório. O festival foi retratado no filme *Satyrianas, 78 horas em 78 minutos*, misto de ficção e documentário dos diretores Daniel Gaggini, Fausto Noro e Otávio Pacheco, e que merece ser visto.

Como já foi dito aqui, outra temática abraçada com afinco pelo grupo é a tecnológica. A partir de 2009, a companhia foi a primeira a investigar de forma contínua no teatro brasileiro os rumos da automação e da inteligência artificial em projetos de espetáculos como *Cabaret Stravaganza* e *E se fez a humanidade ciborgue em sete dias*, este último com sete diferentes montagens com visões de diferentes dramaturgos para a mesma temática – a companhia fez isso novamente em 2021, com o Festival Dramaturgias em Tempo de Isolamento. Com este olhar para o futuro, o grupo também foi o primeiro a permitir que o público entrasse na sala com o celular ligado, convertendo o uso do aparelho em recurso cênico nas encenações de Vázquez, que sempre dialogaram de forma farta com o espectador, muitas vezes transformando-o na própria cena.

E Os Satyros não seriam nada sem as centenas de atores que passaram pelo grupo, emprestando suas vivências e trajetórias aos personagens que interpretaram nas dramaturgias de criação colaborativa, como é prática na trupe. É esse excesso de vida em seu entorno que alimenta o encenador Rodolfo García Vázquez. Nos espetáculos dos Satyros, sempre é possível encontrar matizes distintas de atores em cena, não só de corpos com características distintas como também com múltiplos registros de atuação.

O diretor dos Satyros consegue orquestrar essa miscelânea de gentes de forma operística, capacidade que faz de Rodolfo García Vázquez um dos maiores encenadores do teatro brasileiro contemporâneo. Ele atua como um grande maestro construtor de sentidos poéticos a partir das contribuições dadas por seus artistas, com os quais sempre cria uma relação familiar que costuma pairar em todo o grupo, com suas dores e delícias. Ivam Cabral, com verve dramatúrgica veloz para condensar em textos falas, relatos e propostas surgidas nas salas de ensaio, costuma sempre dizer que Os Satyros são uma família. E é o que qualquer um que se aproxima do grupo logo percebe, no mais amplo sentido da palavra.

Com todas as incongruências dessa família e de quem a rodeia transformadas em cena, Os Satyros estão sempre em efervescência. No grupo, o novo convive harmoniosamente com o velho, o passado com o presente, o futuro se antecipa, o que é feio vira bonito e vice-versa, não há padrões a serem seguidos, tampouco amarras estéticas. Na encenação de Vázquez, tudo pode ser reinventado, revisto, refeito, deglutido e posto para fora, no que o grupo também se aproxima do conceito de antropofagia seguido por outro grupo que o precede: o Teatro Oficina de José Celso Martinez Corrêa. Mas a antropofagia dos Satyros tem seu próprio estilo, sua própria forma. E quem dá esse tom único é seu hábil encenador.

Na lógica dos Satyros, tudo é possível, inclusive o impossível. E, a quem duvida, eles logo provam o contrário. Os espetáculos do grupo independem de orçamento ou de grandes parafernálias técnicas. Com um engenhoso time de direção de arte, sonoplastia e iluminação, Vázquez cria ambientações oníricas com muito pouco. Com um nada eles fazem tudo. Junto dos artistas da companhia, Vázquez consegue transformar qualquer coisa que seria vista como deficiência na maioria dos grupos de teatro em estética própria, que enche os olhos do público e cria atmosferas inesquecíveis. Como já foi dito, Os Satyros são herdeiros do Teatro Oficina, de José Celso Martinez Corrêa, em sua relação antropofágica com o aqui e agora e com o mundo e as pessoas que o cercam. Mas, se Zé Celso e sua companhia buscam um sentido mais próximo da macropolítica para seu discurso cênico, Os Satyros vão no caminho inverso, com Cabral e Vázquez transformando a micropolítica em sua obsessão. Isso não significa que o grupo não tenha abordado temas notadamente políticos em suas obras, como em *Édipo na praça*, que incorporou as jornadas de junho de 2013 ao clássico grego, na primeira vez que a encenação saiu da sala teatral e inundou a praça que cerca a companhia, ou em *Pink Star*, espetáculo no qual abordou a ebulição da questão LGBTQIA+ em 2017 e a ascensão do autoritarismo fascista no Brasil.

Em *Édipo na praça*, Os Satyros fusionaram o clássico teatro grego com o teatro de rua brasileiro em protesto político, buscando entender e assimilar à sua encenação as movimentações nas ruas, que mudariam a história recente brasileira. A companhia chegou a abrigar manifestantes fugidos das balas de borracha e bombas de gás da polícia, e isso virou cena no espetáculo. Os manifestantes que não sabiam muito bem contra o que estavam protestando também foram assimilados à encenação de Vázquez. Este dava cartazes e canetas aos espectadores para que escrevessem qual era seu protesto, revelando no próprio espetáculo a desorientação do público-manifestante, que mais tarde seria utilizado para o crescimento da extrema direita no Brasil. E isso foi antevisto, de certo modo, na encenação dos Satyros.

Já em *Pink Star*, o grupo percebe as mudanças na comunidade LGBTQIA+, com o surgimento de novas siglas, nomenclaturas e legitimação social de novas identidades de gênero, mostrando uma nova geração não mais disposta a seguir o pensamento sexual binário do passado. Vázquez transforma o espetáculo de 2017 em um grande laboratório porta-voz dessas questões, sem deixar de torná-las palatáveis ao grande público, utilizando-se da linguagem de *cartoon*. Para a remontagem de modo digital em 2021, impôs novo ritmo e dinâmica à obra, em que o espetáculo se torna ainda mais ágil e dialoga com o mundo multicor dos efeitos e filtros digitais. E ainda impôs um olhar mais reflexivo sobre as lutas das pautas identitárias – muitas vezes transformadas em novas amarras ou mesmo em jogos de poder –, em que revela, de forma desconcertante, a humanidade que há por trás de qualquer discurso, por mais de vanguarda e progressista que ele se apresente. A isso soma-se a interpretação mais madura de Diego Ribeiro na revista à protagonista Purpurinex, que deixou o espetáculo repleto de sutil e corajosa ironia.

Em relação à atmosfera, outro grande trunfo na trajetória dos Satyros e em sua encenação é o diálogo profundo do grupo com a obra de Marquês de Sade (1740-1814), visitando inúmeras vezes a temática de uma aristocracia sádica que traga a juventude e a beleza de modo insaciável como forma de perpetuação no poder. Na opinião deste crítico,

Vázquez é o maior encenador de Sade no teatro. Revisitada pelos Satyros, a dureza do texto de Sade se encaixa com perfeição na crueza concreta de São Paulo, uma metrópole de ritmo feroz onde desejos ambiciosos convivem com a destruição de sonhos. E Vázquez constrói essa atmosfera de forma dilacerante. Os Satyros ressignificam Sade no presente – e em qualquer presente –, conferindo ao clássico uma nova contundência.

Com tanto o que dizer, logo o teatro fica pequeno para o grupo, que se aventura também no cinema. Assim, leva para a sétima arte a cidade e seu seminal Sade, incluindo a estética de sua encenação teatral, que se impõe aos dois longas rodados pela companhia: *Hipóteses sobre o amor e a verdade*, de 2015, e *A filosofia na alcova*, de 2017; este último, um dos três filmes que mais tempo ficaram em cartaz na cidade de São Paulo, com sua magistral cena de sexo grupal – a maior do cinema brasileiro. Com a aquisição do histórico Cine Bijou, também na praça Roosevelt, o grupo assume o cinema como um de seus braços desejados, mas em um lugar de experimentação estética típico do chamado cine-arte.

Não à toa, no título da obra que escreveu sobre a companhia, o crítico teatral Alberto Guzik (1944-2010), que se tornou ator e mentor do grupo entre 2002 e o ano de sua morte, definiu Os Satyros como "um palco visceral". Diante de tantas histórias e espetáculos que marcaram distintas gerações, a sensação que fica em mim, quando preciso escrever algo sobre esse coletivo, que faz parte, inclusive, de minha trajetória acadêmica, é aquela que tive na primeira vez em que tive contato com seu teatro veloz: a de um jovem garoto vindo do interior que sente medo e encanto diante do desconhecido que pulsa na grande metrópole chamada São Paulo, da qual Os Satyros são um dos mais profundos significados, com sua poesia cênica concreta e fascinante.

INTERSEÇÕES ESTÉTICAS E PEDAGÓGICAS DOS SATYROS

BETH LOPES

Um dia, em março de 2021, durante a trágica pandemia da covid-19, ao me debruçar sobre a pesquisa e escrita deste ensaio, comecei minha missão mirando, horas a fio, a página dos Satyros na internet. Queria entrever, entre as brechas, algo particular sobre a pedagogia teatral do grupo. Constatei, claramente, a enormidade de produções de espetáculos, de elencos, de projetos, de prêmios e de participações em festivais nacionais e internacionais, aos quais eles se dedicam há décadas. É um conjunto de evidências que não deixa dúvida da relevância do coletivo na história do teatro brasileiro. Me surpreendi ainda com a abrangência de temas abordados, limítrofes, filosóficos e poéticos, em que os cruzamentos das linguagens cênicas, das visualidades e sonoridades são explorados. Testemunhei especialmente o alargamento da trama das relações internacionais, o que não pude deixar de filiar ao avanço do teatro digital praticado por eles, além de associar isso também ao fato de que sempre agiram através das redes de relações, interagindo amplamente com diferentes pessoas, camadas sociais, lugares, países.

Tentei, em vão, estabelecer limites para o recorte pedagógico dos Satyros; foi impossível, porque podemos muito bem falar da pedagogia teatral como um conjunto de regras e procedimentos para aprimorar o trabalho do ator, mas também existe a possibilidade de o encenador evocar a pedagogia para escalar a criação e aprendizagem de uma estética. Assim, diante dessa dificuldade, fica inseparável a relação entre a pedagogia e a estética teatral nos Satyros.

A pedagogia também pode ser o modo como os nossos métodos educacionais e formativos são implementados. Também nos referimos a pedagogias que vão nos moldar para o mundo civilizado ou, ao contrário, àquelas que vão nos constituir através da experiência pessoal e coletiva, e nos abrir para o mundo. Inclusive posso nomear a pedagogia que utilizo com recursos da filosofia, da antropologia, da sociologia, cujos conceitos específicos impregnam a pedagogia da experiência, a pedagogia dionisíaca, a pedagogia freiriana, a pedagogia do ator, a pedagogia das máscaras, a pedagogia da alegria e do amor, a pedagogia vitalista, entre outros exemplos. Também posso seguir linhas pedagógicas de uma determinada metodologia, como a do Stanislavski, a do Meyerhold, a do Barba, a do Antunes ou a do Zé Celso, que resultam em montagens teatrais. Posso, portanto, juntar elementos de pedagogias diferentes. Do mesmo modo, utilizo a pedagogia para praticar as ações sociais e o teatro em situações de aprendizagem, assim como para me relacionar com quem quer que seja.

Um outro esforço no desenvolvimento deste ensaio foi tentar emoldurar o teatro dos Satyros, imaginando que isso facilitaria o meu estudo. Missão totalmente fracassada; é uma incumbência inviável. Não é possível enquadrá-lo em um modelo único; as realizações do grupo que olho, e que me olham, são heterogêneas, feitas de variadas ordens e interesses. Porém, "algo" se repete e se avoluma entre as encenações, atuações e ações, que revelam pistas ao meu olhar.

A eletrizante dupla de fundadores dos Satyros, Ivam Cabral e Rodolfo García Vázquez, é uma fonte inesgotável de criatividade e paixão. Com eles, os participantes dos Satyros giraram o mundo fazendo teatro, amizades e parcerias. No momento de isolamento, só foi preciso acelerar esse procedimento de convivência virtual, verdadeiro exercício que agora se faz entre arte e vida com as próteses tecnológicas que configuram os corpos nas telas, os corpos digitais. Ao invés da negação, a cultura digital se torna uma assertiva para o grupo continuar a produzir teatro e *performance* em tempos de caos.

As realizações ali no *site*, a meu ver, se sobrepõem e se diversificam com a cadência da vida real e, pela mesma variedade, se reconhece nelas a capacidade de produzir novas forças e provocar encantamentos na cena e no público. Nesse tempo de confinamento coletivo, de incertezas quanto ao trabalho para os artistas, o grupo investiu cada vez mais na interação com artistas do mundo, com vistas a estreitar e acolher a dor de todos. A peça digital *A arte de encarar o medo*, por exemplo, é um evento global que promove um intercâmbio com atores e atrizes dos cinco continentes, a partir do grupo brasileiro. Quando se reúnem de suas casas para falar da vida em situação de pandemia, a distância geográfica torna-se ficção, fala-se do medo, da solidão, da perda. Trata-se de um acontecimento cênico que tem na arte um modo de fazer política, cujos recursos performativos emprestam vitalidade, afetividade e coragem ao encontro relacional.

É evidente que o comportamento interacional inscreve outra dimensão do pedagógico, a da relação estética e política com o entorno, com o ambiente que se cria, numa luta pela vida na situação da pandemia, com o afastamento dos corpos físicos e a abertura sem limites à convivência remota que se instala. Alternando a minha história com a deles, busco construir essa narrativa com admiração, ciente de que se trata de uma fatia significativa da história dos grupos teatrais em solo paulistano e brasileiro desde o início da democratização do país. Por essa razão, entre tantas tarefas que nos engolem no dia a dia de nosso isolamento e relacionamento virtual, levei muito a sério a pesquisa e a apresentação deste tópico do livro: a pedagogia dos Satyros.

No intuito de pôr o leitor a par do lugar de onde olho para refletir sobre a pedagogia da companhia, digo que a minha relação com o grupo é a de uma espectadora atenta, que acompanha as transformações que acontecem na cena e na vida dos seus integrantes desde o final dos anos 1980 até os nossos dias. Também, alia-se ao meu testemunho o período em que iniciei como artista da cena, diretora de teatro, professora e pesquisadora. Porém, só mais tarde é que se deu a minha aproximação com Ivam Cabral. Ele queria continuar a carreira acadêmica, interessado em pesquisar e discutir a pedagogia da SP Escola de Teatro, da qual foi um dos idealizadores. Foi assim que ele encontrou, na linha de pesquisa em que eu atuava na época – formação do artista –, o espaço para investigar, além da minha parceria como orientadora.

Com brilhantismo, não sem duvidar humildemente de si mesmo por instantes, Ivam defendeu a tese *O importante é [não] estar pronto*[1], sobre o projeto da SP Escola de Teatro, lugar que ele ajudou a fundar e onde atualmente exerce a função de diretor executivo. Tal posição conquistada, ao contrário do que se poderia imaginar, não diminuiu a tensão com a sobrevivência da escola, pela qual Ivam, como diretor, luta sem descanso, visando a manutenção do espaço e do vínculo entre todos.

Por outra via me aproximei, também, do Rodolfo García Vázquez, durante as aulas de *performances* com os estudantes de direção teatral, quando pude conhecer o engenhoso projeto político-pedagógico da escola e o vigor da aprendizagem. Retrocedendo um pouco no tempo, porém, é importante contextualizar Os Satyros mais à distância, e não só a partir da proximidade com que os olho.

Como já disse, amarrando a minha história à deles, do final dos anos 1980 em diante, nos cruzamos pelos palcos da cidade. De algum modo, o que nos tocava como estética era a da cena mais experimental da época, cujos componentes se desdobravam e inspiravam os coletivos de artistas. Com a intenção de expandir as fronteiras como coletivo profissional, experimentando e criando recursos artísticos próprios, Cabral revela, em

---

[1] Cabral, 2017.

sua tese de doutorado, que Os Satyros foram motivados pelas realizações de artistas e grupos das décadas de 1980 e 1990, como Antunes Filho, Gerald Thomas, Zé Celso, Ulysses Cruz e, até mesmo, pelos espetáculos desta que vos escreve, em seus projetos da época. Período esse historicamente conhecido como um "teatro da imagem". A expressão já diz muito, mas vale lembrar do valor das visualidades como tônica e do também chamado "teatro do diretor", com o surgimento da cena conceitual, autoral e fortemente visual em suas materialidades, entre as quais o corpo do ator, que, em sua composição ficcional, torna-se um canal de visibilidade das corporeidades invisíveis. Não custa lembrar, ligeiramente, das propostas corporais dos atores e atrizes em Antunes Filho e Gerald Thomas, por exemplo. Gestos desenhados, ampliados, repetidos e nervosos exprimem a violência que a vida (pós-moderna) faz nos corpos. Há que se recordar, também, do papel da cenografia monumental que se fantasia com os efeitos de luz e citar, pelo menos, os seus respectivos parceiros: J. C. Serroni e Davi de Brito; Daniela Thomas e Wagner Pinto.

Tudo isso, por certo, constituía um teatro de resistência e, ao mesmo tempo, inaugurou uma abertura ao experimentalismo dentro do mercado cultural. Esse conjunto de teatros que escalaram os anos 1980 e 1990 fazia das experiências cênicas uma construção de linguagens próprias – um lugar de "choque" e vanguardismo–, traduzidas em leituras performativas e visualidades desejantes de uma aproximação com o público.

Os Satyros são corpos dessa constelação. Como parte e consequência dessas tendências, usam e abusam das possibilidades tecnológicas e da construção visual da cena; porém, constituem-se de um modo particular e radical no que se refere ao conteúdo dramatúrgico e, como efeito, na linha de atuação dos atores. Seus corpos, assim, são feitos da tragicidade do mundo real, incorporam marcas, cicatrizes, traumas. A lista de autores malditos, como Sade, Lautréamont e Oscar Wilde, apresenta personagens fracassados, inquietos, sexuais, amorosos, violentos, excessivos, feitos de carne e osso, como nós. O trabalho do ator, antes de qualquer enquadramento, é movido por uma espécie de expressionismo corporal no qual os corpos simbolicamente deformados carregam a dor e a beleza da vida. A encenação, assim, compõe o espetáculo com a bricolagem do ator, acentuando a cor, a sombra, o reflexo, o volume, o ritmo e a leveza dos corpos que pousam no teatro dos Satyros.

Antes de vê-los no lugar que ocupam hoje, na praça Roosevelt, eu já os admirava na ocupação do Teatro Bela Vista. Considerava Ivam um ator vigoroso, Rodolfo Vázquez, um encenador ousado, e juntos faziam um teatro que desafiava quaisquer referências. Apesar dessas influências declaradas, o grupo traçou, ao longo dos anos, um teatro singular com características próprias, por vezes desafiadoras e desviantes, expondo na cena a sensibilidade dos "perdedores" que habitam, frágeis e indefesos, a mesma cidade e transitam pela mesma praça. Ocupar o universo do teatro como espelho da marginalidade, sensivelmente, como Plínio Marcos ou Bernard-Marie Koltès, delata o submundo e outras esferas sociais para colocar em questão os limites do interdito, das fronteiras e, especificamente, dos assuntos tabus pouco debatidos: a sexualidade e o gênero.

Movidos que foram pela experiência de teatro de grupo como alternativa democrática e econômica, e para oportunizar uma melhor formação de artistas e técnicos, pode-se discutir, como primeiro degrau na construção deste ensaio, a ideia de prática educacional no entrelaçamento estético-pedagógico dos Satyros com a SP Escola de Teatro; uma relação já duradoura que, desde 2009, agrega experiências e conhecimentos. Tal relação se consolida, tendo em vista o leque das atividades em que a aliança torna-se, para ambos os espaços, o grupo e a escola de teatro, agente central de transformação social. Tarefa complexa é dissociar uma ação da outra na obra dos Satyros.

Com o firme propósito de fazer convergir os pensamentos e as práticas em artes cênicas, a escola se torna um polo de criação e de emergência de novos artistas e técnicos de teatro. Sobressai-se a SP Escola de Teatro por ser um lugar singular em que artistas profissionais permutam o que sabem com os jovens artistas.

O entorno e a praça, perante o Espaço dos Satyros e da SP Escola de Teatro, constituem um território da diferença, um microcosmo da metrópole, lugar de residência e resistência, de encontros e desencontros, cruzamento das diversidades, espaço de jovens, de velhos, de cães, de pombos, que acolhe os noturnos e os diurnos em revezamento lento, redefinindo a arquitetura desse reduto pulsante da cidade.

Daí em diante não é possível desarticular essa estreita relação do teatro com o tecido urbano. A cidade, a praça e a rua serão sempre os laços imaginários dos espaços do cotidiano que marcam as relações entre as pessoas em um mundo cheio de memórias do corpo das diferentes fases da vida. Além disso, o debate crescente sobre o empoderamento e a conquista do lugar de fala, das questões de raça, gênero e sexualidade, no cruzamento das múltiplas possibilidades da arte contemporânea, ganha o "território", conceito de Milton Santos que embasa Cabral e Vázquez quanto aos objetivos em relação à escola, um espaço que integra a comunidade, a cidade e a si mesma como um território vivo.

Tive o privilégio e o prazer de colaborar com a SP Escola de Teatro em muitas ocasiões e em diferentes assuntos, ocupando um território cuja riqueza está no acolhimento das diversidades sociais e culturais. Participei de conferências, debates, aulas, entrevistas, projetos artísticos e educacionais, atividades que ampliaram a minha admiração pelo modo como os professores-artistas e aprendizes-artistas trabalham a relação entre teatro e educação na instituição. Assisti aos experimentos propostos aos estudantes e pude ver como exploram a criatividade, a inventividade e a conexão com temas de diferentes campos de conhecimento, fundamentados em problemáticas axiais da cena, bem como a partir de acontecimentos atuais.

Notei, ainda, a horizontalidade das relações que se criam entre professores e estudantes, não só em sintonia, o que seria paradoxalmente improdutivo, mas também num ambiente que *performa*[2] o crescimento do aluno para além de um artista: um ser humano clivado pelas provocações estéticas e pedagógicas, em contínuo processo de formação de si mesmo.

Na esteira dessas experiências – único legado da vivência compartilhada no tempo e espaço através de processos de criação, espetáculos e projetos político-pedagógicos que constituem a esfera de realizações do grupo –, o teatro performativo e digital, a estética, a cultura, a educação e a pedagogia se tocam na longa e proveitosa trajetória de luta por um espaço de criação, inter-relação e circulação das obras cênicas.

Ivam-e-Rodolfo vão constituindo ao longo dos anos os constructos de um modo de tornar-se artista pautado pelo convívio e pela aprendizagem por meio da troca com outros artistas, o que, de certa forma, os direciona para uma metodologia cênica em constante transformação. Isso significa que o valor do conhecimento se dá com a experiência, considerando-se as diferenças que atravessam outros corpos-artistas e a capacidade de olhar para as coisas entre arte e vida, interessada *no que e em como se dão* as coisas em processos de criação artística.

Referência nos estudos de Jorge Larossa, o lugar da experiência é subjetivo, sobre um sujeito capaz de deixar que algo lhe passe em suas ideias e representações.

Reflito, entre goles de café, que a escola privilegia a experiência como pesquisa cênica, assim como, entre os Satyros, ela sempre foi a substância e o motor das realizações cênicas. Ademais, ensaia-se o caminho de artistas autônomos e autorais, dentro de uma perspectiva crítica decolonial e de resistência ao sistema homogeneizante da globalização contemporânea. Compreender que a encruzilhada de abordagens poéticas e pedagógicas surge da necessidade de intervir criticamente nos assuntos da realidade não significa negatividade, mas discernimento.

ANTES E DEPOIS DA PRAÇA ROOSEVELT

Pode-se dizer que a presença e a atuação do coletivo na cena contemporânea têm tido grande impacto urbano, social, cultural, artístico e político. No final dos anos 1980, Ivam Cabral e Rodolfo García Vázquez encontram-se para fazer acontecer o Teatro dos Satyros. O primeiro, vindo de Curitiba, depois de concluir o curso de artes cênicas na PUC-Paraná; o segundo, filho de imigrantes espanhóis, saído dos cursos de pós-graduação em

---

2 Uso do verbo *performar* como aquilo que traz da estética a relação do *tornar-se* eticamente entre os processos de arte e de vida, mobilizando e transformando o sujeito contemporâneo.

sociologia na USP e administração na FGV. A partir desse encontro, que se dá em São Paulo, empreendem juntos o caminho sinuoso na conquista de um teatro de estilo e espaço próprios.

Ivam-e-Rodolfo complementam-se nas funções de diretor e ator; os espetáculos realizados pelos dois fundadores resultam em uma prática dialógica e crítica que transborda ante o profissionalismo com que administram e sustentam a longa vida da companhia. Essa divisão de funções, porém, ao longo dos anos, parece tornar-se, aos olhos desta espectadora, uma experiência mista, embaralhada, atravessada, fragmentada, tornando indiscriminável onde começa e onde termina o trabalho de cada um. Do mesmo modo, tornam-se indistinguíveis as funções de cada artista específico. Sintoma de um tempo de revoluções tecnológicas que tornam mais porosos os comportamentos mediados pelas redes sociais.

Das transversalidades das linguagens teatrais típicas dos anos 1980-90 às *performances* digitais do século XXI, as experiências estéticas radicais pelas quais o grupo passou fizeram da prática da cena, paradoxalmente, um exercício da pedagogia. Fazer teatro e *performance*, pesquisar, ensinar, escrever e viver seu cotidiano compõem, hoje, um conjunto inseparável do mesmo impulso criativo.

Levando em conta as relações entre ideias estéticas e pedagógicas que ocupam o espaço e o tempo do grupo, foi inevitável dividir a atuação dos Satyros em dois momentos datados, porém permeáveis: *antes e depois da chegada à praça Roosevelt*. Evidente que esse *antes e depois* constitui uma trama só, com ideias e ações que se interpenetram, ao sabor das questões que atravessam o grupo, sejam elas de ordem individual, coletiva, poética, profissional ou econômica. Observado esse deslocamento histórico, entrevejo transformações estéticas no teatro dos Satyros na contemporaneidade; entretanto, alguns componentes adquiridos no percurso da experiência vão sendo requintados.

Nota-se, também, uma implicação para a memória do grupo, na medida em que os espetáculos de antes são reperformados pelo público atual. Os espetáculos reapresentados se renovam – como fênix, renascem das cinzas; ao mesmo tempo, revivem o passado, reafirmando o repertório, os documentos e arquivos dos artistas que constituem a memória viva do grupo.

O momento anterior à praça Roosevelt, vivido entre Lisboa, Curitiba e São Paulo, traz experiências derradeiras para a formação do grupo no que diz respeito ao campo do ator, da dramaturgia e da encenação. O estabelecimento da companhia no território da praça Roosevelt, em 2000, configura o início dos desdobramentos dessas experiências anteriores, vividas lá no "além-mar", que, daí para a frente, tornarão os projetos de Ivam-e-Rodolfo mais desafiadores para eles mesmos e para o grupo que se alicerçava.

A realidade da praça, antes de 2000, girava em torno dos costumeiros do lugar: prostitutas, michês, travestis, transexuais, usuários de drogas, traficantes, policiais e desabrigados. Sob o impacto da chegada dos Satyros, a Roosevelt passou de um lugar violento e desigual para um lugar de bons encontros, de resistência LGBTQIA+, que também dividia espaço com as grandes produções e o público erudito do Teatro Cultura Artística. As transformações da praça iriam convergir com a chegada de outros grupos de teatro e bares, que até hoje alegram as noites da cidade.

A comunidade Roosevelt se reconstitui e permanece ainda hoje por força da reunião dos grupos, empresários e *habitués* do centro da cidade, geralmente aqueles à margem da modernização e do consequente fortalecimento capitalista que acirra as diferenças sociais. O grupo, em seus anos iniciais, precisou passar por situações perigosas; mesmo assim, insistiu na permanência no lugar, onde soma agora mais de duas décadas.

Naquele pequeno teatro com um bar em frente, foi ameaçado e, através das vidraças, assistiu a cenas de violência e desamparo. Conseguiu, entretanto, superar essa fase junto com a urbanização da praça. Percebendo não ser suficiente a ressonância do entorno social no trabalho cênico, na expressão das teatralidades, também inclui personagens reais da praça, como a fabulosa vedete transexual cubana que se tornou um ícone da companhia, Phedra D. Córdoba, repelindo o tabu em torno da diversidade sexual e definindo, para o grupo, um lugar real entre ativismo e arte. Comportamento igual se repete na SP Escola de Teatro, que acolhe transexuais entre os trabalhadores da instituição, dando dignidade aos sujeitos que às vezes são marginalizados justamente pela falta de melhores oportunidades e condições de vida.

Assim, a virada na história dos Satyros acaba se misturando com a vida e os personagens da praça, testemunhando as transições urbanas pelas quais o local passou.

Para António Manuel Ferreira, "esta capacidade de um grupo de teatro se inserir no tecido urbano, em toda a sua complexidade, contribuindo, de forma insofismável, para a sua recuperação, é um facto sociocultural de valor inestimável"[3].

Isso foi determinante para o tipo de teatro que produzem hoje em dia. Tanto no que se refere à conexão que se cria com a cidade e seus personagens marginais quanto à riqueza dessas existências como uma reação ao mundo digital que se instala impaciente por aqui.

Nem sempre otimista, a vida dos dois artistas percorreu, muitas vezes, travessias nem sempre lisas, mas não lhes tirou o gosto de viver de teatro. Antes de partir para Lisboa, a dificuldade em conseguir apoio financeiro e a situação política do país aceleraram o "exílio voluntário". Depois dos dois planos econômicos, com o governo Collor e com a

---

3 Ferreira, 2007, p. 170.

poupança do grupo confiscada, na contramão, a dupla encontrou meios de radicalizar o teatro como resposta. Diz Ivam Cabral:

> Então ficamos completamente loucos. E de novo tivemos que partir do zero. Foi daí que resolvemos montar um texto do Marquês de Sade. Percebemos que a gente precisava radicalizar. No programa da peça a gente escreveu algo como "Eles impedem que a gente faça coisas, eles cortam tudo, tiram tudo de nós, mas vamos continuar fazendo, vamos desmascarar esse mundo". Então, muito revoltados, começamos a trabalhar o texto de Sade. Estava claríssimo para nós que o que queríamos era denunciar, chocar, mexer com as estruturas morais, sociais, políticas[4].

Portanto, a gênese das propostas de "estéticas de choque" surge com o processo do espetáculo *Sades ou noites com os professores imorais* (1990) e, antes disso, do desejo de insurgir contra a situação política e econômica brasileira.

Foi há mais de trinta anos, em Portugal, que a companhia criou um grupo de estudos, o Satyros Lab, que, neste entender, serve de tapete para a fundamentação estética e ética das obras cênicas e das ações pedagógicas. O Lab, como o nome diz, refere-se à atividade laboratorial como um espaço de investigação prática e teórica. Herança que se consolida a partir do teatro de Jerzy Grotowski, o qual realizou vários experimentos em busca dos traços e vidas ancestrais que habitam os corpos artistas.

A pesquisa cênica dos Satyros ensaia, porém, outras realidades: as realidades do presente que questionam as marcas da normatividade dos corpos. Realidades intangíveis ganham materialidade, inicialmente com o pensamento de Friedrich Nietzsche, tornando-se, assim, um espaço teórico-prático sólido de pesquisa e formação do grupo. Estudos são aprofundados, incluindo as bases da formação do grupo, em Nietzsche, Antonin Artaud e Wilhelm Reich, sobremaneira no período lisboeta. Hoje em dia, o corpo invisível da tecnologia oferece ao grupo uma virada estética e ética, com a perspectiva dos corpos ciborgues de Donna Haraway, por exemplo.

ENTRECRUZAMENTOS DOS PROJETOS SOCIAIS, TEATRAIS E PEDAGÓGICOS

Os Satyros vão além do reconhecimento como grupo de teatro e da produção de espetáculos, criando um espaço de agenciamento cognitivo que é fonte inesgotável de energia contagiante. "[...] o teatro é um agente social transformador que, ao negar o

[4] Guzik, 2006, p. 76.

sempre igual-da-lógica-do-lucro da sociedade pós-industrial, aponta novos rumos para a convivência social."[5]

O festival Satyrianas é o ápice disso, visto que essa espécie de *happening*, vivência artística coletiva, é marco espacial de uma encruzilhada da diferença. Na praça Roosevelt, em 2021, ocorreu sua 22ª edição, reunindo artistas e programas de teatro, *performance*, dança, circo, música, literatura e artes visuais. Palco de diversidade, de artes, resistência de gênero, sexualidade, raça, classe social, e lugar de acolhimento, produção de afetos e aventuras.

Na esfera em que se cruzam os interesses educacionais e estéticos comuns e diferentes dos artistas, as práticas cênicas atravessam os contornos da teatralidade do grupo, alcançando significativas implicações para o social. Os projetos sociais se baseiam na experiência do teatro satyriano como dinâmica, cruzam as bordas dos territórios artísticos e pedagógicos. Justo como diz Paulo Freire sobre a relação estreita entre a arte e a educação: "a prática educativa é um ato ético e a arte é da natureza da prática educativa, pois há uma estética e ética na formação do indivíduo"[6].

As atividades do núcleo central do grupo correm em paralelo com os Satyros Teens e Satyros Silenos, os quais funcionam como alicerces de um território convergente e aberto à comunidade. O projeto Teens, o nome já diz, é voltado para jovens da periferia, para os quais são oferecidas oportunidades de se experimentar em cena. A pedagogia teatral é o meio pelo qual o cruzamento dos corpos, da dramaturgia e da encenação se transforma em práticas de fazer, envolvidas, no caso dos projetos sociais, em oferecer espaço e dar voz às minorias sociais. Trata-se de um projeto com adolescentes baseado nos fundamentos e métodos do projeto Stay or Get Away, que traduz a experiência vivida, em 2001, por Rodolfo Vázquez, quando convidado pela instituição Interkunst a desenvolver essa prática específica na Alemanha. Essa experiência desafiadora cria, com adolescentes de vários países da Europa, um espetáculo a partir de suas histórias pessoais, de acordo com o encenador: "Geralmente os assuntos escolhidos por esses adolescentes dizem respeito à estrutura familiar fragmentada, álcool, drogas, gravidez na adolescência, racismo, *bullying*, respeito ao próximo, entre tantos outros".

Outro projeto socioartístico-pedagógico, os Satyros Silenos, remete ao mito, aos sátiros envelhecidos do coro de Dioniso, os silenos – cujo grupo reúne o público sênior que deseja fazer teatro. Destaca-se a persistência em nomear os projetos à mitologia

---

5   Guzik, 2006, p. 301.
6   Anotações de uma aula de Paulo Freire, durante a especialização em arte-educação, em 1987, na USP, coordenada pela não menos ilustre Ana Mae, importante professora sênior do curso de artes visuais da Escola de Comunicação e Artes.

dionisíaca. Imagina-se com essa referência que, no interior dos processos cênicos, a antropologia cênica reflita um modo de pensar e fazer catártico e liberador na construção das relações entre a arte e a vida.

Os respectivos projetos sociais de teatro e educação, os Teens e Silenos, como metodologia da criação e prática pedagógica, performam as histórias de vida dos artistas em jogo. Significa poder agenciar as situações de exclusão e transformá-las em um instrumento discursivo e relacional dentro das estratégias do teatro performativo, o qual inclui o real da vida. Significa, também, conferir o poder a quem não o tem. Além disso, a prática torna-se conhecimento a partir do qual derivam as experiências criativas, desde a imaginação até a operacionalização da montagem cênica, cativando os jovens da periferia e os seniores, para quem o teatro possibilita, além da descoberta da arte teatral, a descoberta de si e do mundo. Pode-se ainda relacionar esse modo de aprendizagem aos procedimentos conceituais de artistas contemporâneos, para quem interessa investigar as histórias de vida como matéria dramatúrgica, linha condutora do trabalho com o ator e das relações vivas diante do e com o espectador.

O conjunto de possibilidades com esses projetos trata, de alguma maneira, da implementação pelo grupo de uma espécie de política pública com o teatro dos Satyros. Portas abertas à comunidade refletem a vontade de transformar o conhecimento artístico e técnico em ações sociais. Assim, percebe-se a construção de pontes entre a educação e o teatro de jovens da periferia, a geração dos seniores, artistas de outros países e mundos; são espaços de ação e transformação cultural que implicam a possibilidade de inclusão, participação e relações amplas com a sociedade.

O gesto incorporado pelos princípios metodológicos de um *Teatro veloz*[7], escrito em Lisboa, em 1995, pelos Satyros, constitui o corpo da estética e política que os orienta. Os dez tópicos enumerados por eles mostram, nas entrelinhas dos discursos, uma visão de teatro, de trabalho do ator e a relação entre os criadores e o público. Inteligente e bem definido, continua repercutindo como uma prática artística, pedagógica, teórica e crítica, contida em uma série de procedimentos, em um conjunto de ideias e um quase manifesto escrito para orientar e atender as necessidades do trabalho do *performer*.

Foi com *Medea* (1998) que Cabral, segundo Vázquez, teria aperfeiçoado alguns elementos do teatro veloz:

> Quando cheguei ao Brasil, vi uma série de improvisações e num primeiro momento não sabia o que fazer com elas. Eram lindas, mas eu não sabia como costurar tudo aquilo em

---

7   O "teatro veloz" é descrito como um "método de preparação de ator desenvolvido pelos Satyros" (Guzik, 2006, pp. 299-304). Os tópicos, listados em "Dez itens para introdução ao teatro veloz", se ocupam também em delinear os caminhos e as concepções que fundamentam o caráter político, inseparável da estética do grupo de artistas.

um todo. Mas começamos a trabalhar e em duas semanas criamos o espetáculo a partir da base em que Ivam já estava trabalhando. O resultado foi um trabalho muito bonito, forte e impactante. *Medea* marca também uma certa maturidade do grupo[8].

A dimensão temporal implicada no termo *veloz*, bem mais que significar apenas a *rapidez* com que o grupo levanta as suas realizações, além da multiplicidade de feitos em pouco tempo, coloca a *aceleração* no cerne das questões e das transformações sociais, como uma crítica ao pós-modernismo e aos avanços digitais cada vez mais emblemáticos deste tempo. Por outro lado, também significa dedicação, constância, ritmo e eficiência perante o enorme público cativo dos Satyros. Pode soar estranho um processo *veloz*, em contraponto à onda dos processos criativos alongados, desde os anos 1980, que se desenrolaram por meses a fio até se consagrarem em alguma forma estética. O fato é que, pela grande quantidade de produções realizadas, o tempo é que disputa com Os Satyros a vasta expressão de suas realizações. Eles não são apenas velozes, com respostas rápidas; são hiperativos e criativos como condição de vida.

Com o teatro veloz, surge a sistematização do treinamento para o ator, cujas premissas são três: recuperar a criatividade e a imaginação inerentes ao ator; recuperar a palavra como potência sonora e não racionalidade; e recuperar os sentidos coletivos, sagrados e profanos dos rituais primitivos.

INTERCÂMBIOS TEMPORAIS ENTRE O TEATRO AO VIVO, O DIGITAL E AS PEDAGOGIAS

Antes mesmo de pensarem no desenvolvimento da pedagogia teatral, Cabral-e-Vázquez contam que, já instalados em Lisboa, tinham de estrear algum espetáculo, tanto para expandir o campo de ação como para explorar uma fonte de renda. Assim, organizaram a primeira experiência em que se viram ocupados com a construção de uma de muitas práticas pedagógicas:

> Formamos duas turmas e demos pela primeira vez as oficinas, que mantemos até hoje. Vendo, por um lado, nosso interesse nas oficinas era financeiro, pensávamos que seria uma forma a mais de ganhar dinheiro. Mas, por outro lado, era uma forma de trocar informações e experiências, um modo de criar uma maneira de aproximação com as

---

[8] Guzik, 2006, p. 188.

pessoas de lá. Para nós isso era vital. Elaboramos um curso de dois meses. E montamos também uma nova versão do *De profundis* (1993)[9].

A oficina foi o primeiro formato que evocou a pedagogia; no entanto, foi a encenação que trouxe o movimento e a dinâmica do processo de criação, cuja pedagogia não é exercida por autoridades e para autômatos, mas sim para produzir uma intensa circulação dos afetos. Ingrid Koudela e José Simão de Almeida Junior afirmam que a "encenação contemporânea é em si mesma um processo de aprendizagem" e que os "aprendizes ensinam a si mesmos. Eles aprendem por meio da conscientização de suas experiências"[10].

Reivindico, entretanto, nessas lúcidas considerações, o lugar da inconsciência. A importância do diálogo com o inconsciente no aprendizado é a emergência do lugar da magia, do êxtase, da loucura, do transe, que só o ator pode alcançar. Eventualmente, o público entra em êxtase. A matéria-prima ambígua do inconsciente, involuntariamente, faz o corpo vibrar, produzindo a desmaterialização dos corpos, transformando a experiência do ator em sensação, em delírio, em sonho, em ilusão, em expressão de puro dionisismo, que localizo nos Satyros.

Do que se leu sobre o grupo, essas oficinas transmitiam os passos stanislavskianos; porém, como já vinham de experiências radicais com *Sades ou noites com os professores imorais*, ainda no Brasil, desconfio que o próprio material tenha afetado as formas de representação realistas com estados vividos entre ficção e realidade. Chama minha atenção que, no teatro atual da companhia, das lições do pedagogo russo, restou, talvez, um lirismo na vocalização das palavras, um encantamento da palavra, uma verdade do ator, oscilando a sua presença com tons do êxtase dionisíaco.

No digital, o teatro torna mais potente ainda a palavra, tendo em vista as limitações da tecnologia em relação ao que pode um corpo no espaço da cena. Assim, o teatro digital torna-se discurso, e a palavra disputa o lugar da ação. A visualidade da cena ganha recursos telemáticos, e o espaço da ação inflama o discursivo polifônico, cuja narrativa trata das questões do presente, histórias de si, numa interlocução cruzada com o telespectador.

Em contraste ao delirante e intimista discurso do teatro vivo de outrora, também endereçado diretamente ao público, em que o lugar da cena era composto com excesso de criatividade, ambientação mágica, carnavalesca, extravagante, às vezes grotesca, feita com múltiplas camadas de cor, de brilho, de luz, de espaços. Tudo passível ao toque, tudo de verdade. Entre as visualidades usadas, tem-se a maquiagem, por exemplo, ícone do mascaramento que, tanto em seus traços quanto nos modelos de figurinos,

---

9 Guzik, 2006, p. 25.
10 Koudela; Almeida Junior, 2014, p. 12.

inscreve pilhas de significados e também revela a tessitura do ator, desde o cômico até o trágico, explorando os interstícios e, talvez, buscando a linguagem da paixão no exercício da dialética.

A intensidade visual e digital abriga, inversamente, a subjetividade dos *outsiders*. Personagens constituídos na real convivência com as figuras do cotidiano da praça Roosevelt – que também é o cotidiano dos atores e do diretor –, nem sempre pacífica com a cidade. Nesse sentido, a concepção visual e corporal performa uma cena paradoxal, grotesca, impactante, delirante, explosiva, liminar, porém doce, confessional, ordinária, elevada ao nível de ritual coletivo.

Se o conjunto do teatro contemporâneo apresenta-se em movimento contínuo rumo às formas e temas gerados pelo hibridismo das linguagens, das fronteiras, das culturas, a pedagogia do teatro precisa seguir as pistas dessas transformações e deixar fluir epistemologias sem a ilusão de formar um sujeito cartesiano, consciente, mas um sujeito aberto, sonhador, criador de magias e experiências coletivas, incluindo nelas a experiência do espectador. Não há plenitude nem consciência sem trânsito pela incompletude e inconsciência. "A desalienação do artista torna-se, neste caso, elemento fundamental para a criação de um teatro significativo. Somente a partir do momento em que o ator se percebe como agente social efetivo através da arte, o espectador pode viver uma experiência teatral plena."[11]

Tais premissas para o ator nos levam a elaborar um pensamento com as matrizes do dionisismo teatral. O terreno do paradoxo contido no mito de Dioniso, desse ponto de vista, é um disparador para se pensar em um campo de dionisismo teatral entre Os Satyros, tanto pela forma ritual simbólica em que se processa o espetáculo como pelas contradições que se fundem em sua presença mitológica.

PEDAGOGIA DIONISÍACA: A DINÂMICA DOS PARADOXOS

Nesse sentido, a estética, a pedagogia, o pensamento e as ações cidadãs praticadas pelos Satyros trazem, de modo particular, a mesma presença paradoxal do espírito dionisíaco que mobiliza o teatro de vísceras, termo que atravessa o livro de Alberto Guzik[12] referindo-se à sua experiência como espectador e ator desse teatro das paixões.

A relação com as celebrações cívicas, religiosas e carnavalescas nos leva a pensar em pedagogias que provocam estranhamentos na educação, como os possíveis laços

---

[11] Cabral, 2012.
[12] Guzik, 2006.

com a *pedagogia dionisíaca* – também inspirada no espírito da tragédia ática, em suas forças paradoxais –, a fim de apresentar uma alternativa educacional que atenda à multiplicidade de aprendizes, oferecendo uma possibilidade menos submissa e recatada de relação com a sexualidade e a moralidade, que evocam a nossa beatitude de cada dia.

> Tal pedagogia não está definida nos compêndios de história da educação, ou seja, não aparece como uma ciência, como uma filosofia ou como uma técnica, uma vez que procura perverter todo e qualquer sentido dos valores tradicionais para transmutá-los em algo mais digno e plural, dentro da circularidade do movimento vital[13].

> A pedagogia dionisíaca, como obra de arte transfigurada pelo espírito da tragédia ática, também partilha dos afetos de seu deus: herética e erótica, feminina e masculina, sóbria e ébria, divina e diabólica, mágica e perversa, morta e renascida, profética e poética, orgiástica e vertiginosa, frígida e abrasadora, ingênua e culpada, religiosa e profana[14].

O dionisíaco, nessa alegoria educativa, remete a Zagreus, primeiro Dioniso, deus do êxtase e do entusiasmo; ele desce ao Hades e se transfigura em um deus infernal, o que o conecta com o Diabo cristão, inspirando essa ficção-pedagogia em referência à diferença e multiplicidade de sujeitos. Como defende Sandra Corazza, seguir uma abordagem que vê o inferno como um lugar criativo, libertador, desprende o olhar do pedagogo do ensino modelar:

> O pensamento do inferno pode ser entendido como uma teorização do que se faz em Educação, não como a teoria do que é. Define-se como um pensamento empirista, que só diz o que é ao dizer o que faz. Reconstruindo a sua imanência, substitui o verbo É da unificação pela conjunção E, como processo ou devir, e as unidades abstratas por multiplicidades concretas. Pode ser definido também como uma teoria das multiplicidades[15].

A força poética do conjunto de realizações cênicas dos Satyros, alternando tons satíricos e trágicos, desde muito cedo anteviu a necessidade de performar gênero, raça e sexualidade, além da aproximação entre amor e ódio pela cidade. Também a interferência das novas tecnologias, que avançam rapidamente, é problematizada

---

13 Nicolay, 2010, p. 172.
14 *Ibid.*, p. 176.
15 Corazza, 2002, p. 32.

pela encenação, atuação e dramaturgia, adotando um misto de olhar dionisíaco e ciborgue para a vida.

A interessante relação entre obras, linguagens, atitudes e ações pedagógicas já desabrocha, lá atrás, na escolha do nome do grupo. Ele surge como expressão de um modo de fazer e de filosofar sobre uma concepção de teatro associada ao mito de Dioniso e ao nascimento, na Antiguidade grega, do teatro ocidental. Recorda-nos Cabral:

> Já não me lembro dos nomes que iam aparecendo, mas sei que tinha uns nomes absurdos assim, e no meio dessa história toda apareceu *Satyros*, e daí para nós bateu, deu um clique, foi assim. A gente achou que tinha a ver com a nossa cara, trazia uma certa irreverência, uma certa liberdade e uma coisa meio tresloucada, dionisíaca[16].

Podemos depreender dessa fala que, para além de um resultado do *brainstorm*, ela expõe um paradigma norteador na constituição do teatro pelo qual eles se movem. O nome do grupo traz da origem ocidental do teatro a potência do paradoxal contida no mito e na celebração cívico-religiosa do deus Dioniso, esse deus complexo e múltiplo, sombrio e iluminado, louco e sisudo, alegre e vingativo, insurreto e agregador, infantil, viril, sexual e sedutor, que evoca tanto o céu quanto o inferno. Transfigurado na tragédia e na música, também dará origem ao conceito-chave da filosofia nietzschiana. Nos Satyros, e também em outros grupos de teatro brasileiros, essa personalidade "transgressora", na visão deste ensaio, permeia os paradoxos das atitudes e dos pensamentos que, assim como sofrem violência na imposição de certas verdades, multiplicam os sentidos "para além da consciência do sujeito único e moral"[17].

Cabe lembrar que sátiros, *Sathê*, em grego, significa pênis, com o qual se exibiam nas procissões, como símbolo de poder, sensualidade e alegria, o que não nos impede de pensar, do ponto de vista feminista, tratar-se de um mundo privilegiado por forças masculinas. A sexualidade e a imponência do *falo*, porém, aparecem na estética do grupo como um modo de reflexão sobre os comportamentos normativos, contra o patriarcado e o domínio do homem branco, considerando uma visão de gênero e sexualidade em condições de igualdade e liberdade democrática.

Basta recordar que as festividades em torno do deus, populares entre os agricultores da Antiguidade, cultuavam a abundância e a fertilidade, atributos naturais de Dioniso, Baco ou Zagreus, seus diferentes nomes, que acentuam as dicotomias entre o sagrado

---

16 Guzik, 2006, p. 59.
17 Nicolay, 2010, p. 177.

e o profano, entre a vida e a morte, entre o humano e o animal, entre o trágico e o cômico, entre a vida e a arte. A fusão das oposições revela, desse modo, a qualidade criativa do dionisismo proposto pela filosofia nietzschiana[18], que a partir das forças antagônicas produz a relação de complementaridade, atrelando a energia emotiva dionisíaca à forma estrutural apolínea. O apolíneo nos Satyros, porém, se rende ao dionisíaco, resistindo aos moldes, às estruturas, à ordenação, para usufruir da energia fogosa e da alegria agitadora do deus do teatro. Por aí reside o teatro dos Satyros e, por consequência, não apenas a pedagogia do ator, para o ator, mas também uma pedagogia do diretor, da cena e da transmissão, disso tudo, aos aprendizes que orbitam nesse território de desfronteirização que desafia as relações de poder.

Os discursos comprometidos com as relações de poder, de acordo com Michel Foucault[19], demonstram que o corpo e a sexualidade no Ocidente se constituíram a partir da definição da heterossexualidade como padrão de normalidade. Assim, a sexualidade dos corpos desviantes nos Satyros não revela apenas os desejos carnais ou as diferenças sexuais, mas o corpo que denuncia o poder reinante do fascismo, racismo, sexismo e autoritarismo, entre as piores formas de governabilidade e de imaginário implantado entre os pensamentos que cerceiam a liberdade como direito do homem.

São múltiplas janelas que se abrem como fonte de criação para o grupo, apoiadas na construção, a partir dos elementos visuais, até mesmo do *kitsch*, de uma cena na qual a discussão aberta sobre a sexualidade transcorre pela força da imagem, em um lugar e época fartos de falso moralismo. Se o avanço e a força da imagem, por um lado, são fatores de questionamento ético não ignorado pelo grupo, por outro, incorporam as diferentes linguagens, cinema, fotografia e televisão, como resultado dos atravessamentos e giros tecnológicos que se agregam aos nossos corpos e às nossas vidas.

Nessa perspectiva, as práticas filosóficas desdobram-se em discursos e experiências artísticas que se movimentam, ondulam e se chocam umas nas outras; sustentando, porém, o surgimento de pedagogias que escutam os sonhos, os delírios, as paixões, os voos e as quedas, as contradições que eletrizam a criação de respostas poéticas vitalistas, e expondo, em contrapartida, a indignação contra a alienação da sociedade do consumismo e o que foi feito dos nossos corpos ante a aceleração da vida e os avanços tecnológicos.

A dinâmica dos paradoxos dissimulada na mitologia grega é vista aqui como um dispositivo para entender a força e a relação íntima entre a estética e a pedagogia do grupo. E se a pedagogia replica a estética, não há como não relacionar as metáforas e

---

[18] Cf. *O nascimento da tragédia.*
[19] Cf. *História da sexualidade.*

metonímias que tratam de questões sérias, no teatro e na formação do indivíduo, como a sexualidade. Paradoxos que, talvez, se encontrem em um *télos* semeador que sustenta os devires nos quais as representações do ator e mito se atravessam. Assim como na parceira entre Gilles Deleuze e Félix Guattari, a relação do sujeito com o objeto de pesquisa pensa um sujeito em devir, que se desmaterializa, ganha forma híbrida, torna-se máquina desejante, sensação, fluxo, força, intensidade.

Parece-me que tanto a construção do trabalho do ator quanto a da dramaturgia e da encenação são, para os Satyros, categorias indissociáveis de desfronteirização que se efetivam na prática. Elas se constituem a partir da paixão, do *ensemble* e do ambiente a que pertencem; e, com o tempo, a autonomia das partes artísticas vai sendo diluída, tornando dramaturgia, encenação e atuação o resultado de um amálgama. É relevante relacionar o viver-em-comunidade-solidário como um lugar de trocas reais que permanecem ao longo da vida, cujo espírito da época continua servindo como fundamento do teatro veloz: "[...] dar espaço aos deserdados, aos perdidos no mundo, às vítimas do destino e da aflição, mostrando aos espectadores e aos leitores que há lugar para todos, que cada um de nós tem o seu cantinho no universo"[20].

Importante destacar o pensamento que se organiza na expressão de um teatro crítico, na exploração das linguagens do ator, na valorização do seu processo de criação e da sua contribuição na construção do espetáculo, oferecendo possibilidades imaginativas e expressivas à composição da dramaturgia e da encenação.

Aliás, a encenação de Vázquez tem um papel central na contextualização e estruturação da obra, de pura potência dionisíaca, mas, também, no oferecimento de estímulos à descoberta e a travessias do labor artístico – em complemento ao trabalho do ator realizado pelos estudos e práticas delineados por Cabral. As diversas dramaturgias, escritas por ambos, configuram nas palavras as paixões e as inquietações que os atravessam. A base desses afetos se debruça sobre a crença de que a criação e a arte transformam vidas, celebrando uma abertura dos sentidos e das emoções adormecidas.

Por trás dessas ações, vislumbra-se um gesto significativo, uma atitude frente ao mundo. Acredita-se que essa atitude comporta uma visão de mundo com que se realiza o espetáculo teatral, cujo processo de criação deve reunir uma sucessão de situações de aprendizagem, pautadas nas experiências e nas materialidades elaboradas e conquistadas.

[20] Ferreira, 2007, p. 164.

EPÍLOGO

O interesse pela educação nos Satyros surge como sinônimo de emancipação, liberdade e prática democrática, em que qualquer um pode alçar voo na construção de uma vida melhor. Encenar, atuar e ensinar são complementaridades.

Considera-se que, nesse espaço, o processo de performatização deriva da reflexão sobre o papel do sujeito contemporâneo na construção de si mesmo, estimulando um comportamento cênico indissociável da vida comum. O efeito disso torna complexo, também, entender essas ações nesse tempo de enormes transformações, diversidades e mestiçagens, de fugir de modelos prontos e inaugurar caminhos próprios.

A pedagogia dos Satyros, dessa maneira, se inscreve entre a mitologia e as relações vivas do acontecimento performativo, indissociável das origens festivas e ritualísticas de celebração coletiva na antiga Grécia. A relação entre os arquétipos greco-romanos e as temporalidades contemporâneas faz o(a) *performer* do presente religar o passado quando acessa as forças ancestrais ou a violência festiva do ditirambo.

Se assim procede essa reflexão, não se pode evitar de fazer uma correspondência com o nosso Exu, que, na mitologia afro-brasileira, é o orixá da comunicação e da linguagem, presença paradoxal em sua alegria e travessuras, sendo que as oferendas a ele são depositadas em uma encruzilhada; conceitos esses que Leda Martins[21] nos oferece como rudimentos descolonizadores da metodologia de pesquisa. E, ainda, uma epistemologia das encruzilhadas nas manifestações performativas nos permite constituir uma relação entre Dioniso e Exu, como entidades seculares incluídas no imaginário brasileiro, em que ambos colocam a arte nos planos simbólico e real, em desafio permanente.

A pedagogia e a encenação entre os participantes dos Satyros são práticas fundadas no agenciamento das ideias, das posições, das trocas de experiências, da aprendizagem e do diálogo. Importante afirmar que a configuração de um campo específico de pedagogia teatral é a garantia do desenvolvimento de pesquisa, experimentação e descobertas criativas, urgências na formação de atores, diretores e criadores das artes da cena. Não fosse a ampliação do olhar para as questões que afetam a arte e a relação com o mundo do presente, eles não se moveriam para além do interesse apenas na arte, que, por si, configura um mundo complexo, com suas técnicas e concepções estéticas.

De outro modo, não teriam abraçado com tanto entusiasmo, desde o começo, o sentido de que *tornar-se artista*, além dos processos de subjetivação, incluiria uma perspectiva pedagógica e, portanto, política, inseparável da arte. O que define um espaço onde se reflete sobre possíveis abordagens e metodologias teatrais, alternativas às

21 Martins, 1997.

pedagogias sérias da educação em que o sujeito civilizado distingue-se pelo pensamento racional, consciente, centrado.

Colocar em prática a arte do encontro, a filosofia da diferença, juntar pessoas, expandir ideias, sonhos e encantamentos são movimentos que em suas dinâmicas relacionais vão agregando e transformando vidas. Não há exemplo melhor do que o do jovem dado como "perdido", que circulava pela praça por volta dos anos 2000, que foi acolhido por Ivam-e-Rodolfo e tornou-se um excelente técnico de luz[22].

Todos que passam pela experiência *performam-se*, no amplo sentido que denota a *performance*, na medida em que buscam escapar dos limites, da repressão, do preconceito, unidos na construção de identidades fluidas e participativas. Essa força do olhar do grupo permitiu-lhes enxergar e abordar temáticas que seriam palco de debates emancipatórios e reparação histórica de outros modos de existência do mundo atual.

Por essas profundezas infernais, às vezes delirantes e subversivas, o grupo ergueu um teatro e pedagogias vivas, experimentando a linguagem na contramão do drama burguês, e que se revela capaz de colocar em cena os desejos e as loucuras do homem de nossos dias.

[22] Vázquez e Cabral, em conversa informal com a autora.

referências bibliográficas

CABRAL, Ivam. "A arte no século XXI, uma pequena reflexão". SP Escola de Teatro, 2012. Disponível em: <https://www.spescoladeteatro.org.br/noticia/a-arte-no-seculo-xxi-uma-pequena-reflexao>. Acesso em: 7 jul. 2021.

_____. *O importante é [não] estar pronto: da gênese às dimensões políticas, pedagógicas e artísticas do projeto da SP Escola de Teatro*. 100 folhas. Tese (Doutorado em artes cênicas) – Escola de Comunicações e Artes, Universidade de São Paulo. São Paulo: 2017. Orientadora: Elisabeth Silva Lopes.

_____. *Quatro textos para um teatro veloz*. São Paulo: Imprensa Oficial, 2006.

CORAZZA, Sandra Maria. *Para uma filosofia do inferno na educação: Nietzsche, Deleuze e outros malditos afins*. Belo Horizonte: Autêntica, 2002.

FERREIRA, António Manuel. "*De profundis*, de Ivam Cabral: teatro veloz com Oscar Wilde". *Revista Forma Breve*. Aveiro: Universidade de Aveiro, 2007, v. 5: Teatro mínimo.

FOUCAULT, Michel. *História da sexualidade I: a vontade de saber*. Rio de Janeiro: Edições Graal, 1984.

_____. *História da sexualidade II: o uso dos prazeres*. Rio de Janeiro: Edições Graal, 1984.

GUZIK, Alberto. *Cia. de teatro Os Satyros: um palco visceral*. São Paulo: Imprensa Oficial, 2006.

KOUDELA, Ingrid; ALMEIDA JUNIOR, José Simões de (org.). *Léxico de pedagogia do teatro*. São Paulo: Perspectiva, 2014.

LEAL, Mara Lucia; ALEIXO, Fernando (org.). *Teatro: ensino, teoria e prática. vol. 3. Processos de criação: experiências contemporâneas*. Uberlândia: Edufu, 2012.

LOPES, Beth *et al.* (org.). *Projeto Estação SP: pedagogias da experiência*. São Paulo: Adaap, 2016.

MARTINS, Leda. *Afrografias da memória: o Reinado do Rosário no Jatobá*. São Paulo: Perspectiva, 1997.

NICOLAY, Deniz Alcione. "Por uma pedagogia dionisíaca". *Revista Educação e Realidade*. Porto Alegre: UFRGS, 2010, vol. 35, n. 2.

NIETZSCHE, Friedrich. *O nascimento da tragédia ou helenismo e pessimismo*. Trad. Jacó Guinsburg. São Paulo: Cia. das Letras, 1992.

**UM CINEMA
DE LUZ
E TREVAS**
GUILHERME
GENESTRETI

Em meio ao som de espasmos, um facho luminoso percorre corpos retorcidos e tubulações empoeiradas, filmados como se fossem indistinguíveis uns dos outros, na cena que abre o filme *A filosofia na alcova*. Estão ali as oposições, ora fixas ora permeáveis, que orientam o trabalho de Ivam Cabral e Rodolfo García Vázquez no teatro e que eles transpuseram ao cinema: luz e trevas, exterior e interior, masculino e feminino, êxtase e agonia, carne e tecnologia.

O homem, afinal, é uma máquina sensível, como prega o Marquês de Sade, a quem o grupo paulistano nunca deixou de recorrer nesses mais de trinta anos de existência. E não escapa ao observador mais atento que a ideia de uma parca luminosidade, como a que dá início a esse segundo longa dos Satyros, seja também uma das chaves para a obra desse autor, aristocrata libertino que, em meio à sanha racionalista do Século das Luzes, estava mais interessado nos recônditos obscuros da matéria humana.

Igualmente, o que dá início a *Hipóteses para o amor e a verdade*, primeira incursão da companhia no universo cinematográfico, é a luz – aqui, no sentido figurado, da mãe prestes a dar à luz uma criança, e que não por acaso também é recurso poético de alusão ao bairro homônimo da região central de São Paulo, não muito distante da praça Roosevelt, onde o coletivo fincou sua sede.

Foi a praça, aliás, o berço das histórias de busca por afeto dos personagens desse longa-metragem de estreia da companhia. Em maio de 2010, quando o grupo teatral já estava instalado ali havia quase dez anos, eles lançaram uma peça de teatro que se propunha a destrinchar a solidão na metrópole à luz de tecnologias contemporâneas. *Smartphones* e seus aplicativos de mensagem eram recursos nascentes e mais restritos, mas as redes sociais e os relacionamentos pela internet já estavam um tanto consolidados.

A montagem de *Hipóteses para o amor e a verdade* partiu do depoimento de centenas de pessoas que cruzavam o entorno da sede – artistas, ex-presidiários, traficantes, prostitutas, michês, gente do mundo corporativo –, uma colcha de retalhos de histórias dos milhões de anônimos da cidade. Assim, encenavam-se tramas como a do sujeito que só se relacionava por meio de salas virtuais de bate-papo e a do operário de fábrica que parecia só conseguir se despir de sua rotina mecanizada quando se entregava à luxúria na noite paulistana.

"Em primeiro lugar, gostaríamos de investigar os moradores e frequentadores do centro de São Paulo, descobrir suas histórias e dialogar com a sua realidade para criar a dramaturgia", escreveu o diretor Rodolfo García Vázquez em sua dissertação de mestrado defendida na Universidade de São Paulo. "Por outro lado, iríamos investigar o potencial de elementos telefônicos e de internet em cena"[1].

De fato, na maioria dos casos encenados, a solitude dos personagens era mediada pela tecnologia, o ingrediente novo que acrescentava novas camadas à perene discussão sobre a desumanização da vida urbana e que possibilitava, aos encenadores, mergulhar na pesquisa daquilo que batizaram como teatro expandido, uma espécie de manifesto que buscava explorar novas potencialidades dramatúrgicas a partir dos recursos da era digital.

"Um teatro para além do teatro, expandido aos nervos pulsantes da cidade", foi como o crítico Luiz Fernando Ramos descreveu a peça na *Folha de S.Paulo*, pondo mais relevo no conteúdo do que na forma; ainda assim, não deixou de destacar o jogo que a montagem propunha com a plateia, incentivando o público a usar seus celulares para interagir com os atores. Os aparelhos foram, assim, incorporados "à própria experiência teatral como fenômenos do acaso, mas também como sintomas de uma nova condição da humanidade", como descreveu García Vázquez em sua dissertação.

Havia ali um material original com potencial bem claro para um roteiro de cinema, o que não seria uma novidade para um grupo que, já na década anterior, vinha ensaiando seus experimentos audiovisuais em curtas e médias-metragens e também em minisséries, como *Além do horizonte*, produzida pelo Sesc em parceria com a TV Cultura.

De fato, entre os anos de 2002 e 2006, García Vázquez dirigiu, sozinho ou em codireção, seis projetos audiovisuais – três deles com um panorama das artes no Paraná, estado onde Os Satyros sempre mantiveram uma perna, e três que documentam as

---

1 Vázquez, 2016, p. 39.

propostas do grupo. Na década seguinte, ainda participaram de outras duas produções, de mais estofo.

Em *Satyrianas, 78 horas em 78 minutos*, o grupo teatral entra como objeto de estudo na proposta dos três diretores, Otávio Pacheco, Daniel Gaggini e Fausto Noro, de realizar uma espécie de "mockumentary", isto é, uma paródia do gênero documental, ambientada durante as Satyrianas, a maratona cultural idealizada pela companhia. Já em *Cuba libre*, Os Satyros entram como produtores do documentário dirigido por Evaldo Mocarzel, que registra a turnê do grupo por Cuba – em que eles apresentaram a peça *Liz*, de Reinaldo Montero – como pano de fundo para acompanhar o retorno da atriz transexual Phedra D. Córdoba à ilha onde nasceu.

A despeito dessa experiência, a dúvida que se impunha, em relação à transposição do texto de *Hipóteses* do palco para a tela grande, é se a adaptação resultaria num produto de cinema ou se acabaria estancada em algum lugar no meio do caminho, como uma obra de teleteatro. As obras anteriores, afinal, tinham esteio nos palcos e não os ignoravam.

O que se verificou desde logo, quando o filme chegou ao cinema, em 2014, quatro anos depois da encenação da peça, é que a delimitação precisa das fronteiras entre uma arte e outra – o que é cinema e o que é teatro (filmado) – não ocupa o cerne das preocupações estéticas dos Satyros. Muito pelo contrário, o longa *Hipóteses para o amor e a verdade*, embora faça bom uso de recursos tipicamente cinematográficos, está mais em sintonia com a produção pós-moderna, que aponta para a convergência e a fragmentação dos gêneros artísticos.

Ainda que o debate em torno de como as novas tecnologias tendem a transformar as dinâmicas de convivência nunca seja abandonado, vide a profusão de telas mostradas ao longo da trama – do ultrassom 3D à sala do *chat* –, o que o filme elege como mote principal são as peculiaridades da vida na São Paulo contemporânea, uma cidade de tecido social esgarçado. É nesse cenário de violências cotidianas e afetos embrutecidos que perambulam os onze personagens principais, vagando numa trama construída de acordo com os ditames do filme coral, isto é, em múltiplas histórias que se cruzam.

O roteiro, assinado por Ivam Cabral, opta por enumerar alguns dados curiosos da metrópole para situar o ambiente do labirinto existencial que os realizadores pretendem destrinchar. Assim, pela voz da locutora transexual de rádio vivida por Nany People, descobrimos que a capital paulista abriga 3 milhões de sem-teto, 30 mil milionários, que um terço de sua população vive sozinha, que nela são celebrados 149 casamentos por dia e que, todo ano, 123 pessoas se jogam do alto de seus prédios – ênfase, aqui, na ideia de um suicídio ancorado na vertigem.

Os personagens do espetáculo sofrem ligeiras alterações quando transpostos para o filme, mas o essencial está ali. Cabral interpreta o diretor atormentado pelo trauma da morte do filho num assalto, e Phedra D. Córdoba interpreta a avó do menino, letárgica e presa a uma cadeira de rodas. Gustavo Ferreira encarna Roberto, o sujeito digno de pena e sem qualquer traquejo social que resolve tirar suas primeiras férias em três anos e viajar para uma cidade interiorana sem grandes encantos. Cléo De Páris, no papel de uma mãe enlutada, contempla a autodestruição. Já Luiza Gottschalk interpreta uma prostituta grávida que vive uma relação tóxica com o namorado traficante.

Nesse painel, esculpido entre o patético e o trágico, paira ainda a figura de Fred (Robson Catalunha), o rapaz suicida que vara as noites no subsolo dos bate-papos da internet, esboçando uma comunicação (e um pedido de ajuda) que parece nunca se concretizar. Num dos momentos mais inspirados do roteiro, ele liga para o *delivery* da pizzaria e, em vez de fazer o pedido, comunica o desejo de se matar. Do outro lado da linha, o atendente reage um tanto incrédulo, como se fosse testemunha de um *bug* na sociedade de consumo.

Hipóteses para o amor e a verdade é um filme que reúne e ilustra com competência as oposições temáticas citadas no começo deste texto. A luz, já mencionada em sua instância de sentido figurado (do nascimento do bebê e do nome do bairro), é contraposta às trevas da noite, na qual circulam os personagens e toda a fauna endêmica desse universo: prostitutas, marginais, solitários de todo o tipo. À agonia existencial dos tipos retratados se opõe o êxtase que eles mesmos buscam nos prazeres noturnos; masculino e feminino são gêneros intercambiáveis na caracterização de muitos dos que estão em cena.

Os interiores são as repartições burocráticas, os inferninhos, os apartamentos onde a vida transcorre de forma melancólica, em oposição ao exterior das ruas, que tanto podem ser a morada do perigo quanto um eixo de salvação – tome-se, por exemplo, o trecho que encerra a história, com os personagens se encontrando num Minhocão interditado.

Por fim, carne e tecnologia entram em embate nas próprias reflexões que o roteiro propõe sobre a mecanização do trabalho, a alienação da rotina que transforma cidadãos em autômatos, e sua contraface, que é a busca por um contato humano, pela posse do corpo – o melhor exemplo talvez seja a imagem da prostituta envolta em plástico, como se fosse um objeto à plena disposição de seu dono.

Embora a escolha dos atores, boa parte egressa dos palcos dos Satyros, pareça contemplar um naturalismo – impresso nos tipos comuns, totalmente despidos de um *glamour*, digamos, hollywoodiano, em consonância com um cinema de matiz mais realista –, a direção de García Vázquez não busca um cinema escorado na fiel reprodução da realidade. Assim é que não há freio nenhum a que as interpretações muitas vezes encampem ares mais teatrais e que haja a quebra da quarta parede, com os atores se dirigindo à câmera num expediente muito mais comum ao teatro pós-moderno do que ao cinema contemporâneo.

O recurso a expedientes expressionistas na atuação, sobretudo na *performance* carregada de Phedra D. Córboda no papel da idosa em estado semivegetativo, não é o único rastro de uma herança dos palcos. A direção de García Vázquez também opta por escapar do registro naturalista e demarcar a sua presença, como na cena em que a câmera gira pelo escritório onde trabalha o personagem Roberto, passeando entre mesas, divisórias e rostos algo aturdidos.

A despeito de toda a teatralidade que pode ser percebida em diversos de seus aspectos, *Hipóteses para o amor e a verdade* é um filme que alcança momentos de sublime pureza cinematográfica. A cena em que o traficante, em seu arroubo narcísico de povoar o mundo com seu sêmen, aparece numa clínica de fertilização é construída seguindo ditames de uma boa ficção científica, com o ator visto de trás, cercado por chão, paredes e teto imaculadamente brancos. E no mais belo dos trechos do filme, um delírio suicida, os personagens vividos por Cléo De Páris e Robson Catalunha se esgueiram na ponta de uma laje e, sob uma arroxeada luz crepuscular, tendo a cúpula da igreja da Consolação adiante, ensaiam o grande pulo final. A referência que se insinua é a do anjo caído de *Asas do desejo*, dirigido por Wim Wenders, que paira sobre uma Berlim cindida.

A inquirição sobre uma possível teatralidade nos filmes dos Satyros encontra mais respaldo nos procedimentos de realização dos seus filmes do que na linguagem das obras em si, ainda que uma coisa não seja totalmente independente da outra e que se possam notar, como já apontado, resquícios de uma arte mais performática e menos naturalista nas interpretações e na forma como a câmera é posicionada. Com efeito, os realizadores levaram para o cinema um tanto da bagagem do teatro de grupo, escorado na coletividade da produção, do qual eles são um dos grandes expoentes em São Paulo.

Isso fica um tanto mais evidente quando temos em análise a produção de *A filosofia na alcova*, rodado um ano depois de *Hipóteses para o amor e a verdade* chegar aos cinemas. Para esse segundo longa da companhia, Cabral assumiu a direção com García Vázquez e ambos recorreram a um autor que, como já ressaltado, faz parte da gênese da companhia teatral e que está quase indissociado de sua marca.

O Marquês de Sade acompanha a carreira do grupo desde o seu segundo ano de existência, em 1990, quando o coletivo encenou *Sades ou noites com os professores imorais*, em Curitiba. A opção por montar, na época, um texto que faz referência ao autor do século XVIII, eles expuseram em entrevista a Alberto Guzik, transcrita no livro *Cia. de teatro Os Satyros: um palco visceral*. "Ficamos completamente loucos", diz Cabral, rememorando que viviam o rescaldo do confisco da poupança do governo Collor e haviam enfrentado percalços com a Secretaria Municipal de Cultura de São Paulo na gestão de Luiza Erundina. "Percebemos que a gente precisava radicalizar. [...] Estava claríssimo para nós que o que queríamos era denunciar, chocar, mexer com as estruturas morais, sociais, políticas. Elaboramos uma estratégia de choque[2]".

2 Guzik, 2006, p. 76.

A tal estratégia de choque, diz o ator, envolvia, além da virulência do texto, bastante nudez em cena e o mais do que simbólico ato de urinar no palco. "Naquele momento não tinha mais o Zé Celso, não havia aqueles paradigmas da década de 1960, do sexo livre. Isso já estava morto há muitos anos", diz García Vázquez. "Era como se estivéssemos desbravando um mundo novo."

O *frisson* que se seguiu à encenação de *Sades* em São Paulo, uma década antes de o grupo se fixar na praça Roosevelt, abriu as portas para a obra do filósofo libertino. *Sades*, rebatizada de *A filosofia na alcova*, tornou-se uma espécie de cartão de visitas dos Satyros e seguiu com a companhia ao longo da década de 1990, quando o grupo vagou pela Europa, sendo reencenada em 2003, já de volta ao Brasil.

A escolha de levar *A filosofia na alcova* ao cinema, portanto, impunha-se como um percurso natural para Ivam Cabral e Rodolfo García Vázquez, ainda que representasse uma drástica mudança de rumos em relação a *Hipóteses para o amor e a verdade*, tanto em termos temáticos quanto estéticos. Se a estrutura de filme coral do primeiro longa-metragem demandava uma multiplicidade de núcleos dramáticos, que se interseccionam nas ruas da cidade de São Paulo, o segundo exigia uma ambientação mais restrita – a alcova do título.

Não que a capital paulista esteja fora de quadro; pelo contrário. Os diretores optaram por transpor a ação, originalmente ambientada na França revolucionária, para a São Paulo contemporânea, criando um curioso painel em que personagens ricamente maquiados, trajando corseletes e perucas de época, circulam, seja de carruagem ou de limusine, por ruas degradadas do centro da cidade.

A história acompanha a jovem Eugénie, interpretada por Isabel Friósi no filme, enquanto ela é introduzida nas perversidades sob controle de três velhacos libertinos, vividos por Henrique Mello, Stephane Souza e Felipe Moretti. Rodeada de escravos, a garota virgem aprende lições sobre política, república, tirania, desigualdade – uma verdadeira teoria geral do Estado –, mas que são sempre representadas em chave alegórica, com o sexo servindo de grande método ilustrativo. "Da dor ao prazer é só uma questão de tempo", leciona um dos personagens.

Mais do que erótica, é uma obra com apelos pornográficos, no sentido de que o sexo ali mostrado, como defendeu García Vázquez em entrevista ao autor deste texto, não tem o condão de induzir qualquer excitação, mas de exprimir uma ideia de indizível violência.

Nesse jogo, o filme propõe inverter o conceito de obscenidade. Tome-se, por exemplo, a cena mais elucidativa nesse sentido, aquela em que Dolmancé (Henrique Mello) sobe num helicóptero e sobrevoa os limites tão claros entre o abastado Morumbi, com seus condomínios fechados feito castelos, e a depauperada Heliópolis, com seu mar de barracos em tons ocres. Ali, os diretores parecem gritar que a verdadeira indecência não é a dos corpos nus, mas a da desigualdade, ou mesmo a da corrupção das elites econômicas e da casta política, tão explícita nos diálogos.

Explícita também é a cena mais impactante do longa – não a mais violenta, decerto, mas a mais extravagante –, uma grande orgia protagonizada por mais de sessenta atores filmada no espaço da companhia, da praça Roosevelt. Em entrevista a este autor, publicada na *Folha de S.Paulo* no início de 2016, Cabral contou que o grupo postou um anúncio nas redes sociais convidando figurantes e voluntários a participar do bacanal filmado. Na mesma ocasião, García Vázquez afirmou que a ideia inicial não era fazer nada explícito, mas que "os atores se entregaram, uns treparam para valer".

Tamanha entrega é bem visível no corte final. A câmera passeia entre incontáveis vulvas, pênis, seios, gaiolas, máscaras, correntes, tranças, chicotes, pelos, peitos arfantes e fluidos de todo o tipo, registrados sem cerimônia. À época, o jornalista Chico Felitti, também na *Folha de S.Paulo*, publicou um relato em primeira pessoa de sua participação nas filmagens. Entre donas de casa, bancários e estudantes, o repórter narrou ter abaixado as calças e trocado beijos com uma atriz, enquanto alguns figurantes simulavam estocadas e outros partiam para o coito a sério.

Nesse filme, mais uma vez, operou a favor dos Satyros a experiência colaborativa do teatro de grupo que, no mundo cinematográfico, até poderia ser enquadrada como uma modalidade de cinema de guerrilha, uma vez que construída às margens das grandes estruturas de financiamento a produções, sejam elas públicas ou privadas. O pai de uma das atrizes do elenco cedeu o galpão da fábrica em Santo André, na Grande São Paulo, que serviu de locação principal; o helicóptero usado no sobrevoo de Dolmancé também foi conseguido graças a esse tipo de malabarismo que, ausente, tornaria inviável rodar a obra com o seu orçamento, que não chegou a 200 mil reais, tirado do caixa da companhia teatral.

De toda forma, o resultado conseguiu materializar aqueles embates que guiam as obras do grupo, como bem mostra a primeira cena do filme, já descrita, em que o feixe luminoso flagra corpos e tubulações, deixando clara a oposição (e complementaridade) entre luz e trevas, corpo e máquina, êxtase e agonia.

Outro duelo, tão importante quanto, é o que o filme sugere entre o mundo exterior, registrado em cenas de um parque bucólico, e o interior, da alcova, onde os libertinos praticam toda a sorte de licenciosidades e violências, incluindo aí um estupro seguido de assassinato, não muito distantes das imagináveis falcatruas e negociatas que grassam nos gabinetes da alta cúpula do poder brasileiro.

Se há uma oposição, em *A filosofia na alcova*, em que os Satyros não parecem interessados – ainda bem –, é aquela que o mercado demarca entre o cinema de arte e o cinema pornográfico. Eis aí um limite que, para eles, parece superado, anacrônico.

Em sua resenha do filme, publicada na *Folha de S.Paulo*, a crítica Andrea Ormond corrobora essa visão ao enumerar um punhado de títulos que borram essa fronteira, como é o caso de *Calígula*, de Tinto Brass, e *Império dos sentidos*, de Nagisa Oshima. Não é coincidência que sejam dois filmes da segunda metade dos anos 1970 – década em que Derek Jarman lançou *Sebastiane* e que Pier Paolo Pasolini lançou *Salò*, as duas comparações mais evidentes que podem ser feitas com esse segundo longa de Cabral e García Vázquez.

Data também dessa mesma década, não por acaso, o fenômeno *The Rocky Horror Picture Show*, musical tresloucado dirigido por Jim Sharman. Ainda que esse título e *A filosofia na alcova* guardem poucas semelhanças entre si, ambos são aparentados na forma como foram exibidos. Quando a extravagante comédia britânica chegou aos cinemas, em 1975, foi recebida com fria indiferença, mas acabou se tornando alvo de um culto sem precedentes no ano seguinte.

The Rocky Horror Picture Show tornou-se a manifestação mais clara daquilo que passou a ser conhecido como *midnight movie*, a sessão da meia-noite que cinemas norte-americanos reservavam a produções menos convencionais; por exemplo, as obras de diretores considerados mais transgressores, como John Waters (*Pink Flamingos*) e Alejandro Jodorowsky (*El Topo*). Mas o musical de Sharman, com sua história sobre um casal suburbano que encontra abrigo no castelo de uma travesti da Transilvânia, alçou voos muito maiores, atraindo multidões de espectadores, que iam aos cinemas fantasiados e, com as falas decoradas, respondiam ao que viam na tela.

Ainda que com outras proporções, *A filosofia na alcova* acabou se beneficiando de uma estratégia de exibição parecida. Relegado às últimas sessões do dia no Cine Belas Artes, na região central de São Paulo, o filme acabou ficando mais de um ano em cartaz naquele espaço – êxito para lá de incomum no circuito cinematográfico brasileiro, em que os longas nacionais não ficam mais do que algumas poucas semanas em exibição. O feito foi celebrado com uma apresentação de espírito irreverente, não muito diferente daquele do público de *Rocky Horror* – com uma *performance* libidinosa de dez minutos, ao vivo, que precedeu a exibição.

Em fevereiro de 2021, Ivam Cabral e Rodolfo García Vázquez anunciaram um terceiro longa, previsto para ser filmado entre maio e junho do mesmo ano, e também originado a partir de uma peça dos Satyros. O texto escolhido foi *A arte de encarar o medo*, peça pioneira na onda dos espetáculos *online* que despontaram no ano um da covid.

A obra, produzida por meio do aplicativo de videocomunicação Zoom, imagina um futuro distópico em que pessoas estão confinadas em casa há mais de 5 mil dias e rememoram suas vidas antes da disseminação do vírus. O projeto, com filmagens no Brasil, na África e na Europa, deve aprofundar as pesquisas do grupo em torno de como a tecnologia molda as interações humanas, a tal vida ciborgue, que tanto interessa aos realizadores.

Fica a curiosidade de como esse tipo de experimento arrojado, resposta que o teatro deu no calor da hora às contingências da pandemia, ganhará linguagem de cinema, num mundo que já não é o mesmo de quando o grupo começou.

referências bibliográficas

GUZIK, Alberto. *Cia. de teatro Os Satyros: um palco visceral*. São Paulo: Imprensa Oficial, 2006.

VÁZQUEZ, Rodolfo G. *As formas de escritura cênica e presença no teatro expandido dos Satyros*. Dissertação (Mestrado em artes cênicas) – Escola de Comunicações e Artes, Universidade de São Paulo. São Paulo: 2016. Orientador: Marcos Aurélio Bulhões Martins.

OS SATYROS E A REVOLUÇÃO DO TEATRO DIGITAL

RICKY
e
DANA
YOUNG-HOWZE

Os Satyros são um grupo pioneiro no teatro digital e simbolizam um divisor de águas na indústria cultural. Quando o covid-19 apareceu, o mundo inteiro teve de apertar o botão de pausa. Para o universo do teatro, contudo, esse botão de pausa representou uma total interrupção. Muitos teatros tiveram de fechar as portas definitivamente. Muitos artistas de teatro perderam sua fonte de renda de um ano inteiro e foram forçados a desistir. Com o fim da pandemia, talvez sejamos obrigados a contar todos os artistas que se tornaram "vítimas invisíveis" dessa crise global. Vítimas invisíveis são as pessoas que não entraram na contabilidade de mortes ou taxas de infecção, porém perderam seus meios de subsistência e tiveram de abandonar completamente seu ofício. Esse será um dia triste, e o mundo do teatro saberá de verdade o dano irreparável que ocorreu. No entanto, como numa floresta que foi incendiada, uma nova vida poderá surgir das cinzas. O teatro digital é uma dessas novas criações que surgiram espontaneamente logo após o início da pandemia. Esse novo conceito de colaboração pós-geográfica foi uma ideia que lentamente começou a surgir em Dana e em mim. E Os Satyros rapidamente se tornaram um foco de esperança em meio a tudo isso.

    Antes de mergulharmos na história dos Satyros, precisamos falar sobre quem somos. Viemos do estado de Nova Jersey, a três horas de carro da cidade de Nova York. Há anos nos esforçávamos para lançar luz sobre o teatro em nosso cantinho do mundo, antes do início da pandemia. Em janeiro de 2019, estávamos prestes a desistir, porque tínhamos trabalhado tanto e conseguido tão pouco que parecia que estávamos lutando em vão. Estávamos fazendo mais uma tentativa corajosa de agendar uma grande excursão de verão para realçar o teatro em nosso estado. Então, muito rapidamente, após o *lockdown*, vimos todo o nosso calendário se esvair, e pensamos que era um sinal dos céus de que deveríamos desistir.

No entanto, aconteceu exatamente o oposto. Ouvimos de um amigo que um espetáculo estava sendo exibido *on-line*, depois outro e mais outro. Começamos a notar que essa vasta comunidade estava se espalhando rapidamente por todo o globo. No entanto, ninguém falava sobre isso, nem mesmo os artistas conversavam entre si a respeito. Nós tomamos a palavra e, de alguma forma, fomos impulsionados para o centro dessa comunidade.

Parecia até estranho para nós termos nos tornado uma das vozes mais prolíficas do teatro digital. Sabíamos que havia algo a ser dito sobre como o teatro digital deu aos artistas uma liberdade que eles nunca tiveram antes. Nós sabíamos que o teatro digital poderia ser uma bênção para artistas em comunidades marginalizadas. Também sabíamos que o teatro digital poderia abrir o mundo para esses pequenos bolsões de artistas enclausurados que desconheciam o grande mundo teatral que estava à sua disposição. Estávamos procurando uma companhia teatral que visse as mesmas coisas que nós e que as estivesse explorando ao máximo.

Conhecer Os Satyros atendeu a essa necessidade para nós, e a outros na comunidade do teatro digital, de várias maneiras. Ver esse grupo, que existe há tanto tempo, se tornando um dos pioneiros nessa nova forma de arte foi de cair o queixo. Então, vislumbrar não apenas a amplitude de seu alcance em todo o mundo, mas também o quanto eles expandiram a tecnologia, nos chocou ainda mais. Eles pegaram algo que estávamos acostumados a ver com frequência e o expandiram com novas técnicas e aplicações. Tudo o que pensávamos que sabíamos sobre o Zoom e o teatro digital foi alterado imediatamente.

Agora, quando olhamos para o teatro digital, procuramos pessoas que possam transcender a plataforma. Procuramos artistas que consigam atingir uma comunidade mais ampla, especialmente aquelas que foram marginalizadas. Finalmente, estamos buscando aqueles artistas que estão abraçando a pós-geografia e olhando para uma nova paisagem teatral no futuro. Os Satyros são todas essas coisas. É por causa deles que elevamos nossos padrões e nos esforçamos para ser melhores em tudo o que fazemos, a fim de construir essa comunidade.

O INÍCIO

Dana e eu ouvimos que Os Satyros estavam conectando pessoas ao redor do globo. Pessoas da África, Europa, Brasil e Estados Unidos estavam se reunindo para encenar essa peça chamada *A arte de encarar o medo*. Essas pessoas, de alguma forma, se juntaram e disseram: "vamos fazer um *show* mundial". Isso foi alucinante para nós, mas ainda um pouco enigmático. Já havíamos assistido a peças encenadas na plataforma Zoom antes, mas não acho que entendemos claramente em que escopo elas estavam operando. Porém, se você olhar para o âmbito em que a maioria dos artistas trabalhava durante aquele estágio da pandemia, em 2020, podemos ser perdoados por não entender que Os Satyros estavam em um nível superior, teatral e teoricamente.

Decidimos fazer uma maratona das três versões de *A arte de encarar o medo*, feito que durou sete horas. O primeiro espetáculo a que iríamos assistir era a versão africana-europeia. Durante os primeiros cinco minutos, vimos imediatamente que eles haviam preparado o palco para abrir essa peça para um público internacional. Uma das coisas que amamos nos Satyros é que eles não pressupõem nada sobre seu público. Eles não presumiram que todos estivessem familiarizados com a plataforma Zoom, portanto havia atores explicando tudo, desde os microfones até as câmeras. Eles não presumiram que todos falavam a mesma língua, então explicaram em diferentes idiomas. Finalmente, não presumiram que todos vinham de uma vida na qual o teatro era uma experiência constante, então apresentaram uma experiência que foi uma das mais acessíveis que já tínhamos visto.

Desde o início, trouxeram essa abertura ao público e nos fizeram confiar neles. Ao nos indagar sobre do que tínhamos medo, pegaram nossos temores, nossas falas, e os transformaram no coro de abertura. Para a primeira cena da peça, nada era imaginário. Os atores estavam representando a si mesmos em suas casas; eram exatamente como nós. Então começaram a falar nossas palavras em voz alta. Nossas palavras se tornaram as palavras deles, e lentamente nos levaram para o mundo da peça. Começaram o espetáculo com nossa colaboração para contar a história, de modo a se certificarem de que estávamos emocionalmente preparados para ver a história. Então, e somente então, seguiram em frente com o resto da narrativa.

Esse espírito se tornaria o padrão do dia. A produção africana-europeia foi a melhor para começarmos. Foi possível perceber imediatamente que eles colocavam ênfase em várias histórias e no impacto que isso teria nas pessoas. Os personagens entravam e saíam da narrativa como os fios de uma tapeçaria intrincada. Quando se olha para uma tapeçaria, você pode se aproximar dela e seguir cada fio em sua jornada sinuosa através do trabalho, vendo como ele se relaciona com todos os outros fios. Você também pode dar um passo para trás e observar a rica beleza do resultado final. A *performance* geral tem como enredo o medo, a vaidade, a desconfiança, o ódio e o desespero, mas também, no final, a esperança. Foi muito inspirador ver como cada um dos atores desenvolveu o tema geral.

Na produção brasileira, por sua vez, foi como olhar para um padrão semelhante, porém em uma tapeçaria completamente diferente. Compreendemos por meio dela que, quando você muda os fios ao redor, pode tecer uma imagem semelhante, mas com uma textura totalmente diversa. Apesar de não falarmos português, essa versão foi a que mais nos marcou. Ficamos maravilhados com a paixão e a franqueza dos artistas brasileiros. É difícil descrever a fachada que é levantada pelos artistas radicados nos Estados Unidos. Mesmo que os melhores aprendam muito rapidamente a rompê-la e obter aquela energia primitiva que possuem dentro de si, o público está ciente de que isso é apenas uma atuação. Por outro lado, o elenco brasileiro se jogou nas cenas sem vacilar e com total desprendimento. Não falamos o idioma, mas sabíamos exatamente o que estava acontecendo. Pode-se argumentar que isso aconteceu, em parte, porque já tínhamos assistido a uma versão da montagem antes. No entanto, sabemos que o verdadeiro motivo é que, quando um artista começa a falar com sua alma, ele fala uma linguagem universal.

Por fim, quando chegamos à versão norte-americana da peça, sentimos que estávamos lutando com nossas próprias almas. Agora, olhando para trás, percebemos, com essa produção, o porquê de as colaborações globais serem vitais e necessárias para o teatro. Sim, temos o idioma em comum com o elenco, mas isso foi quase irrelevante. O que mais valorizamos na versão norte-americana é que compartilhamos uma memória cultural com o elenco, mesmo quando não queríamos. Eu, Ricky, gostaria que minha esposa preta não soubesse exatamente o terror que seria a imagem de um homem preto com sua cabeça envolvida em celofane gritando: "eu não consigo respirar". Dana sentiu o peso pessoal dessas histórias com cada fibra de seu ser. Essas palavras foram tão verdadeiras para a existência preta que poderiam ter sido oxigênio em nossos próprios pulmões.

Essas três versões de *A arte de encarar o medo* representaram a maneira como nós fomos apresentados aos Satyros e ao que eles fazem. A linguagem universal que eles usaram para contar uma história foi estimulante. Sua capacidade de traduzir essa história em nossa memória cultural foi cativante. Havia ali uma semente que sabíamos que poderia brotar dessa coalizão global e iniciar um novo tipo de teatro. Se pudesse criar raízes nesse ano, poderia abalar a forma como todos os artistas de teatro, em todos os lugares, abordam sua produção e até mesmo o seu sustento. Sabíamos que precisávamos conversar com Os Satyros e ver o que mais eles poderiam ensinar a nós, e ao mundo, sobre a abordagem de seu ofício e do teatro digital.

A ENTREVISTA

Ficamos muito entusiasmados quando pudemos nos sentar virtualmente com Rodolfo, Eduardo, Napo e Rob, da equipe global da *A arte de encarar o medo*. Queríamos entrevistá-los para o nosso canal no YouTube. Foi tão incrível vê-los todos em um só espaço. Esperávamos que falassem sobre como foi incrível trabalhar juntos. Pensamos que ouviríamos alguns detalhes malucos dos bastidores ou histórias de terror. Só não estávamos preparados para as palavras que mudariam tudo o que pensávamos que sabíamos sobre o teatro digital.

"É mais democrático", foi uma das primeiras coisas que saiu da boca de Rodolfo. Com todos os nossos ideais elevados e pensamentos acadêmicos, nunca nos ocorreu dizer isso de forma tão simples. É democrático. O teatro digital não é para as elites ou para os gestores culturais. O teatro digital pertence a todos. Nos sentimos humilhados com isso. Todas as instituições privilegiadas de teatro deveriam ouvir isso e se sentir pequenas. É como se o teatro fosse uma ditadura até hoje. Nós sabíamos que a acessibilidade era um grande problema na indústria teatral dos Estados Unidos. No entanto, por mais que estivéssemos celebrando as implicações artísticas do mundo do teatro, esquecemos totalmente de falar sobre suas implicações para os sistemas sociais e políticos globais.

A conversa rapidamente se voltou para a ideia de acessibilidade e a alegria de ter uma plataforma acessível em escala universal. Rodolfo nos deu algumas informações sobre como a cena do teatro no Brasil era um pouco diferente. Eles sentem que estão constantemente educando e estão perfeitamente bem com isso. O teatro digital foi apenas mais uma chance de educar e alcançar as pessoas. Como explicariam o teatro digital ao seu público? Eles sentiram uma responsabilidade social e política para com os espectadores. Na verdade, foi surpreendente para nós que um de seus principais objetivos fosse manter a consciência das questões sociais e globais que estavam afetando tanto os artistas quanto o público. Assim, esse tema principal ganhou destaque na sua dedicação a expandir o seu ofício.

Os Satyros tiveram colegas da classe artística que não aceitaram o padrão desse novo veículo. Eles simplesmente não pareciam entender o que é o teatro digital ou por que alguém desistiria das formas clássicas de se fazer teatro. Alguns em seu círculo viram a adoção desse novo gênero como rejeição às velhas tradições. No entanto, a verdade é que Os Satyros se dedicaram não apenas a criar a melhor temporada *on-line* possível, mas também a atingir o maior número de pessoas com essa nova plataforma. Eles logo compreenderam que poderiam alcançar o mundo imediatamente com um único *software*. Com a capacidade de atingir um público global, seria igualmente importante trabalhar com uma rede global de realizadores.

Pós-geografia é um termo que começamos a usar para descrever o mundo graças ao teatro digital. De modo simplificado, significa que as limitações geográficas do teatro não precisam mais ser levadas em consideração. Os Satyros nos deram perspectiva sobre um modelo de *performance* pós-geográfica e sobre como isso pode ter um impacto global. Falar com os criadores por trás de *A arte de encarar o medo* foi uma revelação. Os Satyros deram ao mundo do teatro uma nova convicção, um chamado para que os artistas sintam uma responsabilidade social para com seu público e sua comunidade.

TEATRO DIGITAL

O estilo dos Satyros é um bombardeio de imagens, sons e sentidos. Costumamos brincar que seus espetáculos teriam sabor, se pudessem. Eles jogam tudo e qualquer coisa sobre você para ter certeza de que está totalmente imerso no trabalho. Somos tentados a dizer que eles podem pegar um tema e explodi-lo de forma que cada cena, personagem e linha de diálogo seja um fragmento de estilhaço teatral que vai direto ao seu coração. No entanto, esse estilhaço está longe de ser aleatório. Tudo o que Os Satyros criam é cuidadosamente selecionado para que o espectador sinta que foi feito apenas para ele. Você se agarrará a um diálogo ou a determinada cena como se fossem seus. Não dá para assistir a uma produção digital dos Satyros sem sair completamente transformado, diferente de quem você era antes. Cada artista é seu próprio epicentro, que envia a mensagem da peça para o resto do mundo. Você desliga o computador ou o telefone ao final da apresentação com essa sensação de exaustão, mas também com esse revigoramento de sair e mudar o mundo em que está vivendo. Esse é o poder transformador do teatro que Os Satyros apresentam em cada um dos seus espetáculos.

Diferem da maioria dos teatros digitais que vimos em qualquer lugar do mundo por quebrarem as expectativas em relação à plataforma. Nos Estados Unidos, ao menos, estamos acostumados a ver corpos estáticos em janelas de Zoom, expressando emoções em frente à câmera. Quando vemos movimento em uma produção, ficamos felizes, porque é um procedimento raro, em vez de usual. Muito do foco é colocado na criação de um "teatro virtual" que é um análogo ao que esperaríamos ver em um edifício teatral de "tijolo e argamassa". O que amamos na estética dos Satyros é que eles levaram a sério as palavras de William Shakespeare: "o mundo todo é um palco". Movem seus atores por toda a sala e através do espaço e do tempo como se eles realmente existissem na natureza. Pode-se pensar que até os detratores das "janelas de Zoom" adotariam isso prontamente.

Suas produções transcendem a plataforma que estão utilizando. Assiste-se a uma peça de teatro, não a uma peça de Zoom. Existe uma expressão idiomática nos Estados Unidos que diz que uma pessoa "não deve ter recebido o memorando"; ela é usada quando alguém segue em frente com uma ação que contradiz a forma como seus pares concordaram tacitamente em proceder. Bem, parece que Os Satyros nunca receberam esse memorando de que o teatro digital deveria ser plano e ficar preso em suas "caixinhas virtuais". Eles nunca receberam o memorando de que as narrativas deveriam ser mantidas em cativeiro nas casas de alguns *performers* e nunca ter um escopo global. Finalmente, nunca receberam o memorando de que o teatro digital deveria ser acorrentado aos nossos teatros vazios e à noção do que deveria caber dentro deles. Jamais receberam essa mensagem e, em vez disso, criaram uma nova mensagem sobre o futuro das artes, que os artistas de todo o mundo precisam receber e internalizar o mais rápido possível.

A mensagem dos Satyros é não ver o teatro digital em suas limitações, mas em suas oportunidades. Artistas sem visão olham para as janelas do Zoom, mas não para a capacidade de atrair colaboradores, atores e públicos de todo o mundo. Eles veem a câmera, lamentam a perda de uma interação física com espectadores, porém nunca veem a chance de explorar novas relações com o público. Cada espectador agora tem um assento na primeira fila, cada ator tem a posse absoluta de seu espaço. Todo dramaturgo é um artista que tem uma tela em branco para criar arte. Naquele tempo que foi perdido lamentando a "morte" do teatro, aqueles de braços cruzados poderiam ter olhado para cima e notado que uma fênix estava renascendo das cinzas.

Muitos grupos teatrais fariam bem em aprender com o exemplo dos Satyros, explorando essas possibilidades. Costumamos brincar que existem apenas vinte pessoas no mundo do teatro, porque ficamos surpresos de como todos nessa indústria parecem se conhecer. Agora é a hora de construir novas coalizões e expandir nossas redes. Este é o momento em que precisamos criar grandes experimentos e ousar falhar. Quando os gigantes do teatro *mainstream* reabrirem, eles verão as novas possibilidades do movimento do teatro digital e procurarão alguma forma de explorá-lo, ou irão protestar contra ele, tentando reescrever as regras para que possam recuperar o controle do que chamam de "teatro legítimo". É nossa tarefa, como comunidade global, nos levantarmos e fazer com que eles percebam o trabalho de companhias como Os Satyros, que mudaram o cenário do teatro para sempre.

EVOLUÇÃO

É importante notar que Os Satyros fizeram uma viagem muito interessante desde seus primeiros monólogos no Instagram até *As mariposas*, espetáculo mais recente a que assistimos (dado o quão prolífico o grupo é, provavelmente já haverá dezenas de montagens novas quando você ler isso). Desde o início, utilizaram o Zoom, que é um dos pilares do teatro digital nos Estados Unidos. Ao contrário dos Estados Unidos, contudo, eles têm uma sofisticação em vídeo que ainda não tínhamos visto antes. Pode-se ver essa sofisticação desde o início de *Ruínas e construções*, em que há apenas um artista se apresentando em monólogo, com cada seção intercalada com uma animação em vídeo muito elaborada. Descobrimos que a narração de histórias e os monólogos passaram por um novo renascimento em 2020, principalmente por causa da facilidade de um artista e uma equipe de criação se reunirem e apresentarem uma nova peça para o público muito rapidamente. No entanto, vimos apenas um ou dois artistas solo, entre centenas, que estão usando efeito *chroma key* e vídeos da mesma maneira. Houve um ano de discussão, entre os praticantes do teatro digital, sobre o que se constitui como teatro digital e o que se constitui como filme. Em muitos aspectos, não foi tão civilizado. Muitos artistas se contentaram em filmar suas peças com antecedência e permitir que o público assistisse a elas em sua própria programação. Alguns querem encenar suas peças ao vivo, mas têm alguns elementos pré-gravados. Outros decidem ser muito puros sobre isso e sentem que só é teatro se não for pré-gravado e puderem ver os rostos do público olhando para eles pelas janelas do Zoom. Não importa como você veja isso, foram poucos os que adotaram o vídeo e a *performance* ao vivo em suas produções como Os Satyros fizeram. Pode-se dizer facilmente que, desde o início, eles estavam adotando os elementos pré-gravados como a pedra angular de sua narrativa e *design* cênico.

Falamos sobre *A arte de encarar o medo* e sobre como a montagem nos impactou, sendo uma introdução ao trabalho dos Satyros. Nem imaginávamos que seria possível nos surpreendermos novamente. Estávamos enganados, porque a peça *Novos normais: sobre sexo e outros desejos pandêmicos* nos atingiu em cheio, e de maneira bem específica. Embora não tivesse a escala grandiosa e o elenco global de *A arte de encarar o medo*, confirmou para nós como Os Satyros eram dedicados ao uso de uma narrativa expansiva, imersiva e episódica. Se a novidade foi o que nos empolgou em *A arte de encarar o medo*, foi o espetáculo *Novos normais* que nos disse que esses dispositivos eram, na verdade, o novo normal. O que imediatamente nos fascinou foi o uso de dispositivos, como o de nos fuzilarem com imagens associativas e transformarem o que pensamos ser normal em algo estranho, para superar nossas expectativas na peça. Somos bombardeados com imagens de mulheres dançando de maneira sedutora. Elas estão lá para excitar, seduzir ou nos provocar? Então, de repente, somos bombardeados com aqueles mesmos corpos sedutores cobertos por palavras como "abuso", ou algo semelhante. Especialmente nos Estados Unidos, um artista nu chama instantaneamente a atenção. Trata-se de uma mensagem imediata que nós, como público, começamos a processar. Talvez nós estejamos processando uma mensagem mais primitiva, em nosso cérebro reptiliano, ao mesmo tempo que nosso cérebro artístico e sofisticado está pensando em estética, beleza, vergonha religiosa ou timidez. Então, quando se colocam em camadas as ideias de abuso ou violência em cima disso, nossos cérebros passam por uma reviravolta temática. Enquanto ainda estamos processando um tema, somos lançados a outro, que estraga e difama aquele que veio antes. Vemos muito isso ao longo de toda a produção, e veremos nas produções futuras. É outra ferramenta do arsenal dos Satyros que você poderia jurar que foi feita sob medida para a arena do teatro digital.

Foi *Macbeth #6*, contudo, que usou toda a caixa de ferramentas do grupo e oficialmente inaugurou o "estilo dos Satyros", que passou a moldar a forma como vemos o teatro digital hoje. Deixemos a eles que ampliem os horizontes para ir ainda mais longe. O espetáculo é repleto de imagens sobre destino, fama e ganância. Macbeth fala com o fantasma de Duncan, que se parece com Kurt Cobain. Macbeth filma um tutorial em vídeo, como se fosse um influenciador do YouTube. Tudo isso fala ao público sobre fama.

Então acontece a reviravolta. Vemos vários vídeos de mulheres gritando, lavando as mãos, e até mesmo de várias *ladies* Macbeth nos mostrando o preço dessa conquista da fama a qualquer custo. Os Satyros usaram essas técnicas para interpretar uma das tragédias mais famosas de Shakespeare. Já assistimos a *Macbeth* algumas vezes, mas foi a primeira vez que Dana disse: "eles finalmente entenderam". Os Satyros usaram seus papéis para nos contar novas histórias. Dessa vez, eles estavam novamente trabalhando com colaboradores do outro lado do oceano para desmistificar um texto preexistente. Não estavam apenas incorporando ou traduzindo o material. Eles transformaram *Macbeth* em sua própria nova criação e usaram-na como uma ferramenta cirúrgica para nos atingir profundamente.

Como uma última reflexão sobre o estilo de teatro digital dos Satyros, é importante notar que esse estilo provavelmente não começou no mundo digital. Temos certeza de que, se tivéssemos assistido aos Satyros em 2019, teríamos sido capazes de ver muitas técnicas semelhantes em exibição no seu palco principal. O importante é que todas elas funcionaram tão bem no cenário digital que parece que foram feitas especificamente para esse meio. A enxurrada de imagens temáticas associativas provavelmente não é nova para os palcos brasileiros ou mesmo em teatros ao redor do globo. Porém, a maneira como Os Satyros utilizaram as janelas adjacentes do Zoom – pelo modo de visualização "galeria" – foi visualmente deslumbrante. O recurso de coordenar muitos artistas a ligar e desligar suas câmeras para que pareçam cortes rápidos de vídeo editado foi extremamente eficaz. Antes de entrar em cena, eles provavelmente prepararam camadas para criar aquele efeito chicote, de reviravolta, que vimos em *Os novos normais* e *Macbeth #6*. Não achamos que eles diriam que o efeito atingiu no palco um resultado tão chocante quanto atingiu na tela. No entanto, algo tão bonito, chocante e ressonante já foi tentado antes. Por fim, sabemos que eles já eram conhecidos por suas colaborações com artistas de todo o mundo bem antes da pós-geografia de hoje. Essas colaborações devem ter gerado nos palcos obras absolutamente maravilhosas no passado. Contudo, não acredito que se possa contestar o fato de que colaborar com artistas de todo o mundo e criar espetáculos em conjunto se tornou um milhão de vezes mais fácil na era digital. A mesma plataforma que pode ser usada para se reunir com seus colaboradores a milhares de quilômetros de distância também pode ser usada para ensaiar e apresentar uma peça. Até mesmo o público de todo o mundo pode ser reunido no mesmo espaço virtual que os atores. Essa era uma façanha apenas ligeiramente viável nos anos anteriores, embora alguns artistas estivessem dispostos a experimentá-la. Há dez anos ou mais, isso teria parecido ficção científica. Depois de aprenderem como ser pioneiros nesse gênero em menos de um ano, Os Satyros agora podem dar o exemplo e ter um impacto no teatro, tanto digital quanto presencial, nos anos que virão.

CONCLUSÕES

Em termos de teatro digital, o mundo inteiro precisaria se inspirar nos Satyros. Olhar para a pandemia e não apenas pensar "vamos fazer isso", mas "vamos fazer isso maior do que nunca antes" é de causar vergonha a grandes instituições que poderiam ter feito tudo em 2020, mas não fizeram. Em vez de olhar para as limitações das plataformas digitais, precisamos focar em suas possibilidades. Deveríamos produzir arte que transcenda às suas próprias plataformas e mídias. Deveríamos buscar a colaboração e abraçar as contribuições de nossa comunidade teatral do mundo todo. Por fim, deveríamos procurar constantemente pela próxima evolução. Aonde podemos levar isso para torná-lo ainda maior? Onde podemos inovar? Como podemos incluir comunidades que foram marginalizadas nessas respostas?

Acreditamos que pode haver várias conclusões sobre o que Os Satyros são e sobre como eles impactaram as paisagens do teatro e do teatro digital em tão pouco tempo. Suas obras foram um presente para nós e para outras pessoas. Sabemos que, ao esmiuçar cada uma de suas *performances*, encontramos pequenas pepitas de ouro que mudaram as nossas carreiras e a forma como fazemos as coisas. Há vários elementos que o mundo exterior precisa encontrar no estilo deles e roubar para os seus próprios teatros. No entanto, como os artistas podem ir além e internalizar esse trabalho para torná-lo seu? Não é para replicar o trabalho e espelhar seu sucesso. É preciso olhar para o espírito com que foi criado e para a comunidade em que foi criado. Pode ser resumido em palavras e tornar-se um manifesto para o futuro? Sim, acreditamos que tudo isso pode ser resumido em três ideias principais: coalizão global, ousadia e responsabilidade.

Como realizadores do mundo do teatro, precisamos rejeitar a ideia de que os artistas precisam se curvar às tendências nacionais para fazer arte em suas próprias comunidades. As pessoas não deveriam se mudar para os grandes centros metropolitanos e suas instituições inchadas para ganhar esse rótulo de "artista de teatro" ou "artista profissional" estampado na testa. Deveria haver caminhos para a autossuficiência e uma profissão onde quer que o artista esteja. Equipar esses artistas para encontrarem sua tribo no mundo, interagir e criar com eles *on-line* e possibilitar que sejam vistos por um público internacional deveria ser a primeira tarefa de um teatro pós-pandêmico. Desse modo, suas vozes poderiam ser ouvidas em todo o planeta.

Ousadia é aquela disposição de fazer o que precisa ser feito e não ser influenciado por outros que dizem algo em contrário. Os Satyros têm a mesma audácia que nós. Nós, como dois pequenos escritores vivendo em um *trailer* em South Jersey, deveríamos ter todo o direito de fazer uma crítica teatral sobre qualquer espetáculo do mundo. Deveríamos ter o direito inato a sermos respeitados aonde quer que fôssemos. Deveríamos ter todo o direito de organizar uma premiação. Acho que é por isso que nós e Os Satyros nos demos tão bem. Isso não tinha relação com o fato de alguém dizer sim ou não a eles.

Eles reivindicaram seu direito inato, um direito intrínseco que todos nós temos como seres humanos, de ser e fazer arte, e puseram a mão na massa. Todos os artistas no mundo todo deveriam ter o poder de reivindicar esse direito inato e fazer esse trabalho árduo que precisa ser feito.

Por fim, precisamos começar a pensar em termos de responsabilidade para com nossas comunidades. Podemos usar o teatro digital e coalizões globais não apenas para dar acesso a artistas em todo o mundo, mas também para alcançar comunidades que foram marginalizadas pelas mesmas instituições privilegiadas que mantiveram o teatro relativamente isolado. Que tipo de teatro estamos fazendo para convencer o público a mudar o mundo? Que tipo de responsabilidade estamos assumindo para expandir o acesso aos públicos de onde eles estão? Onde estamos promovendo a natureza democrática do teatro digital e garantindo que ele avance com um espírito provido de acessibilidade? Não podemos mais criar arte sem pensar no nosso impacto. Os Satyros estão nos mostrando o caminho. É nosso dever segui-los.

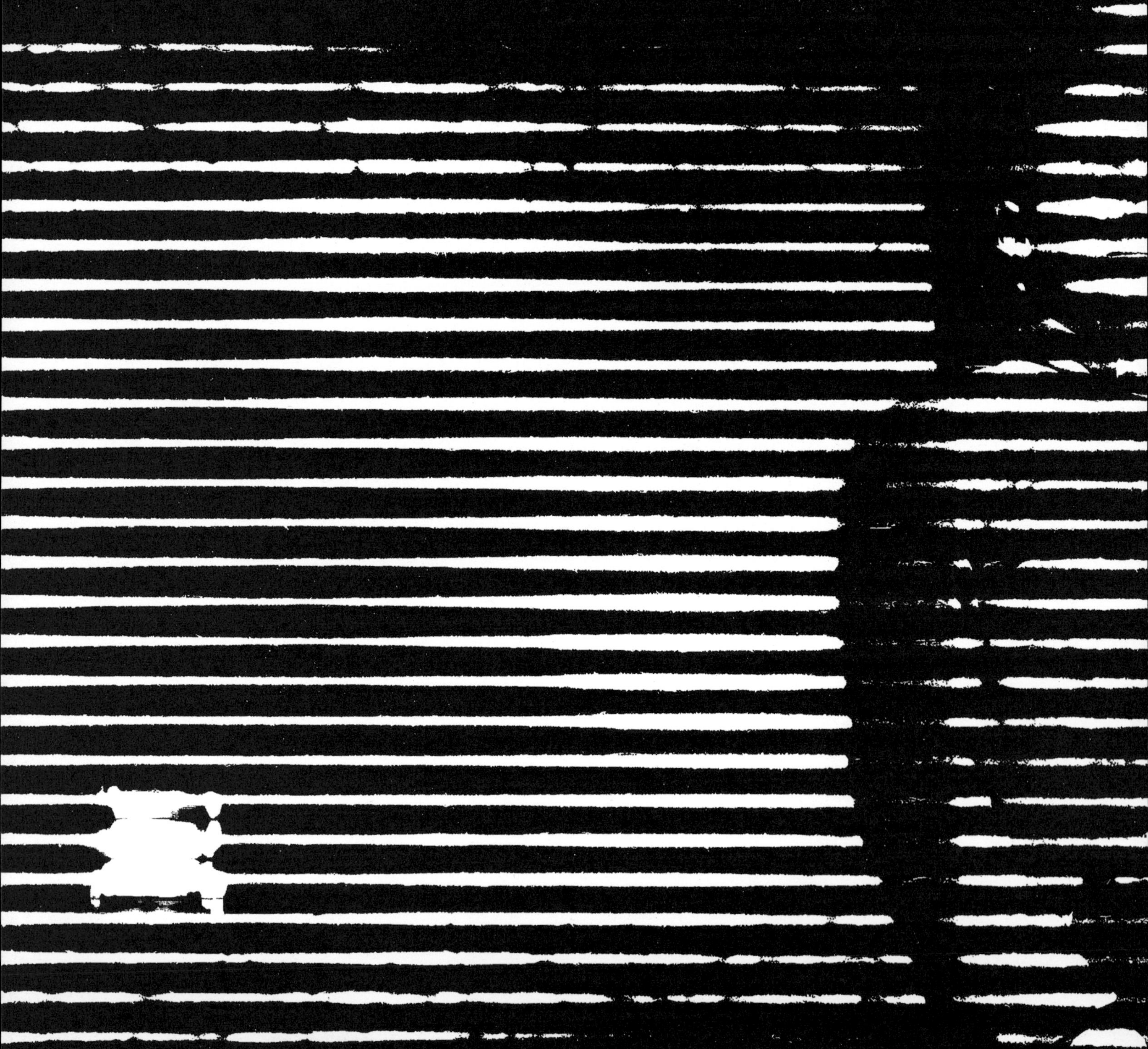

FORTUNA CRÍTICA

SE ALGUMA trupe de *commedia dell'arte* tivesse sobrevivido e viesse a São Paulo, não poderia se sentir mais à vontade do que no pequeno palco do Teatro Zero Hora [...]. É o que deve ter sentido o grupo Os Satyros, ao escolher esse espaço para encenar *Aventuras de Arlequim*, de Rodolfo García Vázquez e Ivam Cabral, sob direção do primeiro, para o público infantojuvenil. [...]

No texto de *Aventuras de Arlequim*, alguns personagens típicos são apresentados: Pantaleão, o Doutor, Polichinelo, Arlequim, Colombina e Isabel (um nome típico das amorosas da *commedia*). A estrutura segue a linha de quiproquós amorosos e de esperteza, especialmente para enganar a avareza de Pantaleão e seus projetos para Isabel. O autor, porém, seguiu a linha mais recente, transformando Arlequim num dos enamorados, apaixonado por Isabel. A referência à pedra lunar também pertence à tradição dos comediantes italianos. Os figurinos e coreografia de Lauro Tramujas e as "meias máscaras" de Daisy Nery, inspirados na *commedia*, contribuem para que o diretor Rodolfo García Vázquez obtenha um resultado que respeita o espírito da comédia italiana; ainda que o elenco não seja totalmente preparado para os malabarismos e nem sempre tenha o *physique de rôle*, destacando-se o Arlequim de Ivam Cabral e o Polichinelo de Lauro Tramujas. Um corajoso e elogiável aproveitamento da *commedia dell'arte* para o público jovem.

CLÓVIS GARCIA,
"*Commedia dell'arte* atualíssima",
Jornal da Tarde, 11 nov. 1989.

NEM TODO mundo aguenta *Sades ou noites com os professores imorais*. [...] O espetáculo apresenta cenas explícitas de masturbação, felação, sodomia, sadismo e – por fim – assassinato. [...]

A montagem, segundo o grupo Os Satyros, foi perseguida em São Paulo. A estreia nacional foi em junho no teatro Guaíra, em Curitiba. [...]

O diretor descreve a peça de forma simples: "É como se fosse um grito". Esse grito vale como reação a diferentes situações. Uma delas foi o projeto frustrado de o grupo montar um teatro junto com a Prefeitura de São Paulo. Também é um grito contra o "privilégio da forma" no teatro brasileiro atual. Ou ainda uma reação à falta de uma ideologia "como a marxista", substituída por uma "angústia profunda".

Quem acaba ouvindo o grito contra tudo isso – e sabe-se lá o que mais – é o desavisado espectador. Ou, como diz o diretor: "Eu sinto que existe um sadismo dos atores, e meu, em relação à plateia".

NELSON DE SÁ,
"*Sades* joga com o limite entre teatro e pornografia", *Folha de S.Paulo*, 18 nov. 1990.

A PARTIR DO TEXTO de Tchécov, Ivam Cabral e Rodolfo García Vázquez criaram um roteiro hilariante, brincando com as linhas de criação do teatro contemporâneo. *A proposta* começa como uma montagem realista, com cenário e interpretações convencionais. A certa altura do espetáculo, porém, alguém na plateia começa a resmungar que aquilo é uma porcaria, que não se pode admitir coisa assim. Depois de provocar a raiva dos espectadores que já embarcaram no espetáculo e, desavisados, chegam a gritar "Se não está gostando, vá embora", o resmungão revela-se como diretor da montagem. Insatisfeito com os rumos que tomou seu trabalho, ele passa a interferir no resultado das cenas. [...]

A proposta foi dirigida por Rodolfo García Vázquez com eficiência e simplicidade. O encenador pilota com habilidade a passagem do teatro ao metateatro. E consegue fazer com que seu trabalho não soe como um criptograma. Mesmo quem não identificar o alvo da sátira de *A proposta*, vai saborear plenamente o jogo. O cenário e o figurino de Kinkas Neto são sóbrios e adequados, cumprem bem seu papel. Os atores atuam com desenvoltura nos vários modos de interpretação que o projeto exige deles.

ALBERTO GUZIK,
"*A proposta*, uma proposta bem-humorada e inteligente", *Jornal da Tarde*, 30 maio 1991.

UM ESPETÁCULO que mostra a força do teatro alternativo, o que lança um grito de protesto no Teatro Bela Vista [...].

Saló, Salomé é ousado, forte, vibrante. Resgata mitos bíblicos, de Salomé de São João Batista a Herodes. Fala de paixões e de espiritualidade. Da ausência de limites. Do poder sem limites. É um texto altamente político, um espetáculo muito teatral.

Rodolfo García mistura em sua composição Beckett e Fellini para falar da decadência dos costumes e da visão crítica que deve ter o teatro. Faz do lixo sua cenografia e costura trapos para compor o figurino.

CARMELINDA GUIMARÃES,
"*Salomé* revoluciona o palco",
A Tribuna – Santos, 7 jul. 1991.

COM MAIS de oitenta atores, esta companhia de teatro tem colhido sucessos e especialmente controvérsias em seu país, desde que começou a investigar novos estilos dentro da vanguarda do teatro.

Embora a técnica seja importante em seus espetáculos, eles dão importância muito maior à espontaneidade, e sua intenção é envolver o público no protagonismo do trabalho.

O trabalho em si conta a história de Salomé e João Batista, em um contexto hipotético após a Terceira Guerra Mundial. Os personagens são presos em um impulso que os arrasta atingindo o limite da tragédia. "Dentro de uma sociedade destruída, os homens são apenas sombras do que eram seus próprios mitos."

Conforme definido por eles mesmos, a encenação é muito forte, impressionante. "Não apenas porque os atores aparecem nus, mas porque sua própria dinâmica faz de você um espectador participante."

CARMEN JARA,
"O grupo brasileiro Os Satyros se apresenta hoje no Castilho de Niebla", *Huelva Información* – Espanha, 28 ago. 1992.

É CHOCANTE. Por vezes nojento. Quase sempre irreverente. Sem nunca deixar de ser promíscuo. [...]

Não há dúvida que encenar um escritor "maldito" – pelas temáticas sexuais que os seus livros refletem em formas por vezes excessivas e deturpadas – como o Marquês de Sade pode ser uma aventura sem retorno.[...] Os Satyros arriscaram. Em Portugal houve quem adorasse. Houve quem odiasse. Mas ninguém ficou indiferente. [...]

Os Satyros libertaram-se de todos os *tabus* para incomodar a doce monotonia, dizem eles. Beliscam a nossa sensibilidade, dizem eles. Ofendem a moral da Igreja católica e questionam Deus, dizem eles. Pisam as tradições, dizem eles. E, acima de tudo, revelam as monstruosidades que estão adormecidas no gênero humano. [...]

O Teatro Ibérico foi o palco escolhido para a estreia europeia de *A filosofia na alcova*. De um elenco de oito atores, coube a Ivam Cabral, Silvia Altieri e Andréa Rodrigues os papéis centrais. [...]

Rodolfo García Vázquez, encenador da peça, transformou a literatura controversa em teatro. Usando um cenário simples mas eficaz. Uma luminotécnica perfeitamente encadeada na ação. Um guarda-roupa simples e original. A sonoplastia acabou por ser surpreendente.

ADELINO CUNHA,
"O sexo como Deus", *O Diabo* – Lisboa, 2 fev. 1993.

NESTA [PEÇA, SADE] fala das lições de libertinagem dadas por um par experiente a uma jovem. O clímax é atingido quando a mãe dela corre para salvá-la e é tentada pela própria filha a todos os requintes de luxúria.

Resumida desta forma, dir-se-ia que estamos perante um teatro pornô, tendo em vista a excitação do espectador. Porém, nada disso. Embora o nu (masculino e feminino) seja por vezes integral, embora o linguajar seja do mais desbragado, a peça, dentro da sua amoralidade intrínseca, é uma obra de arte nas suas preocupações estéticas de encenação e montagem. Diria mesmo que o esteticismo é a sua preocupação maior e o seu maior trunfo. [...]

A companhia que trouxe este espetáculo a Lisboa – Os Satyros – é das mais categorizadas entre as do teatro experimental de São Paulo, e nós sabemos como é elevado o índice vanguardista do teatro brasileiro.

Ivam Cabral e Silvia Altieri são o casal de libertinos e desempenham os papéis com convicção. A jovem (Andréa Rodrigues) secunda-os a primor, e a mãe (Silvanah Santos) tem a figura e o sentido amargurados que a peça exige. Daniel Gaggini, que está em cena todo o tempo, inteiramente nu, sem uma única fala, faz a Estátua, fazendo ora aqui ora acolá poses que diríamos arrancadas à escultura helênica. [...]

A filosofia na alcova será para uns uma obra repugnante. Para mim é apenas um drama muito violento e um espetáculo de arte pura que Rodolfo García Vázquez soube construir.

JORGE PELAYO,
"A filosofia na alcova", *Jornal do Dia*
– Portugal, 12 mar. 1993.

O ELENCO de oito atores está evidentemente comprometido com uma barbárie intransigente sem hipocrisia, e não há nada de erótico ou excitante em sua abordagem frontal total.

No entanto, o espetáculo pareceu causar ofensa [a alguns] entre algumas seções da plateia em sua noite de estreia. Isso provocou um fluxo constante de abandono do teatro por aqueles que exercitavam sua prerrogativa de público pagante [...].

O que eles esperavam? Um espetáculo que se promove abertamente como uma adaptação de *A filosofia na alcova* não deveria ter sido a primeira escolha dos retentivos anais ou daqueles em busca de uma noite moralmente edificante. [...]

Assim, o espetáculo adquiriu uma bem-vinda notoriedade. A verdade deprimente é que não importa quão bem seus objetivos satíricos sejam alcançados, o pior que poderia ser dito sobre a montagem é que é um pouco chata.

JOHN LINKLATER,
"Sem excitação", *The Herald*
– Escócia, 19 ago. 1993.

PARA ENTENDER o que é o "Eco de Edimburgo" certamente não são necessárias muitas explicações. Afinal, todos sabem o que é essa cidade maravilhosa: a capital da Escócia e palco de um festival de teatro mundialmente famoso. Resta apenas lembrar que Edimburgo e Kiev são cidades-irmãs para que tudo fique definitivamente claro: "Eco de Edimburgo" é um programa de longo prazo composto por numerosas ações artístico-culturais. [...]

Agora, também os kievanos terão a oportunidade de experimentar a catarse de *A filosofia na alcova*: em dezembro, a peça será apresentada no espaço do Teatro da Juventude. O PAP (Podil-Art-Proekt) – a organização que, a pedido do Teátr na Podóli, se encarregou da vinda dos brasileiros a Kiev e também de todas as demais providências para a realização das ações no âmbito do "Eco de Edimburgo" – promete que os amantes kievanos do teatro não verão nada menos do que "a pornografia transformada em uma ação da mais elevada arte dramática", além de uma peça mais adequada ao senso moral dos espectadores.

G. CH.,
"Eco de Edimburgo em Kiev", *Vísti z Ukraíni*
[Notícias da Ucrânia], n. 47 (1804), 18-24 nov. 1993.

EM 4 DE DEZEMBRO, chega a Kiev a companhia teatral brasileira Os Satyros [...].

Os kievanos terão a oportunidade de assistir a um dos mais polêmicos e escandalosos espetáculos do Festival Internacional de Teatro de Edimburgo (de 1993): uma encenação da obra *A filosofia na alcova*, do Marquês de Sade.

A peça sobre a sedução de uma moça de um monastério pela libertina casada Juliette e seu amante Dolmancé espanta por sua franqueza. Nunca um artista havia ido tão longe ao falar sobre sexo, sobre brutalidade e sobre violência.

Aos espectadores ciosos de sua moralidade, recomendamos que assistam a um espetáculo mais comedido interpretado pelo mesmo grupo teatral: *O retrato de Dorian Gray*, baseado na peça de Oscar Wilde.

"CHOQUE BRASILEIRO",
Kommersant Ukraíny [Comerciante da Ucrânia],
n. 15 (16), nov. 1993.

O ESPETÁCULO *A filosofia na alcova*, oferecido pelos brasileiros aos espectadores de Kiev, é destinado apenas a adultos... e aos moralmente resistentes. [...]

A peça já recebeu avaliações variadas, tanto de espectadores como de críticos. Ela foi chamada de erótica, de pornográfica, de muito intelectual etc. Os artistas, por sua vez, inserem na obra de Sade sua própria interpretação: o "super-homem" de Nietzsche, a violência social do Brasil, a alienação do homem na época do pós-modernismo.

O que o espectador de Kiev achará de *A filosofia na alcova*, isso só o tempo dirá (apesar de podermos prever uma reação tempestuosa).

VALENTINA BRUSLÍNOVSKAIA,
"*A filosofia na alcova* em primeiro plano",
NEZA, n. 132, 1993.

BAIXISTA e compositor da banda inglesa Siouxsie & the Banshees, Steven Severin aproveita as horas vagas para fazer trilhas sonoras para projetos que considera ambiciosos e independentes. O mais recente, *Maldoror*, inspirado em obra de Lautréamont, é com os brasileiros da companhia teatral Os Satyros, radicados há dois anos em Portugal. Nos últimos dez meses, eles trocaram ideias para o espetáculo apenas por carta ou telefone. O primeiro encontro foi nos dias 8 e 9 de outubro, em Lisboa. Durante dois dias, o grupo ensaiou parte do espetáculo para Severin.

– Tenho elementos para seguir em frente. O que vi foi muito excitante e intenso – conta ao *Globo* o músico, que já compôs três obras para a peça.

A estreia será em março em Lisboa, e Severin torce para que a companhia o apresente em Londres. [...]

O Globo – O que o fez se interessar por este grupo brasileiro?

Steven Severin – Vi um de seus espetáculos em Londres, que foi considerado polêmico, e achei que eles eram ambiciosos e diferentes. Depois, li no programa da peça que eles estavam começando a fazer um trabalho baseado em *Cantos de Maldoror*, que é um dos meus livros favoritos. Por isso, entrei em contato com eles. [...]

O Globo – O que você e Os Satyros têm em comum?

Steven Severin – O grupo é brasileiro, e suas preocupações são bem diferentes [das minhas], como europeu. Mas, num aspecto, são parecidas. Estou mais interessado nas coisas que as pessoas acham que sejam escandalosas ou controvertidas, e eu quero saber por que elas pensam assim. Na minha carreira, acontece o mesmo. Nós incomodamos as pessoas quando começamos o movimento *punk*. Isso é o que esta companhia está tentando fazer: mudar as coisas. Eu me envolvi com eles porque já não existe muita gente fazendo isso.

SANDRA COHEN,
"Novos Cantos para *Maldoror*",
O Globo, maio 1994.

A FILOSOFIA NA ALCOVA, COM ISABEL FRIÓSI E HENRIQUE MELLO. FOTO: ANDRÉ STEFANO.

HAMLET-MACHINE de Heiner Müller cabe entre os *best-sellers* do ano em Portugal: o Teatro Só encenou-o em janeiro, no Porto, e, a meio de maio, a capital já aí tem a sua primeira encenação, a dos Satyros. No Museu da Cidade, Campo Grande, 245. [...]

Quem aqui se dá em espetáculo é um homem fragmentado, ao mesmo tempo "faca e ferida". Um Hamlet dividido entre revolução e barbárie revolucionária. [...] Do drama de Shakespeare o que fica na obra de Müller é essa dilaceração. E a figura de Ofélia, evocação, por certo, da mulher de Müller, que se suicidou em 1966.

Os Satyros, afinal, perceberam e recriaram o essencial. Levando a fragmentação deste Hamlet/Ofélia às últimas consequências, dividiram-se os diálogos monologais por onze atores; o guarda-roupa é preto, de cabedal, unissex, e os atores movimentam-se em círculo à volta dos espectadores sentados no vasto espaço do pavilhão erguido ao fundo da alameda do museu. A parede de vidro do pavilhão permite aos atores usarem como palco o relvado, acabando o ritual com eles colados ao vidro, presos no exterior. Abelhas na chuva, olhando pátrias prometidas – onde jamais poderão penetrar.

MANUEL JOÃO GOMES,
"Drama de um socialista alemão", *Público*
– Portugal, 19 maio 1996.

O TEXTO de Ivam Cabral tem o grande mérito de lidar com uma linguagem que mantém o necessário tom dramático sem ser empolada [...].

A aproximação com o espectador se dá tanto através do texto como fisicamente: o diretor Rodolfo García Vázquez colocou a plateia no palco, junto com os atores, formando uma miniarena para o espetáculo e criando vários planos para a história. O espaço é explorado de alto a baixo – tanto a estrutura interna do palco como o balcão da plateia são usados nas aparições do coro – e a encenação é pontuada por algumas inserções em vídeo, o que dá ainda mais agilidade ao espetáculo. [...]

Apesar de tratar de um tema pesado – vingança –, a peça consegue ser bastante lírica, fazendo com que o espectador descubra os mitos sob uma nova ótica, menos falsa e mais humana.

MARIÂNGELA GUIMARÃES,
"Mais perto da Grécia virtual",
Gazeta do Povo – Curitiba, 21 fev. 1997.

É SEMPRE uma tarefa delicada querer dar novos rumos ao que já tem forma consagrada e largamente divulgada; e na montagem de *Medea* em cartaz no Teatro Glória, Os Satyros, de Curitiba, afirmam que "mantêm a linha de pesquisa da companhia sobre os mitos gregos, trazendo-os para um universo contemporâneo". [...]

A direção de Rodolfo García Vázquez se perde principalmente por falta de organicidade: a distribuição das falas de um monólogo por dez intérpretes, que também são responsáveis pela música, resulta numa espécie de jogral, apenas acompanhado por belos movimentos, gestos, atitudes, de maior preocupação estética do que dramática. O resultado é visualmente muito bonito (apesar de uma iluminação inexpressiva, também do diretor), com efeitos sonoros interessantes (que muitas vezes cobrem completamente as falas), mas não particularmente expressivo do que seria o conteúdo essencial do mito de Medea, ou de algum novo significado deste para o mundo de hoje, como se afirma. [...]

A seriedade e as boas intenções desta *Medea* são indiscutíveis, porém o espetáculo não chega realmente a abrir um novo caminho para a compreensão do mito.

BARBARA HELIODORA,
"Sentido trágico ainda muito distante
da plateia", *O Globo,* 6 mar. 1999.

[...] **O AUTOR** irlandês Oscar Wilde é colocado desnudo de máscaras em *De profundis*, escrito por Ivam Cabral e dirigido por Rodolfo García Vázquez, em cartaz no Espaço dos Satyros.

O público – apenas sessenta pessoas por sessão – é encerrado com um Wilde pesado pela vergonha de ser humilhado pelas pessoas a quem inspirava respeito pela genialidade de seu trabalho artístico e pelo seu desbravamento diante da rigidez e hipocrisia de uma moralidade mascarada.

Sem o subterfúgio dos figurinos que usava para provocar, sem a liberdade para ser apenas, sem a possibilidade de comunicar ao mundo o asco às ideias preconcebidas sobre a arte e sobre o homem, restam as ideias e a memória [...].

A questão do amor sem fronteiras e sem impedimentos – motivo de seu degredo social [...] é tratada com beleza e arrebatamento. [...]

A encenação de Rodolfo García Vázquez é impressionante. Há um diálogo entre diferentes planos cenográficos e de histórias que leva os espectadores ao enlevo absoluto.

MICHEL FERNANDES,
"Os Satyros apresentam um Wilde arrebatador",
Último Segundo, 25 abr. 2002.

DE PROFUNDIS, COM IVAM
CABRAL E GERMANO PEREIRA.
FOTO: ANDRÉ STEFANO.

KASPAR, COM IVAM CABRAL.
FOTO: ARTUR FERRÃO.

COMPANHIA até há pouco apontada por alguns como "aberração do teatro brasileiro", com peças rejeitadas menos pelos equívocos de concepção, mais pela barreira moral, Os Satyros alcançam os 15 anos usufruindo da maturidade dessa trajetória de provocações e indiferença nenhuma.

É o que se espera do seu novo projeto, *Kaspar ou a triste história do pequeno rei do infinito arrancado de sua casca de noz*, que estreia na Mostra Oficial em Curitiba, na Ópera de Arame. [...]

O enigma de Kaspar Hauser inspira o espetáculo. Trata-se de um mito alemão do século XIX, sobre o garoto que, inexplicavelmente, foi mantido numa cela escura, a pão e água, durante cerca de dez anos. Kaspar é alçado à praça de Nuremberg em 1828, como um ser excepcional, a mais perfeita tradução do espírito da época no romantismo: um homem doce, generoso e ao mesmo tempo melancólico. [...]

O espetáculo percorre a fase do seu "renascimento", quando é aclamado; passa pela acusação de que é uma farsa; e chega ao seu assassinato. Quatro anos de ascensão e queda para quem contava apenas 16, 17 anos de vida. "Nosso Kaspar está em busca do útero, da volta. A paixão com que ele é recebido, no início, e a forma como é desprezado depois, largado na sarjeta, serve como metáfora para entender o mundo descartável em que vivemos", diz Cabral, 40.

O que é nato ou imposto? Eis uma das perguntas-chave. [...]

VALMIR SANTOS,
"Satyros guiam Kaspar Hauser ao 'útero'",
Folha de S.Paulo, 27 mar. 2004.

EM *COSMOGONIA* – *Experimento nº 1*, Rodolfo García Vázquez encena o embate entre mito e ciência e renova a estética dos Satyros.

[...] Nesse embate, desenha-se o conflito entre razão (*logos*) e emoção (*pathos*), em que o personagem apela indiretamente à deusa Mnemosine, numa rememoração de uma vida a esvair-se. *Cosmogonia – Experimento nº 1* segue essa mesma estrutura ao mostrar os cinquenta minutos finais de vida de um cientista em estado de coma. O autor e também diretor do espetáculo, Rodolfo García Vázquez, apresenta as peripécias verbais do cientista (Ivam Cabral) com a musa Belavoz e a Moira (ambas interpretadas por Cléo De Páris) dentro de sua própria consciência. Aqui, a oposição mais importante é a dos argumentos científicos às fatalidades míticas.

A novidade desta montagem consiste em levar o espectador, ao mesmo tempo, para a sala de hospital e para dentro das paredes da mente conturbada do cientista. [...]

Ali, dentro dessa consciência, os sentidos do espectador são provocados por uma torrente de referências e recursos cênicos; calor, cheiros, vapores e em meio de uma narrativa fragmentada e cheia de embates verbais. Tudo para construir uma paisagem de forte apelo emocional. [...]

É teatro pânico – Expressionismo, Simbolismo, vanguarda, tudo junto.

ALEXANDRE MATE,
"Metafísica do pesadelo",
revista *Bravo!*, maio 2005.

FOI NA PRAÇA Roosevelt que Dea Loher, dramaturga alemã, entendeu o Brasil, ouvindo uma travesti relatar sua paixão por um extraterrestre, ou uma moça que é expulsa só com a roupa do corpo e um vestido de noiva, para refazer sua vida.

O material resultou em *A vida na praça Roosevelt* (*Das Leben auf der Praça Roosevelt*) apresentada na última Bienal de São Paulo pelo Thalia Theater, de Hamburgo, e consagrada em seguida pela crítica alemã. [...]

Agora, nesta sua versão do texto de Loher, o Satyros supera seus limites e faz sua obra-prima. [...]

A Roosevelt velha de guerra parece aqui um cabaré brechtiano; os *clowns*, feitos com leveza por Soraya Saíde e Laerte Késsimos, poderiam ser os mesmos que retalham o patrão em Baden-Baden, em um tom que vai da agridoce fábula de Tim Burton à hiperviolência de *Sin City*. [...]

E mesmo que às vezes a peça mergulhe no melodrama, o cuidado com detalhes e a dramaturgia vertiginosa tornam a identificação inevitável – pelo distanciamento.

Diante do realismo fantástico, realidade medonha e catártica, o público é devolvido à praça transformado.

SERGIO SALVIA COELHO,
"Os Satyros consagram sua praça Roosevelt",
Folha de S.Paulo, 25 ago. 2005.

A RAINHA Elizabeth I da Inglaterra (1533-1603) governou por exatos 45 anos. Fidel derrubou o governo corrupto e violento de Fulgêncio Batista, Elizabeth abriu o país para o comércio internacional e o transformou em uma potência (a Bolsa de Londres opera desde 1506). Em linhas gerais, pode-se dizer que ambos se aproximam na obstinação quase mística pelo poder ao se verem como garantidores da existência nacional. O reverso desta imagem portentosa é o exercício da violência e a solidão. Nesse fio de história e espada transita a peça *Liz*, do cubano Reinaldo Montero, encenada por Rodolfo García Vázquez com Os Satyros. [...] Elizabeth teve grandezas e crueldades. Foi a soberana de uma ilha como Cuba, e Montero sublinha essa similaridade no enredo que trata da proximidade do artista com o poder. O texto prolixo acumula fatos históricos em sequência acelerada que não se apreende de imediato (as relações entre Inglaterra e Espanha no século XVI, as sangrentas questões político-religiosas entre os católicos e protestantes dos dois países e entre a Inglaterra e a Escócia governada por Mary Stuart, prima de Elizabeth). Entre beneficiários e vítimas desses embates estão Walter Raleigh, o predileto da rainha, mistura de empreendedor e oportunista, e o dramaturgo Christopher Marlowe, que integrou a rede de espionagem real, sendo morto de forma nebulosa. [...] É perigoso ao artista se deixar levar por tais seduções (Marlowe), como é conveniente aos ávidos de poder (Raleigh). É por aí que vai a alegoria de *Liz*, com cenas de impacto, outras vagas. O espetáculo navega entre o circo, a paródia e certa provocação. [...] Se nada é muito claro em *Liz*, isso pode ser, não por acaso, o reflexo da Inglaterra de antes e da Cuba de agora.

JEFFERSON DEL RIOS,
"*Liz*, metáfora sobre arte e opressão",
O Estado de S. Paulo, 22 maio 2009.

ELENCO DE *A VIDA NA PRAÇA*.
FOTO: ANDRÉ STEFANO.

LIZ, COM IVAM CABRAL.
FOTO: RAFAEL YUSHIN AMAMBAHY.

ROBERTO ZUCCO, COM JULIA BOBROW E CLÉO DE PÁRIS.
FOTO: ANDRÉ STEFANO.

AOS 19 ANOS, ele esfaqueou a mãe e estrangulou o pai, escondendo os corpos numa banheira cheia para retardar o trabalho da polícia. Fugiu, foi capturado, julgado e mandado para o manicômio judiciário com uma pena de dez anos. Passou cinco anos nele, aproveitando para estudar ciências políticas. Conseguiu escapar, viajou para a França de trem, estuprou e matou duas adolescentes, um médico e dois policiais que o perseguiam. Seguiram-se sequestros e assassinatos na França, Itália e Suíça. Finalmente preso em sua terra natal, Mestre, perto de Veneza, ainda tentou escapar sem sucesso pelo teto da prisão. Dois meses depois, em maio de 1988, matou-se em sua cela. Esta foi a trágica vida breve do italiano Roberto Succo (1962-88), que o francês Bernard-Marie Koltès (1948-89) contou, no ano da própria morte, em sua peça *Roberto Zucco*, encenada postumamente pelo alemão Peter Stein, em Berlim, em 1990.

A mesma peça de Koltès é apresentada agora numa nova montagem do grupo Satyros, sob direção de Rodolfo García Vázquez. O mínimo que se pode dizer dela é que se trata de uma experiência quase tão forte – o quase fica por conta da representação – como a trajetória de Zucco rumo ao abismo. Isso explica a opção de Vázquez por uma montagem circular, que ocupa os quatro cantos da sala dos Satyros, fazendo o público acompanhar esse percurso mítico em arquibancadas móveis. Ele participa literalmente da cena, não como espectador, mas como testemunha dos crimes desse *serial killer*, morto aos 26 anos. É uma maneira de tornar simbólica a corresponsabilidade civil por crimes hediondos de um anti-herói insolente que violou a lei dos homens e dos deuses, como nas tragédias gregas. Não sem razão, a cada movimento da arquibancada corresponde um movimento pendular de Zucco entre *hybris* e *sophrosyne*, ou seja, entre a insana desmedida do renegado e a busca da virtude libertadora da razão. [...]

É, como se disse, uma experiência de impacto, que tira o público de sua estabilidade e, por que não dizer, de sua passividade.

ANTONIO GONÇALVES FILHO,
"Satyros e Koltès, um encontro explosivo",
O Estado de S. Paulo, 3 set. 2010.

COSMOGONIA, COM CLÉO DE PÁRIS.
FOTO: ANDRÉ STEFANO.

[...] ***COSMOGONIA*** – *Experimento nº 1*, do grupo brasileiro Os Satyros, dirigido por Rodolfo García Vázquez, é um dos espetáculos mais inovadores visualmente, visando transformar o espectador em uma entidade ativa dentro da encenação.

Baseado em múltiplas teorias cosmogônicas do ser humano, o trabalho busca investigar a origem do universo, as questões mais transcendentais da vida e o ato da morte, como o fechamento de um ciclo incontrolável. Assim, o espetáculo apresenta os últimos momentos da vida de um cientista, ante o qual surgem as personagens da Moira Inflexível e da Musa Belavoz, para ajudá-lo a refletir sobre essas questões. Tomando como testemunhas os espectadores, vestidos como enfermeiros na sala de terapia intensiva em que o personagem agoniza, o diretor demonstra a vulnerabilidade do indivíduo no último momento de sua existência, muito além de suas ideias ou classe social. [...]

A encenação é construída em uma atmosfera onírica. Como em um pesadelo, as cenas cruzam momentos de caos e harmonia, de euforia e amor, de dor e prazer, e nos mostram que o equilíbrio do mundo é sustentado no comprometimento dos opostos.

DANIA DEL PINO MÁS,
Boletín del 14 Festival de Teatro de La Habana
– Cuba, 6 nov. 2011.

EXTRAVAGÂNCIA significa exuberância, portanto *Cabaret Stravaganza* é um título muito apropriado para a *performance* brasileira em cartaz no Unga Klara, em Estocolmo, por cinco dias, em colaboração com a Academia de Artes Dramáticas de Estocolmo, Sada.

[...] As atrizes suecas Ulrika Malmgren e Katta Pålsson, do Darling Desperados, fazem parte da montagem, e os espectadores são convidados a participar do início intenso e barulhento.

Cabaret Stravaganza é inspirado na tradição alemã do cabaré, com vários atos muito diferentes, música do Abba, *show* de luzes e troca de figurinos. É visualmente extravagante e transfronteiriço quando se trata de retratar sexo e gênero. [...]

Um dos principais temas, o que cria uma ordem no caos criativo do palco, é a relação entre homens e máquinas, telefones celulares, computadores, iPads e partes corporais artificiais. O cabaré lida com o corpo vivo, a peça de reposição humana e o robô. Sobre como nós procuramos nossa identidade através do espelho. [...]

Os Satyros compartilham generosamente sua exuberância, convidam a dançar e incluem o público.

SARA GRANATH,
"Entretenimento caótico e transfronteiriço",
Svenska Dagbladet [jornal diário sueco]
– Suécia, 20 mar. 2013.

ESTA ACLAMADA produção da companhia de teatro experimental brasileira Os Satyros, em associação com Combined Artform e Theatre Asylum, é baseada no romance *A filosofia na alcova*, escrito pelo Marquês de Sade, que usou a libertinagem e o sexo para analisar a derrubada de hierarquias sociais e políticas. [...]

Essa produção em cartaz em Hollywood não é para os fracos de coração. [...]

Sim, é emocionante e chocante, dada a grande quantidade de atos sexuais apresentados e o assunto em geral. Mas também é uma encenação com atores confortáveis em seus personagens e dispostos a dar tudo de si pela arte. [...]

Esta citação da peça foi a que mais me interessou: "A luxúria só aumenta com a falta de amor". Esse para mim é o verdadeiro lema libertino exibido durante a montagem, simplesmente declarado como "se jogue e deixe a luxúria governar".

Os Satyros acreditam que a *performance* é muito pertinente aos tempos em que vivemos no mundo todo, nos quais o medo, o tradicionalismo conservador e o fanatismo religioso radical estão assumindo o controle de nossas vidas e atitudes, o que torna o texto de Sade atual como nunca. [...]

SHARI BARRETT,
A provocante *Filosofia na alcova*
prossegue no Festival Melhores do Fringe,
Broadway World – Estados Unidos, 24 jul. 2013.

O FILME *Hipóteses para o amor e a verdade* é catalogado como drama, mas seria mais bem definido como um filme de arte, ou mesmo *cult*, devido à maneira como apresenta os argumentos, que transportam o espectador de dentro do cinema para o teatro e de volta ao telão diversas vezes. Logo, se definido como sendo de arte, é um filme recheado de acontecimentos, poesia e frases para muita reflexão. Fala da vida em uma metrópole e, por isso, pode abranger qualquer grande cidade, mas fala mais diretamente ao paulistano.

[...] tem duas coisas no filme que se destacam o tempo todo, são a fotografia impecável e não só a sincronização, mas a escolha da trilha sonora. Ambas cumprem bem a função de criar a aura e pano de fundo perfeitos para o desenrolar da história. [...]

A qualidade do filme impressiona em geral e consegue arrebatar a todos, fazendo-os refletir por diversas vezes.

ALÊ ZEPHYR,
"Hipóteses para o amor e a verdade",
Blah!zinga, 10 ago. 2015.

HIPÓTESES PARA O AMOR, COM
TÂNIA GRANUSSI E TIAGO LEAL.
FOTO: HELIO DUSK.

PARA COMEMORAR suas duas décadas e meia de existência, a companhia está apresentando em seu pequeno teatro na praça Roosevelt o espetáculo *Pessoas perfeitas*, dirigido por Rodolfo García Vásquez. A peça retrata um grupo de cidadãos anônimos de uma grande metrópole como São Paulo, às voltas com suas vidas ao rés do chão, de onde brotam dramas íntimos, pequenas alegrias, afeições patéticas e alguma dose de lirismo. Do roteiro das cenas – escrito por Ivam Cabral e Rodolfo García Vásquez a partir da observação do comportamento de moradores do centro da cidade e de entrevistas realizadas com eles – emana uma atmosfera muito envolvente que, além de chamar a atenção para o caráter tão singular das histórias de vida ali traçadas, convida o espectador a entrar em contato com imagens muito agudas, concebidas a partir da natureza da categoria da "pessoa", o mais combalido dos conceitos cunhados no âmbito da psicologia e da filosofia nos últimos tempos, cuja crise de representação espraia-se por todas as artes. [...]

Ora, a grande qualidade de *Pessoas perfeitas* é o fato de a peça não se acomodar à sua superfície documental, dando voz realisticamente a um grupo de indivíduos cujos traços particulares qualquer espectador é capaz de reconhecer, por exemplo, ao caminhar atentamente pelas ruas de São Paulo. Desse modo, no espetáculo, a questão da identidade não está voltada às dimensões antropológica e sociológica do cidadão paulistano. Antes, cada uma das "pessoas perfeitas" a quem Os Satyros resolveram dar vida constitui um ser fracassado por trás de uma máscara, cujo comportamento individual está intimamente associado a uma *performance* de natureza dramática, potencializada pela função subalterna ou deslocada que ela ocupa na escala social. [...]

A investigação satyriana a respeito desses perfeitos fantasmas que o capitalismo moderno tem convidado cada vez mais a perambular, anônimos, pelas ruas das grandes cidades convida a algumas especulações. O variegado supermercado do misticismo, do sexo e da frivolidade vem oferecendo seus atraentes produtos ao indivíduo-massa – despersonalizado e desconectado de qualquer interioridade, mas sempre confiante em sua singularidade exacerbada. A arte tem buscado ungir indiferentemente os talentosos e os incompetentes, transformando-se em um lucrativo negócio para o qual a falsidade é a prova dos nove, hostil, portanto, aos que se orgulham de ter muita verdade interior. Já os afetos mais genuínos continuam a ligar os indivíduos e a lhes oferecer certos remansos frente à impessoalidade que grassa por todos os lados. Mas, hoje, paradoxalmente, tais afetos parecem tão mais reais quanto mais virtuais forem seus canais de expressão. [...]

Ao comemorarem seu 25º ano de existência, Os Satyros estão bebendo uma vez mais nas fontes da filosofia e da psicologia, atrelando-as de modo muito original às esferas da política e do próprio mundo do teatro.

WELINGTON ANDRADE,
"Entre máscaras e papéis",
Revista *Cult*, 20 out. 2014.

A REALIDADE é o pilar estrutural de *Pessoas sublimes*, segundo espetáculo da Trilogia das Pessoas realizado pela Cia. de Teatro Os Satyros. Como em *Pessoas perfeitas* [...], a peça escrita pelos fundadores Rodolfo García Vázquez, diretor, e Ivam Cabral, ator-chave do grupo, é fruto de uma pesquisa feita pelos integrantes do coletivo com habitantes da cidade de São Paulo. Desta vez, o foco recai sobre moradores do entorno da represa de Guarapiranga. [...]

A tônica é a existência solitária e desamparada dos paulistas. A mesma do espetáculo anterior, apesar de os personagens contarem desta vez com a proteção da natureza e o distanciamento da esterilidade própria dos centros urbanos. [...]

O encenador parte dos fatos para subvertê-los. Transforma verdade em fábula, como a evidenciar ao espectador o quão espetaculares são as vidas banais. [...]

A estética é elaborada de forma a construir um universo particular para cada personagem, o que torna cada fragmento de vida a apresentação de um mundo inteiro. [...]

A mágica de Vázquez inspira o público a olhar os protagonistas não como homens, mas como criaturas. O feito permite que a plateia observe os personagens mais de perto do que de costume. O espectador se aproxima desses monstros solitários, compactua com eles. Só depois avista em cena seu próprio reflexo, já de forma perturbadoramente nítida.

GABRIELA MELLÃO,
"Banalidades espetaculares", *Teatrojornal*,
28 abr. 2016.

PESSOAS PERFEITAS,
COM IVAM CABRAL.
FOTO: ANDRÉ STEFANO.

PESSOAS SUBLIMES,
COM EDUARDO CHAGAS.
FOTO: ANDRÉ STEFANO.

[...] **IVAM** Cabral e Rodolfo García Vázquez – da companhia teatral Os Satyros – dirigem e adaptam o livro homônimo do Marquês de Sade. Carnaval de genitálias, frases chocantes e penetrações explícitas. [...]

Até aí, nada de novo no fronte. A lista de filmes que deslizam entre a pornografia e o "cinema de arte" é imensa e antiga. [...]

Sexo não é mais uma caixa de interdições. Tornou-se comum e fútil. Para o Marquês de Sade – morto em 1814 –, até poderia levar à contestação ou ao ateísmo. O demônio ainda assustava e nada melhor do que encarná-lo em atos sexuais. Juntem-se a isso os debates sobre racionalidade, paixão, república, aristocracia.

Mas o que dizer de um país como o Brasil? Sade cairia de quatro se conhecesse o sincretismo religioso. Os maldosos Exus, a exibicionista Pomba Gira, o malandro Zé Pelintra. *Viagem ao céu da boca* (1981), de Roberto Mauro, usou o imaginário.

A análise da obra de Cabral e Vázquez não pode prescindir de todo esse contexto. O que está fora é superior ao que está dentro do filme. Não deslumbra, embora tenha bons momentos.

ANDREA ORMOND,
"Grupo Satyros traz carnaval de genitálias para SP atual em filme", *Folha de S.Paulo,* 23 nov. 2017.

UNINDO ÉTICA e estética, o grupo Os Satyros consolida sua importância sem abrir mão de uma pesquisa autoral de linguagem em *O incrível mundo dos baldios*.

Há um jogo interessante com os significados da palavra "baldio": o de terrenos inúteis, abandonados; e o de espaço comunal. A fricção entre o abandono e o encontro permeia o espetáculo. Ao apresentar seus baldios, a obra se engrandece por não ignorar que existem pessoas por trás das histórias.

A peça apresenta, em cinco quadros, diferentes situações que se passam no Ano-Novo. São diferentes visões acerca de milagres, aqui vistos como eventos improváveis, tendo em comum a transformação gerada por eles. [...]

Cada quadro possui potência e tom distinto (cômicos, poéticos, críticos) e atingem o público de diversas maneiras. [...]

O incrível mundo dos baldios assume o teatral para redimensionar histórias singulares.

AMILTON DE AZEVEDO,
"Grupo Os Satyros cria bela narrativa de histórias singulares", *Folha de S.Paulo,* 8 mar. 2018.

O INCRÍVEL MUNDO DOS BALDIOS, COM MÁRCIA DAILYN, SABRINA DENOBILE E GUSTAVO FERREIRA. FOTO: ANDRÉ STEFANO.

CABARET TRANSPERIPATÉTICO, COM JOÃO HENRIQUE MACHADO E GABRIEL LODI. FOTO: ANDRÉ STEFANO.

[CABARET FUCÔ] é uma tragicomédia musical da Cia. de Teatro Os Satyros, do Brasil. Já foi apresentada em 25 cidades do país e trata de vários problemas sociais a partir da perspectiva do filósofo Michel Foucault.

Os personagens são inspirados nos *freak shows* dos circos dos Estados Unidos dos anos 1930.

Logo no início do espetáculo, eu acho que os atores mesmos se maquiam, extremamente bem. Ninguém poupa nas cores exageradas e precisas.

Essa é, com certeza, uma peça precisa e solta ao mesmo tempo. [...]

O prólogo anuncia se tratar de um salão de baile; vamos dançar. Há pessoas bem estranhas, vemos uma mulher barbada, um bailarino, um domador de animais do circo, o letrista e compositor está sempre ao lado acompanhando. A letra da música nos diz que "esse é um sonho lúcido de 90 minutos de duração" e se subentende que agora vamos começar a contagem regressiva. Todos aparecem como se fosse o final, então era tudo uma ilusão, e o teatro foi morada dos meus sonhos.

A partir desse momento, várias esquetes são apresentadas. Todas as músicas são bonitas, cada uma com um tema específico. [...]

Depois das esquetes, volta a música tema, mas, desta vez, ao som de vozes: "laiá, laiá, laiá" (e eu acompanho cantando com rigor). Ao ouvir essas vozes, quase choro. Cada pessoa tira as roupas extravagantes, a maquiagem pesada e volta à simplicidade. A roupa se torna quase uma segunda pele, colada ao corpo. Vista de longe, cada pessoa parece recém-moldada do barro. E, com o sopro dos deuses, recebe a permissão para se mover.

Como esperado, esses seres estranhos são o reflexo de nós (pessoas aparentemente normais). [...]

Vejo diferentes tipos de pessoas; isso aparece nas várias proporções de elementos diversos em cada um. Eles são altos ou baixos, corpulentos ou franzinos, homens ou mulheres, idosos ou jovens, brancos ou negros. Todas essas palavras se neutralizam, pois os adjetivos opostos acabam se encaixando bem, e uma pessoa é uma pessoa. [...]

No palco, descobri que a beleza pode ser bem diversificada, assim como provavelmente ela não exista somente em um único objeto, mas no encontro de dois: pessoas altas, fortes, de membros longos podem se encaixar na cintura de obesos; um senhor mais velho caminha lentamente fazendo sua prece, mas se afasta com arrogância quando um jovem finalmente reage e se aproxima; os corpos do *gay* e da moça alta se encaixam perfeitamente... cada pessoa usa uma mão postiça para tocar outra; a mão postiça é uma extensão do interior de cada um. Uma cena incrivelmente original!

"Cabaret: Eu quase sou gente,
eu quase sou eu"[1],
4 nov. 2018.

---

[1] Traduzido do mandarim por Carlos Leite.

TALVEZ uma das lições de vida mais importantes que eu já aprendi tenha sido que a mente humana é basicamente impedida de avançar no processo de tomada de decisão por causa das emoções universais de medo e confusão. [...] Depois que aprendi essa lição, quando sinto que o medo e a confusão estão me impedindo de atravessar a porta e experimentar a vida como eu realmente quero que ela seja, simplesmente reconheço sua presença e dou o primeiro passo além, para além deles. Não foi a escolha correta que deveria ter sido feita? Simplesmente escolha de um modo diferente e pare de se preocupar com isso. Todos nós podemos aprender com nossos equívocos.

Esse é o tema de *A arte de encarar o medo*, espetáculo virtual de uma hora que nos oferece uma experiência descontroladamente surreal e catártica, ambientada em um possível futuro distópico não muito distante, em uma quarentena de 5.555 dias. Somos convidados a conhecer um grupo diversificado de indivíduos que lidam com o estresse e o medo de ficar confinado em casa sem a necessidade humana de contato físico possível. À medida que eles compartilham os efeitos do coronavírus em suas vidas cotidianas, uma sensação do autoritarismo e da intolerância que ameaçam nossas vidas, liberdade e identidade como pessoas livres do mundo é trazida à tona, enquanto se perguntam quando ou se as coisas vão voltar ao normal. E o que é normal, afinal? E para quem? [...]

Escrita por Ivam Cabral e Rodolfo García Vázquez, fundadores do grupo Os Satyros, com encenação de Vázquez, que dirigiu as três produções da peça até agora, cada uma desenvolvida com os atores dando vida aos personagens, que compartilham não apenas suas palavras ficcionais, mas suas próprias observações pessoais. "Não nos conhecemos, mas de alguma forma nossa humanidade nessa pandemia nos torna todos muito próximos uns dos outros. Há um sentimento de comunidade humana e de que todos pertencemos à mesma raça, e estamos experimentando versões da mesma coisa agora", disse o diretor durante o primeiro ensaio com a equipe dos Estados Unidos, ao falar sobre as reações do público nas conversas que ocorriam após as apresentações das versões brasileira e africana/europeia. [...]

A arte de encarar o medo desafia os espectadores antes mesmo de a peça começar, ao lhes indagar, pelo modo *chat* do Zoom, do que eles têm medo atualmente, para então incorporar muitas dessas respostas à própria peça [...]. Com esses temores compartilhados honestamente se tornando parte da história, o público é atraído para o mundo de isolamento dos personagens, e é como se estivéssemos sendo apresentados na peça.

[...] essa brilhante produção teatral [...] fala a verdade sobre o que realmente está acontecendo em nosso mundo agora, perguntando-nos como nos encaixamos, enquanto pensamos em como poderemos, ou iremos, seguir em frente juntos quando for a hora certa, esperançosamente depois de obter uma melhor compreensão de muitos pontos de vista e emoções humanas.

SHARI BARRETT,
"*A arte de encarar o medo* – produzida por Company of Angels e Rob Lecrone",
Broadway World – Los Angeles, 13 set. 2020.

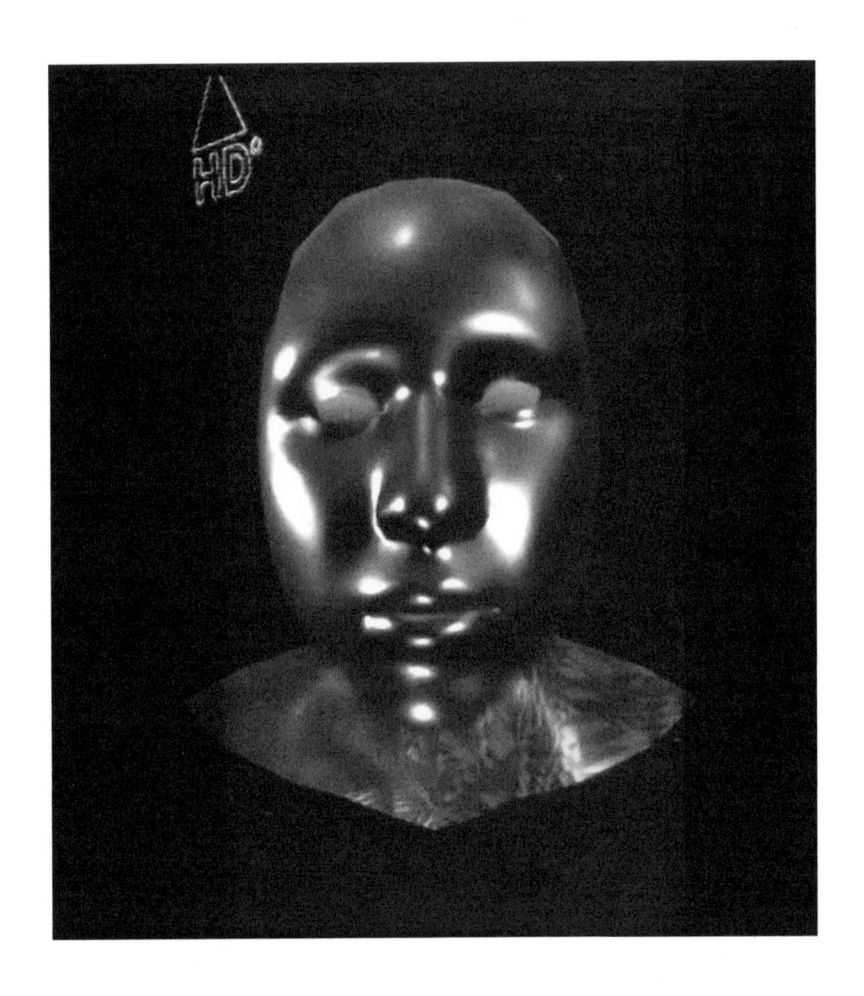

UMA PEÇA PARA SALVAR O MUNDO.
FOTO: ANDRÉ STEFANO.

NENHUM GRUPO ou companhia esteve tão ativo durante a pandemia como Os Satyros – acontece agora a sua 11ª estreia no período de recesso [o espetáculo *Uma peça para salvar o mundo*].[...]

A mistura de trabalho intenso com obsessão pelo palco parece ter gerado um raciocínio muito especial a respeito da necessidade de diálogo, hoje, do teatro com o público.

O coquetel gerou a nova produção, um resultado muito forte, a tentativa de transportar a espiral de perguntas humanas que estruturam a arte para o interior de cada espectador. O formato rasga a noção de plateia, conjunto eventual e informe de pessoas, e flerta com a noção de cidadão – consciência cidadã, ser no mundo, vida com assinatura identificada. [...]

A proposta nasceu de uma imensa ousadia. Na concepção primeira, projetou-se uma enorme ruptura: fazer uma peça sem atores, apenas com a plateia seguindo comandos da equipe, talvez homens regidos por máquinas. [...]

Há um conjunto de materiais prévios concebidos ou reunidos por Ivam Cabral e Rodolfo García Vázquez, que assinam a dramaturgia. [...]

O material concebido como "dramaturgia" – e talvez seja importante pensar este nome – consiste num rol de perguntas simples, diretas, que o público deve responder, usando o recurso do bate-papo. As perguntas exploram verdades de vida antenadas com as inquietudes atuais.

Há também um conjunto de imagens fortes do presente, a maioria desconcertante. As imagens surgem como provas irrefutáveis de nossa falência enquanto seres humanos. Somos precários, vivemos cercados por graus variados de miserabilidade, moral, material e humana.

Portanto, a montagem conduz o público a esta percepção: a miséria existencial geral em que vivemos. Mas aponta para uma réstia de luz, a possibilidade de nos tornarmos protagonistas do ato de existir, dignos das demandas fundamentais da vida.

Ao se submeter a um processo tão intenso de indagação interior, o público se torna, a um só tempo, autor e texto do espetáculo. A dimensão da transformação não pode ser constatada: cada um leva dentro de si, para si, uma experiência única.

TANIA BRANDÃO,
"Ao sabor das letras", *site Folias Teatrais*,
27 de abr. 2021.

FICHAS DE ESPETÁCULOS

1 AVENTURAS DE ARLEQUIM

DE Rodolfo García Vázquez
e Ivam Cabral

DIREÇÃO Rodolfo García Vázquez

ELENCO Ivam Cabral, Lauro Tramujas, Susana Borges, Mariyvone Klock, Rosemeri Ciupak
e Camasi Guimarães

1989, São Paulo

2 UM QORPO SANTO DOIS

TEXTO E DIREÇÃO Rodolfo García Vázquez

ELENCO Ivam Cabral, Lauro Tramujas, Mariyvone Klock, Camasi Guimarães, Mário Rebouças, Islaine Campos, Luiz Augusto Alper, Susana Borges, Wagner Santos, Edla Pedroso, Nello Marrese, Rosemeri Ciupak, Evânia Jacobino
e Christian Landgraf

1989, São Paulo

3 SADES OU NOITES COM OS PROFESSORES IMORAIS

DE Rodolfo García Vázquez, a partir da obra *A filosofia na alcova*, do Marquês de Sade

DIREÇÃO Rodolfo García Vázquez

ELENCO Ivam Cabral, Silvanah Santos, Mariyvone Klock, Camasi Guimarães, Pitxo Falconi, Mário Rebouças e Regina Gomes

1990, Curitiba

4 A PROPOSTA

DE Rodolfo García Vázquez
e Ivam Cabral, a partir da obra
O pedido de casamento,
de Anton Tchecov

DIREÇÃO Rodolfo García Vázquez

ELENCO Luiz Augusto Alper, Valéria Di Pietro, Emerson Caperbá, Rosemeri Ciupak, Renata Sêpa
e Angela Leme

1991, São Paulo

5 SALÔ, SALOMÉ

DE Rodolfo García Vázquez
e Ivam Cabral

DIREÇÃO Rodolfo García Vázquez

ELENCO Tatiana Szymczakowski, Ivam Cabral/Wagner Santos, Idelleni do Amaral, Eduardo Chagas, Penha Dias, Susana Brum, Néviton de Freitas, Fauze El Kadre, Jane Patrício, Márcia Jaques, Mônica Negro, Robson Pallazini, Joel Marques, Ricardo Squarzoni, Elília Reis, Ivo Zatti, Regis Richelly, Lucicleide Costa, Wander Monteiro, Gláucia Maria, Jô Santucci
e Fábio Barbosa

1991, São Paulo

6 UMA ARQUITETURA PARA A MORTE

TEXTO E DIREÇÃO Ivam Cabral

ELENCO Tatiana Szymczakowski

1991, São Paulo

7 MUNACUYAY

DE Rodolfo García Vázquez
e Ivam Cabral

DIREÇÃO Paulo Fabiano

ELENCO Maria Ferreira, Soraya Aguillera, Paulo Fabiano, Silvia Altieri, Camasi Guimarães, Jardel Amato, Patrícia Zerino, Celso Alves, Claudia Cavicchia, Elisa da Silva Prado, Marília Chiaramelli, Claudeci Oliveira, Isnar Oliveira, Claudinei José, Davi Martins, Jorge Cristal, Zeca Moutinho, Maurício Maia, Mauro Nobuga
e Rosana Pereira

1992, São Paulo

8 VIVA A PALHOÇA

TEXTO E DIREÇÃO Rodolfo García Vázquez

ELENCO Andrea Aurichio, Antonio da Câmara, Savanah Meirelles, Cláudia de Moraes Rato, Denise Vieira, Eduardo Nunes, Emílio Orciollo Neto, Glauco Ibrahim, Idivaldo de Freitas, Jeff Rebello, José Roberto Correia, Junior Ramos, Maurício Sterchelli, Paulo Del Castro, Penha Davidowitch, Rangel Brighmann, Regina Girão, Vera Luz, Leandra Correa e, apresentando, o garoto Mauricio Neto

1992, São Paulo

9 A FILOSOFIA NA ALCOVA
(montagem portuguesa)

DE Rodolfo García Vázquez, a partir da obra homônima do Marquês de Sade

DIREÇÃO Rodolfo García Vázquez

ELENCO Ivam Cabral, Silvanah Santos, Silvia Altieri, Andréa Rodrigues, Daniel Gaggini, Marcelo Moreira, Pedro Laginha e Bia Almeida

1993, Lisboa (Portugal)

10 RUSTY BROWN EM LISBOA

DE Rodolfo García Vázquez, a partir da obra homônima de Miguel Barbosa

DIREÇÃO Rodolfo García Vázquez

ELENCO Silvanah Santos, Ivam Cabral, Dimi Cabral, Daniel Gaggini, Pedro Laginha, Silvia Altieri, Old Soares, Isabel Laginha, Patrícia Julieta, Elsa Barão, Nuno Laginha, Lili Machado, Carlos Nascimento, Mônica Bravo, Tiago Simões, Patrícia Cerqueira, Luís Falcão e Fátima

1993, Lisboa (Portugal)

11 DE PROFUNDIS
(montagem portuguesa)

DE Ivam Cabral, a partir da obra de Oscar Wilde

DIREÇÃO Rodolfo García Vázquez

ELENCO Ivam Cabral, Lauro Tramujas, Silvanah Santos, Daniel Gaggini, Pedro Laginha, Silvia Altieri, Marcelo Moreira e Andréa Rodrigues

1993, Lisboa (Portugal)

12 SAPPHO DE LESBOS

DE Ivam Cabral e Patrícia Aguille

DIREÇÃO Rodolfo García Vázquez

ELENCO Gilda Nomace, Patrícia Aguille, Silvanah Santos, Mara Manzan, Andréa Rodrigues, Patrícia Viana, Paula Rosa, Sara Soares, Sofia Benasulin, Sofia Borges e as percussionistas: Maria João, Sofia Pascoal e Zia

1995, Lisboa (Portugal)

13 VALSA Nº 6

DE Nelson Rodrigues

DIREÇÃO Rodolfo García Vázquez

ELENCO Marta Furtado

1995, Lisboa (Portugal)

14 QUANDO VOCÊ DISSE QUE ME AMAVA

TEXTO E DIREÇÃO Rodolfo García Vázquez

ELENCO Ivam Cabral e Jeanine Rhinow

1995, Curitiba

15 WOYZECK

DE Georg Büchner

DIREÇÃO Rodolfo García Vázquez

ELENCO Pedro Laginha, Margarida Pinto Correia, Silvanah Santos, Sylvie Rocha, Pedro Martinho, Alexandre Guedes de Sousa, Catarina Parrinha, Cláudia Gaiolas, Júlio Mesquita, Nury Ribeiro, Paulo Campos dos Reis, Raul Oliveira, Ramon de Mello, Sandra Simões, Sofia Nicholson, Solange F. e Vivian Reys

1996, Lisboa (Portugal)

16 HAMLET-MACHINE

DE Heiner Müller

DIREÇÃO Rodolfo García Vázquez

ELENCO Pedro Martinho, Inácio Amaral, Alexandre Guedes de Sousa, Ana Margarida Videira, Andrea Matias, Catarina Parrinha, Inês de Carvalho, Luís Carmelo, Nury Ribeiro, Rita Frazão e Solange F.

1996, Lisboa (Portugal)

17 PROMETEU AGRILHOADO

TEXTO E DIREÇÃO Rodolfo García Vázquez

ELENCO Edson Bueno, Fabiana Ferreira, Mazé Portugal, Rui Quintas, Davi Scorzato, Geane Saggioratto, Marcelo Natel, Geisa Müller, Mônica Keller, Marley Mello e Adriana Lima

1996, Curitiba

18 ELECTRA

DE Ivam Cabral

DIREÇÃO Rodolfo García Vázquez

ELENCO Silvanah Santos, Helio Barbosa, Ana Fabrício, Clarice Bueno, Cleci Pagnussatti, Jewan Antunes e a participação especial de Lala Scheneider

1997, Curitiba

19 DIVINAS PALAVRAS

DE Ramón del Valle-Inclán

DIREÇÃO Rodolfo García Vázquez

ELENCO Silvanah Santos, Alina Vaz, Augusto Leal, Rui Quintas, Ana Eduardo Ribeiro, Andréa Pita, Bruno Lewinski, Cláudia Jardim, Fauze El Kadre, Isabel Valente, Isa Alves, Magda Novais, Manuel da Silva, Mário Rui Filipe, Mônica Garcez, Nuno Bento, Paula Diogo, Rita Ferreira, Rogério Alcântara, Rui Miguel Lopes, Sandra Simões, Ana Cristina Almeida, Alexandra Mendes, Fernando Ferreira, Isabel Mota, Paula Magalhães, Pedro Oliveira, Ricardo Santos, Sandra Calçado, Sandra Marisa, Sonia Mendes, Teresa Garcia, Vitor Simões e a banda Angelvs (Branco, Luis Vieira, Mafalda Nascimento, Mariana Fidalgo, Pedro Cipriano e Rogério Santos)

1997, Lisboa (Portugal)

20 KILLER DISNEY

DE Philip Ridley

DIREÇÃO Marcelo Marchioro

ELENCO Ivam Cabral, Marcelo Munhoz, Davi Scorzato e Andressa Machado

1997, Curitiba

21 URFAUST

DE J. W. Goethe, a partir da tradução de Gérard de Nerval

DIREÇÃO Rodolfo García Vázquez

ELENCO Ivam Cabral, Tereza Seiblitz, Brígida Menegatti, Maurício Souza Lima, Adolfo Pimentel, Bia Franzolin, Lauro Tramujas, Patrícia Vilela, Tiago Chiminazzo e Maristela Canário Cella

1998, Curitiba

22 OS CANTOS DE MALDOROR

DE Ivam Cabral, a partir da tradução de Cláudio Willer para a obra de Lautréamont

DIREÇÃO Rodolfo García Vázquez

ELENCO Ivam Cabral, Silvanah Santos, Mazé Portugal, Patrícia Vilela, Marcilene Santilli, Adriana Butschardt, Gláucia Domingos e Marcelo Jorge Erven

PARTICIPAÇÃO ESPECIAL Natália Costa Cabral, Priscila Costa Cabral e João Pedro Fabrício Meira Albach (vozes em *off*)

1998, Curitiba

23 MEDEA

DE Ivam Cabral e Ana Fabrício

DIREÇÃO Rodolfo García Vázquez

ELENCO Silvanah Santos, Ana Fabrício, Marcelo Jorge Erven, Mazé Portugal, Adriano Butschardt, Eddie Moraez, Fabiano Machado, Gláucia Domingos, Magno Mikosz, Maristela Canário Cella e Guaraci Martins

1998, Curitiba

24 A FARSA DE INÊS PEREIRA

DE Ivam Cabral, a partir da obra homônima de Gil Vicente

DIREÇÃO Rodolfo García Vázquez

ELENCO Mazé Portugal, Tadeu Peronne, Eddie Moraez, Adolfo Pimentel, Yara Marçal, Marina Camargo e Thalita Freire-Maia

1999, Curitiba

25 CORIOLANO

DE William Shakespeare

DIREÇÃO Rodolfo García Vázquez

ELENCO Heitor Saraiva, Silvanah Santos, Germano Pereira, Fabiano Machado, Adolfo Pimentel, Eddie Moraez, Laudemir Reck, Luis Benkard, Marcos Neves, Thalita Freire-Maia, Daniel Pimentel, Edson Galiotto e Helder Clayton Silva

1999, Curitiba

26 A MAIS FORTE

DE Strindberg (*A mais forte*) e Schiller (*Mary Stuart*)

TEXTO INCIDENTAL E DIREÇÃO Rodolfo García Vázquez

ELENCO Ana Fabrício, Silvanah Santos, Fabiano Machado e Germano Pereira

1999, Curitiba

27 **A DANÇA DA MORTE**
DE August Strindberg
DIREÇÃO Rodolfo García Vázquez
ELENCO Mazé Portugal, Mário Schoemberger, Hélio Barbosa, Germano Pereira e Brígida Menegatti
2000, Curitiba

28 **PACTO DE SANGUE**
DE Ramón del Valle-Inclán
DIREÇÃO Rodolfo García Vázquez
ELENCO Ivam Cabral, Germano Pereira, Mazé Portugal, Letícia Coura, Magno Mikosz, Tadeu Peronne, Daniel Gaggini, Marcelo Jorge Erven, Luciane Gomes, Patrícia Vilela e Manoela Amaral
2000, Curitiba

29 **RETÁBULO DA AVAREZA, LUXÚRIA E MORTE**
DE Ramón del Valle-Inclán
DIREÇÃO Rodolfo García Vázquez
ELENCO Ivam Cabral, Germano Pereira, Andréa Cavinato, Letícia Coura, Magno Mikosz, Paulinho de Jesus, Flavio Faustinoni, Camasi Guimarães, Carlos Falat, Telma Vieira, Nana Pequini e Mazé Portugal
2000, São Paulo

30 **QUINHENTAS VOZES**
DE Zeca Corrêa Leite
DIREÇÃO Rodolfo García Vázquez
ELENCO Silvanah Santos, Álvaro Bittencourt e Mario da Silva
2001, Curitiba

31 **SAPPHO DE LESBOS**
DE Ivam Cabral e Patrícia Aguille
DIREÇÃO Rodolfo García Vázquez
ELENCO Patrícia Aguille, Gisa Gutervil, Yara Marçal, Andréa Rosa, Priscila Assumpção, Lucélia dos Reis, Elenize de Barro, Angelita Vaz e Danielle Santiago
2001, Curitiba

32 **ROMEU E JULIETA**
DE William Shakespeare
DIREÇÃO Rodolfo García Vázquez
ELENCO Germano Pereira, Brígida Menegatti, Leandro Daniel Colombo, Val Vener, Adolfo Pimentel, Anne Sibele Celli, Eberson Galiotto, Ed Canedo, Edina Oliveira, Gustavo Skrobot, Tiago Luz, Tiago Müller e Eduardo Reded
2001, Curitiba

33 **DE PROFUNDIS**
(montagem brasileira)
DE Ivam Cabral, a partir da obra de Oscar Wilde
DIREÇÃO Rodolfo García Vázquez
ELENCO Ivam Cabral, Germano Pereira, Dulce Muniz, Andrea Cavinato, Adriana Capparelli / Vanessa Bumagny, Telma Vieira, Paula Ernandes, Paulinho de Jesus e Williams Victorino / Marcelo Jacob
2002, São Paulo

34 **KASPAR OU A TRISTE HISTÓRIA DO PEQUENO REI DO INFINITO ARRANCADO DE SUA CASCA DE NOZ**
TEXTO E DIREÇÃO Rodolfo García Vázquez
ELENCO Olga Nenevê, Leandro Daniel Colombo, Dimas Bueno, Eduardo Giacomini, Rômulo Zanotto e Robson Rosseto
2002, Curitiba

35 **O TERRÍVEL CAPITÃO DO MATO**
DE Martins Pena
DIREÇÃO Rodolfo García Vázquez
ELENCO Paulo Dyhel, Silvana Teixeira, Marcelo Jacob, Valquiria Vieira, Alessandro Gogliano e Tiago Real
2002, São Paulo

36 **PRANTO DE MARIA PARDA**
DE Gil Vicente
DIREÇÃO Rodolfo García Vázquez
ELENCO Soraya Aguillera, Lea Chaib, Vanessa Balbino, Chico Lobo, Pablo Casella e Rogério Mendonça
2002, São Paulo

37 **A FILOSOFIA NA ALCOVA**
(montagem brasileira)
DE Rodolfo García Vázquez, a partir da obra homônima do Marquês de Sade

DIREÇÃO Rodolfo García Vázquez

ELENCO Ivam Cabral, Patrícia Aguille, Valquíria Vieira, Phedra D. Córdoba, Soraya Aguillera, Daniel Morozetti e Marcus Vinicius Parizatto

2003, Curitiba

38 ANTÍGONA

DE Sófocles

ADAPTAÇÃO Rodolfo García Vázquez, a partir da obra de Leconte de Lisle, com fragmentos de Fausto Fuser

DIREÇÃO Rodolfo García Vázquez

ELENCO Patrícia Dinely, Emerson Caperbat, Roberto Ascar, Dulce Muniz, Irene Stefania, Alexandre Mendes, André Martins, Germano Pereira, Ailton Souza, Alessandro Gogliano, Bile Zampaulo, Danielle Farias, Guilherme Folco, Hilton Junior, Lana Sultani, Marcello Serra, Marcelo Jacob, Marco Moreira e Paulo Dyhel

2003, São Paulo

39 FAZ DE CONTA QUE TEM SOL LÁ FORA

DE Ivam Cabral

DIREÇÃO Rodolfo García Vázquez

ELENCO Silvanah Santos e Cristóvão de Oliveira

2003, Curitiba

40 TRANSEX

TEXTO E DIREÇÃO Rodolfo García Vázquez

ELENCO Ivam Cabral, Alberto Guzik, Soraya Saide, Fabiano Machado, Tatiana Pacor, Marcela Randolph, Laerte Késsimos, Phedra D. Córdoba, Savanah Meirelles

2004, São Paulo

41 SOBRE VENTOS NA FRONTEIRA

TEXTO E DIREÇÃO Rodolfo García Vázquez

ELENCO Silvanah Santos, Helio Barbosa, Mateus Zuccolotto, Arno Pruner, Carlos Vilas Boas, Gisa Gutervil, Rozana Percival, Tarciso Fialho, e a participação especial de Karina Renck e Maurício Précoma

2004, Curitiba

42 ENSAIO SOBRE NELSON

ORIENTAÇÃO DE Nora Toledo e Jarbas Capusso Filho

ELENCO Núcleo Experimental dos Satyros

2004, São Paulo

43 COSMOGONIA – EXPERIMENTO Nº 1

TEXTO E DIREÇÃO Rodolfo García Vázquez

ELENCO CURITIBA Pagu Leal, Eleder Gately, Gisa Gutervil e Karina Renck Moraes

ELENCO SÃO PAULO Ivam Cabral, Cléo De Páris, Eduardo Castanho e Eduardo Metring

2004, Curitiba

44 O CÉU É CHEIO DE UIVOS, LATIDOS E FÚRIA DOS CÃES DA PRAÇA ROOSEVELT

DE Jarbas Capusso Filho

DIREÇÃO Alberto Guzik

ELENCO Soraya Aguillera

2005, São Paulo

45 RUA TAYLOR Nº 214 – UM OUTRO ENSAIO SOBRE NELSON

DIREÇÃO Alberto Guzik

COORDENAÇÃO ARTÍSTICA Ivam Cabral e Rodolfo García Vázquez

ELENCO Maria Campanelli Haas, Peterson Ramos, Regina Ciampi, Ricardo Socalschi, Rita Fernandes, Teka Romualdo

2005, São Paulo

46 A VIDA NA PRAÇA ROOSEVELT

DE Dea Loher

DIREÇÃO Rodolfo García Vázquez

ELENCO Ivam Cabral, Alberto Guzik, Angela Barros, Cléo De Páris, Tatiana Pacor, Fabiano Machado, Nora Toledo, Phedra D. Córdoba, Soraya Aguillera, Soraya Saíde, Daniel Tavares, Waterloo Gregório e Laerte Késsimos

2005, São Paulo

47 **VESTIR O CORPO DE ESPINHOS**
A partir da obra de Antonin Artaud
DIREÇÃO Alberto Guzik
COORDENAÇÃO ARTÍSTICA Ivam Cabral
e Rodolfo García Vázquez
ELENCO Núcleo Experimental
dos Satyros
2005, São Paulo

48 **JOANA EVANGELISTA**
DE Vange Leonel
DIREÇÃO Angela Barros
ELENCO Alberto Guzik, Soraya Aguillera,
Fabiano Machado, Nora Toledo
e Laerte Késsimos
2006, São Paulo

49 **OS 120 DIAS DE SODOMA**
DE Rodolfo García Vázquez,
a partir da obra homônima
do Marquês de Sade
DIREÇÃO Rodolfo García Vázquez
ELENCO Sérgio Guizé, Marçal Costa,
Eduardo Chagas, Pablo Humberto,
Heitor Saraiva, Savanah Meirelles,
Marta Baião, Cleber Soares,
Lucas Beda, Rafael Soares,
Tomaz Aurichio, Andressa Cabral,
Carolina Angrisani, Eveline Maria,
Gabriela Fontana, Sabrina Denobile,
Chico Ribas, Henrique Mello,
Mauricio Horta, Thiago Azambuja
e Thiago Salles
2006, São Paulo

50 **INOCÊNCIA**
DE Dea Loher
DIREÇÃO Rodolfo García Vázquez
ELENCO Ivam Cabral,
Fabiano Machado, Angela Barros,
Cléo De Páris, Soraya Saide,
Laerte Késsimos, Nora Toledo,
Silvanah Santos, Alberto Guzik,
Tatiana Pacor, Daniel Tavares,
Phedra D. Córdoba e Rui Xavier
2006, São Paulo

51 **O ANJO DO PAVILHÃO 5**
DE Aimar Labaki
DIREÇÃO Emílio Di Biasi
ELENCO Fusko, Darsom Ribeiro,
Fábio Penna, Ivam Cabral
e Maria Gândara
2006, São Paulo

52 **HAMLET GASHÔ**
COPRODUÇÃO Rubens Ewald Filho
DE Germano Pereira, a partir da obra
de W. Shakespeare
DIREÇÃO Rubens Ewald Filho
ELENCO Germano Pereira,
Ondina Castilho, Mariana Nunes,
Zédú Neves, Murilo Meola, Ivan Capúa,
Rita Fernandes, Vanessa Carvalho,
Vlamir Sybilla, Murilo Sales,
Raphael Souza e João Nunes
2007, São Paulo

53 **E SE FEZ A PRAÇA ROOSEVELT EM SETE DIAS / SEGUNDA-FEIRA: O AMOR DO SIM**
DE Mário Viana
DIREÇÃO Alexandre Reinecke
ELENCO Adão Filho, Angela Barros,
Flávia Garrafa e Otávio Martins
2007, São Paulo

54 **E SE FEZ A PRAÇA ROOSEVELT EM SETE DIAS / TERÇA-FEIRA: NA NOITE DA PRAÇA**
DIREÇÃO Luiz Valcazaras
ELENCO Álvaro Franco,
Marilia de Santis, Ricardo Correa
e Rodrigo Fregnan
2007, São Paulo

55 **E SE FEZ A PRAÇA ROOSEVELT EM SETE DIAS / QUARTA-FEIRA: IMPOSTURA**
DE Marici Salomão
DIREÇÃO Fernanda D'Umbra
ELENCO Fernanda D'Umbra,
Mário Bortolotto
e Patrícia Leonardelli
2007, São Paulo

56 **E SE FEZ A PRAÇA ROOSEVELT EM SETE DIAS / QUINTA-FEIRA: HOJE É DIA DO AMOR**
DE João Silvério Trevisan
DIREÇÃO Antonio Cadengue
ELENCO Gustavo Haddad
2007, São Paulo

57 E SE FEZ A PRAÇA ROOSEVELT EM SETE DIAS / SEXTA-FEIRA: A NOITE DO AQUÁRIO

DE Sérgio Roveri

DIREÇÃO Sérgio Ferrara

ELENCO Clara Carvalho, Chico Carvalho e Germano Pereira

2007, São Paulo

58 E SE FEZ A PRAÇA ROOSEVELT EM SETE DIAS / SÁBADO: ASSASSINOS, SUÍNOS E OUTRAS HISTÓRIAS NA PRAÇA ROOSEVELT

DE Jarbas Capusso

DIREÇÃO Marcos Loureiro

ELENCO Eduardo Chagas, João Fábio Cabral e Sérgio Guizé

2007, São Paulo

59 E SE FEZ A PRAÇA ROOSEVELT EM SETE DIAS / DOMINGO: UMA PILHA DE PRATOS NA COZINHA

DE Mário Bortolotto

DIREÇÃO Mário Bortolotto

ELENCO Alex Grulli, Eduardo Chagas, Paula Cohen e Otávio Martins

2007, São Paulo

60 O DIA DAS CRIANÇAS

DE Sérgio Roveri

DIREÇÃO Ivam Cabral

ELENCO Cléo De Páris, Fábio Penna, Rodrigo Frampton, Tiago Leal, Rodrigo Gaion e Zeza Mota

PARTICIPAÇÃO EM VÍDEO Paulo Autran, Renato Borghi, Adriane Galisteu, Denise Fraga, Lucélia Machiavelli e atores dos Parlapatões e dos Satyros

2007, São Paulo

61 CIDADÃO DE PAPEL

DE Sérgio Roveri, a partir da obra de Gilberto Dimenstein

DIREÇÃO Ivam Cabral

ELENCO Alessandro Hernandez, Gustavo Ferreira, Marcos Ferraz, Priscila Dias, Rafael Ferro, Renata Bruel e Tiago Moraes

2007, São Paulo

62 DIVINAS PALAVRAS

DE Ramón del Valle-Inclán

DIREÇÃO Rodolfo García Vázquez

ELENCO Silvanah Santos, Alberto Guzik, Ivam Cabral, Cléo De Páris, Nora Toledo, Laerte Késsimos, Phedra D. Córdoba, Angela Barros, Daniel Tavares, Fábio Penna, Marba Goicocchea, Mariana Olivaes, Soraya Aguillera e Tiago Leal

2007, São Paulo

63 O BURGUÊS FIDALGO

COPRODUÇÃO Cena Hum

DE Molière

DIREÇÃO Humberto Gomes

ELENCO Marco Zenni, Luiz Bertazzo, Wagner Jovanaci, Renato Faune, Betina Belli, Fernanda Magnani, Marcilene Moraes e Isabela de Giorgio

2007, Curitiba

64 EL TRUCO

TEXTO E DIREÇÃO Roberto Audio

COORDENAÇÃO ARTÍSTICA Ivam Cabral e Rodolfo García Vázquez

ELENCO Núcleo Experimental dos Satyros

2007, São Paulo

65 VESTIDO DE NOIVA

DE Nelson Rodrigues

DIREÇÃO Rodolfo García Vázquez

ELENCO Norma Bengell / Helena Ignez, Cléo De Páris, Nora Toledo, Ivam Cabral, Alberto Guzik, Silvanah Santos, Laerte Késsimos, Phedra D. Córdoba, Gisa Gutervil, Denis Guimarães, Laura Giordana, Paulo Ribeiro, Renata Novaes, Ricardo Leandro e Thiago Guastelli

2008, São Paulo

66 ESSE RIO É MINHA RUA

TEXTO E DIREÇÃO Rodolfo García Vázquez

ELENCO Gisa Gutervil e Marcelo Tomás

MÚSICOS Luis Carreiro
e Giovani Carreiro

2008, Barbosa/SP

67 **LIZ**

DE Reinaldo Montero

DIREÇÃO Rodolfo García Vázquez

ELENCO Cléo De Páris, Ivam Cabral,
Fábio Penna, Haroldo Costa Ferrari /
Germano Pereira, Brígida Menegatti,
Alberto Guzik, Tiago Leal,
Julia Bobrow, Chico Ribas,
Silvanah Santos e Phedra D. Córdoba

2008, Havana (Cuba)

68 **O AMANTE DE LADY CHATTERLEY**

COPRODUÇÃO Rubens Ewald Filho

DE Germano Pereira, a partir
do romance homônimo de
D. H. Lawrence

DIREÇÃO Rubens Ewald Filho

ELENCO Germano Pereira,
Ana Carolina de Lima
e Ailton Guedes

2008, São Paulo

69 **MONÓLOGO DA VELHA APRESENTADORA**

DE Marcelo Mirisola

DIREÇÃO Josemir Kowalick

ELENCO Alberto Guzik e Chico Ribas

2009, São Paulo

70 **CANSEI DE TOMAR FANTA**

DE Alberto Guzik

DIREÇÃO Daniel Tavares

ELENCO Cléo De Páris e Fábio Penna

2009, São Paulo

71 **JUSTINE**

TEXTO E DIREÇÃO Rodolfo García Vázquez

ELENCO Andressa Cabral, Erika Forlim,
Marta Baião, Carolina Angrisani,
Antônio Campos, Danilo Amaral,
Diogo Moura, Eduardo Prado,
Gisa Gutervil, Henrique Mello,
Luana Tanaka, Luisa Valente,
Marcelo Tomás, Mauro Persil,
Robson Catalunha, Rodrigo Souza,
Ruy Andrade, Samira Lochter,
Tiago Martelli e Marcelo Jacob

2009, São Paulo

72 **SOLIDÃO TAMBÉM ACOMPANHA**

TEXTO Fabíola Alves e Roberto Audio

DIREÇÃO Roberto Audio

COORDENAÇÃO ARTÍSTICA Ivam Cabral
e Rodolfo García Vázquez

ELENCO Chico Paiva Jr., Cícero Santos,
Cledson Silva, entre outros

2009, São Paulo

73 **HIPÓTESES PARA O AMOR E A VERDADE**

TEXTO Ivam Cabral e Rodolfo García Vázquez

DIREÇÃO Rodolfo García Vázquez

ELENCO Esther Antunes,
Leo Moreira, Luiza Gottschalk,
Marcelo Szykman, Paulinho Faria,
Phedra D. Córdoba, Tânia Granussi,
Tiago Leal e Maria Casadevall

2010, São Paulo

74 **ROBERTO ZUCCO**

TEXTO Bernard-Marie Koltès

DIREÇÃO Rodolfo García Vázquez

ELENCO Robson Catalunha,
Cléo De Páris, Julia Bobrow,
José Alessandro Sampaio,
Maria Casadevall, Elaine Grava,
Dyl Pires, Diney Vargas,
Victor Lucena, Priscilla Leão,
Katia Calsavara, Marcio Pellegrini,
Cristiano Dantas, Thadeo Ibarra,
Cláudio Wendel, Ricardo Campanille,
Renan Pena, Aline Leonello
e Julia Ornelas

2010, São Paulo

75 **NA REAL**

TEXTO coletivo

DIREÇÃO Tito Marcio Pellegrin, sob
supervisão de Rodolfo García
Vázquez

ELENCO Alexandre Machado,
Carlos "C. King" Santos,
Carlos Henrique Botejara,
Lucas Impallatory, Fabiana Tavares,
Fabio Domingues, Gabriela Bonotti,
Guilherme Fernandez, Guga Paulino,
José Lazaro, Judi Barreto,
Kelvin Arcenio, Maísa Kinder,
Oscar Sobrinho, Paola Santos,
Rafael de Oliveira, Tai Martins

2011, São Paulo

76 AZUL, DOCE AZUL

TEXTO Gustavo Aragão Cardoso

DIREÇÃO Rodolfo García Vázquez

ELENCO Luana Tanaka, Gisa Guttervil, entre outros

2011, São Paulo

77 CABARET STRAVAGANZA

TEXTO Maria Shu

DIREÇÃO Rodolfo García Vázquez

ELENCO Andressa Cabral, Cléo De Páris, Fábio Penna, Gustavo Ferreira, Henrique Mello, Ivam Cabral, José Alessandro Sampaio, Julia Bobrow, Leo Moreira Sá, Marta Baião, Phedra D. Córdoba e Robson Catalunha

2011, São Paulo

78 O ÚLTIMO STAND UP

TEXTO Ivam Cabral

DIREÇÃO Fabio Mazzoni

ELENCO Ivam Cabral, Laerte Késsimos e Silvio Wolff

2011, Curitiba

79 SATYROS' SATYRICON (EM DUAS PARTES: SUBURRA E TRINCHA)

TEXTO Evaldo Mocarzel

DIREÇÃO Rodolfo García Vázquez

ELENCO Marcelo Jacob, Breno da Matta, Davi Tostes, Fabrício Castro, Dyl Pires, Katia Calsavara, Alexandre Magno de Castro, Mariana França, Deborah Graça, Rafael Mendes, Renata Admiral, Lino Reis, Samira Lochter, Antonio Revuelta, Elias Felix, Brenda Oliver, Julia Ornelas, Marcio Pellegrini, Camasi Guimarães e Thadeo Ibarra

2012, São Paulo

80 CRIANÇA CIDADÃ

TEXTO Tiago Leal e Rodolfo García Vázquez, a partir da obra homônima de Gilberto Dimenstein

DIREÇÃO Tiago Leal e Rodolfo García Vázquez

ELENCO Breno da Matta, Davi Tostes, Katia Casalvara, Maria Casadevall, Renata Admiral, Robson Catalunha e Samira Lochter

2012, São Paulo

81 INFERNO NA PAISAGEM BELGA

TEXTO Ivam Cabral e Rodolfo García Vázquez

DIREÇÃO Rodolfo García Vázquez

ELENCO Ivam Cabral, Robson Catalunha, Henrique Mello e Tiago Capela Zanota

2012, São Paulo

82 ADORMECIDOS

TEXTO Jon Fosse

DIREÇÃO Rodolfo García Vázquez

ELENCO Luiza Gottschalk, Tiago Leal, Fabio Ock, José Sampaio e Katia Calsavara

2013, São Paulo

83 PHILOSOPHY IN THE BOUDOIR

TEXTO E DIREÇÃO Rodolfo García Vázquez

ELENCO Andre Engracia, Patricia Aguille, Raissa Peniche, Luiz Lope, Debora Graça, Davi Tostes e Lino Reis

2013, Los Angeles (Estados Unidos)

84 ÉDIPO NA PRAÇA

ROTEIRO Rodolfo García Vázquez, Óscar Silva e Reinol Sottolongo

DIREÇÃO Rodolfo García Vázquez

ELENCO Óscar Silva, Cléo De Páris, Gustavo Ferreira, Robson Catalunha, Henrique Mello, Dyl Pires e Phedra D. Córdoba

CORO Maestro Luciano Camargo, Carolina Corrêa, Mariza Magalhães, Paula Rovai, Rosana Paulon, Sabrina Denobile, Terezinha Vaz, Adriana dos Reis, Alina Duran, Dione Leal, Sâmella Melo, Victória Vaz, Daniel Ortolani, Edmilson Araújo, Edson Feitosa, Filipe Lacerda, Guilherme Araújo, Johnny Klein, Marcelo Thomaz e Vitor Vilches

2013, São Paulo

85 MITOS INDÍGENAS

DIREÇÃO Rodolfo García Vázquez

CODIREÇÃO José Sampaio

ELENCO Bárbara Salomé, Breno da Matta, Gustavo Vieira dos Santos, Johnny Klein e Livia Prestes

2014, São Paulo

86 **PESSOAS PERFEITAS**

TEXTO Ivam Cabral
e Rodolfo García Vázquez

DIREÇÃO Rodolfo García Vázquez

ELENCO Ivam Cabral,
Adriana Capparelli, Fábio Penna,
Julia Bobrow, Henrique Mello,
Eduardo Chagas, Marta Baião,
Fernanda D'Umbra e as violoncelistas:
Alessandra Giovannoli
e Rebeca Friedmann

2014, São Paulo

87 **JUNTOS**

TEXTO coletivo

DIREÇÃO Rodolfo García Vázquez

ELENCO Satyros Teens

2014, São Paulo

88 **E SE FEZ A HUMANIDADE CIBORGUE EM SETE DIAS / NÃO PERMANECERÁS**

TEXTO-PROVOCAÇÃO Pedro Burgos

DIREÇÃO Rodolfo García Vázquez

ELENCO Bruno Gael, Débora Tieppo,
Marya Ribeiro, Pablo Benitez
Tiscornia, Patricia Luna,
Suzana Muniz e Taís Luna

2014, São Paulo

89 **E SE FEZ A HUMANIDADE CIBORGUE EM SETE DIAS / NÃO MORRERÁS**

TEXTO-PROVOCAÇÃO Drauzio Varella

DIREÇÃO Rodolfo García Vázquez

ELENCO Bruno Gael, Fábio Ock, Fábio
Penna, Henrique Mello,
Katia Calsavara e Phedra D. Córdoba

2014, São Paulo

90 **E SE FEZ A HUMANIDADE CIBORGUE EM SETE DIAS / NÃO VENCERÁS**

TEXTO-PROVOCAÇÃO Marici Salomão

DIREÇÃO Rodolfo García Vázquez

ELENCO Os atores participantes
do projeto preferiram preservar
o anonimato

2014, São Paulo

91 **E SE FEZ A HUMANIDADE CIBORGUE EM SETE DIAS / NÃO SALVARÁS**

TEXTO-PROVOCAÇÃO Xico Sá

DIREÇÃO Rodolfo García Vázquez

ELENCO Dione Leal, Gustavo Ferreira,
Henrique Mello, Luiza Gottschalk,
Samira Lochter e Tiago Leal

2014, São Paulo

92 **E SE FEZ A HUMANIDADE CIBORGUE EM SETE DIAS / NÃO SABERÁS**

TEXTO-PROVOCAÇÃO Marcos Piani

DIREÇÃO Rodolfo García Vázquez

ELENCO Dyl Pires, José Sampaio,
Samira Lochter e Suzana Muniz

2014, São Paulo

93 **E SE FEZ A HUMANIDADE CIBORGUE EM SETE DIAS / NÃO AMARÁS**

TEXTO-PROVOCAÇÃO Contardo Calligaris

DIREÇÃO Rodolfo García Vázquez

ELENCO Fernanda D'Umbra,
Gustavo Ferreira, Ivam Cabral,
Luiza Gottschalk e Robson Catalunha

2014, São Paulo

94 **E SE FEZ A HUMANIDADE CIBORGUE EM SETE DIAS / NÃO FORNICARÁS**

TEXTO-PROVOCAÇÃO Rosana Hermann

DIREÇÃO Rodolfo García Vázquez

ELENCO Fábio Penna,
Giovanna Romanelli, Ivam Cabral,
Julia Bobrow, Marcelo Thomaz,
Nina Nóbile, Pablo Benitez Tiscornia
e Robson Catalunha

2014, São Paulo

95 **3X ROVERI / MARIA ALICE VERGUEIRO**

A partir do texto *Os que vêm com a maré*, de Sérgio Roveri

DIREÇÃO Maria Alice Vergueiro,
Rodolfo García Vázquez
e Fernando Neves

ELENCO Dione Leal, Ricardo Pettine,
Robson Catalunha e Suzana Muniz

2014, São Paulo

96 **3X ROVERI / RODOLFO GARCÍA VÁZQUEZ**

A partir do texto *Os que vêm com a maré*, de Sérgio Roveri

DIREÇÃO Rodolfo García Vázquez

ELENCO Dione Leal, Ricardo Pettine,
Robson Catalunha e Suzana Muniz

2014, São Paulo

97 **3X ROVERI / FERNANDO NEVES**

A partir do texto *Os que vêm com a maré*, de Sérgio Roveri

DIREÇÃO Fernando Neves

ELENCO Dione Leal, Ricardo Pettine, Robson Catalunha e Suzana Muniz

2014, São Paulo

98 JULIETTE

TEXTO Nina Nóbile e Rodolfo García Vázquez, a partir da obra do Marquês de Sade

DIREÇÃO Rodolfo García Vázquez

ELENCO Isabel Friósi, Bruna Guimarães, Daiane Brito, Diego Ribeiro, Eric Barros, Felipe Moretti, Fernando Soares, Flavio Sales, Janaína Arruda, Lenin Cattai, Lucas Allmeida, Renato Lima, Ren'Art, Ricardo Fernandes, Rodrigo Banks, Sabrina Denobile, Silvio Eduardo, Stephane Sousa

2015, São Paulo

99 NA REAL

TEXTO coletivo

DIREÇÃO Rodolfo García Vázquez

ELENCO Satyros Teens

2015, São Paulo

100 PHEDRA POR PHEDRA

DIREÇÃO Robson Catalunha

ELENCO Phedra D. Córdoba

2015, Estação Satyros

101 MEU MUNDO EM PRETO E BRANCO

TEXTO coletivo

DIREÇÃO Rodolfo García Vázquez

ELENCO Satyros Teens

2015, São Paulo

102 CABARET FUCÔ

TEXTO Ivam Cabral e Rodolfo García Vázquez

DIREÇÃO Rodolfo García Vázquez

ELENCO Ivam Cabral, Isabel Friósi, Breno da Mata, Daiane Brito, Eduardo Chagas, Fábio Penna, Gustavo Ferreira, Henrique Mello, Julia Bobrow, Robson Catalunha, Sabrina Denobile e Silvio Eduardo

2016, São Paulo

103 HAITI SOMOS NÓS

TEXTO Ivam Cabral e Rodolfo García Vázquez

DIREÇÃO Rodolfo García Vázquez

ELENCO Carolina Pierre Louis, Barbara Bonnet, Breno da Matta, Fedo Bacourt, Isam Ahmad Issa, Jean Lucso Lexine, Jean Denis Cameau, Jefferson Casimir, Lourdy Bauvais, Love Darline, Pierre Danielo Delice, Ricardo Bonnet, Rilienne Rilchard, Henrique Mello, Letícia Sabatella, Maria Casadevall e Pascoal da Conceição

2016, São Paulo

104 VIDA BRUTA

TEXTO coletivo

DIREÇÃO Rodolfo García Vázquez

ELENCO Satyros Teens

2016, São Paulo

105 PESSOAS SUBLIMES

TEXTO Ivam Cabral e Rodolfo García Vázquez

DIREÇÃO Rodolfo García Vázquez

ELENCO Isabel Friósi, Eduardo Chagas, Fábio Penna, Felipe Moretti, Fernanda D'Umbra, Gustavo Ferreira, Helena Ignez, Henrique Mello, Ivam Cabral, Luiza Gottschalk, Maria Tuca Fanchin e Sabrina Denobile

2016, São Paulo

106 VIDA PERFEITA

TEXTO coletivo

DIREÇÃO Rodolfo García Vázquez

ELENCO Satyros Teens

2017, São Paulo

107 À MARGEM

COORDENAÇÃO Rodolfo García Vázquez

DIREÇÃO Sabrina Denobile

ELENCO Ana Júlia, Reis Fortes, Bia de Barros, Bruno Ribeiro, Fernando Guimarães, Giovana Mutti, Márcia Dias, María Olarza, Marina Bragion, Maysa Nancy, Sara Roque, Tainá Moraise, Vinicius Cortez

2017, São Paulo

108 PEQUENO CIDADÃO DO FUTURO

TEXTO coletivo

DIREÇÃO Eduardo Chagas

COORDENAÇÃO Rodolfo García Vázquez

ELENCO Alex de Jesus, Isabel Friósi,

Daiane Brito, Diego Ribeiro,
Fábio Penna, Lenin Cattai
e Marcelo Thomaz

2017, São Paulo

109 **CABARET DOS ARTISTAS**

TEXTO Ivam Cabral
e Rodolfo García Vázquez

DIREÇÃO Rodolfo García Vázquez

ELENCO Artistas moradores
do Palacete dos Artistas

2017, São Paulo

110 **SE ESSA RUA FOSSE MINHA**

TEXTO coletivo

DIREÇÃO Rodolfo García Vázquez

ELENCO Satyros Teens

2017, São Paulo

111 **PESSOAS BRUTAS**

TEXTO Ivam Cabral
e Rodolfo García Vázquez

DIREÇÃO Rodolfo García Vázquez

ELENCO Ivam Cabral, Eduardo Chagas,
Julia Bobrow, Henrique Mello,
Robson Catalunha, Fábio Penna,
Sabrina Denobile, Felipe Moretti,
Lorena Garrido, Alex de Jesus e os
atores convidados Gabriela Veiga
e Junior Mazzine

2017, São Paulo

112 **TODOS OS SONHOS DO MUNDO**

TEXTO Ivam Cabral
e Rodolfo García Vázquez

DIREÇÃO Rodolfo García Vázquez

ELENCO Ivam Cabral

2017, São Paulo

113 **PINK STAR**

TEXTO Ivam Cabral
e Rodolfo García Vázquez

DIREÇÃO Rodolfo García Vázquez

ELENCO Alex de Felix, Isabel Friósi,
Billy Eustáquio, Cristian Silva,
Daiane Brito, Diego Ribeiro,
Fabia Mirassos, Fabricia Mangolin,
Fernanda Custodio, Guttervil,
Hanna Perez, Isabela Cetraro,
Ju Alonso, Karina Bastos,
Lenin Cattai, Lucas Allmeida,
Maiara Cicutt, Marcelo Thomaz,
Marcelo Vinci, Márcia Dailyn,
Silvio Eduardo, Sofia Riccardi
e Elisa Barboza

2017, São Paulo

114 **VIDA SUBLIME**

TEXTO coletivo

DIREÇÃO Tiago Leal

ELENCO Camilly Flaquer,
Elion Anderson, Carla Dionísia,
Christinah Silva Uac, Marcos Paulo,
Vinicius Saccá, Aruan Alvarenga
e Letícia Santos

2018, São Paulo

115 **SONHO DE UMA NOITE DE VERÃO**

COORDENAÇÃO ARTÍSTICA Ivam Cabral
e Rodolfo García Vázquez

DIREÇÃO Emílio Rogê e Juan Peralta

ELENCO Alessandra Nassi,
Aline Lopes, André Bueno, Bárbara
Bernardes, Beatriz Fení, Bruna
Buzatto, Domingos Júnior, Erik
Santana, Gutiere Nobre, Hebert
Freitas, Heloise Fernandes, Heyde
Sayama, Letícia Stamatopoulos,
Mariana França, Paloma Salido,
Pedro Balmant, Renan Motta,
Ricardo Romano e Rodrigo Barros

2018, São Paulo

116 **HELENAS**

DIREÇÃO Gustavo Ferreira

COORDENAÇÃO Rodolfo García Vázquez

ELENCO Alessandra Nassi,
Arthur Capella, Bia Poiani,
Domingos Jr., Elisa Barboza,
Fabricia Mangolin, Heyde Sayama,
Isa Cetraro, Ju Alonso, Karina Bastos,
Safira Santos, Letícia Stamatopoulos
e Maiara Cicutt

2018, São Paulo

117 **O INCRÍVEL MUNDO DOS BALDIOS**

TEXTO Ivam Cabral
e Rodolfo García Vázquez

DIREÇÃO Rodolfo García Vázquez

ELENCO Ivam Cabral, Fábio Penna,
Henrique Mello, Julia Bobrow,
Lorena Garrido, Robson Catalunha,
Gustavo Ferreira, Sabrina Denobile,
Roberto Francisco, Junior Mazzine,
Oula al-Saghir, Alex de Jesus
e Márcia Dailyn

2018, São Paulo

118 **CABARET TRANSPERIPATÉTICO**

TEXTO coletivo

DIREÇÃO Rodolfo García Vázquez

ELENCO Daniela Funez, Fernanda Kawani, Guttervil, Luh Mazza, Gabriel Lodi, João Henrique Machado e Sofia Riccardi

2018, São Paulo

119 **VIDA SUBLIME**

DIREÇÃO Rodolfo García Vázquez

ELENCO Aruan Alvarenga, Camilly Flaquer, Carla Dionisia, Cristinah Silva, Henrico, Elion Anderson, Leticia Santos, Marcos Paulo, Ruth Tahirih e Vinicius Saccá

2018, São Paulo

120 **HORA DE BRINCAR**

TEXTO E DIREÇÃO Emilio Rogê

ELENCO Isabel Friósi, Marcelo Thomaz, Andre Lu, Hanna Perez

2018, São Paulo

121 **[ES]TRAGADOS**

COORDENAÇÃO Rodolfo García Vázquez

DIREÇÃO Sabrina Denobile e Fábio Penna

ELENCO Aline Lopes, André Moura, Bruna Buzatto, Bruna Duarte, Eduardo Freitas, Gabe Victor, João Scaranelo, Luciana Penas, Luke Oliveira, Marcelo Rodrigues, Marina Bragion, Nícolas Fernandes, Renan Motta, Samara Lacerda, Saritha Sara, Tainá Marjore

2019, São Paulo

122 **CARNE CRUA**

COORDENAÇÃO Rodolfo García Vázquez

DIREÇÃO Tiago Leal

ELENCO André Moura, Beatriz Belintani, Beatriz Foshi, Bruna Duarte, Cinthia Kadel, Diogo Azzi, Guilherme Barca, Larissa Brito, Luís Holiver, Marcelo Rodrigues, Mariana Gonçalves, Marina Bragion, Renan Motta, Samara Lacerda, Vitória Gouveia

2019, São Paulo

123 **QUE BICHO SOU EU?**

TEXTO coletivo

DIREÇÃO Henrique Mello

ELENCO Chris Bac, Juba, Fernanda Ortega, Letícia Santos, Aruan Alvarenga, Victor Martins, Carla Silva

2019, São Paulo

124 **UMA CANÇÃO DE AMOR**

TEXTO Henrique Mello e Roberto Francisco, a partir da obra de Jean Genet

DIREÇÃO Rodolfo García Vázquez e Gustavo Ferreira

ELENCO Henrique Mello e Roberto Francisco

2019, São Paulo

125 **MISSISSIPI**

TEXTO Ivam Cabral e Rodolfo García Vázquez

DIREÇÃO Rodolfo García Vázquez

ELENCO Ivam Cabral, Nicole Puzzi, Eduardo Chagas, Fábio Penna, Felipe Moretti, Gustavo Ferreira, Henrique Mello, Robson Catalunha, Sabrina Denobile, Ingrid Soares, Ju Alonso, Julia Bobrow, Junior Mazine e Márcia Dailyn

2019, São Paulo

126 **O REI DE SODOMA**

TEXTO Fernando Arrabal

DIREÇÃO Rodolfo García Vázquez

ELENCO Patricia Vilela e Tiago Leal

2019, São Paulo

127 **ENTREVISTA COM PHEDRA**

TEXTO Miguel Arcanjo Prado

DIREÇÃO Robson Catalunha e Juan Manuel Tellategui

ELENCO Márcia Dailyn e Raphael Garcia

2019, São Paulo

128 **GAVETA D'ÁGUA**

TEXTO Nina Nóbile

DIREÇÃO Gustavo Ferreira

ELENCO Silvio Eduardo

2019, São Paulo

129 **BADERNA PLANET**

TEXTO Ivam Cabral e Rodolfo García Vázquez

DIREÇÃO Rodolfo García Vázquez

ELENCO Alex de Felix, Alesandra Nassi, Andre Lu, Beatriz Ferreira, Diego Ribeiro, Elisa Barboza, Felipe Estevão, Heyde Sayama, Ícaro Gimenes, Israel Silva, Julia Francez, Karina Bastos, Luís Holiver, Luís Maurício Souza, Marcelo Thomaz, Marcelo Vinci, Mariana França, Roberto Francisco, Silvio Eduardo e Vitor Lins

2019, São Paulo

130 ALEGORIAS PANTAGRUÉLICAS

DIREÇÃO Ingrid Koudela, a partir do texto *Gargântua e Pantagruel*, de François Rabelais

ELENCO Aline Lopes, Angelina Miranda, Barbara Bernardes, Bruna Buzatto, Cinthia Kadel, Erik Santana, Heloise Fernandes, Heyde Sayama, Jessica Aquino, Larissa Brito, Lila Medeiros, Luís Holiver, Rafael Rodrigues, Paloma Salido, Pauliana Reis, Stefania Robustelli e Vitor Ugo

2019, São Paulo

131 A ARTE DE ENCARAR O MEDO

TEXTO Ivam Cabral e Rodolfo García Vázquez

DIREÇÃO Rodolfo García Vázquez

ELENCO Ivam Cabral, Eduardo Chagas, Nicole Puzzi, Ulrika Malmgren, Diego Ribeiro, Fábio Penna, Gustavo Ferreira, Henrique Mello, Julia Bobrow, Ju Alonso, Marcelo Thomaz, Márcia Dailyn, Mariana França, Sabrina Denobile e Silvio Eduardo. Ator convidado: César Siqueira. Atores mirins convidados: Nina Denobile Rodrigues e Pedro Lucas Alonso

2020, internet

132 NOVOS NORMAIS: SOBRE SEXO E OUTROS DESEJOS PANDÊMICOS

TEXTO Ivam Cabral e Rodolfo García Vázquez

DIREÇÃO Rodolfo García Vázquez

ELENCO Alessandra Nassi, Alex de Felix, Alex de Jesus, Anna Kuller, André Lu, Beatriz Medina, Bruno de Paula, Dominique Brand, Elisa Barboza, Felipe Estevão, Guilherme Andrade, Heyde Sayama, Ícaro Gimenes, Ingrid Soares, Júlia Francez, Karina Bastos, Luís Holiver, Marcelo Vinci, Roberto Francisco e Vitor Lins

2020, internet

133 THE ACT OF FACING FEAR
(versão africana-europeia)

TEXTO Ivam Cabral e Rodolfo García Vázquez

DIREÇÃO Rodolfo García Vázquez

ELENCO Abdoulaye Diallo (Senegal), Bola Stephen-Atitebi (Nigéria), Christina Berriman Dawson (Inglaterra), Dintshitile Mashile (África do Sul), Elijah Young (Inglaterra), Frank Malaba (Zimbábue), Isabel Alves Branco (Cabo Verde), Janaina Alves (Brasil), João Branco (Cabo Verde), Joël Leonard (África do Sul), Katta Pålsson (Suécia), Lebohang Mpho Toko (África do Sul), Mosie Mamaregane (África do Sul), Napo Masheane (África do Sul), Nina Ernst (Alemanha), Philisiwe Twijnstra (África do Sul), Sboniso Thombeni (África do Sul), Segun Adefila (Nigéria), Upile uThixo Bongco (África do Sul), Ulrika Malmgren (Suécia) e Wonder Ndlovu (África do Sul)

2020, internet

134 THE ACT OF FACING FEAR
(versão norte-americana)

TEXTO Ivam Cabral e Rodolfo García Vázquez

DIREÇÃO Rodolfo García Vázquez

ELENCO Jessica Berón, Rogelio Douglas III, Bryan Ha, Megan Skye Hale, Mia Hjelte, Jessenia Ingram, Zed E. Jones, Rob Lecrone, Andre Engracia Mello, Mia Mountain, Nakasha Norwood, Michael James Nuells, Therese Olson, Danielle Rabinovitch, Amable Junior Rosa e Terrence Robinson

2020, internet

135 MACBETH PROJECT Nº 6

DIREÇÃO Rodolfo García Vázquez

ELENCO Stephen Simms, Paul Sadot, Nicole Puzzi, Márcia Dailyn, Julia Francez, Ingrid Soares, Henrique Mello, Sabrina Denobile e Christina Dawson

2020, internet

136 AS MARIPOSAS

TEXTO Ivam Cabral
e Rodolfo García Vázquez

DIREÇÃO Rodolfo García Vázquez

ELENCO Diego Ribeiro,
Eduardo Chagas, Fábio Penna,
Gustavo Ferreira, Henrique Mello,
Ivam Cabral, Ju Alonso, Julia Bobrow,
Nicole Puzzi, Márcia Dailyn,
Mariana França, Sabrina Denobile
e Silvio Eduardo

2021, internet

137 THE ACT OF FACING FEAR – THE WORLD UNITED

TEXTO Ivam Cabral e Rodolfo García Vázquez

DIREÇÃO Rodolfo García Vázquez

ELENCO Abel Garcia, Antonio Peredo Gonzales, Bola Stephen-Atitebi, Bong Cabrera, Chasse Jingya Peng, Inna Lipovets, Fenny Novyane, JF Cuvillier, João Branco, Mahana Narimani, Maria Brighenti, Mariana Alom, Nakasha Norwood, Nina Erst, Nina Denobile Rodrigues, Nirmal Sekhar, Norberto O. Portales III, Paulo Figueira, Onyango Daisy A., Roxanne Korda, Rutva Satish, Sedona Vivirito, Sabrina Denobile, Segun Adefila, Shirleen Ishenyi, Victoria Chen e Yena Gim

2021, internet

138 TOSHANISHA: THE NEW NORMALS

TEXTO Ivam Cabral
e Rodolfo García Vázquez

DIREÇÃO Rodolfo García Vázquez

ELENCO Mariana França, Aroji Otieno, Awuor Onyango, Calvin Kinyua, Cindy Nyambura, Idris Ieem, Martina Ayoro, Nungari Kiore e Rey Bulambo

2021, internet

139 UMA PEÇA PARA SALVAR O MUNDO

TEXTO Ivam Cabral
e Rodolfo García Vázquez

DIREÇÃO Rodolfo García Vázquez

ELENCO Thiago Mendonça e público

2021, internet

140 CABARET DADA

TEXTO Ivam Cabral
e Rodolfo García Vázquez

DIREÇÃO Rodolfo García Vázquez

ELENCO Alessandra Nassi,
Alex de Felix, Anna Kuller,
André Lu, Beatriz Medina,
Bruno de Paula, Cristian Silva,
Dominique Brand, Elisa Barboza,
Felipe Estevão, Guilherme Andrade,
Heyde Sayama, Ícaro Gimenes,
Ingrid Soares, Julia Francez,
Karina Bastos, Luís Holiver e Vitor Lins

PARTICIPAÇÃO EM VÍDEO Roberto Francisco

2021, internet

141 AURORA

TEXTO Ivam Cabral
e Rodolfo García Vázquez

DIREÇÃO Rodolfo García Vázquez

ELENCO Ivam Cabral, Nicole Puzzi, Eduardo Chagas, Gustavo Ferreira, Henrique Mello, Julia Bobrow e Márcia Dailyn

2021, São Paulo

142 OS CONDENADOS

TEXTO Ivam Cabral
e Rodolfo García Vázquez

DIREÇÃO Rodolfo García Vázquez

ELENCO Andre Lu, Anna Kuller,
Beatriz Medina, Eduardo Chagas,
Henrique Mello, Julia Bobrow,
Luís Holiver e Márcia Dailyn

2022, São Paulo

143 AS BRUXAS DE SALÉM

TEXTO Arthur Miller

IDEALIZAÇÃO Ivam Cabral
e Rodolfo García Vázquez

DIREÇÃO Rodolfo García Vázquez

ELENCO Alana Carrer, Alessandra Nassi, Alex de Felix, Aline Barbosa, André Lu, Anna Paula Kuller, Bruno de Paula, Cristian Silva, Daj, Diego Ribeiro, Diogo Silva, Eduardo Chagas, Elisa Barboza, Felipe Estevão, Georgia Briano, Guilherme Andrade, Gustavo Ferreira, Henrique Mello, Heyde Sayama, Ícaro Gimenes, Jéssica de Aquino, Julia Bobrow, Karina Bastos, Laura Molinari, Luís Holiver, Marcia Dailyn, Mariana Costa, Mariana França, Morena Marconi, Pri Maggrih, Sabrina Denobile, Suzana Horácio e Vitor Lins

2023, São Paulo

TURNÊS INTERNACIONAIS

África do Sul	Espanha	Polônia
Alemanha	Estados Unidos	Portugal
Argentina	Filipinas	Quênia
Áustria	Finlândia	Rússia
Bolívia	França	Senegal
Cabo Verde	Holanda	Singapura
Canadá	Índia	Suécia
China	Indonésia	Suíça
Coreia do Sul	Inglaterra	Ucrânia
Cuba	Irã	Venezuela
Dinamarca	Itália	Zimbábue
Escócia	Nigéria	

TURNÊS INTERNACIONAIS

PRÊMIOS, HOMENAGENS E DISTINÇÕES

1989

Prêmio APCA, da Associação Paulista dos Críticos de Arte

MELHOR ATOR DE TEATRO INFANTIL Ivam Cabral, por *Aventuras de Arlequim*

MELHOR ATRIZ COADJUVANTE DE TEATRO INFANTIL Rosemeri Ciupak, por *As Aventuras de Arlequim*

Troféu Mambembe

Indicação para a categoria

AUTOR DE PEÇA NACIONAL DE TEATRO INFANTIL Ivam Cabral e Rodolfo García Vázquez, por *As Aventuras de Arlequim*

1990

Prêmio Apetesp de Teatro, da Associação dos Produtores de Espetáculos Teatrais do Estado de São Paulo

Indicações para as categorias

DIREÇÃO Rodolfo García Vázquez, por *Sades ou noites com os professores imorais*

ATOR Ivam Cabral, por *Sades ou noites com os professores imorais*

ATOR COADJUVANTE Camasi Guimarães, por *Sades ou noites com os professores imorais*

ATOR REVELAÇÃO Camasi Guimarães, por *Sades ou noites com os professores imorais*

PRODUTOR EXECUTIVO Ivam Cabral, por *Sades ou noites com os professores imorais*

ILUMINAÇÃO Paula Madureira, por *Sades ou noites com os professores imorais*

MELHOR ESPETÁCULO INFANTIL *As aventuras de Arlequim*

AUTOR DE TEATRO INFANTIL Ivam Cabral e Rodolfo García Vázquez, por *As aventuras de Arlequim*

DIRETOR DE TEATRO INFANTIL Rodolfo García Vázquez, por *As aventuras de Arlequim*

ATOR DE TEATRO INFANTIL Néviton de Freitas, por *As aventuras de Arlequim*

ATOR COADJUVANTE DE TEATRO INFANTIL Camasi Guimarães, por *As aventuras de Arlequim*

PRODUTOR DE TEATRO INFANTIL Os Satyros, por *As aventuras de Arlequim*

FIGURINOS DE TEATRO INFANTIL Lauro Tramujas, por *As aventuras de Arlequim*

ESPETÁCULO DE TEATRO INFANTIL *As aventuras de Arlequim*

1991

Prêmio Apetesp de Teatro

Indicações para as categorias

MELHOR ESPETÁCULO *Saló, Salomé*

AUTOR Ivam Cabral e Rodolfo García Vázquez, por *Saló, Salomé*

DIRETOR Rodolfo García Vázquez, por *Saló, Salomé*

PRODUTOR EXECUTIVO Penha Dias e Jane Patrício, por *Saló, Salomé*

ILUMINAÇÃO Rodolfo García Vázquez, por *Saló, Salomé*

CENOGRAFIA E FIGURINOS Camasi Guimarães e Tatiana Szymczakowski, por *Saló, Salomé*

REVELAÇÃO Tatiana Szymczakowski, por *Saló, Salomé*

ATOR COADJUVANTE Emerson Caperbá, por *A proposta*

Prêmio APCA

Indicação para a categoria

MELHOR ESPETÁCULO *Saló, Salomé*

1995

Troféu Gralha Azul

Indicação para a categoria

MELHOR ATOR Ivam Cabral, por *Quando você disse que me amava*

1996

Troféu Gralha Azul

Indicação para a categoria

MELHOR DIRETOR Rodolfo García Vázquez, por *Prometeu agrilhoado*

1997

Troféu Gralha Azul

MELHOR ESPETÁCULO *Killer Disney*

MELHOR ATOR Ivam Cabral, por *Killer Disney*

MELHOR DIRETOR Marcelo Marchioro, por *Killer Disney*

REVELAÇÃO Cristina Conde, por *Killer Disney*

MELHOR ATRIZ Silvanah Santos, por *Electra*

MELHOR FIGURINO Jeanine Rhinow, por *Electra*

Indicações para as categorias

MELHOR ESPETÁCULO *Electra*

DIREÇÃO Rodolfo García Vázquez, por *Electra*

ILUMINAÇÃO Ana Fabrício, por *Electra*

MELHOR SONOPLASTIA Paulo Biscaia Filho, por *Killer Disney*

MELHOR ESPETÁCULO *Electra*

Prêmio Café do Teatro – Troféu Poty Lazarotto

MELHOR ATOR Ivam Cabral, por *Killer Disney*

ATRIZ REVELAÇÃO Andressa Medeiros, por *Killer Disney*

1998

Troféu Gralha Azul

MELHOR ATRIZ COADJUVANTE Mazé Portugal, por *Os cantos de Maldoror*

Indicações para as categorias

MELHOR DIRETOR Rodolfo García Vázquez, por *Os cantos de Maldoror*

MELHOR ATRIZ Silvanah Santos, por *Os cantos de Maldoror*

ATRIZ COADJUVANTE Patrícia Vilela, por *Os cantos de Maldoror*

MELHOR SONOPLASTIA Demian Garcia, por *Os cantos de Maldoror*

LUZ Ana Fabrício, por *Os cantos de Maldoror*

ESPETÁCULO *Os cantos de Maldoror*

MELHOR ATOR COADJUVANTE Maurício Souza Lima, por *Urfaust*

ATRIZ REVELAÇÃO Brígida Menegatti, por *Urfaust*

COMPOSIÇÃO MUSICAL Demian Garcia, por *Urfaust*

1999

Troféu Gralha Azul

MELHOR ATOR Tadeu Peroni, por *A farsa de Inês Pereira*

MELHOR ATOR COADJUVANTE Adolfo Pimentel, por *Coriolano*

Indicações para as categorias

MELHOR DIREÇÃO Rodolfo García Vázquez, por *A farsa de Inês Pereira*

FIGURINOS Iz, por *A farsa de Inês Pereira*

ATRIZ COADJUVANTE Silvanah Santos, por *Coriolano*

2000

Troféu Imprensa International Press e Paraná em Revista

Os Melhores do Ano 2000 no Paraná, para a Cia. de Teatro Os Satyros

Troféu Gralha Azul

MELHOR ATOR Ivam Cabral, por *Retábulo da avareza, luxúria e morte*

Indicação para a categoria

MELHOR DIRETOR Rodolfo García Vázquez, por *Retábulo da avareza, luxúria e morte*

2001

Troféu Gralha Azul

MELHOR ESPETÁCULO *Quinhentas vozes*

MELHOR DIREÇÃO Rodolfo García Vázquez, por *Quinhentas vozes*

MELHOR AUTOR Zeca Corrêa Leite, por *Quinhentas vozes*

MELHOR ATRIZ Silvanah Santos, por *Quinhentas vozes*

MELHOR CENÁRIO Ivam Cabral, por *Quinhentas vozes*

MELHOR SONOPLASTIA Ivam Cabral, por *Quinhentas vozes*

Indicação para a categoria

MELHOR ILUMINAÇÃO Ana Fabrício, por *Quinhentas vozes*

Prêmio Shell

MELHOR ILUMINAÇÃO Rodolfo García Vázquez, por *Sappho de Lesbos*

Indicação para a categoria

MELHOR ILUMINAÇÃO Rodolfo García Vázquez, por *Retábulo da avareza, luxúria e morte*

2002

Troféu Gralha Azul

Indicação para a categoria

MELHOR ATRIZ Olga Nenevê, por *Kaspar*

Prêmio Shell

Indicação para a categoria

MELHOR ILUMINAÇÃO Rodolfo García Vázquez, por *De profundis*

Prêmio Ocupação do Novo Rebouças,

concedido pela Fundação Cultural de Curitiba, para a Cia. de Teatro Os Satyros

2003

Prêmio Shell

Indicações para as categorias

MELHOR DIREÇÃO Rodolfo García Vázquez, por *Antígona*

MELHOR ATRIZ Dulce Muniz, por *Antígona*

Prêmio Cidadania em Respeito à Diversidade

MELHOR ESPETÁCULO *De profundis*

Prêmio Ágora Dramaturgia

OS 10 MELHORES TEXTOS *Faz de conta que tem sol lá fora*, de Ivam Cabral

2004

Troféu Gralha Azul

ATRIZ REVELAÇÃO Gisa Gutervil, por *Sobre ventos na fronteira*

Indicações para as categorias

MELHOR ESPETÁCULO *Sobre ventos na fronteira*

ATOR Matheus Zucolotto, por *Sobre ventos na fronteira*

ATOR REVELAÇÃO Tarciso Fialho, por *Sobre ventos na fronteira*

Prêmio Shell

FIGURINOS Fabiano Machado, por *Transex*

2005

Troféu Gralha Azul

CENÁRIO Ivam Cabral, por *Cosmogonia – Experimento nº 1*

Indicações para as categorias

TEXTO ORIGINAL OU ADAPTADO Rodolfo García Vázquez, por *Cosmogonia – Experimento nº 1*

CENÁRIO Ivam Cabral, por *Cosmogonia – Experimento nº 1*

ATRIZ Pagu Leal, por *Cosmogonia – Experimento nº 1*

DIREÇÃO Rodolfo García Vázquez, por *Cosmogonia – Experimento nº 1*

MELHOR ESPETÁCULO *Cosmogonia – Experimento nº 1*

Prêmio Shell

MELHOR DIRETOR Rodolfo García Vázquez, por *A vida na praça Roosevelt*

Indicações para as categorias

MELHOR ATRIZ Angela Barros, por *A vida na praça Roosevelt*

FIGURINOS Fabiano Machado, por *A vida na praça Roosevelt*

Prêmio Qualidade Brasil

MELHOR DIRETOR Rodolfo García Vázquez, por *A vida na praça Roosevelt*

2006

Prêmio APCA

MELHOR ESPETÁCULO *Inocência*

Prêmio Shell

Indicações para as categorias

DIREÇÃO Rodolfo García Vázquez, por *Inocência*

CENÁRIO Fábio Lupo e Marcelo Maffei, por *Inocência*

ILUMINAÇÃO Lenise Pinheiro, por *Inocência*

Prêmio Bravo! Prime de Cultura

Indicação para a categoria

MELHOR PROGRAMAÇÃO CULTURAL Espaço dos Satyros

2007

Prêmio Shell
MELHOR FIGURINO Marcio Vinicius, por *Divinas palavras*

Indicação para a categoria
MELHOR ATRIZ Nora Toledo, por *Divinas palavras*

Troféu Gralha Azul
ATOR COADJUVANTE Luiz Bertazzo, por *O burguês fidalgo*

ATRIZ COADJUVANTE Fernanda Magnani, por *O burguês fidalgo*

FIGURINOS Marcelo Salles, por *O burguês fidalgo*

Indicações para as categorias
COREOGRAFIA Lubieska Berg, por *O burguês fidalgo*

MAQUIAGEM Cristóvão de Oliveira, por *O burguês fidalgo*

ATOR Marcos Zenni, por *O burguês fidalgo*

MELHOR ESPETÁCULO *O burguês fidalgo*

Prêmio APCA
ESPECIAL DA CRÍTICA Satyrianas

Prêmio Femsa de Teatro Infantil e Jovem
Indicação para a categoria
MELHOR ESPETÁCULO JOVEM
Cidadão de papel

Prêmio Bravo! Prime de Cultura
Indicação para a categoria
MELHOR PROGRAMAÇÃO CULTURAL
Espaços dos Satyros

Revista da Folha
60 ícones de civilidade em São Paulo
Os Satyros, pela *revitalização da praça Roosevelt*
Os Satyros, pela *criação do Teatro da Vila*

Coluna Em Cena, *Caderno 2, O Estado de S. Paulo*
BACKSTAGE DA CULTURA EM SÃO PAULO
Os Satyros

2008

Prêmio Villanueva – Uneac, Cuba
MELHOR ESPETÁCULO ESTRANGEIRO *Liz*

Por sua carreira e ação política, Ivam Cabral é homenageado pelo deputado Carlos Gianazzi, na Assembleia Legislativa do Estado de São Paulo

Coluna Em Cena, *Caderno 2, O Estado de S. Paulo*
AGITADOR CULTURAL Ivam Cabral

Revista *Época*
50 RAZÕES PARA AMAR SÃO PAULO
Os Satyros, na 47ª posição

2009

Prêmio Shell
Indicações para as categorias
DIREÇÃO Rodolfo García Vázquez, por *Justine*
ILUMINAÇÃO Flavio Duarte, por *Justine*

O evento Satyrianas – Uma Saudação à Primavera é incluído no Calendário Oficial do Estado de São Paulo, através da lei n. 13.750, de 14 de outubro de 2009
(Projeto de lei n. 741/2009, do deputado Carlos Giannazi – Psol)

Revista *Época*
45 PAULISTANOS QUE TÊM A CARA DE SÃO PAULO
Ivam Cabral e Rodolfo García Vázquez

2010

Prêmio Jabuti
FINALISTA CATEGORIA LIVRO DE ARTE
Ivam Cabral, pela organização da coleção *Primeiras Obras*

Prêmio Shell
MELHOR DIRETOR Rodolfo García Vázquez, por *Roberto Zucco*
Indicações para as categorias
MELHOR DIRETOR Rodolfo García Vázquez, por *Hipóteses para o amor e a verdade*
MELHOR ILUMINAÇÃO Rodolfo García Vázquez e Leonardo Moreira Sá, por *Roberto Zucco*

2011

Cooperativa Paulista de Teatro
MELHOR ESPETÁCULO *Roberto Zucco*

Prêmio Jabuti
CATEGORIA LIVRO DE ARTE *Os Satyros*

Prêmio Honrar, Honra José Martí
Circulo de Amigos del Gran Teatro de La Habana, Cuba
Para o espetáculo *Cosmogonia – Experimento nº 1*

Festival Mix Brasil
MELHOR DOCUMENTÁRIO *Cuba Libre*

2012

Prêmio Cidadania Sustentável
Catraca Livre/Gilberto Dimenstein
CULTURA Ivam Cabral

Prêmio Cooperativa Paulista
de Teatro
Indicação para a categoria
PUBLICAÇÃO DEDICADA AO UNIVERSO DO TEATRO
Revista A[l]berto #2

Prêmio Funarte Nelson
Brasil Rodrigues
Funarte/Ministério da Cultura
PERSONALIDADE Ivam Cabral

Melhores do R7 – Teatro
MELHOR FIGURINO Dayse Neves,
por *Cabaret Stravaganza*
PERSONALIDADE DO ANO Phedra D. Córdoba

2013

Prêmio Aplauso Brasil
DESTAQUE Satyrianas
Indicações para as categorias
MELHOR ESPETÁCULO DE GRUPO
Inferno na paisagem belga
MELHOR ESPETÁCULO DE GRUPO *Édipo na praça*
MELHOR ATOR COADJUVANTE Robson
Catalunha, por *Édipo na praça*
MELHOR ATRIZ COADJUVANTE Cléo De Páris,
por *Édipo na praça*

Prêmio Shell de Teatro
INOVAÇÃO Satyrianas

Ezra Buzzington Spirit
of Fringe Award, Los Angeles/EUA
Indicação para a categoria
MELHOR PRODUÇÃO *Philosophy
in the boudoir*

The International Award,
Los Angeles/EUA
Indicação para a categoria
MELHOR PRODUÇÃO *Philosophy
in the boudoir*

Cidadania em Respeito
à Diversidade
CATEGORIA TEATRO Cia. de Teatro
Os Satyros

10 Hollywood Fringe Festival
Shows That Sound Awesome –
L. A. Weekly, Los Angeles/EUA
ESPETÁCULO *Philosophy in the boudoir*

Melhores do Ano – *Guia da Folha*,
Folha de S.Paulo
MELHOR ESTREIA *Édipo na praça*
MELHOR ESTREIA *Adormecidos*

Melhores do R7 – Teatro
PERSONALIDADE DO ANO Ivam Cabral

2014

Prêmio APCA
MELHOR ESPETÁCULO Pessoas perfeitas

Patrimônio Cultural Imaterial da Cidade de São Paulo
Secretaria Municipal de Cultura de São Paulo, para a Cia. de Teatro Os Satyros

Prêmio Shell
MELHOR AUTOR Ivam Cabral e Rodolfo García Vázquez, por Pessoas perfeitas

Salva de Prata
Câmara Municipal de São Paulo, para a Cia. de Teatro Os Satyros

Troféu Bandeira Paulista
38ª Mostra Internacional de Cinema em São Paulo

Indicação para a categoria

MELHOR FILME DE FICÇÃO Hipóteses para o amor e a verdade

Prêmio Aplauso Brasil
MELHOR DRAMATURGIA Ivam Cabral e Rodolfo García Vázquez, por Pessoas perfeitas

Indicações para as categorias

MELHOR ATOR Ivam Cabral, por Pessoas perfeitas

MELHOR ATOR COADJUVANTE Eduardo Chagas, por Pessoas perfeitas

MELHOR ATRIZ COADJUVANTE Adriana Capparelli, por Pessoas perfeitas

MELHOR ELENCO Pessoas perfeitas

MELHOR ARQUITETURA CÊNICA Marcelo Maffei, por Pessoas perfeitas

MELHOR ESPETÁCULO DE GRUPO Pessoas perfeitas

Melhores do Ano – Guia da Folha, Folha de S.Paulo
MELHOR ESTREIA DO ANO Pessoas perfeitas

2015

Drops Magazine – Os Melhores do Ano
MELHOR TRILHA Marcelo Amalfi, por Hipóteses para o amor e a verdade

Portal dos Atores
Os 50 Textos Mais Importantes do Teatro Nacional: Pessoas perfeitas, em 6º lugar

Melhores do R7 – Teatro
MELHOR ESPETÁCULO Phedra por Phedra

MELHOR ATOR Henrique Mello, por A filosofia na alcova

MELHOR FESTIVAL Satyrianas

Prêmio Aplauso Brasil
Indicações para as categorias

MELHOR ESPETÁCULO Juliette

MELHOR FIGURINO Bia Piaretti e Carol Reissman, por Juliette

MELHOR ELENCO Juliette

2016

Prêmio APCA
Prêmio especial para Ivam Cabral, pela carreira

Prêmio Aplauso Brasil
Prêmio especial para Ivam Cabral, pela carreira

Indicações para as categorias

MELHOR ATRIZ COADJUVANTE Fernanda D'Umbra, por *Pessoas sublimes*

MELHOR DIRETOR Rodolfo García Vázquez, por *Pessoas sublimes*

MELHOR ATOR COADJUVANTE Gustavo Ferreira, por *Pessoas sublimes*

Prêmio Cidadão São Paulo
Catraca Livre/Gilberto Dimenstein

PERSONALIDADE CULTURAL Ivam Cabral

Prêmio Governador do Estado
CATEGORIA TEATRO Cia. de Teatro Os Satyros

Prêmio Nelson Rodrigues, Agência Nacional de Cultura, Empreendedorismo e Comunicação – Ancec
CATEGORIA TEATRO Ivam Cabral

Prêmio Shell
Especial pela idealização da SP Escola de Teatro

Indicação para a categoria

MELHOR FIGURINO Bia Piaretti e Carol Reissman, por *Cabaret Fucô, um quase musical*

42º Festival Sesc Melhores Filmes
Indicações para as categorias

MELHOR FILME *Hipóteses para o amor e a verdade*

MELHOR DIRETOR Rodolfo García Vázquez, por *Hipóteses para o amor e a verdade*

MELHOR ROTEIRO Ivam Cabral, por *Hipóteses para o amor e a verdade*

MELHOR ATOR Ivam Cabral e Tiago Leal, por *Hipóteses para o amor e a verdade*

MELHOR ATRIZ Luiza Gottschalk e Nany People, por *Hipóteses para o amor e a verdade*

MELHOR FOTOGRAFIA Laerte Késsimos, por *Hipóteses para o amor e a verdade*

Melhores do Ano – *Guia da Folha, Folha de S.Paulo*
MELHOR ESPETÁCULO *Pessoas sublimes*

Melhores do Ano – *Blog do Arcanjo*
MELHOR DIRETOR Rodolfo García Vázquez, por *Pessoas sublimes*

MELHOR ATOR COADJUVANTE Eduardo Chagas, por *Pessoas sublimes*

MELHOR ATRIZ COADJUVANTE Phedra D. Córdoba, por *Pessoas sublimes*

MELHOR GRUPO TEATRAL Os Satyros

MELHOR PROJETO *Phedra por Phedra*

Prêmio Aplauso Brasil
Indicações para as categorias

FIGURINOS Bia Piaretti e Carol Reissman, por *Cabaret Fucô, um quase musical*

ELENCO *Cabaret Fucô, um quase musical*

ESPETÁCULO DE GRUPO *Cabaret Fucô, um quase musical*

Prêmio Femsa de Teatro Infantil e Jovem
Indicação para a categoria

REVELAÇÃO Satyros Teens

Melhores do Ano – *Guia da Folha, Folha de S.Paulo*
Indicação para a categoria

ESPETÁCULO *Pessoas sublimes*

2017

Comenda, Câmara Brasileira de Cultura

Para Ivam Cabral, pela carreira

Prêmio Cidadão São Paulo

Catraca Livre/Gilberto Dimenstein

Para Ivam Cabral
e Rodolfo García Vázquez

Melhores do Ano – *Blog do Arcanjo*

MELHOR GRUPO Os Satyros

Prêmio Aplauso Brasil

MELHOR ESPETÁCULO DE GRUPO *Pink Star*

Indicações para as categorias

MELHOR FIGURINO Bia Piaretti
e Carol Reissman, por *Pessoas brutas*

MELHOR ATOR COADJUVANTE Robson
Catalunha, por *Pessoas brutas*

2018

Prêmio Aplauso Brasil

Indicações para as categorias

MELHOR DRAMATURGIA Ivam Cabral
e Rodolfo García Vázquez,
por *O incrível mundo dos baldios*

DESTAQUE Adriana Vaz
e Rogerio Romualdo pelo trabalho
de *design* de aparência,
em *O incrível mundo dos baldios*

ESPETÁCULO *O incrível mundo dos baldios*

ESPETÁCULO *Cabaret transperipatético*

ESPETÁCULO DE GRUPO *Pessoas brutas*

ATOR Ivam Cabral, por *Pessoas brutas*

ATOR COADJUVANTE Fábio Penna,
por *Pessoas brutas*

Prêmio Shell

Indicação para a categoria

AUTORIA Ivam Cabral
e Rodolfo García Vázquez,
por *O incrível mundo dos baldios*

Melhores do Ano – *Blog do Arcanjo*

ESPETÁCULO *Cabaret transperipatético*

DRAMATURGIA Ivam Cabral
e Rodolfo García Vázquez,
O incrível mundo dos baldios

ATRIZ Nicole Puzzi, por *Transex*

ATOR COADJUVANTE Gustavo Ferreira,
por *Transex*

ATOR COADJUVANTE Tiago Leal, por *Transex*

ATRIZ COADJUVANTE Sabrina Denobile,
por *O incrível mundo dos baldios*

MELHOR ELENCO *Transex*

REVELAÇÃO Gabriel Lodi,
por *Cabaret Transperipatético*

REVELAÇÃO Luh Maza,
por *Cabaret Transperipatético*

PERSONALIDADE Ivam Cabral

PERSONALIDADE Márcia Dailyn

SONOPLASTIA Ivam Cabral, por *Transex*

VISAGISMO Cinthia Cardoso, Lenin Cattai
e elenco, por *Transex*

MELHOR GRUPO Os Satyros

MELHOR TURNÊ *Satyros na China
com "Cabaret Fucô"*

PROGRAMAÇÃO DE ESPAÇO CULTURAL
Espaço dos Satyros

2019

Prêmio Arcanjo de Cultura
Eduardo Chagas, pela carreira
ESPECIAL Cia. de Teatro Os Satyros

Prêmio Estado de São Paulo para as Artes
FORMAÇÃO E CAPACITAÇÃO Ivam Cabral

Prêmio Nelson Rodrigues
Os Satyros, por *Entrevista com Phedra*

Título Cidadão Paulistano
Para Ivam Cabral
Câmara Municipal de São Paulo, concedido pelo vereador Celso Giannazi

Colar de Honra ao Mérito Legislativo do Estado de São Paulo
Assembleia Legislativa do Estado de São Paulo, concedido pelo deputado estadual Carlos Giannazi

Digo – Festival Internacional de Diversidade Sexual e de Gênero de Goiás
MENÇÃO ESPECIAL *A filosofia na alcova*

Prêmio Aplauso Brasil
Indicações para as categorias
MELHOR ATOR Ivam Cabral, por *Mississipi*
MELHOR ATOR COADJUVANTE Fábio Penna, por *Mississipi*
MELHOR ESPETÁCULO DE GRUPO *Mississipi*

A sala Ivam Cabral é inaugurada na cidade de Registro, interior do Estado de São Paulo, pelo Grupo Caixa Preta de Teatro.

2020

Red Curtain Festival, Calcutá, Índia
MELHOR PRODUÇÃO *The Art of Facing Fear*
MELHOR ELENCO *The Art of Facing Fear*

Prêmio Arcanjo de Cultura
MELHOR ESPETÁCULO *A arte de encarar o medo*
REDES Satyrianas

BroadwayWorld Los Angeles Awards/EUA
Indicações para as categorias
PERFORMER OF THE DECADE Mia Hjelte, por *The Art of Facing Fear*
DANCER OF THE DECADE Mia Hjelte, por *The Art of Facing Fear*
BEST ENSEMBLE *The Art of Facing Fear*
PRODUCTION OF A PLAY OF THE DECADE *The Art of Facing Fear*
TOP STREAMING PRODUCTION/PERFORMANCE *The Art of Facing Fear*
CHOREOGRAPHER OF THE DECADE Mia Hjelte, por *The Art of Facing Fear*
DIRECTOR OF A PLAY OF THE DECADE Rodolfo García Vázquez, por *The Art of Facing Fear*

Melhores do Ano – Guia da Folha, Folha de S.Paulo
ESPETÁCULO *A arte de encarar o medo*

Young-Howze Theatre Awards
MELHOR ESPETÁCULO *The Art of Facing Fear*
Indicações para as categorias
MELHOR ESPETÁCULO *Toshanisha: The New Normals*
MELHOR ESPETÁCULO *Macbeth #6*, em coprodução com a Universidade de Birmingham, Reino Unido)

Top 100 Achievements 2020
Concedido pelo Achievements Forum, Londres/Reino Unido
Ivam Cabral, pelo trabalho à frente da Adaap – Associação dos Artistas Amigos da Praça

Prêmio Claudia Wonder, SP Transvisão
TEATRO Cia. de Teatro Os Satyros

Prêmio APTR, da Associação dos Produtores de Teatro do Rio de Janeiro
Indicações para as categorias
MELHOR ESPETÁCULO INÉDITO AO VIVO *A arte de encarar o medo*
JOVEM TALENTO, TROFÉU MANUELA PINTO GUIMARÃES Nina Denobile Rodrigues, por *A arte de encarar o medo*

Prêmio APCA
Indicação para a categoria
ESPETÁCULO *A arte de encarar o medo*

2021

Community Awards –
Hollywood Fringe Festival

Encore Producers Award

MELHOR ESPETÁCULO *A Love Song*

MELHOR ESPETÁCULO *Toshanisha: The New Normals*, correalizado com o grupo Bold Theatre, do Quênia

Hollywood Fringe

Indicações para as categorias

INTERNACIONAL AWARDS *A Love Song*

TWO PERSON SHOW *A Love Song*

2 CENTS THEATRE'S LOOSE CHANGE AWARD SPONSORED BY TWO CENTS, THEATRE & LOOSE CHANGE *A Love Song*

Prêmio APCA

Indicação para a categoria

AVANÇO DIGITAL *The Art of Facing Fear*

Young-Howze Theatre Awards

PRÊMIO MUNDIAL DE MELHOR ESPETÁCULO COLABORATIVO DO ANO *The Art of Facing Fear*

2022

Young-Howze Theatre Awards

MELHOR ATOR DO ANO Roberto Francisco, por *A Love Song*

MELHOR COLABORAÇÃO MUNDIAL *Toshanisha: The New Normals*

2023

Prêmio APCA

Indicações para as categorias

MELHOR DIREÇÃO Rodolfo García Vázquez, por *As Bruxas de Salém*

SOBRE OS AUTORES

MARCIO AQUILES (ORG.) é escritor, crítico literário e teatral, autor de catorze livros, entre eles os romances *Artefato cognitivo nº 7√log5ie* (Prêmio Biblioteca Digital 2021) e *O amor e outras figuras de linguagem*; os volumes de poesia *A cadeia quântica dos nefelibatas em contraponto ao labirinto semântico dos lotófagos do sul* e *O eclipse da melancolia*; a antologia dramática *O Esteticismo Niilista do Número Imaginário*. Como organizador, assina obras como *Teatro de grupo* (Prêmio APCA 2021), *Memórias do Cine Bijou* e *Teatro de grupo em tempos de ressignificação*. Tem formação acadêmica multidisciplinar constituída na USP, Unicamp, UFSCar e Schiller-Universität. Trabalhou cinco anos como jornalista e crítico de teatro da *Folha de S.Paulo*. Desde 2014 é coordenador de projetos internacionais na SP Escola de Teatro. Em 2023, recebeu o 1º Prêmio Egresso Destaque Unicamp, "como forma de reconhecimento de sua distinta trajetória profissional".

BETH LOPES é professora, pesquisadora e diretora teatral. Cursou educação artística – licenciatura em artes cênicas na Universidade Federal de Santa Maria (UFSM), mestrado (1992) e doutorado (2001) em artes cênicas, com o apoio da Capes, na Universidade de São Paulo (USP). Fez pós-doutorado na UFSM (2006), com apoio do CNPq, e no Departamento de Performance Studies (2009-2010), na Tisch School of the Arts, da New York University, com o apoio da Capes. Como diretora teatral, realizou inúmeros espetáculos e *performances*, que se destacam pela força visual e corporal de seus atores e atrizes.

DANA ALLYN HOWZE é crítica de teatro, gerente de mídia social e roteirista em Mays Landing, Nova Jersey. É bacharel em estudos norte-americanos pela Rutgers University, com trabalho de conclusão de curso sobre cinema e animação norte-americanos, desenvolvido durante estágio no Animation Collective, em Nova York, e NJ Film Coop. Completou cinco anos de pós-graduação em roteiro na Hollins University. Também trabalhou como supervisora de roteiro de um filme independente em Nova York e participou de um documentário. Formou o *The Young-Howze Theatre Journal* com o parceiro Ricky Young-Howze, com quem tem redigido críticas teatrais desde o verão de 2016. Juntos, resenharam mais de 150 produções *on-line* e festivais virtuais.

GUILHERME GENESTRETI é jornalista especializado em cinema. Nasceu em São Paulo, formou-se em direito na Universidade de São Paulo (USP) e cursou novas narrativas na University of California, em Berkeley. Acompanha o trabalho da companhia Os Satyros desde que ela montou *A vida na praça Roosevelt*, no começo dos anos 2000, e já produziu reportagens a respeito dos filmes da companhia e da reabertura do Cine Bijou. Hoje atua como editor-adjunto da *Ilustrada*, o caderno de cultura da *Folha de S.Paulo*.

KIL ABREU é jornalista, crítico, curador e pesquisador do teatro. Pós-graduado em artes pela Universidade de São Paulo (USP), foi diretor do Departamento de teatros da Secretaria Municipal de Cultura de São Paulo. Escreveu para o jornal *Folha de S.Paulo* e coordenou, por oito anos, a Escola Livre de Teatro de Santo André. Compôs os júris de diversos prêmios, como o Shell e o APCA. Fez a curadoria de festivais como os de Curitiba, o Festival Recife do Teatro Nacional, o Festival de Fortaleza e o Festival Internacional de Teatro de São José do Rio Preto, e também a das atividades reflexivas da Mostra Internacional de Teatro de São Paulo (MITsp). Foi curador da programação teatral do Centro Cultural São Paulo (2015-21). Edita, com Rodrigo Nascimento, o *site Cena Aberta – teatro, crítica e política das artes*. É membro da Associação Internacional de Críticos de Teatro.

MARICI SALOMÃO é dramaturga, pesquisadora e jornalista, formada pela Pontifícia Universidade Católica de Campinas. Foi repórter e crítica colaboradora do *Caderno2* (*O Estado de S. Paulo*) e da revista *Bravo!*, nas áreas de teatro e literatura. Teve suas peças *Bilhete* e *Maria Quitéria* dirigidas por Celso Frateschi e Fernando Peixoto, respectivamente. Coordenou o Círculo de Dramaturgia do Centro de Pesquisa Teatral (CPT), sob supervisão de Antunes Filho, de 1999 a 2003, e, de 2008 a 2019, o Núcleo de Dramaturgia Sesi-British Council, vencedor do Prêmio Shell de Inovação 2016. É uma das fundadoras da SP Escola de Teatro e coordena o curso de dramaturgia desde sua fundação. É pós-graduanda em artes cênicas na Universidade de São Paulo (USP) e autora dos livros *O teatro de Marici Salomão* e *Sala de trabalho: a experiência do Núcleo de Dramaturgia Sesi-British Council*.

MIGUEL ARCANJO PRADO é jornalista, crítico da APCA, diretor do *Blog do Arcanjo* e do Prêmio Arcanjo de Cultura e coordenador de extensão cultural e projetos especiais da SP Escola de Teatro. É bacharel em comunicação social pela Universidade Federal de Minas Gerais (UFMG), especialista em mídia, informação e cultura pela Escola de Comunicação e Artes da Universidade de São Paulo (ECA-USP) e mestre em artes pelo Instituto de Artes da Universidade Estadual Paulista (IA-Unesp).

RICKY STEVEN YOUNG JR. é crítico de teatro, dramaturgo e professor de teatro em Mays Landing, Nova Jersey. É bacharel em teatro pela Austin Peay State University e mestre em artes pela Hollins University. Autor de peças para escolas que foram apresentadas em todo o país, incluindo lugares como Colorado, Virgínia e Califórnia, e publicadas pela editora YouthPLAYS. Ensina redação e escrita com sua parceira Dana Young-Howze desde julho de 2019. Juntos, eles formaram o *The Young-Howze Theatre Journal*, onde fazem crítica teatral desde 2016, tendo resenhado mais de 150 produções *on-line* e festivais virtuais.

SILAS MARTÍ é doutorando em arquitetura e urbanismo na Universidade de São Paulo e vencedor da bolsa Knight-Wallace da University of Michigan, nos Estados Unidos. É jornalista, crítico de arte e editor de cultura da *Folha de S.Paulo*, jornal do qual também foi correspondente em Nova York. Escreve ainda para publicações como *Aperture*, *The Art Newspaper*, *Artforum*, *Art Review*, *Frieze*, entre outras.

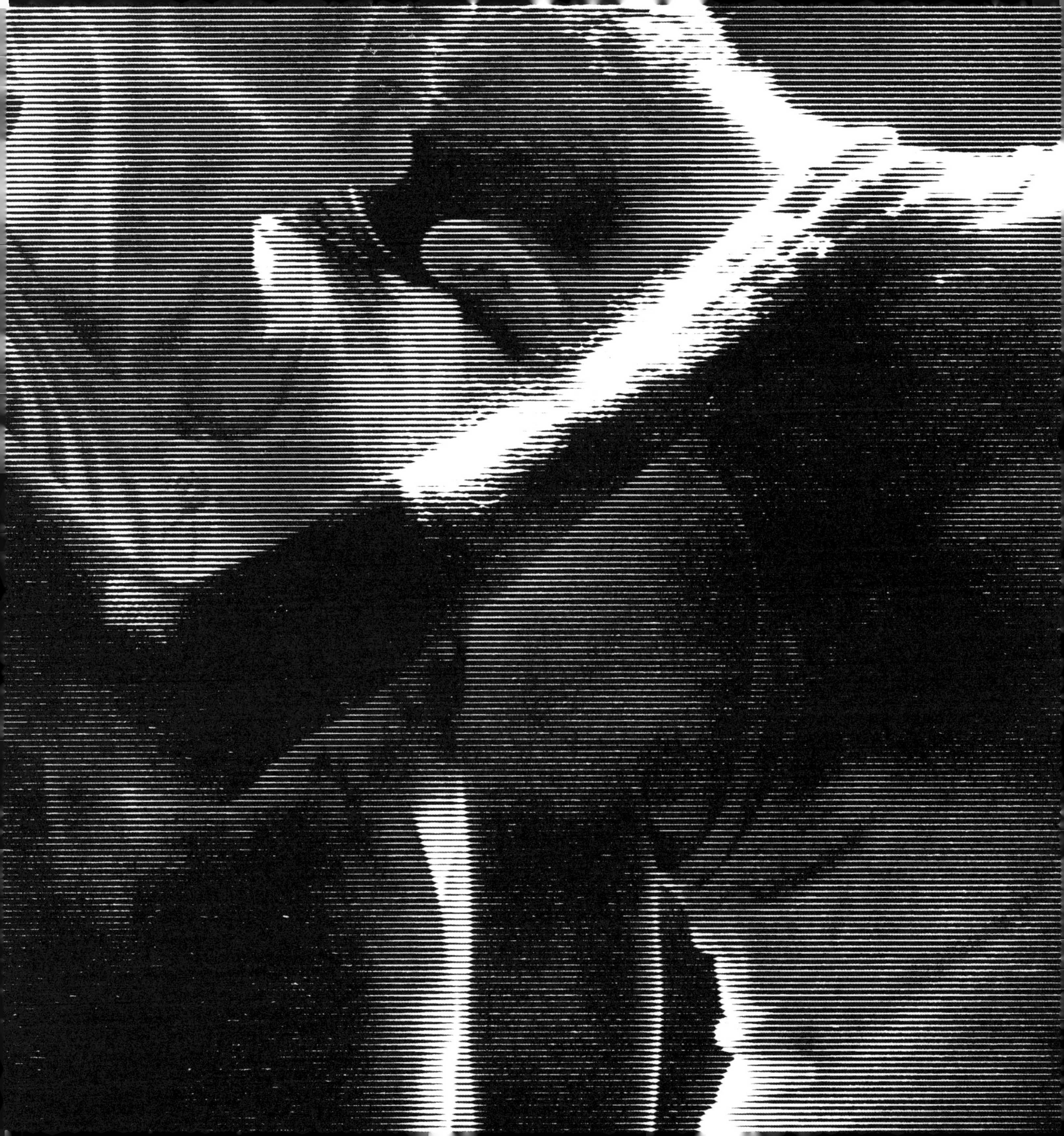

ENGLISH VERSION

OS SATYROS: THEATRICITIES
EXPERIMENTALISM, ART, AND POLITICS
Marcio Aquiles [ed.]

INTRODUCTION
Danilo Santos de Miranda
Director of the Sesc São Paulo (1984 to October 2023)
Text written on August 2023

THE PUBLIC SQUARE AND THE STAGE

To talk about theater is to comment on an event capable of mobilizing deep emotions. This ability to affect occurs above all because of a spatial condition, since the space shared by artists and audiences is filled with plural meanings, making the magic of the stage possible.

And it all starts from the stage. In spatial terms, the stage is the focal point of theatrical language. According to the dramaturgy, its borders expand and contract: sometimes it becomes a distant landscape, sometimes it defines the outlines of a room. There is something extraordinary about the thought of such transformations taking place at the same address—who would have thought, looking from the sidewalk, that the stage space located a few meters in could transport audiences so far away?

Simultaneously, theater can also enable a more complete immersion in the specific place where it is located. In the case of Os Satyros, this immersion takes on an emblematic aspect: since 2000, the company has dedicated itself, poetically and socially, to the complexity of Roosevelt Square, located in central São Paulo. Sensitive to the region's community needs, the group, founded by actor Ivam Cabral and director and playwright Rodolfo García Vázquez, has brought the diversity of its surroundings into its stalls, audience and set, thematizing marginalized identities and questioning, among other things, the normativity of bodies.

This work, undertaken over decades, has enabled a degree of urban transformation in a profoundly different sense from the well-known process of real estate speculation or gentrification, invariably linked to the exclusion of vulnerable populations. Instead, through initiatives such as the SP School of Theater, the Satyrianas Festival and pedagogical projects aimed at social inclusion—offshoots of the company's artistic work—Os Satyros has contributed to its surroundings through educational cultural action. As a result of this initiative, over the last two decades the square has been the scene of various encounters, bringing together audiences and artists around the aesthetic experience—a gesture that brings the theater company closer to Sesc in terms of the proposition for action in their shared territory.

In this volume, organized by Marcio Aquiles, a theater critic and writer, the paths followed by the theater company, founded in 1989, are investigated from perspectives that include pedagogy, aesthetics and the performing arts, among others. In addition to the textual essays, the book includes, in its last section, an anthology of photographic records that underline the group's emphasis on the visual construction of the scene, as well as providing an iconographic memory of its history.

These attributes form a publication situated between critical-theoretical research and the consolidation of the memory of Brazilian theater. This last characteristic takes on a personal perspective, since over the years I worked as director of Sesc São Paulo, I was able to witness and participate in the making of this history on the various stages that had the honor of hosting Os Satyros. During this period, I also joined the board of Adaap (The Association of Artists Friends of the Square), which manages the SP School of Theater. This experience deepened the friendship between Ivam, Rodolfo and myself, as well as strengthening and combining our efforts, based on improving the broader field of the performing arts.

In addition to these factors, the publication provides an opportunity to analyze the reach of culture, as well as its educational dimension, in transforming people and spaces. This perspective, in turn, is aligned with the concept that guides the actions of Sesc, an institution committed to the democratization of artistic languages linked to a non-formal educational strategy. To understand the meanings of the theatrical work in its social and political spheres implies recognizing the contexts that form the aesthetic experience. In the case of Os Satyros, these experiences encompass the stage, the square, the city—all physical and symbolic territories built through the hand-to-hand interplay between fiction and reality.

SCENIC REPRESENTATION AND SOCIAL REPRESENTATIVENESS
Marcio Aquiles

This work aims to describe the artistic practices, pedagogic ideas, and sociocultural activities of Os Satyros Theater Company throughout its 35 year career. Stories, references, processes, and creative tools will be collated through thematic groupings in order to account for the group's vast aesthetic and political universe involving theater, cinema, social activism, and education.

The company has always steered away from an autotelic production mode such as that of art for art's sake, preferring to allow itself to be contaminated by the city and its people, hence its omnipresent intersections between text and context, theory and praxis, original creation and public reception, all of which are crucial binomials in the collective's theatricities.[1]

Since their arrival at Roosevelt Square in December 2000, the group has followed a previously planned project, aiming to enforce the forms of sociability in the São Paulo city center and, therefore, initiate a major urban revitalization process. Largely inspired by their own experience working in Portugal (1992-99), they opened a venue in an area of the city then considered degraded and violent even by its inhabitants. Os Satyros' Space 1 shook up the nightlife with shows and a café/bar that soon would become a meeting point for artists and intellectuals. From 2006 on, when the Parlapatões group established themselves at Roosevelt Square, the area's artistic, social, and economic potential quickly broadened. New theater groups and commercial establishments also began opening there, turning the area into one of the most notable points of São Paulo.

Nowadays, the conjunction between urbanism[2] and urbanity[3] may seem to be an almost obvious condition for social well-being, but that was not the case at the beginning of the 21st century. The role of Os Satyros as catalysts to the urban revitalization that today is visible throughout the entire center of the city of São Paulo is undeniable. Due to them, theater transcended its ability to provide entertainment, political consciousness, cognitive refinement, and linguistic and cultural training and became a direct agent of social transformation. Their example reverberated across the Greater São Paulo, and since then, dozens of groups have led small revolutions in the areas where they have set up. A few examples, among many, which have developed artistic and pedagogic actions in their respective areas—doing interventions in public spaces, community workshops, training programs to democratize access to art and culture, legitimizing previously stigmatized manifestations—are the Mungunzá Company (Luz District), Estopô Balaio Collective (Jardim Romano, Eastern São Paulo), Pandora Group (Perus District, Northwestern São Paulo), Rocokóz Theater (Parelheiros District, Southern São Paulo), AsSimétrica Company (Embu das Artes, Metropolitan Region), Clariô Group (Taboão da Serra, Metropolitan Region), and Girandolá Theater (Francisco Morato/Franco da Rocha, Metropolitan Region).

In light of this intrinsic connection between Os Satyros Theater Company and the city, we chose to start our thematic chapters with a text on geography, culture, and urbanity and invited journalist and art critic Silas Martí to write it for us.

As a logical sequence, the following essay will address the company's insertion into the aesthetic-political model referred to as theater group. Since its foundation, in 1989, Os Satyros has been characterized by the creation of continuous research projects – which the assemblies were always erected alongside long-term pedagogical actions – and with high social capillarity, a model that would later be greatly stimulated by the Municipal Development Law, established in 2002.

Today, São Paulo has a few hundred groups and a rich, complex, and underestimated theater scene yet to be explored by other sections of the population and the national and international media. Although some specialized media already recognize the city as an outstanding center for performing arts, there is no consensus on this phenomenon nor a broad strategy for making it culturally and commercially profitable. Unlike on Broadway or main European centers, São Paulo has a great and probably worldwide-unmatched diversity of scenic languages being produced and constantly resignified. As spectators, we have several theatrical formats available to us: dramatic, epic, performative, street theater, itinerant, circus theater, melodrama, lyric and musical and ritual theater, autofiction performance, puppet theater, mask-related theater, clownery, improv, dance theater, documentary theater, lambe-lambe[4], and plays rooted in identity and ancestry, among other equally relevant and significant typologies. To conceptually pinpoint Os Satyros within this gigantic network and highlight some characteristics of group theater as historical subject, we invited curator and theater critic Kil Abreu.

Having plowed this historical ground, we move on from the general to the specific and analyze the creative process of Os Satyros. For this purpose, we called upon Marici Salomão, a Brazilian renowned specialist in dramaturgy, to write on the subject. With more than 140 shows in its repertoire, the company has already worked with a variety of production types, varying between more dramatic, epic, or performative approaches in each project. As a corollary to this textual polyphony, we reach an equally relevant spectrum concerning staging, with various scenic devices developed specifically for each work, always using hybrid and provocative forms. This scenic polysemy also stems from the collective's

---

1   A play on words combining city and theatricality, that makes up the title of this book. The term-concept was borrowed from the doctoral thesis written by Marcelo Sousa Brito, O teatro que corre nas vias (The theater that runs through the streets) (UFBA, 2016), which fits very well with the idea of urban art and social activism as proposed by Os Satyros.
2   The rational organization of urban societies according to the needs of their populations.
3   Principles of civility that reveal good manners and respect in social relationships.
4   A form of street puppet theatre, but in a format specific to Brazil.

own "character," which is highly representative in terms of gender, ethnicity, identity and cultural plurality. Since its foundation, the cast and crew have had backgrounds and profiles of all kinds, culminating in the inseparability between their discourse and their practice, which guarantees the recognized legacy that Os Satyros carries. It would not make sense, for example, to seek new praxes, moving beyond Eurocentric bourgeois theater, by using a predominantly white cast (and staging for an also white audience). In the Satyros case, both the company and its audience are multiethnic and plural in their identities and ideologies. With this in mind, we called on journalist and theater critic Miguel Arcanjo Prado to write this section of the book.

In turn, the group's scenic system, organized initially around what they have called "fast theater," unfolded into pedagogic methodologies and practices that have worked as militant social action since their beginnings. They taught workshops and courses in Curitiba, Lisbon, and São Paulo (In the city center and in Jardim Pantanal, in the east side of the city, where they had a venue for a while, Os Satyros' Space 3). These successful experiences awakened the government's interest, which, in turn, invited them to manage a school to be created. Imbued with the spirit of sharing, they realized that a project of such magnitude should extrapolate the domain of Os Satyros. Thus, they invited artists from other groups to develop a pedagogic system along with them, an action undertaken for three years, culminating with the creation of the São Paulo School of Theater—Center for Performing Arts Training in 2010 and the Mato Grosso School of Theater, in the city of Cuiabá, which, today, is affiliated to the State University of Mato Grosso (Universidade do Estado de Mato Grosso, UNEMAT). The company still maintains the Satyros Lab, Satyros Teens, and Silenos projects at its Roosevelt Square headquarters. Beth Lopes, stage director, pedagogue, and professor at the University of São Paulo, was put in charge of the text on theatrical pedagogy.

Above all, this broad scope reveals that artists with a particular itch, a restlessness to create, incessantly, and in multiple forms, end up going into audiovisual production. After television and film work (short and mid-length), they ventured into big-screen work with the feature film *Hypotheses for Love and Truth*, a debut that was a success with audiences and critics. Their following project, *Philosophy in the Boudoir*, however, caused a both a commercial and libertine uproar—with a colossal real-life stage orgy—and ran for more than a year at the Cine Belas Artes without interruption, something quite extraordinary for any national film shown in this century. Guilherme Genestreti, a journalist and film critic, took over the task of constructing this and other narratives for the present book.

Finally, we reflect on an unavoidable topic since the coronavirus pandemic: digital theater. Much has been written on this phenomenon in social media, mostly from a negative view, disqualifying it as a theatrical form. In my eyes as a theater critic and researcher, and unafraid of sounding reductionist, I believe that if there is any instance of a performance, with an aesthetic purpose, for an audience, it is considered theater. It does not matter whether the actor communicates in a predominantly dramatic, epic or performative manner and whether the audience is sitting virtually or in the same physical space. Obviously, an extensive rhizome has developed in a short space of time, with live digital pieces using apps such as Zoom; pre-recorded pieces; experiments akin to short, medium-length and feature films; telefilms, etc., which makes it difficult to classify the activity under the same umbrella—as has already happened with photography and cinema, for example, or theater, performance, happening, site specific and visual arts exhibitions, which even today have their boundaries blurred and have not stopped being produced.

Part of the artistic and critical class has shown an aversion to this new format simply due to the difficulty of coming up with an unequivocal epistemological definition; however, in this case, it is the praxis itself that matters. The praxis defines the path of the artistic endeavor and even that of subsequent research. The solution to this impasse is, therefore, straightforward. Socioeconomic merits do not require addressing (just as everyone else, groups and artists needed some form of income, and digital theater was one of the options found), and neither do aesthetic-relational issues (those who need to make art and express themselves cannot handle being idle). Nevertheless, to state that digital theater[5] cannot be classified as theater is as absurd as stating that football only exists if the spectator watches it in person at the stadium. To write a conclusion to this analytical section of the book, we invited North American critics Ricky and Dana Young-Howze, two of the most active, militant, and, most importantly, pertinent voices today on digital theater. If Os Satyros already had a considerable international following before the advent of digital theater—having staged plays in major world festivals in more than thirty countries—now, by becoming one of the first theater groups to work in this new genre, and besides, with a highly sophisticated aesthetic, they consolidate their position as one of the most relevant and active theater companies on the planet.

Having completed the analytical study, this volume ends with a critical survey, in which we chose to focus mainly on excerpts from older articles and reviews, both for

---

5 Or virtual, or telematic; the name is the least important thing in this case.

their historical importance and for the possibility of including them as documentary sources, given that most of them had not yet been digitized. The organized collection of programs and clippings from newspapers and magazines that the company has kept since its foundation was fundamental to accomplishing this task. For this reason, we are grateful for the collective's generosity in lending these thirty very small folders to the organizer of this book for three years, in order to carry out detailed research among the thousands of documents.

Thus, we wish the reader a fun read, savoring the excellent texts and photos that illustrate the book; and for critics and researchers, we offer this small theoretical and documentary contribution to future studies, because Os Satyros are always on the move and never stop.

ROOSEVELT SQUARE, FROM RUIN TO HYPE: NEW ARCHITECTURES AND SOCIABILITIES BASED ON THE EXPANDED THEATER OF OS SATYROS
Silas Martí

For decades, Roosevelt Square functioned as a beating heart at the center of everything within the imagination of a particular youth from São Paulo, those who discovered a lot about life, sex and drugs in the little hellholes of Augusta Street, in the hustle and bustle of Frei Caneca and even on the dirtier, rougher nights of Bento Freitas and Largo do Arouche. The square was an urban anchor, indistinguishable from its most outrageous theater, Os Satyros, a space that still sees its work on stage as a necessary act of transgression. Their shows first took root there, in the basement of the series of buildings that still overlooked the concrete spirals of the old square, a den of cruising, prostitution and a discreet drug trade, mainly cocaine and easy weed, a far sight from today's concrete plaza now dominated by skateboarders and vegan inclined cafés.

The minuscule stage, which later belonged to its second headquarters, where the stage was assembled in an even more cavernous cellar, were the gravitational centers pulling in al the feverishness from the streets. This is still true. Life at Roosevelt Square, which would later become the name of the company's most famous play, was always present in the storylines and stage of the actors and playwrights who caused that area in the center of São Paulo to go through a transformation. It was a catalyst for previously unimaginable urban changes, and it made everything happen at an astonishing rate, from the remodeling of the square to the gentrification and property speculation that saw bars become cocktail lounges and rents increase. Few, perhaps, among those who speculated about the future of the metropolis, would have precisely calculated what a theater, and later, other venues established there in its wake, could cause in the urban fabric dismissed as dead by those who disdained the center of São Paulo, the same people who would later rediscover there what makes a city a city.

From the beginning, Rodolfo García Vázquez and Ivam Cabral, founders of Os Satyros, made it clear that their plays were based on their observations of the inhabitants of the city center. Therefore, it is unsurprising that a certain unease, a death drive that is characteristic of youth, and something of the most profound loneliness would later become some of the central elements of the plays. The square's residential buildings, with their ground floor bars and convenience stores, form a borderless wall with the sidewalk, with doors opening directly onto the bustling street life. Most buildings comprise tiny studio apartments previously inhabited by electricians, firefighters, and transvestites who make their living on the sidewalks. These are, interspersed with old bourgeois or the upper-middle class that forgot to leave the city center, the characters of many plots. And, even if they are not portrayed as seated at a bar table, as we see on the streets, such is the spirit that enlivens many souls on stage.

Also unsurprisingly, the aesthetic mark defining Os Satyros' theater is expressionist, perhaps even baroque, in character. This is made clear from their garishly colored make-up, the bodies oscillating between beautiful and grotesque, the contrasting lights, the whispers cut by screams, the shamelessness that mirrors a part of the city dipped in a patina of filthiness, of barbaric acts performed as a trivial thing both on stage and outside. There were a lot of muggings, sometimes at knifepoint or with shards of glass, the streets were still full of drifters and it was not uncommon to hear stories of suicides, of people throwing themselves from the top of a building in a moment of despair. More than once, I saw a body covered in a white sheet, lying on the ground, on my way to work or to some party, in the same way that a body appears lying on the stage in the first moments of *Life at Roosevelt Square*.

My life often intersected with that of Roosevelt Square because of Os Satyros. While they rehearsed for *The 120 Days of Sodom*, I was part of a group at the University of São Paulo willing to film a somewhat deconstructed documentary about the making of the play. I remember very little of the recorded scenes or the path the project took. There probably is not even a final cut of that film stored somewhere today on analog tapes. But I was blown away by that space, that life flowing freely from the street to the stage and back again. That was the Marquis de Sade, but it was also the center of São Paulo and its mystifying debauchery. Apart from that, they were actors and directors in love with a place they saw as a leitmotif, a stage and the unavoidable destination for their creations. The aura of performance overflowed beyond those who every night put on make-up, rehearsed and faced the audience in front of the spotlights, so much so that a colleague from the film crew ended up joining the cast of the play, perhaps also attracted by the disorder of it all. Months after the frustrated documentary, which I hope to never see for fear that it will undo the aura of these memories, I had already rented an apartment at 234 Roosevelt Square.

Not long after, I felt the first drama, one of an urban order, a consequence of the theater's unmistakable buzz. The increasing rent prices, which led many of my neighbors to seek cheaper addresses, far from life on the square, also threatened to push me out. It was a sign that Roosevelt Square had reached a point where it was no longer a magnet for misfits and adventurers to become a centripetal pull for yuppies centrifuge, replicating what happened in many city neighborhoods where the real estate market seems to be fueled by amphetamines. Decided to stay, I finally bought an apartment, which I have to this day, in the building contiguous to the first one, with the same layout and size since together they were once a hotel. On the ground floor of this building, number 222, Os Satyros is headquartered to this day, next to the theater school they helped found. From my living room window, I watched the players run their lines on the steps in the square, and whenever I left the building, I always ran into them at the end of the night, having a drink at one of the tables set out on the sidewalk.

The highlight, in this case, was being in the heart of São Paulo in a situation that urban theorists define as the ideal pressure and temperature conditions for healthy life in the metropolis; urban density at the service of life's encounters and conflicts. This is what Jane Jacobs, the author who transformed New York's The Village into a model neighborhood pre-gentrification, referred to when she wrote about eyes upon the streets and the cogwheels of routine. Jacobs' essays, filled with good sense, were not revolutionary but, nonetheless, could open our eyes to the city we want, and moved mountains in New York. Or, better, disarmed the steamrollers delirious contractors wanted to use to flatten one of the wealthiest neighborhoods on the island of Manhattan. It is true that SoHo, Greenwich Village, the Meatpacking District, TriBeCa, and others enjoy today an ostentatious real estate wealth, but here I am referring to the complexity of the urban fabric, a web of centuries-old paths that challenge the orthogonal plan of the blocks and sprawled throughout the island to form what the author calls a neighborhood. Jacobs spoke of an intricate tapestry of squares, streets, gardens, and buildings whose windows are the eyes on the urban space. Her writings became a central pawn in the argument against the madness of the most controversial urban planner in the history of New York, Robert Moses. Moses wanted to build an enormous elevated highway through the middle of South Manhattan and, in doing so, tear apart these urban webs in favor of speedy transit for automobiles.

However, São Paulo is not New York. On the contrary, the capital city, one of the most well-known examples of disordered and swift urban growth in recent history, found the embodiment of Moses' spirit in some of its mayors. It was during Paulo Maluf's term, for instance, that the high line most known as Minhocão ("giant worm" in Portuguese) was erected, ripping through the city center with a route for automobiles. Roosevelt Square is one of the inflection points of the high line's overpass; at that point, the structure begins to sprout from underground to the skies. The contrast between the concrete mammoth and the daily life of pedestrians within the neighborhood, whose connections had been established day by day, could not be more significant. The expressway that elevated cars and traffic jams to the height of the living rooms of once upscale apartments ended up upsetting the structure of the city's central neighborhoods and leaving tenements, irregular occupations, and abandoned ruins in its wake.

Under this structure, the flow of crack cocaine found shelter, a reality that urban activists are trying to change to this day, dreaming of turning the Minhocão into the São Paulo High Line. They imagine, in its place, something as impactful as the suspended park that gave new life to a deactivated railway in New York's Chelsea neighborhood. In New York, in contrast to the surroundings of the Minhocão, the intervention turned the region into one of the most desired and expensive of Manhattan, where now the most formidable art galleries and buildings designed by famed architects such as Renzo Piano and Zaha Hadid, can be found.

The concrete structures that less than a decade ago dominated Roosevelt Square—forming, so as to speak, a gray maze that harbored a modest convenience store and flower shops, in addition to a fauna consisting of transvestites, drug dealers, and the rough sleepers—gave the address an air of ruin for a long time. It was something forgotten within the urban fabric, which, despite its permanent shadow, had the power to light the spark of the vanguard, the theaters facing the square, with Os Satyros on the frontlines. In fact, in the history of urbanization, examples of ruins, empty lots, abandoned buildings, and decaying zones multiply as vectors of gentrification, of a new spatial order that, challenging the chaos, emerges to attract new inhabitants, interests, economic investment, in other words, the business activities—real estate, social, marketing, or simply hype—that move the metropolis. Urbanists and geographers have classified these spaces as *terrain vague*, dead zones, wild zones, urban ruins. Sociologists describe them as neglected zones that suddenly become jewels in the hands of contractors and politicians allied in expansion projects often falsely advertised as revitalization; after all, nothing is more vital than the city's crude, organic life.

AN UGLY AND CROOKED PLACE

"It is an ugly, crooked place." In one of the first scenes of *Life at Roosevelt Square*, a character shines a flashlight on the outlines of a model of the square, in a strange didactic mirror effect. In the basement of one of those buildings, the audience is faced with the microscopic whole on stage: the buildings, the towers of the Consolação church, something of the rat-infested undergrowth that frames the opening of one of the lanes of the tunnel that leads to the Minhocão, the concrete slabs that were still standing before the major renovation. "In the buildings around the square there are brothels. And then there are the offices, the bars, the transvestite hangout and a small metal products factory," says Ivam Cabral, on stage. "It is as good or as bad as any other square in this city."

Good and bad, however, are mutually cancelling concepts in relation to the reality of the square; they collapse, facing each other, in the magnetic harshness of the concrete. The decadence, the worn-out charm of the place, which made it an attraction for theater companies with small bank accounts—to say the least in the sense of precariousness—was not always present. Os Satyros arrived in the center of São Paulo at the peak of its decline, at the turn of the millennium, a critical point reached following decades of glory. Indeed, the square, which had once been a football field, a parking lot and a space for street markets, was home to Cine Bijou, a beacon of counterculture where art films challenged the dictatorship in screenings that moved the city's intelligentsia. Not to mention a certain enlightened bourgeoisie living there, in spacious apartment buildings, before the onset of the area's dark age. This phase began with the construction of the tunnels linking the city's east to west sides, which led to the square's elevation from street level, and ended with Roberto Coelho Cardozo's controversial, to say the least, architectural project. The project's detractors nicknamed the concrete slabs 'behemoths.' Roosevelt Square's fall from grace was accentuated throughout the city's lost decades, 1980 and 1990, due to the country's hyperinflation and the middle-class flight to the city's southern and western districts.

The arrival of the theaters in the square, led by Os Satyros, creating a new complementary point of interest, let's say off-Broadway or fringe, in relation to the pre-fire Cultura Artística, around the corner, coincided with a kind of returning pendulum swing in the migratory axis between the city's fashionable neighborhoods. The impenetrable, almost hellish stages that took root there were trailblazers on the crest of a movement that ignited the rediscovery of the center, the old metropolis, something that ranged from Mário de Andrade's *Pauliceia desvairada* (Hallucinated city), which spoke of the city's "great mouth of a thousand teeth" and its "valiant skyscrapers," all the way to the "skyscrapers of carnage" in the verses of Roberto Piva, who saw crucified pigeons in Praça da República and the "lacerations of the rent-boys in the angelic Ibirapuera." Between glory and inferno, something new was shining among the gray remains of Roosevelt Square. The Baixo Augusta emerged, where brothels became crowded nightclubs, from Vegas to Bar do Netão, until the parties occupied tunnels, viaducts, train tracks and vacant lots in *Cracolândia*.[6]

My neighbor in the building on Roosevelt Square was a young German man named Thomas Haferlach. He was a blond, skinny, and nerdy-looking kid who revolutionized São Paulo nightlife with the party that challenged the nightclub model forever. Haferlach founded Voodoohop, a party that began at Nova Babilônia, a little hellhole on Augusta Street, and later moved to the Bar do Netão on that same street, a tiny space overrun with people who took the dance floor onto the sidewalk. Finally, the party found its longest-lasting home in an abandoned building on a street that crosses São João Avenue. Voodoohop turned that rundown and forgotten tower next to the mythical corner of Ipiranga Avenue into a beacon for the future of the city's nightlife. Soon after, it became a nomadic event, a precursor to the outdoor parties that would shake São Paulo, leading crowds to the Minhocão, to the tunnel below Roosevelt Square, to the holes-in-the-wall in Cracolândia, and, in its final phase, to country houses and waterfalls in the rural parts of the state. The party was a vector of change, an urban renewal concomitant with Roosevelt Square's theater boom. Hedonism and ecstasy were Voodoohop's fundamental values, not much different from what played out on Os Satyros stages.

When bulldozers finally flattened Roosevelt Square, it was transformed into a smooth concrete slab ruled by São Paulo skaters, complete with an attached Military Police base. Os Satyros, in turn, progressed alongside other collectives, founding the SP

---

6   *Translator's note*: 'Cracolândia,' literally *Crackland* in English, is an area of the city of São Paulo adjacent to the Luz Station with a high incidence of homelessness and rampant drug trafficking and drug use.

[São Paulo] School of Theater, retrofitting one of the square's old buildings, neighboring the theater's main headquarters, and signaling that gentrification had finally taken root. It was an era of fresh air; everything was cleaner, more austere, and rectilinear. Kilt, a brothel that resisted until then on one of the ends of the square, in a kitsch corner building imitating a medieval castle with mannequins scaling its facade, was brought down in the eagerness to modernize. Nonetheless, it was not enough to sweep away the area's lewdness. Soon after and just around the corner, Kilt reincarnated on a smaller scale in a spot on Nestor Pestana Street. Its facade was now fully mirrored in the style embodied by Faria Lima Avenue and the Itaim Bibi district, a corporate and postmodern São Paulo.

The clash of tastes, urban desires, and gentrifying profiles began taking over Roosevelt Square. The progress brought on by the theaters, which explains the palpable appreciation of the area's real estate and city hall's sudden interest in moving forward with a large-scale overhaul, soon threatened the theaters' existence. As Roosevelt became richer than ever, closer to the scenic logic of Vila Madalena, with its bars decorated to resemble Rio's Lapa, old businesses closed to make way for trendy bars and expensive restaurants and, finally, everything became a boutique establishments. A driving school soon became an imported goods emporium; old bars turned into craft breweries, colorful lounges, and other similar businesses. However, before long, rents increased at a proportion equivalent to the glamorous varnish achieved. Os Satyros firmly resisted but soon lost one of their headquarters, closed a restaurant with which they had partnered, and almost decided to end their activities on the square, stating they would move to the Luz district, another forgotten neighborhood they felt confident they could occupy and resurrect.

This narrative of the artist and creative class as trailblazing agents of dead zones that soon regain their luster and attract greed within the urban environment repeats itself in every metropolis. New York's SoHo was a heap of old factories when the artists first arrived. They turned the neighborhood into a powerhouse of aesthetic change, the nerve center of minimalism, performance and other avant-gardes. Today, those who stroll through the neighborhood will find an anodyne sequence of designer-label stores. The same happened in Brooklyn's Williamsburg, Bushwick, and Dumbo neighborhoods; the previously remote district, on the other side of the East River and overflowing with industrial plants, enticed a first group of artists in search of more spacious studios. Nowadays, these old plants have become extremely expensive lofts and boutique hotels with stunning views of the Manhattan skyline.

In São Paulo, the impact of Os Satyros on Roosevelt Square is undeniable. Not only did the theater lead a wave of new businesses that took root there, but it also revived some traditions. The Cultura Artística Theater, which had endured an inevitable decay, began to shine once more. In the surroundings, the migration of young adults, mostly writers, artists, and actors, gave a new vitality to the Santa Cecília district adjacent to the square. Soon after came the art galleries, haute couture ateliers, and restaurants headed by hotshot chefs. A similar effect took place in the Bom Retiro district, which morphed from a long-standing stronghold of clothing stores to the address of ambitious cultural centers, such as the Casa do Povo and a revamped version of the Oswald de Andrade Cultural Center, reinforcing an already established and previously isolated circuit in the Luz district, which houses the Pinacoteca and Sala São Paulo.

What happened in Roosevelt Square can be viewed as a more organic, smaller-scale version of spectacular projects worldwide. For example, since the construction of the Guggenheim Museum in Bilbao, Spain, its sharp contours and gravity-defying curves designed by Canadian "starchitect" Frank Gehry, were considered a driving force of the renovation that gave the Spanish city an economic impetus previously marked by industrial activity. On the trail of decaying manufacturing plants, a new artistic destination emerged, and in the shadow of Gehry's metallic stack, a gentrifying wave took over. In urbanistic literature, the museum's transformative impact became known as the "Bilbao effect." Similarly, aiming for an economic future independent from petroleum, countries like the United Arab Emirates and Qatar built branches of the Louvre and Guggenheim, with designs created on the iPads of Gehry, French architect Jean Nouvel, Iraqi architect Zaha Hadid, and others belonging to this same group, giving the Persian Gulf an even more pharaonic façade.

Politicians attempted to perform the same miracle in central São Paulo when they called on the trendy Swiss architects of the Herzog & De Meuron firm to build a mega dance theater in the heart of Cracolândia. Criticized for its stratospheric budget and overly bourgeois design, the project, which relocated part of the crack flow from there to another area and razed a vast lot, was soon abandoned. The Olympic Games held in Rio de Janeiro also accelerated projects of resounding impact in the area of the city's ports. Remembering what many residents of the city of São Paulo would like to do with the Minhocão, out came the Perimetral, the highrise that blocked the view between the city of Rio de Janeiro and the sea, and on the horizon came the Rio Museum of Art (Museu de Arte do Rio, MAR) and the Museum of Tomorrow (Museu do Amanhã). The first consisted of a radical renovation of an old modernist building and the second, an intricate project in the shape of a bromeliad or stretched-out caterpillar, designed by Spanish "starchitect" Santiago Calatrava.

OS SATYROS EFFECT

Os Satyros had a more restricted effect on central São Paulo, and which can be viewed from different perspectives. Those who lived through the Roosevelt Square's heyday, at a time in which gentrification was rampant, fighting to stay there and against the current wave of property speculation, might give too much weight to the influence of the theaters, which is the case of this author. Nevertheless, it is undeniable that everything around it was transformed. Perhaps another point of inflection, a new beginning of the urban conflict of interests marking the hearts of the city's residents for decades, was the Cultura Artística Theater fire. I remember seeing the flames engulf the building, which still has a beautiful Di Cavalcanti mural on its façade, as I walked down Augusta Street on my way back home from a party: a strange perverted glow on an exceptional night. Everything was collapsing at a time when the square seemed to be enshrined in the urban imagination as the radiating center of a contemporary counterculture, in other words, well digested by the ruling classes, to the point of diverting the flow of money and attention to that previously despised corner of the city.

Somehow, the square's heroes became its tormentors. In the narrative arc of counterculture, of the underground in general, that which emerges as an off-the-radar destiny, the unlikely pearl in the pigsty, agonizes when it finally becomes chic. Roosevelt Square does not rival the standard wealthy districts of São Paulo, such as Jardins, Higienópolis, the neighborhoods surrounding Ibirapuera Park, and the now gentrified Santa Cecília. Nevertheless, what turned Roosevelt Square into a beacon of urban culture lives under constant threat. Theaters can be evicted; parties no longer happen.

The coronavirus pandemic accelerated this process, closing what was left to be closed for the sake of necessary sanitary measures. What remains are the memories and the hope that a return to order might be nothing more than the resurrection of the chaos which has always made Roosevelt Square what it is.

OS SATYROS AND GROUP THEATER: FREEDOM, IDENTITIES
Kil Abreu

In the more than thirty years that span the emergence of Os Satyros and today, there is a history of paths as if written in crooked lines. At first, barely noticeable, but later, obviously deliberate. From the initial plays—*Harlequin's Adventures* (1989), *Qorpo Santo Two* (1989), and *Sades or Nights with Immoral Mentors* (1990)—to those that recently (2020 and 2021) generated means for the survival of theatrical language through digital media, their productions have paved one of the most significant artistic trajectories in Brazilian theater. Through their process and the inspirations collected, now seen all together, it can be said that the company has built the expected and the unexpected, articulating a solid and regular aesthetic trajectory, while at the same time taking pleasure in building, in parallel (or jointly) with this work in progress, yet another, which we can confidently call extra-aesthetic. The "extra," however, does not mean a departure from theatrical production, but rather is interwoven with it and relates to all the actions of displacement, formation and occupation of physical and imaginary territories. Os Satyros created not only a theater of their own (not theater as a building, but theater itself); they also created its surroundings, through several types of actions that inform it, feed it, and are crucial to the artistic project.

The relationships between the apparently diverse dramaturgical choices of their beginning (*commedia dell'arte*, Qorpo Santo, Marquis de Sade) and today's performative plays are mutually consequential. They tell us about the iconoclastic anxiety that would be the foundation of the future and how it took shape on stage and beyond it. With the distance that time provides, it is possible to visualize and evaluate the inventions that helped make unusual themes and procedures routine on stage. These initial explorations already show, for example, the desire to bring together what had never been brought together, to nurture on stage those who generally existed outside it and who, when cultivated, brought new fields of discussion about coexistence, especially in the city of São Paulo. Without a doubt, group action was already underway since the beginning, but group action should not be confused with what was known as "collective creation" in the 1970s.

Critic Valmir Santos recalls in the following manner the intentional if spontaneous chaotic search for what would define the company, inspired by non-Apollonian creative attitudes:

> Like the mythological Greek Satyrs, half man and half animal beings who accompanied Dionysus (god of wine and festivity) in his journeys through the mountains and woods, the group's founders pursued the Dionysian penchant in contrast to the Apollonian hegemony of the late 1980s. Director Rodolfo García Vázquez and actor Ivam Cabral persevered against the grain in aesthetic and thematic terms.[7]

This counterpoint can be translated as a reaction. It is derived from distance as well

---

[7] Santos, 2015.

as adherence. A distance from a theatrical production model closer to the commercial, which was uninteresting, and an alignment with a theater that could be said to be closer to the "social," but in particular aspects of sociability, more concerned about assessing behaviors than presenting demands common to the traditional political scene. In those early years, the principles that guided the group's production had certain characteristics: the search for modes of self-production that were closer to what would define the so-called group theater, which was being reborn; and the artistic exploration that defined the raison d'être of this search, with a repertoire that was becoming eclectic, mixing, in the first half of the 1990s, the staging of original texts with authors such as Sade, Georg Büchner, Oscar Wilde and Nelson Rodrigues, among others. This opened the way to criticism and militancy on a micro-political basis, or inspired by what we would later call identity politics.

MODES OF PRODUCTION AND CONTEXT
From one angle, the late 1980s represented a life-or-death moment for some of São Paulo's theater artists, when it was imperative to think about survival strategies or conform to the model of production of the theater. From the point of view of the general situation, they were still experiencing the consequences of the dismantling instigated by the military dictatorship and the demobilization of collective meeting bodies. Yes, the skies were relatively open to some tolerance and freedom of expression. But artistic practice did not have regular and decentralized public support mechanisms. The lack of public policies certainly led to a willingness to start over in order to survive in group terms. Under these conditions, of course, artists were more likely to survive as a group than separately. That was the so-called "decade of the director" (an expression that should always be considered in relative terms), in which theatrical activity was hegemonically guided by the isolated talent of male and female directors, in a theatrical production scheme that was closed to the sharing of tasks; to the less hierarchical meetings that would later define the group scene.

Os Satyros is the offspring of this transition between the director's scene and the phenomenon of group theater, and is organized by its leaders without throwing out the baby with the bathwater. There has always been a concern to keep the creative functions defined, so that individual signatures are preserved (direction, dramaturgy, scenography, acting, etc.), without denying the principle of shared creation. This was a possible strategy among the modes of organization that were being experimented with at the time. It continues today and preserves the skills, knowledge and tasks of each area without losing the desire for group invention.

The Art Against Barbarism movement—and subsequently, the Theatre Funding Law—only emerged towards the end of the 1990s, calling for a reorganization of public authorities' actions aimed at cultural subsidy and civic access to creations. However, as is always the case, "group formation" was a tendency, something the moment demanded and was widely practiced, even before it became public policy. The question that emerged, regardless of adherence to the movement, was: how can artists survive outside of the tax exemption model (the operating model at the time), based on the Rouanet Law at the federal level and the Mendonça Law at the municipal level? How can one produce on the margins of the commercialization of theatrical production? How can one build modes of action that, together with artistic production, promote citizenship without direct interference from the "market"?

Unless I am mistaken, this was already Os Satyros' aim ten years before Art Against Barbarism and the Theater Funding Law. The group has been among those spreading what defines group culture for decades, beginning prior to these events. The most important thing in this context seems to be delimiting autonomy in the choices made, as well as the dynamics of development and their agents. In other words, deciding not only *what and how to perform*, but also *with whom* and *why* perform. This equation accounts for a certain politicization of stage production, bringing into perspective a theater that, in addition to being of good quality, exists to bring together text and context, the work and its agents, often restored through dramaturgies, taken as the theme and form of the works. These relations have been part of the Satyros group model since the beginning. Theater involves choices that are not only possible, but also necessary for the artists who articulate its forms, techniques and fields of reflection. The aesthetic condition of the stage—whether through ready-made dramaturgies or original texts—is that it somehow embodies the necessary expression of its creators.

These are guiding principles that gradually define a path marked by a number of factors: the choice of fictional universes that welcome some of those on the margins of the megalopolis; in this sense, the choice of dramaturgies that include the idea of politics in its broad meaning; the writing of their own textualities; the love of learning; and the love of occupying spaces—all of which has become more evident in the group's history since its headquarters were set up in the central area of São Paulo, at Roosevelt Square, in 2000.

WHAT IS A GROUP?
Even today there is some confusion when trying to define what a theater group is or what defines it. In fact, there is a dialectic that is not always easy to see. The existence of a group is confused with its registration with

the Brazilian Corporate Taxpayer's Registry (CNPJ) or even with the occasional gathering of artists to put on a play. But what has come to be called group theater has a more vertical and less fortuitous configuration.

The most recent chapter of group theater in Brazil, an experience with a sometimes-precarious historical legacy, is taking place, perhaps as we are now aware, by means of a "pragmatic" revision of the dynamics of collective creation. The current moment, which is part of the cycle that began in the mid-1990s, represents a unique moment that assimilates the politicization efforts of the 1960s, the resistance of the 1970s and, of course, the self-absorption of the 1980s, when Os Satyros emerged.

The history of group theater in Brazil is syncopated. It suffers delays or interruptions like Brazil's own history. In the 1990s, however, group practice resumed in a relatively broader manner and under new conditions, with some continuity from then on. Yet it did not spread throughout Brazil in a uniform way, nor was it born under the same conditions and motivations as in previous decades. This defines both the novelty of the experience and the aesthetic outcome that results from it.

The history of Os Satyros illustrates some of this. It tells us, for example, that a group is not just a meeting of like-minded people with shared visions of the world and inventiveness. Nor, from another perspective, is it synonymous with family in the Brazilian sense. The group is not made up of permanent ties between members, but rather the durability of their artistic research, even if the "hard core" of the group does not remain the same ad infinitum. The history of most groups tells us that collaborating artists join and leave the hard core, remaining for the duration of one or a few productions or specific research projects. The collaborative rotation is understood as something to be expected and, in principle, does not harm the aesthetic project, if seen over the long term. This dynamic horizon introduced by the group also changes over time, including the rotation of members. Therefore, what defines the group's existence is an experience put into perspective. In other words, a type of organization whose purpose is not an artistic event, although an event, a show, for example, may be among the plans, as, in fact, it almost always is. "Rather, it is an aesthetic project, a set of practices marked by procedural progress and continuous activity, by experimentation and creative speculation, which can develop or feed desires for intervention of a different order than the strictly artistic."[8]

Another interesting recurrence, related to internal group organization and which also has a reference in Os Satyros, is how decisive the existence of one or more artistic leaders with whom the other members create is for the life of the collective and for experimentation. While in many cases this leadership is practically abandoned in favor of a dynamic that promotes rotation in the various creative roles (for example, groups that experiment with one member's direction at a time), in others it is essential for the aesthetic and political orientation that defines the group's singularities as such. This seems to have been the format adopted by Os Satyros. By directing the company's activities, Rodolfo García Vázquez and Ivam Cabral also act as the filters that identify issues, formalize the levels of thought that are brought to the stage (hence part of the original dramaturgy) and separate the essential from the accidental.

The duo operates according to an interface that is both managerial and artistic, without which the group would not exist, not forgetting the impressive number of collaborators from the various creative areas of theater who have been added as creators along the company's journey. The collective then becomes an inventive meeting place, avoiding the risk of becoming a church. It becomes a space where the demands of the times, their neuralgic issues, encounter the performance of bodies, which problematize and update the new emergences of the old drama of existence by not making it hostage to sociological, psychoanalytical or other types of formula. They understand that the issues of the city, and especially the lives of a portion of its citizens, which they present on stage, are in full motion. They are not immobilized realities in themselves. This is not secondary to the group configuration that Os Satyros adopts. Maybe it is their philosophical substance: the idea of a group follows a path that goes from the meeting of like-minded people to create theater, to the emergence of a field of conflict in which the current human condition is investigated.

Thus, Os Satyros work by reiterating what is fundamental to the existence of this complex form of organization we call a group: they formulate the common experience of their creators into scenic material, in processes that could only be undertaken in the favourable environment of a collective gathering. Over the years, the company has been animating, shaping and narrating the conflicts of relations and our feelings about the times in which we live. Like other artists who come together in shared creations, theater groups have been one of the seminal theater laboratories in São Paulo. The groups seem to fulfill this historical function: that of being the best places for the gestation of readings that attempt to symbolically investigate the contradictions of present-day Brazil.

OS SATYROS: MEDIATION AND IDENTITIES

Having defined what group work means, we must now get closer to what has been driving Os Satyros as a group in particular. For this, the concepts of cultural mediation and identity seem useful.

---

8   Abreu, 2011, p. 140.

Mediation can be understood in its usual sense—a pedagogical action carried out by someone from an intermediary position between the work of art and the viewer. As Professor Flávio Desgranges explains, in this case it is a concept that, when applied to the theater,

> [...] accounts for any action occupying what some authors call the third space—the space between production and reception. We can understand theatrical mediation [...] as any initiative that facilitates viewer access, both physical and linguistic, to the theater.[9]

One could argue that at Os Satyros the mediating function is fulfilled without the need for the physical figure of the mediator. In the first instance, this happens by facilitating access, but above all in relation to language, as referred to by Desgranges. We must understand language as an instance in which not only the formal characteristics of the expression are defined, but also its plan of thought, and the choices that lead to it. With a theater that takes upon itself the task, including in the field of language, of portraying human dilemmas in general from the point of view of those who have been placed on the margins of the social contract, the company has carried out a type of mediation and pedagogy throughout its career, from a position "in the flesh," as Artaud said. In other words, based on its own thematic choices, its universe of subjects, characters and ways of performing them. This intuition emerged in the first decade of its existence, with the choice of texts that, taken to the stage, discuss existential issues and the political nature of those who, for whatever reason, have been placed or live on the edges of society. Thus, the choice of authors such as Oscar Wilde (*De profundis*, 1993), Valle-Inclán (*Divine words*, 1997) or Lautréamont (*The Songs of Maldoror*, 1998) is not gratuitous. In general, the texts are taken as starting points and staged in re-dramaturgies that bring the original closer to the local reality, establishing a pact of representation in which the re-writing speaks more closely to the local language, to Brazil, to São Paulo at that time. We can therefore say that in these performances, which presage the desire for others yet to come, the group intuits that mediation as much as language are fields of dispute. In other words, they call for strategies of occupation—confrontations of many kinds—of the physical place as well as the invention of new imaginaries capable of reaching the range of issues that the group wants to discuss.

Mediation, choices, language. But what does language encompass? What should be transformed into the language of theater or into language in theatre? Perhaps, one important fact, initially external to the artistic process, played a decisive role in shaping those initial intuitions into the languages that the group uses and that make it unique as a group: the company's location at Roosevelt Square.

Kelly Yumi Yamashita and Miguel Antonio Buzzar identify Os Satyros' arrival at the square as a protest against public authority—perhaps correlated to cultural action projects that offer communities in areas dominated by drug-trafficking and violence part of what the State should but does not deliver:

> The expressive struggle for action from the local government experienced by the Satyros through a particular strategy—the incorporation of part of the area's inhabitants (especially transvestites and homeless people), not exactly as an audience, but as a cast or crew—points to a renewed sense of theater, which brings to light a group of actors who are more often than not excluded, not to say ignored, as social actors.[10]

This relation between urban struggle through theater and the incorporation of individuals, which the process generates, triggers a powerful element, the result of the convergence of aesthetics and politics: the discussion of identity, the behavioral agenda from the point of view of autonomy. That is to say, excluded individuals, pushed to the lowest levels of the city, who are now not only portrayed but also act in their own name. The theme of identity is experienced as a socio-political indicator, while at the same time articulating the worldview therein. In other words, with the Roosevelt Square venue, the group is opening up not only a physical space in a run-down part of the city, but is also taking on a task: that of a type of mediation through theater that has as its inevitable center the embodiment of a crisis, which is not just a social or urban crisis in the strict sense, but a larger, civilizational crisis. And the question of the recognition of identities will be mobilized from then on in the shows that start to address it. Plays such as *Sappho of Lesbos* (2001), *Philosophy in the Boudoir* (2003), *Pretend there's sunshine outside* (2003), *Transex* (2004), *Life at Roosevelt Square* (2005) and *The Angel of Pavilion 5* (2006), among others, give an account of this rich and complex human landscape on the edges of the big city, both in terms of the social aspect as such and the more existential aspect. Creatures and situations "out of the ordinary" that become a kind of periphery that becomes a center in the group's imagination. Or, to put it another way, those who have been morally and politically cast aside become the center of the theatrical process. By now, this process is more group-based than ever, due to the inevitable bringing together of the different life stories assimilated into the work.

Again, in relation to the individuals portrayed, seen as subjects and not objects, it is worth saying that identity organizes in people

---

9 Desgranges, 2008, p. 76.

10 Buzzar; Yamashita, 2013, p. 2.

the feeling of uniqueness, of self-recognition, no longer together with the denial of lived experiences (for example, transsexual experiences or "non-standard" moralities). The work of the theater group starts stimulating the recognition of individuals, of ideals, of the aspirations of human groups that are beyond the theater. This is what we might call the emergence of a culture, now in an affirmative tone, even if it is located in the midst of a crisis.

> Crisis imposes the building of new foundations for considering and developing equally new practices, capable of situating life within a horizon of possibilities to be explored. Perhaps, more than during any previous time, the art currently produced is marked by this sign of crisis, of suspension of common sense, and of the imaginary about who we are.[11]

In short, it comes to suspending a state of affairs to create a horizon of possibilities from the margins. This seemed to be the task carried out by the group in the past two decades, even if not strictly planned, and for which the necessary artistic mediations were deployed.

GROUPS, AESTHETICS OF ERROR

One of the most interesting phenomena related to group theater shows us how certain traditional forms were frankly confronted and how a kind of aesthetic militancy of error was naturally instituted, in an unorganized manner. The modern scene in Brazil and much of its critical project, still based on textocentrism and literary genres, established a system driven by the notion of adequacy. Thus, the expected responses from the audience were generated from the fundamental genres—the epic, the lyric, the dramatic and, in theater, the tragedy, the drama, the epic play, the comedy of manners, the farce, the poetic text. For a critical prescription that was more or less common between the 1940s and the end of the 1970s, it was reasonable to think that there were guidelines that indicated the "right" way to stage and interpret a drama, for example, which differed from the treatment given to a tragedy. Epic theater, on the other hand, included procedures that, when applied, were able to locate the social dimension of relationships, and so on. This aesthetic system generated, among other things, a pedagogy in the field of criticism, which guided artists, audiences and the critical exercise itself based on this notion of adequacy to, let's say, model forms.

Group theater challenged these model forms. Not as a deliberate project, but naturally, by the very nature of its processes. Despite the many differences between the processes, depending on the groups, there is one point that seems to be common: the shared creation of the scene, even when it is still based on the text as the radiating center of the show, and even when it has a single author signing the script, tends to disobey the notions of genre and adequacy. The fact is that when the various matrices and influences that the text assimilates into the group scene are put into practice, it tends to remain impure and nuanced. In order to cope with the many vocalizations and sometimes contrasting expectations that the collective demands, the genres mix and promote their "politics of error," which in the end tend to be correct. Disagreement with the models is offset by the fact that those new forms, often unwritten, although not easily accepted, are the necessary forms of theatrical expression, the ones that come closest, honestly enough, to processes inspired by multiple voices.

Thus, a Brecht play staged by Núcleo Bartolomeu de Depoimentos is strongly influenced by narrative modes other than those of the traditional epic, originating, for example, from hip-hop culture, spoken word, personal testimony mixed with social issues. Think of a show like *Terror and misery in the third millennium – improvising utopias*. In practice, it is a show along the lines of the Brechtian inventory. It creates a current fable and new scenic strategies to deal with it. In the same way, a Teatro da Vertigem scene conceived for an urban space, despite always having an author who signs the final script, will invariably result in a mixed dramaturgy, given the particular manner—which they call "collaborative process"—of generating, scripting and staging the material. And so on. These are formalizations that seek paths that have not yet been trodden, hence the task of confronting the insufficiency of the given schemes and assuming the form also as a crisis, so that arrangements can be born from it that reveal the chorus that is behind (or sometimes in the foreground of) the spectacularism.

These detours in staging are not far removed from Brazil's own identity issues.

> In this sense, group culture also offers itself as an excellent question for criticism, because instead of seeing these experiences as probable construction errors, perhaps we should consider them as consequent evidence of a theater that finds in incompleteness the most original way of expressing its place and its time, in other words, of expressing its historicity.[12]

Os Satyros is also a fertile ground for this vocation for impure aesthetics. Not only because of the creative environment of the group-form (as described here), but above all because of the choice of subject matter. From Valle-Inclán's *esperpento* to the global chorus of The art of facing fear, the conditions of creation in which the group places itself and the fields of reflection it summons

---

11 Barros; Laurenti, 2000, p. 14.

12 Abreu, 2010, p. 44.

also call for this implosion of traditional modes, so that the relation between subject and form can be adjusted.

One example, from the midway point of the group's journey so far, is *Life at Roosevelt Square* (2005), a play by German Dea Loher with fictions or performances, stories and accounts by residents or regulars of the square. Rodolfo García Vázquez's excellent staging of this exceptional script displays a harmony that is rarely seen in theater's favor. The show's quality and ability to mobilize are summed up in Mariangela Alves de Lima's review, which tells us about the staging's both local and universal quality and, in terms of what concerns us here, how the social groups that provide the author and director with the stories told in the play are portrayed (and they are indeed portrayed) in the transition between the minutiae of "unimportant" lives and the epic grandeur of the tableau, which speaks to São Paulo, Brazil and beyond:

> Those who have lost their place in the world of work, those who have been set aside because of their sexual behavior, outlaws and demoralized law enforcers are figures that the modern concept of city exiles without removing. The individual is isolated in the middle of the crowd. Therefore, the play's movement is dual. It first depicts the social and economic exile and extreme solitude and then reveals new forms of grouping and mutual assistance constructed in an original manner.[13]

There are several forms of grouphood in the play; that of the subjects who inspire the play, neatly outlined within the social scale, and that of the group that represents them in a non-realistic way, even though reality is the melancholic engine that drives the project. In any case, both Loher's text and Vázquez's staging point to a form that comes close to allegory and that promotes, by virtue of the material collected, that mixture of genres and procedures. In this particular case, it is a staging that certainly dialogues with what the French playwright and theorist Jean-Pierre Sarrazac called "intimate rhapsodies," a kind of epic inside out in which subjectivities are taken as immediately political and, even on the level of personal stories, configure collective voices that dye the fabric of the time. Intimate choirs that are able to represent, in the personal drama, the melancholy of the group situation: "It does not matter whether the character is world famous or unknown, because they are encompassed in a choral process, they are crossed from end to end by aspirations, by submission, by revolts, by the condition of a social category or of an entire people."[14]

GLOBAL GROUPHOOD, DIGITAL THEATER

This mutual resonance between Os Satyros as a theater group and other grouphoods that emerged within the social dynamic gained a new chapter in the context of the covid-19 pandemic which ravaged populations around the world. The sui generis situation in Brazil, which at the time was under a government that propagated denialism as a state policy and murder as the normal practice, presented society as a whole with a new situation that mobilized, almost always violently, both the collective feeling towards the political and health situation and the individual perception of existence. Within the dramatic constraints of this new crisis, in which, with the closure of theaters, theatrical activity was banned, the company transformed absence into a powerful presence. Among other shows conceived and presented on digital platforms, *The art of facing fear* impresses with its aesthetic and logistical adventure. And for reaffirming the group-form within an unexplored dimension. The play, a dystopian-futuristic fiction, imagines a world in which the pandemic, after 5,555 days, has still not been defeated, and people are still isolated. And, from that point on, the whole corollary of perceptions and feelings about what intimate and social life would be like, conceived in this way, in the long term.

In order to launch the online project, the arrival of "digital theater" was announced, not without controversy, and with it something unprecedented on the Brazilian scene. There were three productions featuring more than a hundred artists from various continents and ten different countries. From a media point of view, the occupation of technological arenas was nothing new for the group, which had already been working on what they called "cyborg theater." Shows such as *Hypotheses for Love and Truth* (2010), *Cabaret Stravaganza* (2011) and the series of performances tha compose the project *And cyborg humanity was created in seven days* (2014) already addressed the approaches between performance and the virtual realm. But here things take on another dimension. Under the strong influence that the sociability generated by the pandemic created, *The Arte of Facing Fear* multiplies the idea of group creation in an untested dimension. This happened within the group itself and beyond, towards the artists who were mobilized on other continents and who created some of the dramaturgical influences based on the script by Ivam Cabral and Rodolfo García Vázquez.

In addition to the logistics and technology, which had to be discovered and refined to make live theater emerge from the screens, the project entails a few fundamental questions regarding collective work. Undoubtedly, the most important refers to the conjugation,

---

13 Lima, 2005.

14 Sarrazac, 2002, p. 46.

without political prejudice, of different standpoints, of artists coming together to do the same work albeit being from different origins. Between Zimbabwe and the United States, there is a distance that is not merely geographic and cannot be abridged under the risk of misrepresentation. Therefore, what we call a group gains an extra-ordinary meaning since it becomes a space for cultural coexistence. In the words of the director:

> It would not make any sense for us, Os Satyros, being the decolonialists that we are, to conceive of a production with a singularly Brazilian gaze. Despite the little time available to us, we began to investigate possibilities of creation through devising, thus valuing the cultural identity of the artists. To me, especially, it was thrilling to watch Nigerian artists like M'Bola or Segun bring to the scene elements of Yoruba religiosity that are deeply ingrained into Afro-Brazilian tradition. Or, to watch South African artists bring symbolic songs from the Apartheid movement to the show.[15]

As critic Rodrigo Nascimento remembers, these are productions that reach us online, fulfilling a promise that the techno-living arm of globalization, the internet, surrendered as it is to the mercantile world, had poorly fulfilled: that of 'being a global network, a web that facilitates contact, a tool for horizontal dialog.'[16]

This point is perhaps where we reach an unplanned but effective synthesis of Os Satyros' work: contrarily to recently staged dystopias, what they speak of, in a subliminal way, is in fact a quasi-utopia. By recognizing alterity and freedom as fundamental elements of art, their theater seeks, through its choice of technical resources and insightful perceptions of the world, affirmation of ways of coexistence that, once shared, may also be called fair.

bibliography

ABREU, Kil. Dramaturgia colaborativa: notas sobre o aprendizado da desmedida no teatro brasileiro. *Subtexto: revista de teatro do Galpão Cine-Horto*. Belo Horizonte: 2010, ano VII, n. 7.

_____. Da retomada ao dissenso: notas sobre experiência e forma no teatro brasileiro contemporâneo. In: ARAÚJO, Antônio; AZEVEDO, José Fernando Peixoto de; TENDLAU, Maria (org.). *Próximo ato: teatro de grupo*. São Paulo: Itaú Cultural, 2011.

BARROS, Mari Nilza Ferrari; LAURENTI, Carolina. Identidade: questões conceituais e contextuais. *Revista de Psicologia Social e Institucional*. Londrina: 2000, vol. 2, n. 1.

BUZZAR, Miguel Antonio; YAMASHITA, Kelly Yumi. *Ressignificação do espaço urbano e o teatro de rua: a cidade, a representatividade da rua e a prática teatral contemporânea*. São Paulo: Instituto de Arquitetura e Urbanismo/USP, 2013.

DESGRANGES, Flávio. Mediação teatral: anotações sobre o projeto Formação de Público. *Revista Urdimento*. Florianópolis: 2008, n. 10.

LIMA, Mariângela Alves de. Um recorte sensível do desamparo. *Caderno 2. O Estado de S. Paulo*. São Paulo: September 30, 2005.

NASCIMENTO, Rodrigo. Satyros criam os meios e a ânima para o teatro na pandemia. *Cena Aberta: teatro, crítica e política das artes*. October 31, 2020. Available at: <https://cenaaberta.com.br/2020/10/31/satyros-criam-os-meios-e-a-anima-para-o-teatro-na-pandemia/>. Accessed on: July 10, 2021.

SANTOS, Valmir. Um teatro que fala às profundezas. *Teatrojornal*. February 24, 2015. Available at: <https://teatrojornal.com.br/2015/02/um-teatro-que-fala-as-profundezas>. Accessed on: June 13, 2021.

SARRAZAC, Jean-Pierre. *O futuro do drama: escritas dramáticas contemporâneas*. Lisboa: Campo das Letras, 2002.

VÁZQUEZ, Rodolfo García. Cada descoberta um aprendizado, interview with Rodolfo García Vázquez. *Cena Aberta: teatro, crítica e política das artes*. December 30, 2020. Available at: <https://cenaaberta.com.br/2020/10/30/a-crise-acontece-no-auge-do-avanco-tecnologico-mas-a-tecnologia-nos-redimensionou-entrevista-com-rodolfo-garcia-vazquez/>. Accessed on: June 15, 2021.

OS SATYROS AND ITS EXTRAVAGANT PEOPLE
Marici Salomão

I am compelled to say from the outset that it is not so easy to cover the entire body of work of such a creative fertile company. No exaggeration, it would take a book to highlight the most important things this long-lived collective has ever created, through the hands of Ivam Cabral and Rodolfo García Vázquez, who founded the group in 1989. Two thespians: the first, an actor; the second, a director, but both equally—or above all—playwrights, Dionysians and contemporary fabulists of the lonely beings of the big cities.

Within the merry-go-round of possible approaches, my contribution will be to outline some of the characteristics of their written work, in line with contemporary theatrical thinking, encompassing hybrid textualities (between the lyrical, the epic and the dramatic), especially in plays written since 2010 (when *Hypotheses for Love and Truth* premiered), in which I see the success of the characters. Considering that they were written both individually and in tandem—not to mention the countless commissioned pieces—Os Satyros surprise us with a list of more than 140 productions in three decades—with Ivam and Rodolfo, individually or as a duo, writing around 50% of this total, in a wide range of themes and forms.

---

15 Vázquez, 2020.
16 Nascimento, 2020.

When we situate the group's political and social influences alongside other equally important groups born in that decade, even if at the very end of it, we invariably come across 1988, the year the Federal Constitution was promulgated, the so-called Civic Constitution, which brightened the country's social and cultural horizons. It also strengthened Brazil's process of re-democratization after the military period that lasted from 1964 to 1985. The Federal Constitution, considered a milestone for citizens' rights, guaranteed both civil liberties and State duties.

Thus, the theater was also embracing the new times: equal rights for gender, race and creed; voting rights, unemployment benefits, and other rights that democracy could guarantee. Like other relevant companies in the country, Os Satyros was born under the banner of freedom of expression. There would be no censorship or impediments to creation. The troupe, founded in 1989, arrived in the center of São Paulo, adorning the concrete city with extravagant colors. Bringing with them the energy corresponding to the social feeling of a power that "emanates from the people."

THOUGHT PROVOKERS

In addition, 1990 was a year of many changes in the world and in Brazil: on the one hand, the re-unification of Germany; on the other, the re-democratization of Brazil, when Fernando Collor de Mello, a self-styled "corruption buster," was elected to the presidency only to be deposed two years later. A year of a lot of social, cultural and political commotion, accompanied by some disquiet: Cazuza, the singer, was dying of AIDS, citizens' savings were confiscated, the GDP was going from bad to worse. *Ghost*, on the other hand, was a success on the silver screen, immortalizing the hit *Unchained Melody*.

In sport, Ayrton Senna won his second Formula 1 world championship. The nineties were never exactly all bad in Brazil, but it is worth remembering that the soap opera Pantanal, on TV Manchete, highlighted the exuberance of Brazilian nature and was a resounding success. And what about the theater?

Brazilian theater began 1990 still under the impact of elaborate productions deep in the cauldron of the director's era, with high-profile names such as Antunes Filho, José Celso, Bia Lessa, Gerald Thomas and Ulysses Cruz. They overflowed with spectacular grandeur, but—and I was an eyewitness at the time—most of the time the scripts were weak (in fact, most of these texts did not outlive the performances); they were produced in order to serve the scene/spectacle.

At the end of the 1980s, in an extensive interview with journalist, critic and actor Alberto Guzik for the book *Os Satyros theatre company: a visceral stage*, alongside Rodolfo García Vázquez, Ivam Cabral said:

> It was 1989, and Gerald Thomas reigned supreme in Brazilian theater. There was also Antunes Filho. Both had abolished the script from the theater. Moreover, the drama produced at the time was overly formal [...], and the drama we wanted was less formal, more visceral [...]. We wanted to tease, to work with unconventional authors and texts.[17]

If, on the one hand, we did not exactly have a so-called "well-behaved" theatre in the 1990s, taking into account the work of Nelson Rodrigues and the new generation of 1969 (with Leilah Assumpção, Consuelo de Castro, Isabel Câmara and José Vicente in São Paulo, and Antonio Bivar, in Rio de Janeiro), on the other hand, we could not talk about a highly transgressive theater, beyond the Teatro Oficina, led by the dionysian José Celso (but which had closed its doors in the 1970s, and was preparing for a comeback that would only happen in the 1990s[18]).

Os Satyros took off with extraordinary potency due to adopting the role of provoking Brazilian audiences with unconventional authors and texts. Today, thirty years later, I can say that it is difficult to separate the company's dramaturgy, in all its phases—either less or more text-centric—from a festive defiance of "good" morals.

"The intention is for the audience to leave the theater either loving or hating it, but never indifferent," assured director Rodolfo Vázquez, in an article I did in 1990 for "Caderno 2," in *O Estado de S. Paulo*. In fact, the radicalization of some projects was not without its critics and some upturned noses.

AESTHETICS

When *Sades or Nights with Immoral Masters* premiered at the Bela Vista Theater in 1990, the company already had a DNA of extravagant aesthetics. Thematic discomfort was also part of the collective's genetic code, invariably linked to theatrical provocations. No wonder the group earned labels such as "libertine" and "debauchery." In the case of *Nights with Immoral Masters*, these characteristics were embodied by the characters Dolmancé de Nerville and Juliette de Saint'Ange, who picked up a young woman to carry out their avid sexual experiments.

Songs of Maldoror (1998), based on the poems by the Count of Lautréamont (a pseudonym for Isidore Ducasse), adapted to prose by Ivam Cabral, also aroused great discomfort in the audience, which was taken by bus on an errant trip "in the woods," while confronted with a text of high poetic voltage:

---

17   Guzik, 2006, p. 59.

18   In 1994, Oficina returned to the stage with a production of The Bacchae, based on the play by the tragic poet Euripides.

I came to rescue you from the abyss. Those who are your friends look at you, shocked and dismayed, every time they see you, pale and washed out, in theaters, public squares and churches. Give up those thoughts that make your heart as empty as a desert. They are hotter than fire. Your spirit is so sick that you do not even notice it.[19]

When Os Satyros opened its headquarters at Roosevelt Square in 2000, the company premiered *Altarpiece of Greed, Lust, and Death*, based on texts by Ramón del Valle-Inclán. The play was comprised of one main text and two short ones, and showcased the strength of its creators in adding different aesthetics lines to the power of the grotesque genre, such as puppetry and shadow theater techniques. The audience was encouraged, not to reverse positions as in *De profundis* (1993), but to share the performance space with the actors. The action took place in a cabaret, with bar tables, and the audience members were served wine.

The protagonists: Don Igi, a tavern owner, murderer and mean-spirited character; his mistress Pepona, an old prostitute who hopes one day to obtain sexual satisfaction; and the young Andalusian, son of the woman murdered by Don Igi, who seeks revenge on the old man. In the story, the tavern owner used to hire performers to show their acts (shadows and puppets). That's why—as would become customary with Os Satyros—there was a large cast on stage: ten actors.

It is also worth highlighting the concept of *"esperpento,"* created by Valle-Inclán, who was forced to see the state of degradation of his native Spain in the 1920s "from a reality so absurd that it could only truly be seen through deforming lenses," explained Vázquez at the time of his debut as a reporter for *Caderno 2*.

It is a type of poetics that emerged in the first decades of the 20th century, whose characteristic is to "exalt" the deformities of the figures of classical heroes reflected in a concave mirror, resulting in grotesque images, distortions and dissonance, as a political and social critique of its own time.

As a tragicomedy, the text does not shy away from grotesque humor and a growing suspense surrounding the amorality of each character. The themes discussed are in the title: greed, lust and death. Suspense surrounds the text in which the audience does not know who will be the victim or the murderer until the final moments of the show. Using this as a device, called surprise in playwriting, the pair divide the suspense, where following the news of a murder or terrible event, the audience watches the *how* since the *what* is already given in the narrative, as in the Greek tragedies. Both surprise and suspense—or dramatic irony—are part of playwrights' creative strategies.

Grotesque and overly-painted figures parade on stage in a strongly binomial composition: the failed and the successful, the naive and the clever, the sad and the happy, the suicidal and the living, the consciously unruly and the unknowingly regimented... Deep down, they are similar in the pain that binds social outcasts together. They thus form a strange and nuanced flow on stage, interwoven with exuberant narratives. The characteristics of the grotesque genre, so present in Sade's work, are a strong legacy in the company's productions, with an emphasis on strange, deformed, ugly and bizarre figures, if we consider the characters created by the pair.[20]

Therefore, the daring themes, the sexual deviance and the presence of the grotesque element in the composition of the types and actions become so emphatic that they even seem to conceal, so to speak, the presence of a disturbing theme: the intense and unavoidable loneliness of metropolitan beings. The company seems to find its greatest asset in the behaviorally and sexually reckless characters, in whether or not they control their own desires, because it turns the margin—the edges of human life constantly in danger—into the raw material for their creations.

ANCHORAGE

Os Satyros' early plays were more anchored in directing a text than in radical staging experiments. There were many texts selected by contemporary authors, which form an extensive repertoire of plays, from the Spanish Valle-Inclán and the British Philip Ridley to the Norwegian Jon Fosse, including the French author Bernard-Marie Koltès and the Brazilian Sérgio Roveri. Also featured are the company's special projects, which have always generously commissioned playwrights of lesser or greater experience to write on commission.

As Rodolfo García Vázquez states,[21] Os Satyros' plays can be divided into four creative axes: classic theatrical texts, adaptations of literary works, dramaturgical creation based on biographical material and their own creations.

Although these axes cannot be arranged chronologically, as they somehow overlap, it is possible to see that, they followed an expressive with their own creations following the adaptation of literary works emphasized both in the script and in the staging. (On the spectacular level, Os Satyros, have always been in tune with the spirit of the time, its *Zeitgeist*, but in an original manner, and have

---

19 Cabral, 2006, p. 135.

20 Curiously, the space itself—or the spaces the company has already had on Roosevelt Square— takes us back, in some way, to a sort of cave or grotto, reinforcing the grotesque aesthetic, contaminated by expressionist traces.

21 Vázquez, 2016.

inevitably turned to experiments in the use of technology on stage, not only as part of the show, but also as dramaturgy).

There has also been a shift away from the more elusive characters, created from adaptations (Sade, Artaud, Lautréamont and Valle-Inclán), towards characters with a connection to the social universe, born out of intense experiences with and around the emblematic Roosevelt Square. This thematic "turn," so to speak, began in the mid-1990s, but gained force when the company set up its first headquarters at 214 Roosevelt Square.

Future plays reveal a kind of distillation of the sexual explicitness of *Nights with Immoral Masters, Philosophy in the Boudoir, Songs of Maldoror, De profundis, Transex*, among others, in order to delve deeper into the themes of loneliness, incommunicability, noise and the metropolis' social abysses. I would go so far as to say that the company opened cracks from within the debauched lives in order to debauch the characters' lives living on the margins of social exclusion, without, however, abandoning the elusive, anti-conservative and libertarian nature of their characters.

In fact, throughout the 1990s, critics and theoreticians spoke extensively about the relation between dramaturgy and society. The critic Jefferson Del Rios, in the preface to the book *Four Texts for a Fast Theater*, points out: "The playwrights of the 1990s brought the social degradation of the big cities back onto the agenda. What used to be explained almost exclusively by Plinio Marcos has attracted the interest of these new authors who focus on the violence of the peripheries and the transformation of small misdemeanors into horrendous crimes."[22] Rios also points out that some authors have taken up the thread of isolation under the same feeling of helplessness and strangeness as the plays of the 1970s.

Life at Roosevelt Square, inspired by Dea Loher's homonymous text, developed into award-winning and very significant creations by the founders of Os Satyros. I see this as a triumph for the characters, who are part of hybrid formal compositions combining the epic, the lyrical and the dramatic, with large casts and a great diversity of gender, race and class. Not only in *Hypotheses for Love and Truth* (2010), but also *Cabaret Stravaganza* (2011); the trilogy *Perfect People* (2014), *Sublime People* (2016) and *Raw People* (2017); but also *We are Haiti* (2016), *Cabaret Fucô* (2017) and *Mississipi* (2019), among others.

TECHNICAL MASTERY

> THAT WAS HOW I ACCEPTED LIFE WITHIN ME
> LIKE AN OPEN WOUND
> THAT I NEVER WANTED TO HEAL.
> Max in Mississipi, by Ivam Cabral and Rodolfo García Vázquez

In Ivam and Rodolfo's prolific playwriting, the mixture of literary genres—epic, lyric and drama—is relevant and is handled with great technical mastery. This choice to merge genres is clear in the plays that make up the *People Trilogy*, but it extends to other creations, such as *Hypotheses for Love and Truth* and *Mississipi*. The scripts are the result of testimonies gathered from interviews with homeless people around the square, combined with those of the group's actors, and enhanced by the power of fiction.

An excerpt from researcher Silvia Fernandes, in the preface to the magazine *A[l]berto, Especial Dramaturgia*, discusses the thought of French playwright and theorist Jean-Pierre Sarrazac, who is also present in Os Satyros' dramaturgy:

> This is what Jean-Pierre Sarrazac notes when he points out that essential texts such as those by Edward Bond, Thomas Bernhard, Heiner Müller, Bernard-Marie Koltès, Jean-Luc Lagarce and Sarah Kane, for example, strive to combine dramatic and lyrical intentions, generally revealed in the catastrophic relationship with the other and with oneself, with epic expansion towards the world and society.[23]

This hybridism of forms encompasses the countless characters' actions in the company's plays, most of which are governed by the excesses of love, sexual desire, fear and, above all, an immense and unavoidable loneliness. As Jefferson Del Rios points out:

> Ivam chose the record of marginalization, but not of those who practice conscious and open violence. On the contrary, it is the disquieting fragility of these figures that disturbs. The erratic accounts of widowers, homeless people, bachelors, transvestites, call girls and the potentially suicidal shine down on these plots like streetlights.[24]

The presence of multi-narratives is also striking in these texts, apparently independent at the beginning of the plot, but intersecting as we follow the development of the actions. The fertility of these narratives comes from each character's desires—and there are so many characters, in keeping with the duo's remarkable political attitude of maintaining large casts, regardless of the economic crisis, regardless of the pandemic, attesting to their diversity and commitment to the continuity of their actors' work. That's why a large part of the narratives in these plays—all very topical—come from the actors, who improvise from their own lives.

---

22 Cabral, 2006, p. 21.

23 Garcia, 2013, p. 6.
24 Cabral, 2006, p. 23.

In the preface to *Sublime People*, poet, playwright, and journalist Guilherme Dearo writes the following:

> One of its founding moments happened in 2008, when Ivam and Rodolfo decided to interview residents of Roosevelt Square and the city center. The idea was to register their stories, to preserve part of the memory and identity of the city and its citizens. Old ladies, lonely men, prostitutes, transvestites, homeless people [...] During rehearsals, ideas, words and phrases emerge from the craziest and most innocent exercises and turn out to be decisive for the final text. [...] Part of the final text is due to the actors' insights—during moments of extreme concentration, during exercises; or during relaxing moments, at the bar in front of the theater or in conversation circles on stage, these ideas, which come without warning, change the process irreversibly.[25]

I have always wondered—even more during the pandemic—how can theater deal with reality? What are the impulses and strategies for making art out of the sensitive danger alarms that our society sets off these days? Specifically in Brazil's case, I am looking closely at how playwriting can register these bizarre times in politics, economics, culture, not to mention health and education. In *Mississippi*, for example, I realized that it is possible to couple anomalous reality with a coherent, cohesive, non-Manichean and, above all, poetic aesthetic form. And this coupling offers a record of our times, based on the lives, again in Os Satyros' journey, of beings immersed in loneliness and marginality.

This is how Ivam Cabral, Rodolfo García and all the members of Os Satyros reinterpret in practice the role of the artist at the beginning of the new century. And as Ernesto Sabato, the great Argentine writer of the 20th century, author of *Of Heroes and Tombs* and *The Tunnel*, among many others, says about what being a creator means: "A man who finds unknown aspects in something 'perfectly' known. But, he is, above all, over the top." Over the top, extravagant and coherent in their journey: these are some of the attributes of a company that has already completed 35 years of fertile existence.

bibliography

CABRAL, Ivam. *Quatro textos para um teatro veloz*. São Paulo: Imprensa Oficial, 2006.

_____; VÁZQUEZ, R. G. *Pessoas sublimes*. São Paulo: Giostri, 2016.

GARCIA, Silvana (coord.) *A[l]berto: revista da SP Escola de Teatro*. São Paulo: 2013.

GUZIK, Alberto. *Cia. de teatro Os Satyros: um palco visceral*. São Paulo: Imprensa Oficial, 2006.

VÁZQUEZ, Rodolfo García. *As formas de escritura cênica e presença no teatro expandido dos Satyros*. Thesis (Master's in Performing Arts) – Escola de Comunicações e Artes, Universidade de São Paulo. São Paulo: 2016. Advisor: Marcos Aurélio Bulhões Martins.

A FASCINATING SCENIC KALEIDOSCOPE
Miguel Arcanjo Prado

The first time I entered the Satyros Space at Roosevelt Square, right in the heart of central São Paulo, was in 2007. I'll never forget what it felt like, a mixture of fear and fascination for the unknown. After all, that theater was unlike anything I, a young journalist newly arrived in São Paulo from Belo Horizonte, had ever seen before. The impact of the group's staging was immense, to the point where that theater and that company became synonymous for me with theater in São Paulo, Brazil's most cosmopolitan metropolis. If Caetano Veloso sings that Rita Lee is the most complete translation of the city, if he were to update the song he would certainly also have to mention Os Satyros in the verses of "Sampa."

Rodolfo García Vázquez is the group's greatest stage director. A skillful director with the sensitivity to compose beautiful tableaux on stage, by transforming the ordinary into the dreamlike, he fuses meanings to create scenic poetry, in a poetic language that is intrinsic to the collective. Os Satyros' staging is constantly in dialogue with the lighting, most of which is designed to create different atmospheres in a dark room, as if transporting the audience through time and space. Watching Os Satyros' plays often feels like being inside a dream—or a nightmare—such is the engagement that the staging generates in the audience. This engagement provokes different kinds of sensations: fear, desire, repulsion, love and hatred of what is being seen, and they blend together in a psychological chain worthy of Freud.

Vázquez manages to masterfully blend different bodies and acting techniques, which together on stage form a cohesive whole, in order to tell the story presented on stage. This grabs the audience's attention and highlights the abundant international references that the director has, especially from the theater made in Europe at the end of the 20th century and the beginning of the 21st century. Vázquez flirts with the post-dramatic all the time, but he also does not give up on narrative, performative and even Brechtian epic-dialectic theater at its most political; thus, he skillfully stitches together styles and performances, immersed in the miscellany of people who traverse the metropolis in which the group has chosen to develop its aesthetic research.

After all, the city of São Paulo is historically made up of migrants from all regions of Brazil, as well as immigrants from different countries around the world. People who naturally merge

---

[25] Cabral; Vázquez, 2016, p. 14.

with native-born Paulistanos in a symbiosis that generates diversity on every corner, for example in the different accents one hears on the subway. Just like the Hallucinated city defined by the modernists, Os Satyros is the place where everything comes together and mutually transforms at dizzying speed; it generates unique and exuberant art, with an intense exchange promoted by its founders, Ivam Cabral and Rodolfo García Vázquez. It functions as the city's great agora and, not surprisingly, is the epicenter of one of its most emblematic territories, Roosevelt Square.

The staging often delves into the intimacy and minds of its characters, placing the audience in the position of voyeur or, often, Freudian analyst, for whom the figures on stage reveal desires and deeds they would not confess to anyone else. In many of the shows, hearing and seeing what is presented on stage is uncomfortable because the staging plays all the time with desire and repulsion, sadism and masochism, in a kind of yin-yang necessary for life in its eternal motion of ebb and flow through time. Another important feature of the staging is its constant dialogue with new generations, rejuvenating itself every season with new actors joining the group's shows. This dialogue allows the company to anticipate social trends and behaviors, which are revealed naturally as a result of the daily interaction between its founders and newcomers, with new perceptions of life, which are soon assimilated by the group in their constant symbiosis. And this freshness, which is always present in the productions, also dialogues with veteran actors, generating potency through this generational encounter and exchange, mixing the experienced gaze with the innocent one, causing sparks that shine for the audience. Satyros' staging is international. Despite dealing with Brazilian themes the group does so in a universal manner. Human is their focus, which reveals Vázquez's sociologist's eye present in the type of theater he creates. In its shows, the company develops a true anthropological and psychological study of the vicissitudes of the inhabitants of the metropolis of São Paulo, often delving into its actors' deepest entrails, who offer themselves naked to the public, in genuine and poetic renditions of the most fragile aspects of humanity. And that's where those who see them identify immediately with the group, especially the residents who share their city; in the case of audiences who are strangers to their geographic daily lives, the group is able to provoke a fascination with the unknown. The cartography that Os Satyros proposes is drawn by feelings, atmospheres, voluptuousness, traumas and addictions that seem unacknowledged until they are seen and heard on stage.

Recently, an abundant curiosity about human alienation in the realm of new digital and networked technologies has been added to this excess of humanity that Vázquez constructs in his staging, which has led the group to investigate this increasingly profound and inseparable symbiosis between man and machine, generating a new type of humanity, cyborg humanity, as Vázquez proposes.

This machine-man is not attacked by the director in his staging; on the contrary, he presents his new, cold, dystopian and futuristic humanity in the present, with such self-recognition provoking amazement among the generations from the 20th century and identification among the new, highly technological generations grown in the 21st century. Os Satyros bridge the gap between the post-modern and the dystopian future, which has rapidly imposed itself as a reality, especially during the pandemic. It is as if Vázquez's staging is always looking ahead and, in doing so, accumulates all the past that has already crossed his path, and does not feel heavy or nostalgic, quite the opposite, as he seeks to glimpse what remains human in such a future. In their technological vision, Os Satyros' great achievement is to show that machines only make sense when they are filled with humanity, as social networks are, for example. The machine flying solo is just a cold adventure. It only makes sense if people believe in it and share their worries and misfortunes with it, in their very human search for attention and recognition from others. This is how Vázquez transforms the man-robot into simply a man, a new man, but still just as human in his most human frailties.

With such emblematic shows, Cabral and Vázquez have become a fundamental duo not only in the group's daily life, since its foundation in 1989, with multiple trips around the world, but also crucial names for the progress of the creative field of the performing arts in the state of São Paulo and in Brazilian culture as a whole, creatively stimulating their peers and innovating in aesthetic language as well as in socio-political alliances that strengthen the theater sector. In addition, they put Brazilian theater at the forefront worldwide, as happened in 2020 with the digital theater promoted by the company, presented on four different continents with the internationally awarded production *The Art of Facing Fear*, written by the two of them and directed by Vázquez. Yet another example of the group's strong movement towards the new, the unknown, the future.

Cabral and Vázquez are two restless minds who refuse to lose their youthful freshness. In their eagerness to break new ground, they are constantly in search of renewal and in deep dialogue with the future to come, anticipating agendas, aesthetics and trends in the field of the performing arts, not only in the Brazilian context but also internationally. After all, what other Brazilian group has done plays with actors from Kenya, Nigeria, South Africa, India, Venezuela, Bolivia or the Philippines? Os Satyros manage to do all this in the same show, like the aforementioned *The Art of Facing Fear* or *Toshanisha: The New Normals*, from 2021, a feat that reiterates their high capacity for connection and promoting exchange between diverse artists, turning plurality, including geographical plurality, into their hallmark.

This international furor in post-pandemic times is nothing new in the group's history, since in the early 1990s, the company's actors set off boldly for Europe, leaving behind Brazil in crisis during the Fernando Collor de Mello administration, which crushed the cultural sector. This model was repeated three decades later by Jair Bolsonaro's administration—a period in which the group once again sought more intense international connections, but this time digitally, with geographical travel prevented by the pandemic.

And it was this courage to set off into the unknown that provided the expertise that makes Os Satyros one of the most successful and respected Brazilian companies in the world today. During its travels around Europe, in its visits to festivals in different countries, the group managed to be featured in the disputed Edinburgh Fringe, making the headlines on the renowned BBC and in the main British newspapers, which placed the company among the most relevant in Latin America. And this was the result of the universality of their aesthetic, which carries a highly recognizable and disturbing humanity wherever in the world they perform.

From 1994 onwards, the group alternated between Europe and Brazil, during which time it had its headquarters in Curitiba—open until 2005—and also in Portugal. But it was in 2000 that the company made the decision that would change its history: it closed its Portuguese headquarters and decided to concentrate its activities in a single, newly rented space at Roosevelt Square, which seems to have been one of the best decisions in its history. By establishing itself in one place, the Satyros staging found the right environment to carry out its experiments and engage in a more daily and in-depth dialogue with its surroundings, which was reflected in increasingly sophisticated shows with more refined poetics by their director.

From 2004 onwards, the group found its main theme in the square, as it was a real kaleidoscope of the metropolis. At the time, Roosevelt was a rundown area in central São Paulo, plagued by violent drug trafficking and street prostitution. With the buzz generated by the Satyros' plays, which attracted intellectuals, the artistic class and communicators, the place was soon transformed into an effervescent center of culture, constantly on the boil, attracting other theatrical groups to set up in the area, which at the time still had cheap rents—the irony is that the revitalization of the square by the theater was what also led to the rise in prices. In any case, Os Satyros created a model for revitalizing public space through art that has become the subject of academic studies in the field of urban occupation and an example in global urban planning forums.

It should be emphasized that this did not happen without death threats from drug dealers and other types of intimidation that the group suffered. However, it always knew how to resolve everything with a lot of dialogue and political articulation with its surroundings, but also by bringing these conflicts into the stage, transforming anyone who crossed the company's path into a character, scenario and poetry.

And it was this capacity for articulation that turned the group's founders, together with actress Cléo De Páris, the greatest muse in the history of the company and of Praça Roosevelt itself, into members of the team of artists who conceived the creation of the SP School of Theater – Stage Arts Training Center, today an international benchmark, with an innovative pedagogy for teaching the performing arts that drew heavily from the creative source of Os Satyros. This pedagogy also draws from Paulo Freire's source to create a space for freedom of thought and artistic creation, and which anticipated trends such as theoretical decolonization and the protagonism of identity issues with a focus on gender, ethnicity and sexuality, for example.

Within the theme of valuing the LGBTQIA+ population, SP School of Theater was also at the forefront of the movement in having a large team of transgender collaborators. This is another theme which is ingrained in Os Satyros' DNA, which has been working with transgender actors and transvestites since its arrival at Roosevelt Square, a period when this population was stigmatized within the theater itself, but whose humanity was investigated and poeticized in the company's shows, a forerunner in the humanization of this demographic.

And therein lies an iconic figure who is an inseparable part of Os Satyros' journey and who brought her singular potency to the group's productions: the Cuban diva Phedra D. Córdoba (1938-2016), who, with her unmistakable charisma and genial personality, was the company's great star until her death. Phedra was part of the history of Latin American theater, performing not only in her native pre-Castro Cuba but also in the nightlife of Buenos Aires, where she was discovered by revue producer Walter Pinto and taken to Rio de Janeiro. In that city, she became a partner in the generation of iconic stage transvestites, such as Rogéria and Divina Valéria. From there, in the following years, she moved to São Paulo, at the height of the civil-military dictatorship, a city where she shone in nightclubs such as Medieval and Nostromundo. That was before she was invited by Cabral and Vázquez to join the company, when she met them at Roosevelt

Square. They took her out of the doldrums of her career and turned her into the undisputed star of national theater today.

I tried to condense Phedra's personality, as well as her internal conflicts and those with the group, which generate multiple poems, in *Interview with Phedra*, which I wrote in 2016 and which premiered in 2019 at Espaço dos Satyros. Directed by Juan Manuel Tellategui and Robson Catalunha, the show featured Márcia Dailyn, the first trans dancer at the Municipal Theater and the new diva of Os Satyros and of Roosevelt Square, eloquently playing the honoree alongside Raphael Garcia, who played the young reporter I was, with production direction by Gustavo Ferreira and produced by Cabral and Vázquez. I remember that they both ended the session with tears in their eyes. But let's get back to the real Phedra.

Phedra was the star of shows that marked the arrival of Os Satyros in central São Paulo, such as the award-winning *Life at Roosevelt Square* and *Transex*, a pioneering approach to the subject in our theater. With her undisputed stardom, she was soon embraced by the São Paulo press, which was mesmerized by her allure, as well as by television, which gave the group wide exposure.

Having taken artists like Phedra D. Córdoba to the Olympus of Brazilian culture, Os Satyros became icons of the so-called underground theater scene in São Paulo, unafraid to tackle social taboos in their shows or in their daily lives, or to turn them into themes to be seen and discussed on stage. And this assimilation is not only found in the staging, but also in real-life encounters. The group owns a busy bar at its headquarters, frequented by people from different backgrounds, and is also responsible for creating the largest performing arts festival in São Paulo, and one of the largest in the country, the Satyrianas Festival. Run by Cabral, Vázquez and general coordinator Gustavo Ferreira, also a long-time actor with the company, the event, with its 78 non-stop hours of art, has become one of the most important platforms for launching new shows in Brazilian theater. Thus, the future of Brazilian theater is birthed at Os Satyros and, in this exchange, the group and its staging are constantly renewed through intense contact with new proposals and experiments, with the event functioning as an effervescent laboratory. The festival was portrayed in the film *Satyrianas, 78 hours in 78 minutes*, a mixture of fiction and documentary by directors Daniel Gaggini, Fausto Noro and Otávio Pacheco, which is well worth seeing.

Technology as a theme also has a strong presence in the group's work, as mentioned above. Since 2009, the company has been the first in Brazilian theater to continuously investigate the directions of automation and artificial intelligence in projects such as *Cabaret Stravaganza* and *And Cyborg Humanity was Created in Seven Days*, the latter with seven different stagings with different playwrights' visions of the same theme—the company did it again in 2021, with the *Dramaturgies in a Time of Isolation Festival*. As part of their forward-thinking approach, the group was also the first to allow the audience to enter the theater with their cell phones on, turning the use of the device into a scenic resource in Vázquez's productions, which have always dialogued extensively with the audience, often transforming them into the scene itself.

And Os Satyros would be nothing without the hundreds of actors who have passed through the group, lending their experiences and backgrounds to the characters they play in collaborative dramatizations, as is common practice in the troupe. This overflow of life around them is what fuels director Rodolfo García Vázquez. It is always possible to find in their shows different shades of actors on stage, not only bodies with different characteristics, but also multiple acting styles.

The director has the ability to orchestrate this miscellany of people in an operatic manner, an ability that makes Rodolfo García Vázquez one of the greatest directors in contemporary Brazilian theater. He acts as a great maestro, constructing poetic meanings based on the contributions made by his artists, with whom he always creates a family relationship that tends to permeate the whole group, with its pains and delights. Ivam Cabral, whose dramaturgical verve is quick to condense speeches, stories and proposals from the rehearsal rooms into texts, always says that Os Satyros is a family. And this is what anyone who encounters the group soon realizes; family in the broadest sense of the word.

Os Satyros is always in effervescence, having all the incongruities of this family and those around them transformed for the stage. In the group, the new coexists harmoniously with the old, the past with the present, the future is anticipated, what is ugly becomes beautiful and vice versa, there are no standards to be followed, nor aesthetic constraints. In Vázquez's staging, everything can be reinvented, revised, redone, swallowed and thrown out, something that also brings the group closer to the concept of anthropophagy adopted by another group that preceded it: José Celso Martinez Corrêa's Teatro Oficina. But Os Satyros' anthropophagy has its own style, its own form. And it is their skillful director who sets this unique tone.

According to the logic of Os Satyros, everything is possible, including the impossible. And to anyone who doubts it, they soon prove otherwise. The group's shows are independent of budget or technical paraphernalia. With an ingenious team of art directors, sound designers and lighting designers, Vázquez creates dreamlike settings with very little. They do everything out of nothing. Vázquez, together with the company's artists, manages to transform anything that would be seen as a deficiency in most theater groups into his own aesthetic, which dazzles the audience and creates unforgettable atmospheres. As has already been pointed out, Os Satyros are heirs to José Celso Martinez Corrêa's Teatro Oficina in their anthropophagic relationship with the here and now and with the world and the people around them. But if Zé Celso and his company seek a meaning closer to macro-politics for their stage discourse, Os Satyros go in the opposite direction, with Cabral and Vázquez turning micro-politics into their obsession. This does not mean that the group has not tackled notably political themes in its works, such as in *Oedipus in the Square*, which incorporated the June 2013 uprisings into the Greek classic, the first time the staging went outside the theater and flooded the square surrounding the company, or in *Pink Star*, a show in which it tackled the rise of the LGBTQIA+ issue in 2017 as well as the rise of fascist authoritarianism in Brazil.

In *Oedipus in the Square*, Os Satyros fused classical Greek theater with Brazilian street theater as a political protest, seeking to understand and assimilate into their staging the street protests that would change recent Brazilian history. The company even sheltered protesters fleeing the police's rubber bullets and gas bombs, and this became a scene in the show. The demonstrators who did not really know what they were protesting against were also assimilated into Vázquez's staging. He gave the audience placards and pens to write down what they were protesting against, revealing in the show itself the confusion of the protesting public, which would later be exploited for the rise of the extreme right in Brazil. And this was foreseen, in a way, in their performance.

In *Pink Star*, the group witnesses the changes in the LGBTQIA+ community, with the emergence of new acronyms, nomenclatures and the social legitimization of new gender identities, showing a new generation no longer willing to follow the binary sexual thinking of the past. Vázquez transforms the 2017 show into a large laboratory that is a mouthpiece for these issues, while still making them palatable to the general public, using the language of cartoons. For the digital restaging in 2021, he imposed a new rhythm and dynamic on the work, in which the show becomes even more agile and dialogues with the multicolored world of digital effects and filters. He also imposed a more reflective gaze on the struggles of identity agendas—often transformed into new constraints or even power games—in which it reveals, in a disconcerting way, the humanity that lies behind any discourse, however avant-garde and progressive it may appear. In addition, Diego Ribeiro's more mature interpretation of the protagonist Purpurinex filled the show with subtle and courageous irony.

In terms of atmosphere, another great asset in their career staging is the group's deep dialogue with the work of the Marquis de Sade (1740-1814), visiting many times the theme of a sadistic aristocracy that insatiably exploits youth and beauty as a way of perpetuating its hold on power. In this critic's opinion, Vázquez is the greatest theater director of Sade. The harshness of Sade's text, revisited by Os Satyros, fits perfectly with the concrete rawness of São Paulo, a metropolis with a ferocious pace where ambitious desires coexist with the destruction of dreams. And Vázquez builds this atmosphere in a lacerating manner. Os Satyros re-signify Sade in the present—and in any present—lending the classic a new poignancy.

With so much to say, the theater soon becomes too small for the group, which also ventures into cinema. Thus, it takes the city and its seminal Sade to the seventh art, including the aesthetics of its theatrical staging, which are applied to the two feature films shot by the company: *Hypotheses for Love and Truth*, 2015, and *Philosophy in the Boudoir*, 2017; the latter, being one of three films that ran for the longest time in the city of São Paulo, with its masterful group sex scene—the largest in Brazilian cinema. With the acquisition of the historic Cine Bijou, also at Roosevelt Square, the group has taken on the cinema as one of its desired arms, but in a place of aesthetic experimentation typical of so-called fine art cinema.

Not surprisingly, in the title of the book he wrote about the company, theater critic Alberto Guzik (1944-2010), who became an actor and mentor to the group between 2002 and the year of his death, defined Os Satyros as "a visceral stage." Faced with so many stories and shows that have marked different generations, the feeling that remains with me when I have to write something about this collective, which is also part of my academic career, is the one I had the first time I got to know its fast-paced theater: that of a young boy from the countryside who feels fear and enchantment in the face of the unknown that pulses in the great metropolis called São Paulo, of which Os Satyros is one of its most profound meanings, with its concrete and fascinating stage poetry.

AESTHETIC AND PEDAGOGIC INTERSECTIONS OF OS SATYROS
Beth Lopes

One day in March 2021, during the tragic covid-19 pandemic, as I was researching and writing this essay, I began my mission by browsing the group's website for hours on end. I wanted to see if I could find something particular about the group's theatrical pedagogy in between the gaps. Clearly, I could see the enormity of their productions, casts, projects, awards and participation in national and international festivals, to which they have dedicated themselves for decades. It is undoubtedly a body of evidence that demonstrates the collective's importance in the history of Brazilian theater. I was also surprised by the breadth of the themes covered, bordering on philosophical and poetic, in which the intersections of scenic languages, visualities and sonorities are explored. In particular, I was struck by the broadening of international relations, which I could not help but associate with the advance of their digital theater, but also with the fact that they have always acted through social networks, interacting extensively with different people, social strata, places and countries.

I tried in vain to establish limits for the Satyros' pedagogical approach; this proved impossible, because we can easily talk about theatrical pedagogy as a set of rules and procedures to improve the actor's work, as well as the possibility of the director evoking pedagogy in order to enhance the creation and learning of an aesthetic. Thus, given this difficulty, the relation between pedagogy and theatrical aesthetics in Os Satyros is inseparable.

Pedagogy can also mean the way in which our educational and training methods are implemented. It also refers to pedagogies that will shape us for the civilized world or, on the contrary, those that will shape us through personal and collective experience and open us up to the world. I can even name the pedagogy I use with resources from philosophy, anthropology and sociology, whose specific concepts permeate the pedagogy of experience, Dionysian pedagogy, Freirian pedagogy, actor pedagogy, mask pedagogy, the pedagogy of joy and love, vitalist pedagogy, among other examples. I can also follow the pedagogical lines of a particular methodology, such as Stanislavski's, Meyerhold's, Barba's, Antunes' or Zé Celso's, which result in theatrical productions. I can therefore combine elements from different pedagogies. In the same way, I use pedagogy to practice social actions and theater in learning situations, as well as to relate to anyone.

Another challenge in the development of this essay was trying to frame the theater of Os Satyros, imagining that this would facilitate my study. This endeavor was a total failure; it is an unfeasible task. It is impossible to fit the group into a single model; the works I saw, are heterogeneous, made up of different orders and interests. However, "something" repeats itself and grows among the stagings, performances and actions that reveal clues to my gaze.

Os Satyros' electrifying founding duo, Ivam Cabral and Rodolfo García Vázquez, are a source of inexhaustible creativity and passion. The members of Os Satyros have traveled the world with them making theater, friendships and partnerships. During their time of isolation, all they had to do was speed up this process of virtual coexistence, a real exercise that now operates between art and life with the technological prostheses that configure the bodies on the screens, the digital bodies. Instead of being denied, digital culture has become a way for the group to continue producing theater and performance in times of chaos.

In my opinion, the productions on the website overlap and diversify according to the rhythm of real life and, thanks to the same variety, they have the capacity to produce new potential and provoke delight in both the scene and the audience. In this time of collective confinement, of uncertainty about work for the artists, the group has increasingly invested in interaction with artists from around the world, with a view to strengthening and welcoming everyone's pain. The digital play *The Art of Facing Fear*, for example, is a global event that promotes an exchange with actors from five continents, starting with the Brazilian group. When they come together live from their homes to talk about life in a pandemic situation, geographical distance becomes fiction, and they talk about fear, loneliness and loss. This is a scenic event whose art is a way of doing politics, whose performative resources lend vitality, affection and courage to the relational encounter.

Of course, interactional behavior includes another dimension of the pedagogical, that of the aesthetic and political relation with its surroundings; with the environment that is created, in a struggle for life in the situation of the pandemic, when physical bodies are distanced and there is unlimited openness to the remote coexistence that takes place. Alternating my story with theirs, I seek to build this narrative with admiration, aware that it is a significant slice of the history of theatrical groups on São Paulo and Brazilian soil since the beginning of the country's democratic process. For this reason, among the many tasks that engulf us in our day-to-day isolation and virtual relationships, I took the research and presentation of this topic of the book very seriously: the pedagogy of Os Satyros.

In order to acquaint the reader with the place from where I stand to reflect on the company's pedagogy, I will say that my relationship with the group is that of an attentive observer, who has followed the transformations that have taken place on stage and in the lives of its members from the late 1980s to the present day. My testimony also includes the period in which I started out as a stage artist, theater director, teacher and researcher. However, it was only later that I got closer to Ivam Cabral. He wanted to continue his academic career, interested in researching and discussing the pedagogy of the SP Theater School, of which he was one of the founders. And so he found, in my line of research at the time (artist's training) the space to research, in addition to my partnership as an advisor.

Ivam defended his thesis brilliantly, although humbly doubting himself: *The Important Thing is [not] to be Ready*[26], about the SP Theater School project, a place he helped found and where he currently serves as executive director. This position, contrary to what one might imagine, has not reduced the tension over the school's survival, for which Ivam, as director, fights tirelessly to maintain both the space and the bond between everyone.

I also became close to Rodolfo García Vázquez during his performance classes with the theater direction students, when I got to know the school's ingenious political-pedagogical project and the power of the learning process. Going back a little in time, however, it is important to contextualize Os Satyros from a distance, and not just from the proximity with which I look at them.

As I have already said, we crossed paths on the city's stages from the late 1980s onwards, linking my story to theirs. Somehow, the aesthetics of the most experimental scene of the time, whose components were developing and inspiring artist collectives, touched us. Cabral reveals in his doctoral thesis that Os Satyros was motivated by the productions of artists and groups from the 1980s and 1990s, such as Antunes Filho, Gerald Thomas, Zé Celso, Ulysses Cruz (even by my own projects at the time), with the intention of pushing the boundaries as a professional collective, experimenting and creating artistic resources of their own. This period is historically known as a "image theater." The expression already says a lot, but it is worth remembering the value of visualities as a focus and the so-called "director's theater," with the emergence of the conceptual scene, original and strongly visual in its materialities, including the actor's body, which, in its fictional composition, becomes a channel for the visibility of invisible corporealities. It is worth remembering the corporeal propositions of the actors in Antunes Filho and Gerald Thomas, for example. Chiseled, enlarged, repeated and nervous gestures express the violence that (post-modern) life inflicts on bodies. We must also remember the role of the monumental scenography that is transformed by the lighting effects and mention at least their respective collaborators: J.C. Serroni and Davi de Brito; Daniela Thomas and Wagner Pinto.

Of course, all of this represented a theater of resistance and, at the same time, ushered in an opening towards experimentalism within the cultural market. This group of theaters that flourished in the 1980s and 1990s built their own languages out of their scenic experiences—a place of "shock" and avant-gardism—translated into performative readings and visualities that sought to connect with the audience.

Os Satyros are part of this constellation. They use and abuse technological resources as a consequence of these trends, as well as the visual construction of the scene. However, they work in a particular and radical manner with regard to the dramatic content and, as an effect, in the actors' style of acting. Their bodies are thus shaped by the tragic nature of the real world, incorporating marks, scars and traumas. The list of cursed authors, such as Sade, Lautréamont and Oscar Wilde, features failed, restless, sexual, amorous, violent, excessive characters, made of flesh and blood, just like us. The actor's work, before any framing, is driven by a kind of bodily expressionism in which the symbolically deformed bodies carry the pain and beauty of life. The staging therefore builds the performance around the actor's bricolage, accentuating the color, shadow, reflection, volume, rhythm and lightness of the bodies that populate Satyros' theater.

Before I saw them at their current location at Roosevelt Square, I already had a lt of respect for them when they occupied the Bela Vista Theater. I considered Ivam a vigorous actor, Rodolfo Vázquez a daring director, and together they made theater that defied any references. Despite these declared influences, over the years the group has created a unique theater with its own characteristics, sometimes challenging and deviant, exposing on stage the sensitivity of the "losers" who live, fragile and defenseless, in the same city and pass through the same square. Occupying the world of theater as a mirror of marginality, sensitively, like Plínio Marcos or Bernard-Marie Koltès, they expose the underworld and other social spheres to call into question the limits of the forbidden, of borders and, specifically, of taboo subjects that are rarely debated: sexuality and gender.

Motivated as they were by the experience of group theater as a democratic and economic alternative, and in order to provide better training for artists and technicians, the idea of educational practice in the aesthetic-pedagogical intertwining of Os Satyros and the SP Theater School can be discussed as the first step in the construction of this essay; a long-standing connection that has been generating experiences and knowledge since 2009. Such a connection is consolidated in view of the range of activities in which the alliance becomes, for both spaces, the group and the theater school, a central agent of social transformation. Dissociating one action from the other in the work of Os Satyros is a complex task.

With the firm intention of bringing together thoughts and practices in the performing arts, the school has become a hub for the creation and emergence of new artists and theater technicians. SP Theater School stands out for being a unique place where professional artists exchange what they know with young artists.

---

[26] Cabral, 2017.

The surroundings and the square, in front of the Satyros Space and the SP Theater School, constitute a territory of difference, a microcosm of the metropolis, a place of residence and resistance, of encounters and conflicts, a crossroads of diversity, a space for young people, old people, dogs and pigeons, which welcomes nocturnal and diurnal people in slow rotation, redefining the architecture of this pulsating stronghold of the city.

From this point on, it is impossible to disentangle the theater's close connection with the urban fabric. The city, the square and the street will always be the imaginary links between everyday spaces that mark the connections between people in a world full of bodily memories from the different stages of life. In addition, the growing debate on the empowerment and a recognition of the right to speak, on issues of race, gender and sexuality, at the crossroads of the multiple possibilities of contemporary art, becomes the "territory," a concept from Milton Santos, which underpins Cabral and Vázquez's objectives in relation to the school, that it must be a space capable of integrating the community, the city and itself as a living territory.

I have had the privilege and pleasure of collaborating with the SP Theater School on many occasions and on different subjects, occupying a territory whose richness lies in welcoming social and cultural diversity. I have taken part in conferences, debates, classes, interviews, artistic and educational projects, activities that have increased my respect for the way in which teacher-artists and apprentice-artists work on the relation between theater and education at the school. I watched the experiments proposed to the students and saw how they explore creativity, inventiveness and connection with themes from different fields of knowledge, based on the axial problems of the scene, as well as on current events.

I also noticed the horizontality of the relationships established between teachers and students, not only in harmony, which would be paradoxically unproductive, but also in an environment that performs[27] the student's growth beyond that of an artist: a human being cleaved by aesthetic and pedagogical provocations, in a continuous process of self-training.

In the wake of these experiences—the only legacy of shared experience in time and space through creative processes, shows and political-pedagogical projects that make up the group's sphere of productions—performative and digital theater, aesthetics, culture, education and pedagogy touch each other in the long and fruitful journey in the struggle for a space for the creation, interrelation and circulation of scenic works.

Over the years, Ivam and Rodolfo have developed a way of becoming an artist based on socializing and learning through exchanges with other artists, which, in a way, leads them towards a constantly changing scenic methodology. This means that the value of knowledge comes from experience, considering the differences that cross other artist-bodies and the ability to see things between art and life, with a keen interest in *what* happens and *how* things happen in artistic creation processes.

In Jorge Larossa's studies, the place of experience is subjective, is about a subject who is able to let something flow through his ideas and representations.

As I reflect, while sipping my coffee, I realize that the school privileges experience as scenic research, just as it has always been the substance and driving force behind Os Satyros' scenic productions. In addition, the school seeks to develop autonomous and original artists, within a critical decolonial perspective and in opposition to the homogenizing system of contemporary globalization. To understand that the crossroads of poetic and pedagogical approaches arises from the need to intervene critically in real issues does not mean negativity, but discernment.

BEFORE AND AFTER ROOSEVELT SQUARE

It can be said that the collective's presence and actions on the contemporary scene have had a major urban, social, cultural, artistic and political impact. At the end of the 1980s, Ivam Cabral and Rodolfo García Vázquez met to make the Satyros Theater happen. The former had come from Curitiba after completing a degree in performing arts at PUC-Paraná; the latter, the son of Spanish immigrants, had graduated from postgraduate courses in sociology at USP and administration at FGV. From this meeting, which took place in São Paulo, together they embarked on a winding path to establish a theater with its own style and space.

Ivam and Rodolfo complement each other in the roles of director and actor; the shows performed by the two founders result in a dialogical and critical practice that overflows with the professionalism with which they run and sustain the company's long life. Over the years, however, this division of roles seems to have become, in my view, a mixed, confused, intersected, and fragmented experience, making it impossible to distinguish where each person's work begins and ends. Likewise, the functions of each specific artist become indistinguishable. A symptom of a period of technological revolutions rendering behavior mediated by social networks more porous.

From the cross-disciplinary theatrical languages typical of the 1980s-90s to the 21st century digital performances, the radical aesthetic experiences the group has undergone have paradoxically turned stage

---

27 The use of the verb *to perform* as something that takes the relationship of *becoming* ethically between art and life processes, mobilizing and transforming the contemporary individual.

practice into an exercise in pedagogy. Theater-making, performing, researching, teaching, writing and living their daily lives today constitute a whole that is inseparable from the same creative impulse.

Taking into account the links between aesthetic and pedagogical ideas that occupy the group's space and time, it was inevitable to divide Os Satyros' work into two dated but permeable moments: *before and after arriving at Roosevelt Square*. Of course, this *before and after* is a single web, with ideas and actions that interpenetrate each other, depending on the issues that run through the group, be they individual, collective, poetic, professional or economic. Observing this historical shift, I glimpse aesthetic transformations in their theater today, although with the continuous refinement of some components acquired in the course of their experience.

In addition, the group's memory is also affected, insofar as the shows of yesteryear are reperformed by the current audience. The restaged shows become renewed, like a phoenix, reborn from the ashes; at the same time, they revive the past, reaffirming the artists' repertoire, documents and archives that constitute the group's living memory.

The period prior to Roosevelt Square, spent between Lisbon, Curitiba and São Paulo, provided the ultimate experiences for the group's development in the fields of acting, dramaturgy and staging. The company's arrival at Roosevelt Square in 2000 marks the beginning of the ramifications of these previous experiences, spent "over-seas," which, from then on, turn Ivam and Rodolfo's projects more challenging for themselves and for the group that was being founded.

The reality of the square, before 2000, revolved around the usual people who lived there: prostitutes, hustlers, transvestites, transsexuals, drug users, drug dealers, police officers and homeless people. The arrival of Os Satyros transformed Roosevelt from a violent and unequal place into a place of positive encounters, of LGBTQIA+ resistance, while also sharing the space with major productions and the erudite audience of the Cultura Artística Theater. The square's transformations would converge with the arrival of other theater groups and bars, which still brighten up the city's nights.

Roosevelt's community was rebuilt and continues to exist today due to the coming together of groups, entrepreneurs and inhabitants of the city center, generally those on the fringes of modernization and the consequent strengthening of capitalism, which exacerbates social differences. In the early years, the group had to endure dangerous situations, but even so, they insisted on staying in the area, which has now lasted more than two decades.

They were threatened and witnessed scenes of violence and neglect through the glass windows in that small theater behind a bar, but they managed to overcome this phase as well as the square's transformation. Sensing that resonating with the social environment was not enough for the stage work, in terms of dramatization, they also began to include real characters from the square, such as the fabulous Cuban transsexual star Phedra D. Córdoba, who has become the company's icon, breaking down the taboo of sexual diversity and establishing a real place between activism and art for the group. The same behavior is repeated at the SP Theater School, which welcomes transsexuals among the institution's workers, giving dignity to people who are sometimes marginalized precisely because of their lack of better opportunities and living conditions.

Thus, the turning point in Os Satyros' history ends up blending with the square's life and characters, bearing witness to the urban transitions that the place has undergone.

For António Manuel Ferreira, "a theater group's ability to insert itself into the urban fabric, in all its complexity, undeniably contributing to its recovery, is a sociocultural fact of inestimable value".[28]

This has been decisive for the type of theater they produce today. Both in terms of the connection that is created with the city and its marginal characters and the richness of these existences as a reaction to the digital world that is impatiently establishing itself.

Both artists' lives were often difficult and not always smooth, but they never lost their love of theater. Before leaving for Lisbon, the difficulty in obtaining financial support and the country's political situation accelerated their "voluntary exile." After two economic plans, with the Collor administration and with their savings confiscated, the duo found ways to radicalize theater as a response. Ivam Cabral says:

> This drove us completely mad. And again we had to start from scratch. That's when we decided to stage a text by the Marquis de Sade. We realized that we needed to radicalize. In the play's program we wrote something like "They stop us from doing things, they cut everything off, they take everything away from us, but we're going to keep doing it, we're going to unmask this world." So, very angry, we started working on Sade's text. It was very clear to us that we wanted to expose, shock and disturb moral, social and political structures.[29]

Therefore, the genesis of the "shock aesthetics" propositions emerged from the process of the show Sades ou noites com os professores imorais (Sades or Nights with Immoral Mentors) (1990) and, before that, from

---

28 Ferreira, 2007, p. 170.
29 Guzik, 2006, p. 76.

the desire to rise up against the Brazilian political and economic situation.

It was more than thirty years ago, in Portugal, that the company set up a study group, the Satyros Lab, which, according to this perspective, serves as a platform for the aesthetic and ethical foundation of their stage works and pedagogical actions. The Lab, as the name implies, refers to laboratory activity as a space for practical and theoretical research. This heritage is consolidated in the theater of Jerzy Grotowski, who carried out various experiments in search of the ancestral traces and lives that inhabit artists' bodies.

Os Satyros' stage research, however, explores other realities: current realities that question the signs of the normativity of bodies. Initially based on the thought of Friedrich Nietzsche, these intangible realities gained materiality, thus becoming a solid theoretical-practical space for the group's research and training. Studies were deepened, including the foundations of the group's training, on Nietzsche, Antonin Artaud and Wilhelm Reich, especially during the Lisbon period. Today, technology's invisible body offers the group an aesthetic and ethical turn, for example from the perspective of Donna Haraway's cyborg bodies.

SOCIAL, THEATRICAL AND EDUCATIONAL PROJECT CROSSOVERS

Os Satyros extend beyond being recognized as a theater group and producing shows, creating a space of cognitive agency that is an inexhaustible source of contagious energy. "[...] theater is a transformative social agent that, in denying post-industrial society's constant repetition of the same according to the logic of profit, points to new directions for social coexistence."[30]

The most significant example of this is the Satyrianas festival, which is a kind of happening, a collective artistic experience, a spatial milestone of a crossroads of difference, which held its 22nd edition at Roosevelt Square in 2021, bringing together artists and programs from theater, performance, dance, circus, music, literature and the visual arts. The festival is a stage for diversity, the arts, gender, sexuality, race and social class resistance, and a shelter for the production of affections and adventures.

Where the artists' common and different educational and aesthetic interests cross, the scenic practices go beyond the boundaries of the group's theatricality, reaching significant implications for society. Their social projects are based on the experience of Satyrian theater as a dynamic, crossing the borders of artistic and pedagogical territories. Just as Paulo Freire says about the close relationship between art and education: "educational practice is an ethical act and art is part of the nature of educational practice, because there are aesthetics and ethics in an individual's development"[31]

The group's core activities run in parallel with Satyros Teens and Satyros Silenos, which function as the foundations of a convergent territory open to the community. The Teens project, as the name implies, is aimed at young people from the outskirts of town, who are offered opportunities to experiment on stage. Theatrical pedagogy is the means by which the crossing of bodies, dramaturgy and staging become practices of doing, involved, in the case of social projects, in providing space and giving a voice to social minorities. This is a project with teenagers based on the foundations and methods of the Stay or Get Away project, which translates the experience Rodolfo Vázquez had in 2001 when he was invited by the Interkunst institution to develop this specific practice in Germany. This challenging experience led him to create a show with teenagers from various European countries, based on their personal stories, according to the director: "Generally, the subjects chosen by these teenagers are fragmented family structures, alcohol, drugs, teenage pregnancy, racism, bullying, respect, among many others."

Another socio-artistic-pedagogical project, the Satyros Silenos, refers to the myth, to the aging satyrs of Dionysus' chorus, the Sylenes—whose group brings together senior citizens who want to do theater. Their persistence in naming the projects after Dionysian mythology is noteworthy. This reference suggests that, within the scenic processes, scenic anthropology reflects a cathartic and liberating way of thinking and doing in the development of the relations between art and life.

Teens and Silenos, respectively, social theater and education projects, as a methodology for creation and pedagogical practice, perform the life stories of the artists involved. This means being able to act out situations of exclusion and transform them into a discursive and relational tool within the strategies of performative theater, which includes the realities of life. This also means giving power to those who do not have it. Additionally, the practice becomes the knowledge from which creative experiences derive, ranging from the imagination to the operationalization of the stage production, engaging young people from the outskirts of town and senior citizens, for whom theater enables not only the discovery of theatrical art, but also the discovery of themselves and the world. This way of learning can also be compared to the conceptual procedures of contemporary artists, who are interested in

---

30 Guzik, 1992, p. 301.

31 Notes from a class given by Paulo Freire to students specializing in art education, in 1987, at the USP [University of São Paulo], coordinated by the equally illustrious Ana Mae, an important full professor for the visual arts course of the School of Communication and Arts.

investigating life stories as dramaturgical material, as a guideline for working with the actor and for the living relationships performed in front of and with the audience.

The range of possibilities offered by these projects involves, in some way, the group's implementation of a kind of public policy through Os Satyros' theater. An open doors policy towards the community reflects their desire to transform artistic and technical knowledge into social action. Thus, bridges are built between education and theater for young people from the outskirts, senior generation, artists from other countries and fields; these are spaces for action and cultural transformation that imply the possibility of inclusion, participation and broad relations with society.

The gesture embodied by the methodological principles of a *fast theater*,[32] written in Lisbon in 1995 by Os Satyros, constitutes the body of the aesthetics and politics that guide them. The ten topics they list show, between the lines, their vision of theater, the actor's work and the relationship between the creators and the audience. Intelligent and well-defined, it continues to resonate as an artistic, pedagogical, theoretical and critical practice, contained in a series of procedures, a collection of ideas and a quasi-manifesto written to guide and meet the needs of the performer's work.

According to Vázquez, Cabral perfected some of the elements of fast theater with *Medea* (1998):

> When I arrived in Brazil, I saw a series of improvisations and, at first, I did not know what to do with them. They were beautiful, but I did not know how to sew all that into a whole. Nevertheless, we got to work, and in two weeks, we created the play based on what Ivam had already been working. The result was a very beautiful, strong, and impactful piece. *Medea* also marks a certain maturity for the group.[33]

The temporal dimension implied in the term *fast*, far more than just signifying the speed with which the group produces its works, in addition to the multiplicity of achievements in a short space of time, places *acceleration* at the heart of social issues and transformations, as a criticism of post-modernism and today's increasingly emblematic digital progress. On the other hand, it also means dedication, constancy, rhythm and efficiency in relation to Satyros' huge captive audience. It may sound strange to have a *fast* process, as opposed to the wave of lengthy creative processes since the 1980s, which went on for months on end before becoming enshrined in some aesthetic form. The fact is that, due to the sheer number of productions, Os Satyros is competing with time in terms of the vast extent of their output. They are not just fast, with quick responses, they are hyperactive and creative as a condition of life.

With fast theater comes the systematization of training for the actor, whose premises are threefold: to recover the creativity and imagination inherent in the actor; to recover the word as sonic potential and not rationality; and to recover the collective, sacred and profane meanings of primitive rituals.

TEMPORAL EXCHANGES BETWEEN LIVE AND DIGITAL THEATER, AND PEDAGOGIES

Even before they thought about developing theatrical pedagogy, Cabral and Vázquez say that, having already settled in Lisbon, they needed to premiere a show, both to expand their field of action and to explore a source of income. So they organized the first experiment and found themselves busy building one of many pedagogical practices:

> We formed two groups and taught the workshops we hold to this day for the first time. On the one hand, our interest in workshops was financial, so we thought it would be an additional way to make money. However, on the other hand, it was a way to exchange information and experiences and get closer to the people there. This was vital to us. We created a two-month course. We also put on a new version of *De profundis* (1993).[34]

The workshop was the first format that evoked the pedagogy, however, it was the staging that introduced the motion and dynamics of the creation process, whose pedagogy is not exercised by authorities and for automatons, but rather to produce an intense circulation of affections. Ingrid Koudela and José Simão de Almeida Junior state that "contemporary staging is in itself a learning process" and that "students teach themselves. They learn by becoming aware of their experiences".[35]

However, within these lucid considerations, I reclaim the role of the unconscious. The importance of dialogue with the unconscious in learning means the emergence of the realm of magic, ecstasy, madness and trance, which only the actor can reach. Eventually, the audience goes into ecstasy. The ambiguous unconscious raw material involuntarily makes the body vibrate, producing

---

32 'Fast theater' is described as a 'method of actor preparation developed by Os Satyros' (Guzik, 2006, pp. 299-304). However, the topics listed in 'Ten items for the introduction to fast theater [*Dez itens para introdução ao teatro veloz*],' are concerned with tracing the paths and concepts on which the political character, inseparable from the aesthetics of this group of artists, is based.

33 Guzik, 2006, p. 188.

34 Guzik, 2006, p. 25.
35 Koudela; Junior, 2014, p. 12.

the dematerialization of bodies, transforming the actor's experience into sensation, delirium, dream, illusion, an expression of pure Dionysia, which is found in Os Satyros.

From what has been written about the group, these workshops applied Stanislavsk's steps; however, as they had already come from radical experiences with *Sades or Evenings with Immoral Mentors*, while still in Brazil, I suspect that the material itself may have affected the types of realistic representation with lived moments between fiction and reality. It strikes me that, in the company's current theater, the lessons of the Russian pedagogue have perhaps left a lyricism in the vocalization of words, an enchantment with the word, an actor's truth, oscillating its presence with tones of Dionysian ecstasy.

The word becomes even more powerful in digital theater, given the limitations of technology in relation to what a body can do within the space of the scene. Thus, digital theater becomes discourse, and the word competes for the place of action. The visual nature of the scene gains telematic resources, and the space of the action inflames the polyphonic discourse, whose narrative deals with the issues of the present, stories of the self, in a cross dialogue with the audience.

This stands in contrast to the delirious and intimate discourse of the living theater of the past, which also addressed the audience directly, in which the stage was composed with an excess of creativity, a magical, carnivalesque, extravagant and sometimes grotesque setting, made up of multiple layers of color, brightness, light and spaces, where everything could be touched, and everything was real. Some of the visuals employed include make-up, for example, an icon of masquerading which, both in its design and in the costume styles, inscribes stacks of meanings and also reveals the actor's texture, from the comic to the tragic, exploring the interstices and perhaps searching for the language of passion in the exercise of dialectics.

The visual and digital intensity is conversely home to the subjectivity of the outsiders. Characters built from real coexistence with the everyday figures of Roosevelt Square—a place where the actors and the director also share their daily lives—and which is not always peaceful within the city. In this sense, the visual and bodily conception performs a paradoxical, grotesque, impactful, delirious, explosive, liminal, yet sweet, confessional, ordinary scene, elevated to the level of a collective ritual.

If contemporary theater as a whole is in continuous motion towards forms and themes generated by the hybridity of languages, borders and cultures, then theater pedagogy needs to follow the lead of these transformations and allow epistemologies to flow without the illusion of shaping a Cartesian, conscious subject, but an open, dreaming subject, who creates magic and collective experiences, including the audience's experience. There is no wholeness or consciousness without moving through incompleteness and unconsciousness. "The de-alienation of the artist becomes, in this case, a fundamental element for the creation of meaningful theater. The audience can only have a full theatrical experience once the actor sees himself as an effective social agent through art."[36]

Having such premises for the actor leads us to think along the lines of Dionysian theater. From this point of view, the paradoxical terrain contained in the myth of Dionysus is a trigger for thinking about a field of Dionysian theater among Os Satyros, both in terms of the symbolic ritual form in which the show takes place and the contradictions that merge in its mythological presence.

36 Cabral, 2012.

DIONYSIAN PEDAGOGY: THE DYNAMICS OF PARADOXES

In this sense, aesthetics, pedagogy, thought and civic actions practiced by Os Satyros have, in a specific way, the same paradoxical presence as the Dionysian spirit that mobilizes visceral theater, a term that runs through Alberto Guzik's book, referring to his experience as a viewer and actor in this theater of passions.[37]

The connection between civic, religious and carnival celebrations leads us to think about pedagogies that provoke strangeness in education, such as the possible links with *Dionysian pedagogy*—also inspired by the spirit of Attic tragedy, and its paradoxical forces—in order to present an educational alternative that caters for the multiplicity of learners, offering a less submissive and coy way of relating to sexuality and morality, which evoke our daily beatitude.

> This pedagogy is not defined in the compendia of the history of education, i.e. it does not exist as a science, a philosophy or a technique, since it seeks to pervert any sense of traditional values in order to transmute them into something more dignified and plural, within the circularity of the vital flow.[38]

Dionysian pedagogy, as a work of art transfigured by the spirit of Attic tragedy, also shares the affections of its god: heretical and erotic, feminine and masculine, sober and drunken, divine and diabolical, magical and perverse, dead and reborn, prophetic and poetic, orgiastic and vertiginous, frigid and blazing, naive and guilty, religious and profane.[39]

In this educational allegory, the Dionysian refers to Zagreus, the first Dionysus, god of ecstasy and enthusiasm; he descends into

37 Guzik, 2006.
38 Nicolay, 2005, p. 172.
39 Nicolay, 2005, p. 176.

Hades and becomes a hellish god, which connects him to the Christian Devil, inspiring this fiction-pedagogy in reference to the difference and multiplicity of subjects. In the words of Sandra Corazza, to follow an approach that sees hell as a creative, liberating place, detaches the pedagogue's gaze from model teaching:

> The idea of hell can be understood as theorizing what is done within Education, not as the theory of what it is. This idea is defined as empiricist, which only reveals what it is by saying what it does. In reconstructing its immanence, it replaces the verb IS of unification with the conjunction AND, as process or becoming, and abstract units with concrete multiplicities. This idea can also be defined as a theory of multiplicities.[40]

The poetic energy of Os Satyros' stage productions, alternating between satirical and tragic tones, foresaw very early on the need to perform gender, race and sexuality, as well as the proximity between love and hatred for the city. The interference of new technologies, which are advancing rapidly, is also problematized by the staging, acting and dramaturgy, adopting a mixture of Dionysian and cyborg gaze towards life.

The interesting connection between works, languages, attitudes and pedagogical actions is already evident in the group's choice of name. It emerged as an expression of a way of doing and philosophizing about a concept of theater associated with the myth of Dionysus and the birth of Western theater in ancient Greece. Cabral reminds us:

> I no longer remember all the names that were suggested, but I know that there were some absurd names, and in the middle of all this Satyros appeared, and then it hit us, it clicked, that's how it was. We thought it suited us, it had a kind of irreverence, a kind of freedom and a kind of deranged, Dionysian thing about it.[41]

It can be inferred from this quote that, in addition to being the result of brainstorming, the process exposes a guiding paradigm in the formation of the kind of theater through which they operate. The group's name draws the potency of the paradoxical from the Western origin of theater, contained in the myth and civic-religious celebration of the god Dionysus, this complex and multiple god, somber and enlightened, mad and stern, joyful and vengeful, insurgent and aggregating, childlike, virile, sexual and seductive, who evokes both heaven and hell. Transfigured in tragedy and music, he also gave rise to the key concept of Nietzschean philosophy. According to this essay, this "transgressive" personality in Os Satyros and other Brazilian theater groups permeates the paradoxes of attitudes and thoughts which, as well as being violated by the imposition of certain truths, multiply meanings "beyond the consciousness of the single, moral individual."[42]

It is worth remembering that satyrs, *Sathê* in Greek, means penis, which they used to display in processions as a symbol of power, sensuality and joy, something that makes us think, from a feminist point of view, that this is a world which privileges male powers. Sexuality and the magnificence of the *phallus*, however, features in the group's aesthetic as a way of reflecting on normative behavior, against patriarchy and the dominance of the white man, regarding a vision of gender and sexuality in conditions of equality and democratic freedom.

Suffice to recall that the festivities surrounding the god, popular among ancient farmers, worshipped abundance and fertility, the natural attributes of Dionysus, Bacchus or Zagreus, his different names, which accentuate the dichotomies between the sacred and the profane, between life and death, between the human and the animal, between the tragic and the comic, between life and art. The fusion of oppositions thus reveals the creative quality of the Dionysian attitude proposed by Nietzschean philosophy, which, based on the antagonistic forces, produces a complementary dynamic, linking the Dionysian emotional energy to the Apollonian structural form.[43] The Apollonian in Os Satyros, however, surrenders to the Dionysian, resisting models, structures and order so as to profit from the fiery energy and agitating joy of the god of theater. Therein lies the Satyros theater and, consequently, not only the pedagogy of the actor, for the actor, but also a pedagogy of the director, of the scene and of the transmission of all this to the learners who orbit within this territory where borders are deconstructed, challenging power relations.

According to Michel Foucault, discourses committed to power relations show that in the West, the body and sexuality were constituted based on the definition of heterosexuality as the standard of normality.[44] Thus, the sexuality of the deviant bodies in Satyros does not only reveal carnal desires or sexual differences, but the body that exposes the reigning power of fascism, racism, sexism and authoritarianism, among the worst forms of governance and imaginary implanted among the thoughts that curtail freedom as a human right.

In a context rife with false moralism, the group has multiple windows open as a source of creation, based on the construction of visual elements, even kitsch, of a scene in which an open discussion about

---

40 Corazza, 2002, p. 32.
41 Guzik, 2006, p. 59.
42 Nicolay, 2005, p. 177.
43 Cf. *O nascimento da tragédia*.
44 Cf. *História da sexualidade*.

sexuality takes place through the power of the image. If the progress and power of the image, on the one hand, are ethical factors which the group questions, on the other hand, they incorporate the different languages, of cinema, photography and television, as a result of the technological crossings and turns that are added to our bodies and our lives.

Philosophical practices therefore expand into discourses and artistic experiences that move, oscillate and collide with each other; sustaining, on the one hand, the emergence of pedagogies that listen to dreams, delusions, passions, flights and falls, all the contradictions that energize the creation of vitalist poetic responses, and, on the other hand, expose the outrage against consumer society's alienation and what has become of our bodies in the face of the acceleration of life and technological advances.

The dynamic of paradoxes concealed in Greek mythology is seen here as a device for understanding the potential and intimate relation between the group's aesthetics and pedagogy. And if pedagogy mirrors aesthetics, one cannot avoid relating the metaphors and metonymies that deal with serious issues, such as sexuality, in theater and in the individual's training. Paradoxes that are perhaps found in a seeding telos that sustains the becomings in which the actor's and myth's performances intersect. Just as in the partnership between Gilles Deleuze and Félix Guattari, the relation between the subject and the object of research envisages a subject in the process of becoming, which dematerializes, takes on a hybrid form, becomes a desiring machine, a sensation, a flow, a power, an intensity.

It seems to me that both the construction of the actor's work as well as the dramaturgy and staging are, for Os Satyros, inseparable categories that deconstructs borders in their practice. They are built from passion, ensemble and the environment to which they belong; and, over time, the autonomy of the artistic parts dissolves, turning dramaturgy, staging and acting the result of a merger. It is relevant to relate social nature of community living as a place of real exchanges that endure throughout one's life, whose zeitgeist continues to serve as the foundation of fast theater: "[...] to provide space for the dispossessed, for those who are lost in the world, for the victims of fate and affliction, showing both audiences and readers that there is a place for everyone, that each of us has our own corner in the universe."[45]

It is important to highlight the thought that goes into the production of a critical theater, the exploration of the actor's languages, the appreciation of their creative process and their contribution to the construction of the show, offering imaginative and expressive possibilities to the composition of the dramaturgy and staging.

In fact, Vázquez's staging plays a central role in contextualizing and structuring the work, of pure Dionysian potential, but also in offering stimuli for discovery and artistic journeys—complementing the actor's work conducted through the studies and practices outlined by Cabral. The various dramatizations, written by both of them, express in words the passions and restlessness that run through them. These affections are based on the belief that creation and art transform lives, celebrating an opening up of the senses and dormant emotions.

Behind these actions lies a significant gesture, an attitude towards the world. We believe that this attitude encompasses a world view with which the theatrical performance is realized, the creation process of which must bring together a succession of learning situations, based on the experiences and materialities that have been developed and achieved.

45 Ferreira, 2007, p. 164.

EPILOGUE
Os Satyros' focus on education is synonymous with emancipation, freedom and democratic practice, in which anyone can take flight to build a better life. Staging, acting and teaching are complementary.

They believe that, within this space, the performative process derives from a reflection on the role of the contemporary subject in self-construction, stimulating a scenic behavior that is inseparable from ordinary life. The consequence of this process means that understanding these actions in this time of enormous transformations, diversity and miscegenation, of escaping ready-made models and opening up one's own paths, is also very complex.

Therefore, Os Satyros' pedagogy is inscribed between mythology and the living relations of the performative happening, inseparable from the festive and ritualistic origins of collective celebration in ancient Greece. The relation between Greco-Roman archetypes and contemporary temporalities makes today's performer reconnect with the past by accessing ancestral forces or the festive violence of the dithyramb.

Following this line of thought, one cannot help but draw a parallel with our Exu, who, in Afro-Brazilian mythology, is the orisha of communication and language, a paradoxical presence in his joy and mischief, where offerings to him are presented at a crossroads; concepts that Leda Martins provides us with as decolonizing tools for research methodology.[46] Furthermore, an epistemology of crossroads in performative manifestations allows us to establish a connection between Dionysus and Exu, as secular entities included in the Brazilian imaginary, in which both place art on the symbolic and real planes, permanently challenged.

46 Martins, 1997.

Os Satyros participants' pedagogy and staging are practices based on the agency of ideas, positions, exchanges of experiences, learning and dialogue. It is important to state that the configuration of a specific field of theatrical pedagogy guarantees the development of research, experimentation and creative discoveries, which are urgencies in the training of actors, directors and creators of the performing arts. Were it not for the broadening of their gaze towards the issues that affect art and its relation to the world of the present, they would not have gone beyond an interest in art alone, which in itself is a complex world, with its techniques and aesthetic conceptions.

Otherwise, they would not have so enthusiastically embraced, from the outset, the sense that *becoming an artist*, in addition to the processes of subjectification, would include a pedagogical and therefore political perspective, which is inseparable from art. This defines a space where they can reflect on possible theatrical approaches and methodologies, alternatives to the standard educational pedagogies in which the civilized subject is distinguished by rational, conscious, focused thinking.

Putting into practice the art of encounter, the philosophy of difference, bringing people together, expanding ideas, dreams and enchantment are motions that in their relational dynamics add to and transform lives. There is no better example than that of the young man who was considered "lost," who was hanging around the square in the 2000s, who was taken in by Ivam and Rodolfo and became an excellent lighting technician.[47]

Everyone who goes through the experience *self-performs*, in the broad sense of *performance*, as they seek to escape limits, repression and prejudice, united in the construction of fluid and participatory identities. The power of the group's gaze allowed them to see and address issues that would become the stage for emancipatory debates and historical reparations for other ways of existing in today's world.

From these infernal, sometimes delirious and subversive depths, the group has built a theater and living pedagogies, experimenting with language in the opposite direction to bourgeois drama, and which is capable of placing the desires and madness of modern-day man on stage.

bibliography

CABRAL, Ivam. *A arte no século XXI, uma pequena reflexão*. SP Escola de Teatro, 2012. Available at: <https://www.spescoladeteatro.org.br/noticia/a-arte-no-seculo-xxi-uma-pequena-reflexao>. Accessed on: July 7, 2021.

_____. *O importante é [não] estar pronto. Da gênese às dimensões políticas, pedagógicas e artísticas do projeto da SP Escola de Teatro*. 100 pages. Thesis (Doctorate of Scenic Arts) – School of Communication and Arts, University of São Paulo. São Paulo: 2017. Adviser: Elisabeth Silva Lopes.

_____. *Quatro textos para um teatro veloz*. São Paulo: Imprensa Oficial, 2006.

CORAZZA, Sandra Maria. *Para uma filosofia do inferno na educação: Nietzsche, Deleuze e outros malditos afins*. Belo Horizonte: Autêntica, 2007.

FERREIRA, António Manuel. '*De produndis*, de Ivam Cabral: teatro veloz com Oscar Wilde'. *Revista Forma Breve*, n. 5: Teatro mínimo, Universidade de Aveiro, 2007.

FOUCAULT, Michel. *História da sexualidade I: a vontade de saber*. Rio de Janeiro: Edições Graal, 1984.

_____. *História da sexualidade II: o uso dos prazeres*. Rio de Janeiro: Edições Graal, 1984.

GUZIK, Alberto. *Cia. de teatro Os Satyros: um palco visceral*. São Paulo: Imprensa Oficial, 2006.

KOUDELA, Ingrid; JUNIOR, José Simões de Almeida (org.). *Léxico de pedagogia do teatro*. São Paulo: Perspectiva, 2014.

LEAL, Mara Lucia; ALEIXO, Fernando (org.). *Teatro: ensino, teoria e prática. vol. 3. Processos de criação: experiências contemporâneas*. Uberlândia: Edufu, 2012.

LOPES, Beth et al. (org.) *Projeto Estação SP: pedagogias da experiência*. São Paulo: Adaap, 2016.

MARTINS, Leda. *Afrografias da memória: o Reinado do Rosário no Jatobá*. São Paulo: Perspectiva, 1997.

NICOLAY, Deniz Alcione. 'Por uma pedagogia dionisíaca'. *Revista Educação e Realidade*. Porto Alegre: UFRGS, 2010, vol. 35, n. 2.

NIETZSCHE, Friedrich. *O nascimento da tragédia ou helenismo e pessimismo*. Trad. Jacó Guinsburg. São Paulo: Cia. das Letras, 1992.

A CINEMA OF LIGHT AND DARKNESS
Guilherme Genestreti

In the opening scene of *Philosophy in the Boudoir*, amidst the sound of spasms, a light beam travels through twisted bodies and dusty pipes, filmed as if they were indistinguishable from each other. The oppositions, sometimes fixed and sometimes permeable, that guide the work of Ivam Cabral and Rodolfo García Vázquez in theater and which they transposed to cinema are all there: light and darkness, exterior and interior, masculine and feminine, ecstasy and agony, flesh and technology.

Humans, after all, are sensible machines, as preached by the Marquis de Sade, to whom the São Paulo group has never failed to turn in its more than thirty years of existence. And the idea of low lighting, like the one that opens this second film by Os Satyros, cannot escape the attentive observer, as it is also one of the keys to Sade's work, a libertine aristocrat who,

---

[47] Vázquez and Cabral, during an informal conversation with the author.

in the midst of the rationalist rage of the Enlightenment, was more interested in the dark recesses of human flesh.

Likewise, light is the starting point of *Hypotheses for Love and Truth*, the company's first exploration into the cinematographic universe—understood figuratively as a mother about to give birth to a child, which is also a poetic allusion to the neighborhood of the same name Luz (light) in central São Paulo, not far from Roosevelt Square, where the collective is based.

As a matter of fact, the square was the source for the characters' stories of searching for affection in the company's debut feature film. In May 2010, when the theater group had been based in the square for almost ten years, they presented a play that set out to explore loneliness in the metropolis in the light of contemporary technologies. Smartphones and their messaging apps were nascent and more restricted resources, while social networks and internet relationships were already somewhat consolidated.

Hypotheses for Love and Truth was written from the testimonies of hundreds of people who walked past the venue—artists, ex-convicts, drug dealers, prostitutes, hustlers, people from the corporate world—a patchwork of stories from the millions of anonymous people in the city. This was how stories were constructed, such as the guy who only had relationships through virtual chat rooms and the factory worker who only seemed to be able to strip off his mechanized routine by indulging in lust in the São Paulo nightlife.

"In the first place, we wanted to investigate the residents and regulars of the center of São Paulo, discover their stories and dialogue with their reality in order to develop the script," wrote director Rodolfo García Vázquez in his master's thesis defended at the University of São Paulo. "Then, we were going to investigate the potential of telephone and internet elements on stage."[48]

Indeed, in most of the narratives, the characters' solitude was mediated by technology, the fresh element that added new layers to the perennial discussion about the dehumanization of urban life and enabled the directors to immerse themselves in research into what they called expanded theater, a kind of manifesto that sought to explore new dramaturgical potential through the resources of the digital age.

"A theater beyond theater, expanded towards the city's pulsating nerves," was how the critic Luiz Fernando Ramos described the play in *Folha de S.Paulo*, emphasizing the content rather than the form; even so, he did not fail to highlight the game that the production proposed with the audience, encouraging the public to use their cell phones to interact with the actors. The devices were thus incorporated "into the theatrical experience itself as random phenomena, but also as symptoms of a new human condition," as García Vázquez described in his dissertation.

There was a lot of original material with clear potential for a movie script, which was nothing new for a group that, in the previous decade, had been experimenting with audiovisual works through short and medium-length films, as well as miniseries such as *Beyond the Horizon*, produced by Sesc in partnership with TV Cultura.

Between 2002 and 2006, García Vázquez directed six films, either alone or as a co-director—three of them providing an overview of the arts in Paraná, the state where Os Satyros have always had a presence, and three documenting the group's work. In the following decade, they also took part in two other more substantial productions.

[48] Vázquez, 2016, p. 39.

In *Satyrianas, 78 hours in 78 minutes*, the theater group is the object of study in a project by the three directors, Otávio Pacheco, Daniel Gaggini and Fausto Noro, to make a kind of "mockumentary," that is, a parody of the documentary genre, set during Satyrianas, the cultural marathon organized by the company. In *Cuba libre*, Os Satyros are producers of the documentary directed by Evaldo Mocarzel, which captures the group's tour of Cuba—in which they performed Reinaldo Montero's play *Liz*—as a backdrop to the return of transsexual actress Phedra D. Córdoba to the island where she was born.

The question that emerged, despite these experiences, in relation to the transition of the text of *Hypotheses* from the stage to the big screen, was whether the adaptation would result in a movie product or whether it would end up stranded somewhere in the middle of the road, like a tele-theater piece. The previous works, after all, had a strong foothold on the stage and did not ignore the stage.

When the film was released in 2014, four years after the play was staged, it became apparent that the precise definition of the boundaries between one art and another—what is cinema and what is (filmed) theater—does not occupy the core of Os Satyros' aesthetic concerns. On the contrary, the feature film *Hypotheses for Love and Truth*, while making good use of typically cinematographic resources, is more in tune with post-modern production, which points towards the convergence and fragmentation of artistic genres.

The film chooses as its main theme the peculiarities of life in contemporary São Paulo, a city with a frayed social fabric, even though the debate around how new technologies tend to transform the dynamics of coexistence is never abandoned—see the profusion of screens shown throughout the narrative—from 3D ultrasound to the chat room. The eleven main characters wander through this scenario of daily violence and brutalized affections, wandering through a narrative constructed according to the dictates of the choral film, i.e. through multiple intersecting stories.

Ivam Cabral's script lists some curious facts about the metropolis in order to set the scene for the existential labyrinth that the directors intend to untangle. Thus, we learn, through the voice of the transsexual radio announcer played by Nany People, that the capital of São Paulo is home to 3 million homeless people, 30,000 millionaires, that a third of its population lives alone, that 149 weddings are celebrated every day and that 123 people throw themselves from the top of buildings every year—the emphasis here being on the idea of suicide anchored in vertigo.

The characters from the show are slightly altered when transferred to the film, but the essentials are there. Cabral plays the director tormented by the trauma of his son's death in a robbery, and Phedra D. Córdoba plays the boy's lethargic, wheelchair-bound grandmother. Gustavo Ferreira plays Roberto, a pitiable guy with no social skills who decides to take his first vacation in three years and travel to a charmless country town. Cléo De Páris, in the role of a grieving mother, contemplates self-destruction. Luiza Gottschalk plays a pregnant prostitute in a toxic relationship with her drug-dealing boyfriend.

In this tableau, carved between the pathetic and the tragic, there is also the figure of Fred (Robson Catalunha), the suicidal young man who spends his nights lurking in the underbelly of internet chats, attempting to communicate (and ask for help) in a manner that never seems to materialize. In one of the script's most inspired moments, he calls the pizza delivery service and, instead of placing an order, tells them he wants to kill himself. On the other end of the line, the attendant reacts somewhat incredulously, as if witnessing a glitch in consumer society.

Hypotheses for Love and Truth is a film that brings together and competently illustrates the thematic oppositions mentioned at the beginning of this text. The light, already mentioned in its figurative sense (the birth and the neighborhood's name), is contrasted with the darkness of the night, within which the characters and all the endemic fauna of this universe circulate: prostitutes, outcasts, loners of all kinds. The existential agony of the types portrayed is opposed to the ecstasy they themselves seek in nocturnal pleasures; male and female are interchangeable genders in the characterization of many of those on stage.

The interiors settings include administrative offices, hellholes, and apartments where life goes on melancholically, as opposed to the streets outside, which can be both where danger dwells and a source of salvation—take, for example, the closing scene of the story, where the characters meet at the blocked Minhocão.

Finally, flesh and technology collide in the script's own reflections on the mechanization of work, the alienation of the routine that turns citizens into automatons, and its counterpart, which is the search for human contact, for possession of bodies—perhaps the best example is the image of the prostitute wrapped in plastic, as if she were an object at the full disposal of her owner.

Although the choice of actors, many of whom came from Os Satyros' stages, seems to be based on naturalism—reflected in the common types, totally devoid of Hollywood glamour, in line with a more real cinema—García Vázquez's direction does not seek a cinema based on the faithful reproduction of reality. That's why there's no hindrance to the performances often taking on a more theatrical air and breaking the fourth wall, with the actors addressing the camera, closer to post-modern theater than to contemporary cinema.

The use of expressionist acting tools, especially in Phedra D. Córboda's charged performance in the role of the elderly woman in a semi-vegetative state, is not the only trace of a stage heritage. García Vázquez's direction also chooses to escape from the naturalistic style and mark his presence, as in the scene in which the camera pans around the office where Roberto works, wandering between desks, partitions and somewhat stunned faces.

Hypotheses for Love and Truth is a film that reaches moments of sublime cinematic purity, despite all the theatricality apparent in many of its aspects. The scene in which the drug dealer, in his narcissistic desire to populate the world with his semen, appears in a fertilization clinic is constructed according to the dictates of good science fiction, with the actor seen from behind, surrounded by immaculately white floors, walls and ceiling. And in the most beautiful section of the film, a suicidal delirium, the characters played by Cléo De Páris and Robson Catalunha sneak onto a roof edge and, under a purplish twilight, facing the Consolação church dome, practice their final leap. The reference is to the fallen angel in *Wings of Desire*, directed by Wim Wenders, who hovers over a divided Berlin.

The question about a possible theatricality in their films finds more support in their filmmaking processes than in the language of the works themselves, although one thing is not entirely independent of the other and, as already pointed out, we can see traces of a more performative and less naturalistic art in the performances and in the way the camera is positioned. In fact, the directors have transferred to film some of their group theater background, based on the collectivity of the production, of which they are one of the great exponents in São Paulo.

This becomes even more evident when we look at the production of *Philosophy in the Boudoir*, shot a year after *Hypotheses for Love and Truth* hit cinemas. For this, the company's second feature, Cabral took over directing duties from García Vázquez and both used an author who, as we have already pointed out, is part of the genesis of the theater company and is almost inseparable from its brand.

The Marquis de Sade has accompanied the group's career since its second year of existence, in 1990, when the collective staged *Sades or Nights with Immoral Masters*, in Curitiba. At the time, they chose to stage a text that made reference to the 18th century author, as they explained in an interview with Alberto Guzik, transcribed in the book Os Satyros Theater Company: a visceral stage. "We went completely mad," says Cabral, recalling that they were living through the aftermath of the Collor administration's confiscation of their savings account and had faced setbacks with São Paulo's Municipal Culture Department under Luiza Erundina. "We realized that we needed to radicalize. [...] It was very clear to us that what we wanted was to expose, to shock, to mess with moral, social and political structures. We came up with a shock strategy."[49]

Cabral says that this shock tactic involved, in addition to the virulence of the text, a lot of nudity on stage and the more than symbolic act of urinating on stage. "At that time there was no more Zé Celso, there were not those paradigms of the 1960s, of free sex. That had been dead for many years," says García Vázquez. "It was as if we were exploring a new world."

The frisson that followed the staging of Sades in São Paulo, a decade before the group moved to Roosevelt Square, opened the door for the work of the libertine philosopher. *Sades*, renamed *Philosophy in the Boudoir*, became a kind of calling card for Os Satyros and remained with the company throughout the 1990s, when the group wandered around Europe, being re-staged in 2003, back in Brazil.

The choice to adapt *Philosophy in the Boudoir* to film was therefore a natural one for Ivam Cabral and Rodolfo García Vázquez, even though it represented a drastic change of direction in relation to *Hypotheses for Love and Truth*, both thematically and aesthetically. If the choral film structure of the first feature demanded a multiplicity of dramatic nuclei, which intersected in the streets of the city of São Paulo, the second required a more restricted setting—the title's boudoir.

This is not to say that the city of São Paulo is out of the picture; on the contrary. The directors chose to transfer the action, originally set in revolutionary France, to contemporary São Paulo, creating a curious tableau in which richly made-up characters, wearing corsets and period wigs, travel by carriage or limousine through the run-down streets of the city center.

The film follows young Eugénie, played by Isabel Friósi, as she is introduced to perversities controlled by three libertine scoundrels, played by Henrique Mello, Stephane Souza and Felipe Moretti. Surrounded by slaves, the virgin girl learns lessons about politics, the republic, tyranny, inequality—a veritable general theory of Statecraft—but which are always portrayed in an allegorical manner, with sex serving as a great illustrative method. "From pain to pleasure is only a matter of time," says one of the characters.

More than erotic, the film is pornographic, in the sense that the sex shown, as García Vázquez argued in an interview with us, is not meant to induce any arousal, but to express an idea of unspeakable violence.

The film proposes to invert the concept of obscenity through this interplay. Take, for example, the most illuminating scene in this sense, in which Dolmancé (Henrique Mello) climbs into a helicopter and flies over the very clear boundaries between affluent Morumbi, with its castle-like gated communities, and impoverished Heliópolis, with its sea of ochre-colored shacks. The directors seem to be pointing out that naked bodies are not the real indecency, but inequality, or even the corruption of the economic elites and the political caste, which is made so explicit in the dialogues.

The most striking scene in the film is also explicit—not the most violent, of course, but the most extravagant—a huge orgy starring more than sixty actors filmed in the company's space at Roosevelt Square. In an interview with us published in *Folha de S.Paulo* at the beginning of 2016, Cabral said that the group posted an ad on social media inviting extras and volunteers to take part in the orgy. On the same occasion, García Vázquez said that the initial idea was not to do anything explicit, but that "the actors gave themselves up, some really had sex."

Such surrender is clearly visible in the final cut. The camera wanders between countless vulvas, penises, breasts, cages, masks, chains, braids, whips, hair, gasping breasts and fluids of all kinds, recorded without a trace of shame. At the time, journalist Chico Felitti, also for *Folha de S.Paulo*, published a first-person account of his participation in the filming. Among housewives, bank clerks and students, the reporter recounted having pulled down his pants and exchanged kisses with a female actor, while some extras simulated blowjobs and others engaged in serious coitus.

The collaborative experience of group theater once again worked in Os Satyros' favor. The film could even be classified as a form of guerrilla cinema within the film world, since it was made on the margins of the large public or private funding structures for productions. The father of one of the female actors in the cast provided the factory shed in Santo André, in Greater São Paulo, which served as the main location; the helicopter used for

---

[49] Guzik, 2006, p. 76.

Dolmancé's flyover was also provided thanks to this kind of juggling act which, if absent, would have made it unfeasible to shoot the work on a budget of less than BRL 200,000, drawn from the theater company's funds.

In any case, the result succeeded in materializing those clashes that guide the group's works, as the first scene of the film, already described, shows, in which the light beam flashes over bodies and pipes, highlighting the opposition (and complementarity) between light and darkness, body and machine, ecstasy and agony.

The duel between the outside world, filmed during scenes in a bucolic park, and the inside world, in the bedroom, where the libertines practice all sorts of licentiousness and violence, including a rape followed by murder, is not far removed from the imaginable skullduggery and dealings that go on in the offices of Brazil's top brass is just as important.

The opposition between what the market defines as art film and pornography in *Philosophy in the Boudoir* is one that Os Satyros do not seem to care about—and that's a good thing. This is a boundary which, for them, seems overcome, anachronistic.

Andrea Ormond's review of the film, published in Folha de S.Paulo, corroborates this view by listing a handful of titles that blur this boundary, such as *Caligula*, by Tinto Brass, and *Empire of the Senses*, by Nagisa Oshima. It is no coincidence that these are two films from the second half of the 1970s—the decade in which Derek Jarman released *Sebastiane* and Pier Paolo Pasolini released *Salò*, the two most obvious comparisons that can be made with this second feature by Cabral and García Vázquez.

Not coincidentally, that same decade also saw the release of *The Rocky Horror Picture Show*, a wild musical directed by Jim Sharman. Although this title and *Philosophy in the Boudoir* bear little resemblance to each other, they are both similar in the way they were shown. When the extravagant British comedy hit cinemas in 1975, it was greeted with cold indifference, but ended up becoming the target of an unprecedented cult following the following year.

The Rocky Horror Picture Show became the clearest manifestation of what came to be known as the midnight movie, the midnight screening that American cinemas reserved for less conventional productions; for example, the works of directors considered more transgressive, such as John Waters (*Pink Flamingos*) and Alejandro Jodorowsky (*El Topo*). But Sharman's musical, with its story about a suburban couple who find shelter in the castle of a Transylvanian transvestite, soared much higher, attracting crowds of moviegoers who went to theaters in costume and, with the lines memorized, reacted to what they saw on the screen.

Although with different proportions, *Philosophy in the Boudoir* ended up benefiting from a similar screening strategy. Relegated to the last screenings of the day at Cine Belas Artes, in central São Paulo, the film ended up running for over a year—an unusual achievement on the Brazilian film circuit, where national feature films never run for more than a few weeks. The achievement was celebrated with an irreverent performance, not unlike that of *Rocky Horror*—with a ten-minute libidinous live performance that preceded the screening.

In February 2021, Ivam Cabral and Rodolfo García Vázquez announced a third feature film, scheduled to be shot between May and June of the same year, and also based on a Satyros' play. The text chosen was *The Art of Facing Fear*, the first play in the wave of online shows that emerged during the first year of Covid.

The work, shown through the Zoom app, imagines a dystopian future in which people have been confined to their homes for more than 5,000 days and reminisce about their lives before the spread of the virus. The project, which is to be filmed in Brazil, Africa and Europe, should deepen the group's research into how technology shapes human interactions, the so-called cyborg life, which the filmmakers are so passionate about.

One wonders how this kind of bold experiment, the theater's spur-of-the-moment response to the contingencies of the pandemic, will take on the language of cinema, in a world that is no longer the same as it was when the group began.

references

GUZIK, Alberto. *Cia. de teatro Os Satyros: um palco visceral*. São Paulo: Imprensa Oficial, 2006.

VÁZQUEZ, Rodolfo G. *As formas de escritura cênica e presença no teatro expandido dos Satyros*. Dissertation (Master of Scenic Arts) – School of Communications and Arts, University of São Paulo. São Paulo: 2016. Adviser: Marcos Aurélio Bulhões Martins.

OS SATYROS AND THE DIGITAL THEATER REVOLUTION
Ricky and Dana Young-Howze

Os Satyros is a digital theatre pioneer and game changer in the industry. When COVID-19 hit the whole world had to press the pause button. For the theatre world that pause button was a full on stop. Many theatre buildings had to shut down for good. So many theatre artists lost their entire year's income and were forced to give up. After the pandemic finally ends we may be forced to count all of the artists who have become "invisible casualties" to this global crisis. Invisible casualties are the people who did not join death tallies or infected rates but lost their livelihoods and had to leave their industry altogether. That will be a sad day and the theatre world will truly know the irreparable damage that was done. However in every forest that has burned down eventually new growth rises out of the embers. Digital Theatre is one of those new creations that spontaneously burst forth almost immediately after the pandemic happened. This new concept of post-geographical collaboration was an idea that slowly started to dawn on Dana and me. Os Satyros quickly became this white hot light of hope in the middle of it all.

Before we dive into Os Satyros's story we need to talk about who we are. We come from the state of New Jersey three hours away from New York City by car. We had been striving to shed light on theatre in our small part of the world for three years before the pandemic hit. By January 2019 we were about to give it up because we had been working so hard and getting so little it felt like we were striving in vain. We were making one more valiant attempt scheduling a massive summer tour to highlight theatre in our state. Then very quickly after lockdown we saw all of our calendar empty and thought it was a sign from the heavens that we should give it up.

However the exact opposite happened. We heard word from a friend that one show was being shown online and then another and then another. We started to notice this vast community that was sprouting up like weeds all over the globe. However no one was talking about it nor were artists talking to each other. We started getting the word out there and somehow we got propelled to the center of the community.

It felt odd to us that we had become one of the most prolific voices in digital theatre. We knew that there was something to be said for how digital theatre gave artists an agency that they had never had before. We knew that digital theatre could be a boon to artists in communities that had been marginalized. We also knew that digital theatre could open up the world to these little pockets of artists that had been cloistered together without knowing the big theatrical world that was at their disposal. We were looking for a theatre company that was seeing the same things that we saw and were exploiting them to the fullest.

Enter Os Satyros who met that need for us, and others in the digital theatre community, in a lot of ways. To see this company that had been around for so long becoming one of the pioneers in this new art form was jaw dropping to us. Then to see the scope of not only their reach across the world but how far they stretched the technology shocked us even more. They took something that we were used to seeing a lot of and expanded it with new techniques and applications. Whatever we thought we knew about Zoom and digital theatre was immediately changed.

Now when we look at digital theatre we're looking for people who can transcend the platform. We are looking for artists that can reach out to a broader community, especially to those communities that have been marginalized. Lastly we are looking for those artists that are embracing post-geography and looking towards a new theatrical landscape in the future. Os Satyros is all of those things. It is because of them that we have raised our standards and strive to be better in all that we do to build this community.

II THE BEGINNING

Dana and I heard Os Satyros was connecting people around the globe. People from Africa, Europe, Brazil, and The United States were coming together to stage this show called "The Art of Facing Fear". These people somehow got together and said "let's do a worldwide show". That was mind-blowing to us but still a little cryptic. We had seen plays staged on the Zoom platform before but I don't think we clearly understood what scope they were operating on. If you look at the scope that most artists were working on during that stage of the pandemic in 2020 we can be forgiven for not understanding that Os Satyros was on a higher level theatrically and theoretically.

We decided to do a marathon of all three versions of the entire Art of Facing Fear, a feat that lasted seven hours. The first show we were set to watch was the African/European version. During the first five minutes we immediately saw that they had set the stage to open this play up for an international audience. One of the things that we love about Os Satyros is that they assume nothing about their audience. They didn't assume that everyone was familiar with the zoom platform so they had cast members explaining everything from the mics to the cameras. They didn't assume that everyone spoke the same language so they explained in different languages. Finally they didn't assume that everyone came from a life where theatre was a constant experience so they presented an experience that was one of the most accessible we had ever seen.

From the very beginning they brought this openness to the audience and made us trust them. Asking us what we were afraid of they took our fears, our words, and turned them into the opening chorus. For the first scene of the play nothing was imaginary. The actors were playing themselves in their homes; they were just like us. Then they started to speak our words out loud. Our words became their words and they slowly dropped us into the world of the play. They started the entire show by collaborating with us to tell the story and make sure that we were emotionally prepared to see the story. Then and only then did they move forward with the rest of the story.

That spirit was going to become the pattern of the day. The African/European production was the best one for us to start with. Immediately you saw that they placed an emphasis on multiple stories and the impact that this was going to have on several people.

The characters wove in and out of the story like the threads of an intricate tapestry. When you look at a tapestry you can get up close and follow each thread on it's winding journey through the work and how they relate to all of the other threads. You can also stand back and look at the rich beauty of the final work. The overall performance had this theme of fear, vanity, mistrust, hate, and desperation but also, in the end, hope. It was awe inspiring to see how each of the actors created the overall theme.

The Brazilian production was like looking at a similar pattern but on a completely different tapestry. It taught us that when you change those threads around you can weave a similar picture but have an entirely different texture. Despite our inability to speak Portugese this production was the one that resonated with us the most. We were stunned by the passion and the candor of Brazilian artists. It is difficult to describe the facade that gets thrown up by U.S. based performers. Even though the best ones learn very quickly to break through and get to that raw energy that they possess within, the audience is aware this is just an act. Conversely the Brazilian cast threw themselves into scenes without flinching and with complete abandon. We don't speak the language but we knew exactly what was going on. It could be argued that was partly because we had already seen a version of the show before. However we know that it's because when an artist starts speaking from their soul they are speaking a universal language.

By the time we had gotten through to the United States version of the play we felt that we had been wrestling with our own souls. Now looking back this production is why global collaborations are vital and necessary to the theatre. Yes we shared a language with the cast but that was almost beside the point. What we value most about the U.S. version was that we shared a cultural memory with the cast even when we didn't want to. I, Ricky, wish that my Black spouse didn't know exactly what terror the image of a Black man wrapping his head in cellophane shouting "I can't breathe" would feel like. Dana felt the personal weight of those stories with every fiber of their being. Those words were so true to the Black existence that they could have been oxygen In our own lungs.

These three versions of The Art of Facing Fear were how we were introduced to Os Satyros and what they do. The universal language that they tapped into to tell a story was exhilarating. Their ability to translate that story in our cultural memory was enthralling. There was a seed here that we knew could sprout up out of this global coalition and into a new kind of theatre. If it could take root this year it could shake up how every theatre artist everywhere approached making art and even making their livelihood. We knew that we needed to talk with Os Satyros and see what more they could teach us, and the world, about their approach to their craft and digital theatre.

THE INTERVIEW

We were so excited when we got to sit down virtually with Rodolfo, Eduardo, Napo, and Rob from the global team of The Art of facing Fear. We wanted to interview them for our YouTube. It was so amazing to see them all in one space. We were expecting them to talk about how amazing it was to work together. We thought that we would hear some wacky behind the scenes details or horror stories. What we weren't prepared for were the words that would change everything we thought we knew about digital theatre.

"It's more Democratic". That's one of the first things that came out of Rodolfo's mouth. With all of our high ideals and academic thoughts it never occurred to us to say it that simply. It's Democratic. Digital Theatre isn't for the elites or the gatekeepers. Digital Theatre belongs to everyone. We were humbled by this. All of the privileged institutions of theatre should be hearing this and feel small. It's as if Theatre was a dictatorship until this point. We knew that gatekeeping was a large problem in The United States theatre industry. However, as much as we were celebrating the artistic implications of the theatre world, we absolutely forgot to talk about its implications to the greater social and political systems globally.

The conversation quickly turned to the idea of access and the joy of having a platform that was accessible on a universal scale. Rodolfo gave us some background about how the theatre scene in Brazil was a little bit different. They feel like they are constantly educating and they are perfectly fine with that. Digital Theatre was just another chance to educate and reach out. How can they explain Digital Theatre to their audience? They felt a social and political responsibility towards their audience. In fact it was astonishing to us that one of their main goals was keeping an awareness of social and global issues affecting both artists and audiences. In fact that main theme took prominence over their dedication to expanding the craft.

Os Satyros had colleagues who would not take up the standard of this new medium. They just didn't seem to understand what Digital Theatre is or why anyone would give up the classic ways of making theatre. There were some in their circle who saw their embrace of this new genre as a rejection of the old traditions. However the truth is Os Satyros were dedicated in not just creating the best season possible online but to reaching the most people with this new platform. They immediately understood they could reach the world immediately with one piece of software. If they could reach a global audience it was just as important to work with a global network of theatre makers.

Post-geography is a term we have started using to describe the world thanks to Digital Theatre. Simply put it means that the geographical limitations of theatre are no longer a consideration. Os Satyros has given us a look at one model towards post-geographical performance and how it can make a global impact. Speaking with the creatives behind The Art of Facing Fear was a revelation. They and Os Satyros have given the theatre world a new found conviction, a call for artists to feel a social responsibility to their audience and community.

DIGITAL THEATRE

The Os Satyros style is a bombardment of sights, sounds and senses. We often joke that their shows would have taste if they could, They will throw anything and everything at you to make sure you're fully immersed in the work. We are tempted to say that they can take a theme and explode it so that each scene, character, and line of dialogue is a fragment of theatrical shrapnel that goes right through your heart. However this shrapnel is far from random. Everything Os Satyros creates is carefully curated so that you feel it was meant just for you. You will latch onto a piece of dialogue or a certain scene as if it were your own. You cannot leave an Os Satyros digital production without being fundamentally changed, different than who you were before. Each performer is their own epicenter that sends the message of the play out to the rest of the world. You turn off the computer or put down the phone at the end of the performance with this sense of exhaustion but also with this invigoration to go out and change the world that you're living in. That is the world-changing power of theatre that Os Satyros puts on display with every show.

Os Satyros differs from most digital theatre we've seen anywhere in the world by breaking the expectations that we have of the medium. In the United States at least we are used to seeing static bodies in Zoom windows emoting forward into the camera. When we see movement in a production we are happy because it is a rare treat instead of a normal occurrence. A lot of the focus is put on creating a "virtual theatre" that is an analogue of what we would expect to see in a "brick and mortar" theatre building. What we love about the Os Satyros aesthetic is that they have taken the words of William Shakespeare to heart: "all of the world's a stage". They move their actors all about their rooms and throughout space and time as if they actually existed in nature. You'd think that the detractors of "zoom boxes" would readily adopt this.

Their productions transcend the platform that they are using. You're watching a piece of theatre, not a "Zoom" play. There is an idiom in the United States that someone "must not have gotten the memo" when they go ahead with an action that flies in the face of how their peers have unofficially agreed to proceed. Well it seems that Os Satyros never got the memo that digital theatre was supposed to be flat and stay "in the boxes". They never got the memo that narratives were supposed to be held captive in the homes of a few performers and never take a global scope. Finally they never got the memo that digital theatre was supposed to be chained to our empty theatre buildings and the notion of what would have to fit inside them. They never got that message and instead have created a new message about the future of the arts that artists around the world need to receive and internalize as quickly as possible.

Os Satyros's message is to not see digital theatre by it's limitations but by it's opportunities. Artists without vision look at the Zoom boxes but not the ability to bring in collaborators, actors, and audiences from around the world. They see the camera, lament the loss of a physical interaction with the audience, but never see the chance to explore new relationships with the audience. Every audience member now has a front row seat, every actor has ownership of their space. Every playwright is an artist who has a new canvas to create art. In the time that was wasted lamenting the "death" of theatre those wringing their hands could have looked up and noticed that a Phoenix was rising from the ashes.

Most companies would be wise to learn from the Os Satyros example by exploring these possibilities. We often joke that there are only twenty people in the theatre because we are surprised how everyone in this industry seems to know each other. Now is the time to be building new coalitions and expanding our networks. This is the time when we need to create grand experiments and dare to fail. When the behemoth of the "mainstream" theatre reopens they will either see the new possibilities of the digital theatre movement and look for some way to exploit it or they will rail against it and try to rewrite the rules so that they can regain control of what they call the "legitimate theatre". It is our job as a global community to rise up and make them notice the work of theatre companies like Os Satyros who have changed the theatre landscape forever.

EVOLUTION

It is worth noting that Os Satyros has taken a somewhat interesting journey from their first monologues on Instagram to As Mariposas, the most recent show that we have seen (given how prolific Os Satyros is there will probably be a lot more Os Satyros work by the time you read this). Since the beginning they used Zoom which is one of the mainstays of Digital Theatre in the United States. Unlike the United States they have had a sophistication with video that we had not seen in the earlier days. You can see this sophistication very early on in the Ruinas de Constructiones where there is only one performer delivering a monologue with each section interspersed with very elaborate video animation. We found that storytelling and monologues have enjoyed a bit of a new renaissance in 2020 mainly because of the ease of one performer and a design team coming together and getting a new play to an audience very quickly. However we have only seen one or two solo performers out of hundreds that are using greenscreen and videos in the same way. There has been a year long discussion among digital theatre practitioners about what constitutes digital theatre and what constitutes film. In many ways it has not been so civil. There are many artists that have been content to film their plays in advance and let audiences watch them on their own schedule. Some want to stage their plays live but have a few prerecorded elements. Others decide to be very pure about it and feel that it is only theatre if it isn't prerecorded and they can see the audience's faces staring at them in the Zoom windows. No matter how you go about it very few have embraced video and live performance in their productions like Os Satyros. One can easily tell from the very beginning that they were embracing the prerecorded elements as a keystone to their narrative and scenic design.

We have talked about The Art of Facing Fear and how it impacted us as an introduction to Os Satyros's work. We didn't think that it would be possible to amaze us again. We were mistaken because New Normal hit us in its own specific way. While it didn't have the grandiose scale and the global cast of The Art of Facing Fear it did confirm to us how dedicated Os Satyros was to the use of an expansive, immersive, and an episodic narrative. If the novelty of it excited us in The Art Of Facing Fear it was New Normal that told us that these devices were, in fact, the new normal. What immediately fascinated us was the use of devices such as barraging us with associated images and twisting what we think is normal into something strange to get ahead of our expectations in the play. We are bombarded with images of women dancing seductively. Are they there to titillate, seduce, or arouse? Then just as suddenly we are bombarded with those same seductive bodies covered in words such as "abuse" or something similar. Especially in the United States a nude performer instantly grabs attention. That is an immediate message that we as an audience start to process. Maybe in our "lizard" brain we are processing a more primal message at the same time our artistic and sophisticated brain is thinking about aesthetics, beauty, religious shame, or shyness. Then by layering the ideas of abuse or violence on top of that our brains go through a thematic whiplash. Just as we are processing one theme we are whipped into another one that mars and defames the one that came before it. We see that a lot throughout the whole production and in future productions. It is another tool in the Os Satyros toolkit that you would swear was tailor made for the Digital Theatre arena.

It was Macbeth #6 that used all of the Os Satyros toolkit and officially ushered in the "Os Satyros style" which frames how we look at digital theatre now. Leave it to them to still push the envelope and go even further. The production was filled with images of fate, fame, and greed. Macbeth speaks with the ghost of Duncan who looks like Kurt Cobain. Macbeth films a video tutorial like a YouTube influencer. All of these speak of fame to an audience. Then the whiplash happens. We are shown multiple videos of women screaming, washing hands, even multiple Lady Macbeth's showing us the price of that reach for fame at any cost. Os Satyros used these techniques to interpret one of Shakespeare's most famous tragedies. We have seen Macbeth quite a few times but this was the first time that Dana said that they finally understood it. Before Os Satyros was using their rolls to tell us new stories. This time they were again working with collaborators across an ocean to demystify an existing text. They weren't just embodying it and or translating it either. They made Macbeth their own new creation and used it like a surgeon's tool to cut us deep.

As a final thought about the Os Satyros style of Digital Theatre it is important to note that this style most likely didn't start in the digital world. We are very certain that if we had seen any Os Satyros production in 2019 we would have been able to see a lot of similar techniques on display on their mainstage. What is important is that all of these techniques went over so well on the digital stage that it felt as if they had been made just for that medium. The barrage of associated thematic images is most likely not new to the Brazilian stages or even stages across the Globe. The way that Os Satyros used them in adjacent Zoom boxes in Gallery View was visually stunning. Directing many performers to turn on and off their cameras so that they looked like quick cuts of edited video was extremely effective. They probably have layered themes to create that whiplash effect that we saw in New Normal and Macbeth #6 before onstage. We don't think they'd say the effect was done onstage with as shocking an effect as it was done on the screen. However something as beautiful, shocking, and resonating has been attempted before. Lastly we have it on good authority that they are known for their collaborations with artists across the globe long before the post-geography of today. Those collaborations must have birthed such wonderful works onstage in the past. However I do not believe that it can be disputed that collaborating with artists across the globe and creating dramatic works with them hasn't become a million times easier in the digital era. The same platform that can be used to meet with your collaborators across thousands of miles can also be used to rehearse and perform the play. Even the audience from all over the world can be gathered together in the same virtual space as the performers. That was a feat only slightly feasible in the years before though few artists were willing to try it. Just ten or so years before that it would have seemed like science fiction. After learning how to pioneer this genre in a year, Os Satyros can now lead by example and have an impact on theatre, both digital and in person, in the years to come.

TAKEAWAYS

The whole world needs to take a page from the Os Satyros book in terms of digital theatre. To look at a pandemic and think not only "we are going to do this thing" but "we are going to do it bigger than we ever have before" is an embarrassment to bigger institutions that could have been doing it all of 2020 but wouldn't. We need to stop defining the digital platforms by their limitations but possibilities. We should be making art that transcends platform and medium. We should be reaching out with an eye towards collaboration and embrace the contributions of our theatre community from across the globe. Lastly we should be constantly looking for the next evolution. Where can we take this and make it bigger? Where can we innovate? How can we include communities that have been marginalized into these answers?

We think that there can be several takeaways to what Os Satyros is and how they have impacted the theatre and digital theatre landscapes in such a short amount of time. Their works have been such a gift to us and others. We know that as we unpacked each of their performances we have found little nuggets of gold that have changed our careers and how we do things. There are several things that the outside world needs to find in their style and steal for their own theaters.

However how do artists go further and internalize this work to make it their own? It is nothing to replicate the work and mirror it's success. One must look towards the spirit in which it was created and the community that it was created in. Can it be summed up into words and become a mission statement for the future? We think that it can be summed up in three main ideas: Global Coalition, Audacity, and Responsibility.

As theatre makers we need to reject the idea that artists have to bow down to national trends to make art in their own communities. One should not have to move to major metropolitan centers and bloated institutions to get this label of "theatre maker" or "professional" stamped on their head. There should be avenues toward self sufficiency and a profession wherever the artist is. Equipping those artists to find their tribe in the world, interact and create with them online, and be seen by a worldwide audience should be the first job of a post-pandemic theatre. With it their voices can be heard from around the globe.

Audacity is that willingness to do what needs to be done and not be swayed by others that say anything to the contrary. Os Satyros has the same audacity that we have. We as two small theatre writers living in a trailer in South Jersey had every right to review theatre across the globe. We had the innate right to be respected wherever we went. We had every right to do an award show. I think this is why we and Os Satyros got along so well. It wasn't about whether someone was going to tell them yes or no. They claimed their birthright, a birthright we all have as human beings to be and create art, and did it anyway. All artists across the globe should be empowered to claim this birthright and do this hard work that needs to be done.

Finally we need to start thinking in terms of responsibility towards our communities. We can use digital theatre and global coalitions to not only give access to artists across the globe but reach communities that have been marginalized by the same privileged institutions that kept theatre back. What kind of theatre are we doing to convict audiences to change the world? What kind of responsibility are we taking to expand access to audiences where they are? Where are we furthering the democratic nature of digital theatre and ensuring that it moves forward in a spirit devoid of gatekeeping? We can't create art anymore without thinking about our impact. Os Satyros is leading the way. It's our job to follow.

REVIEWS

IF ANY commedia dell'arte troupe ever survived and came to São Paulo, it could not have felt more at home than on the small stage of Zero Hora Theater [...]. This is what the group Os Satyros must have felt when they chose this venue to stage *Harlequin's Adventures*, by Rodolfo García Vázquez and Ivam Cabral, directed by the former, for young audiences. [...]

In the script of *Harlequin's Adventures*, some typical characters are presented: Pantalone, the Doctor, Pulcinella, Harlequin, Colombina and Isabel (a typical name for female lovers in the commedia). The structure follows the line of love quarrels and trickery, especially to foil Pantaleone's avarice and his plans for Isabel. The author, however, followed a more recent line, transforming Harlequin into one of the lovers, in love with Isabel. The reference to the moonstone also belongs to the tradition of Italian comedians. The costumes and choreography by Lauro Tramujas and the "half masks" by Daisy Nery, inspired by the commedia, help director Rodolfo García Vázquez achieve a result that respects the spirit of Italian comedy; even though the cast is not fully prepared for juggling and does not always have the *physique du rôle*, the most noteworthy of which is Harlequin.

Ivam Cabral's Harlequin and Lauro Tramujas' Pulcinella stand out. A brave and commendable use of the commedia dell'arte for young audiences.

CLÓVIS GARCIA,
"Very current Commedia dell'arte,"
Jornal da Tarde, November 11, 1989.

NOT everyone can stand *Sades or Nights with Immoral Masters*. [...] The show features explicit scenes of masturbation, fellatio, sodomy, sadism and—finally—murder. [...]

According to the Os Satyros group, the production was persecuted in São Paulo. The national premie cre was in June at the Guaíra theater in Curitiba. [...]

The director describes the play simply: "It is like a cry." This cry is a reaction to different situations. One of them was the frustrated project for the group to build a theater together with São Paulo City Hall. It is also a cry against the "privilege of form" in current Brazilian theater. Or even a reaction to the lack of an ideology "like Marxism," replaced by a "deep anguish."

The one who ends up hearing the cry against this—and who knows what else—is the unsuspecting audience member. Or, as the director puts it: "I feel that there is a sadism in the actors, and in me, towards the audience."

NELSON DE SÁ,
"Sades plays with the boundary between theater and pornography," *Folha de S.Paulo*, November 18, 1990.

BASED on a play by Tchécov, Ivam Cabral and Rodolfo García Vázquez have created a hilarious script, playing with the creative genres of contemporary theater. The show *The Proposal* begins as a realistic production, with conventional scenery and performances. At a certain point in the show, however, someone in the audience starts grumbling that this is crap, that one cannot accept something like this. After provoking the anger of the audience members who have already embarked on the show and, unaware, even shout "If you don't like it, leave," the grumbler turns out to be the director of the production. Unhappy with the direction his work has taken, he interferes in the outcome of the scenes. [...]

The Proposal was directed by Rodolfo García Vázquez with efficiency and simplicity. The director skillfully steers the transition from theater to meta-theater. And he manages to keep his work from sounding like a cryptogram. Even those who do not identify the target of the satire in *The Proposal* will fully appreciate the play. The set and costumes by Kinkas Neto are sober and appropriate, and play their part well. The actors perform with ease in the various modes of interpretation that the project requires of them.

ALBERTO GUZIK,
"*The Proposal*, a humorous and intelligent proposal," *Jornal da Tarde*, May 30, 1991.

A SHOW that reveals the power of alternative theater, that sends out a cry of protest at the Teatro Bela Vista [...].

Saló, Salomé is bold, strong and vibrant. It revisits biblical myths, from Salome to St. John the Baptist to Herod. It speaks of passions and spirituality. Of limitlessness. Limitless power. It is a highly political script, a very theatrical show.

Rodolfo García mixes Beckett and Fellini in his composition to talk about the decadence of customs and the critical vision that theater must have. He uses garbage as scenery and sews rags together for the costumes.

CARMELINDA GUIMARÃES,
"Salomé revolutionizes the stage,"
A Tribuna, Santos, July 7, 1991.

WITH MORE than eighty actors, this theater company has reaped successes and especially controversy in its country since it began investigating new styles within the avant-garde of theater.

Although technique is important in their shows, they place much greater importance on spontaneity, and their intention is to involve the audience in the protagonism of the work.

The work itself tells the story of Salome and John the Baptist, in a hypothetical context after the Third World War. The characters are caught up in an impulse that drags them to the edge of tragedy.

"Within a destroyed society, men are only shadows of what their own myths were."

As defined by themselves, the staging is very strong, impressive. "Not just because the actors appear naked, but because its very dynamics make you a participating observer."

CARMEN JARA,
"The Brazilian group Os Satyros performs today at the Castillo de Niebla," *Huelva Información*, Spain, August 28, 1992.

IT IS SHOCKING. Sometimes disgusting. Almost always irreverent. Without ever ceasing to be promiscuous. [...]

There is no doubt that staging a "cursed" writer—because of the sexual themes that his books reflect in sometimes excessive and distorted forms—like the Marquis de Sade can be an adventure of no return.[...] Os Satyros took a risk. In Portugal, there were those who loved it. There were those who hated it. But no one was indifferent. [...]

Os Satyros broke free of all taboos to disturb the sweet monotony, they say. They pinch our sensibilities, they say. They offend the morals of the Catholic Church and question God, they say. They trample on traditions, they say. And, above all, they reveal the monstrosities that lie dormant in the human race. [...]

The Teatro Ibérico was the stage chosen for the European premiere of *Philosophy in the Boudoir*. Ivam Cabral, Silvia Altieri and Andréa Rodrigues played the central roles in a cast of eight. [...]

Rodolfo García Vázquez, the play's director, transformed controversial literature into theater. Using a simple but effective set. A lighting design that is perfectly linked to the action. A simple and original costume design. The sound design turned out to be surprising.

ADELINO CUNHA,
"Sex as God," *O Diabo*, Lisbon, February 2, 1993.

IN THIS PLAY, Sade tells of the lessons in debauchery given to a young girl by an experienced couple. The climax is reached when her mother rushes to her rescue and is tempted by her own daughter into all manner of lust.

Summed up in this way, one might say that this is porn theater, with a view to arousing the viewer. But this is not the case. Although the nudity (male and female) is sometimes total, although the language is of the highest order, the play, within its intrinsic amorality, is a work of art in its aesthetic concerns of staging and editing. I would even say that aestheticism is its greatest concern and its greatest asset. [...]

The company that brought this show to Lisbon—Os Satyros—is one of the most prestigious in São Paulo's experimental theater scene, and we know how avant-garde Brazilian theater is.

Ivam Cabral and Silvia Altieri are the libertine couple and play the roles with conviction. The young woman (Andrea Rodrigues) is an excellent second to them, and the mother (Silvanah Santos) has the bitter figure and sense that the play demands. Daniel Gaggini, who is on stage the whole time, entirely naked, without a single line, plays the Statue, posing here and there in poses that we would say were taken from Hellenic sculpture. [...]

Philosophy in the Boudoir will be a repugnant work for some. For me, it is a very violent drama and a spectacle of pure art that Rodolfo García Vázquez knew how to construct.

JORGE PELAYO,
"Philosophy in the Boudoir," *Jornal do Dia*, Portugal, March 12, 1993.

A CAST of eight are evidently fully committed to an uncompromising barbarism without hypocrisy, and there is nothing erotic or titillating about their full-frontal approach.

Nevertheless, the show appeared to cause offence among sections of the opening night audience. It prompted a steady stream of walk-outs from those exercising their ticket-holder's prerogative [...]

What did they expect? A show which promotes itself openly as an adaptation from *The Philosophy of the Boudoir* might not have been the first choice of anal retentives or those in search of a morally edifying evening. [...]

The show has thereby acquired a welcome notoriety. The depressing truth is that, no matter how well its satiric aims are achieved, the worst that can be said of the show is that it is a little boring.

JOHN LINKLATER,
"Un-titillating", *The Herald*, August 19, 1993.

TO UNDERSTAND what the "Edinburgh Echo" is, one certainly does not need a lot of explanation. After all, everyone knows what this wonderful city is: the capital of Scotland and home to a world-famous theater festival. All that remains is to remind you that Edinburgh and Kiev are sister cities, so that everything is definitively clear: "Edinburgh Echo" is a long-term program made up of numerous artistic and cultural actions. [...]

Now the people of Kiev will also have the opportunity to experience the catharsis of *Philosophy in the Boudoir*: in December, the play will be performed at the Youth Theater. PAP (Podil-Art-Proekt)—the organization that, at the request of Teátr na Podóli, took care of bringing the Brazilians to Kiev, as well as all the other arrangements for the "Edinburgh Echo" actions—promises that Kiev theater lovers will see nothing less than "pornography transformed into an action of the highest dramatic art," as well as a play more suited to the moral sense of the audiences.

G. CH.,
"Edinburgh echo in Kiev," *Vísti z Ukraíni* [Ukrainian News], no. 47 (1804), November 18-24, 1993.

ON DECEMBER 4, the Brazilian theater company Os Satyros [...] arrives in Kiev.

Kiev residents will have the opportunity to see one of the most controversial and scandalous performances of the 1993 Edinburgh International Theatre Festival: a staging of the Marquis de Sade's *Philosophy in the Boudoir*.

The play about the seduction of a girl from a monastery by the married libertine Juliette and her lover Dolmancé is astonishing for its frankness. Never before had an artist gone so far in talking about sex, brutality and violence.

If you are a theatergoer and you are concerned about your morality, we recommend you see a more restrained show by the same theater group: *The Picture of Dorian Gray*, based on the play by Oscar Wilde.

"Brazilian shock," *Kommersant Ukraíny* [Ukrainian Merchant], n. 15 (16), November 1993.

THE SHOW Philosophy in the Boudoir, presented by the Brazilians to the Kiev audience, is intended only for adults... and the morally resistant. [...]

The play has already received mixed reviews from both audiences and critics. It has been called erotic, pornographic, too intellectual, etc. The artists, for their part, offer their own interpretation on Sade's work: Nietzsche's "superman," the social violence of Brazil, the alienation of man in the age of postmodernism.

Only time will tell what the Kiev audience will think of Philosophy in the Boudoir (although we can predict a stormy reaction).

VALENTINA BRUSLÍNOVSKAIA,
"Philosophy in the Boudoir in the foreground," NEZA, n. 132, 1993.

BASSIST and composer for the English band Siouxsie & the Banshees, Steven Severin uses his spare time to make soundtracks for projects he considers ambitious and independent. The most recent, Maldoror, inspired by a work by Lautréamont, is with the Brazilian theater company Os Satyros, who have been based in Portugal for two years. Over the last ten months, they have only exchanged ideas for the show by letter or telephone. The first meeting took place on October 8 and 9 in Lisbon. For two days, the group rehearsed part of the show for Severin.

"I have the elements to start. What I saw was very exciting and intense"—the musician, who has already composed three pieces for the play, told Globo.

The premiere will be in March in Lisbon, and Severin hopes that the company will present it in London. [...]

O Globo—What drew your interest to this Brazilian group?

Steven Severin—I saw one of their shows in London, which was considered controversial, and I thought they were ambitious and different. Then I read in the play's program that they were starting to do a work based on *Maldoror's Songs*, which is one of my favorite books. So I got in touch with them. [...]

O Globo—What do you and Os Satyros have in common?

Steven Severin—The group is Brazilian, and their concerns are quite different [from mine], as a European. But in one respect they are similar. I am more interested in things that people think are scandalous or controversial, and I want to know why they think that. In my career, it is the same. We upset people when we started the punk movement. This is what this company is trying to do: change things. I got involved with them because there are not many people doing that anymore.

SANDRA COHEN,
"New Songs for Maldoror," O Globo, May 1994.

HAMLET-MACHINE by Heiner Müller is one of the bestsellers of the year in Portugal: Teatro Só staged it in January in Porto and, in mid-May, the capital already has its first staging, by Os Satyros. At the City Museum, Campo Grande, 245. [...]

On show here is a fragmented man, at once "knife and wound." A Hamlet torn between revolution and revolutionary barbarism. And the figure of Ophelia, an evocation, of course, of Müller's wife, who committed suicide in 1966.

Os Satyros, ultimately, understood and recreated what was essential. Taking the fragmentation of this Hamlet/Ophelia to the final consequences, the soliloquies were divided among eleven actors; the costumes are black, leather, unisex, and the actors move in a circle around the audience seated in the vast space of the pavilion erected at the end of the museum's boulevard. The pavilion's glass wall allows the actors to use the lawn as a stage, and the ritual ends with them glued to the glass, trapped outside. Bees in the rain, looking at promised homelands—where they can never enter.

MANUEL JOÃO GOMES,
"Drama of a German socialist," Público,
Portugal, May 19, 1996.

IVAM Cabral's script has the great merit of using a language that maintains the necessary dramatic tone without being overdone [...].

The audience is brought closer to the play both through the text and physically: director Rodolfo García Vázquez has put the audience on stage with the actors, forming a mini-arena for the show and creating various planes for the story. The space is explored from top to bottom—both the internal structure of the stage and the balcony in the audience are used for the choir's appearances—and the staging is punctuated by some video inserts, which give the show even more agility. [...]

Despite dealing with a heavy theme—revenge—the play manages to be quite lyrical, allowing the audience to discover the myths in a new light, less false and more human.

MARIÂNGELA GUIMARÃES,
"Closer to virtual Greece," Gazeta do Povo,
Curitiba, February 21, 1997

TRYING to find new directions to what already has a well-established and widely publicized form is always a delicate task; and in their staging of *Medea* at Glória Theater, Os Satyros, from Curitiba, state that they "maintain the company's line of research into Greek myths, adapting them to a contemporary universe." [...]

Rodolfo García Vázquez's direction is mainly lost due to a lack of organicity: the distribution of the lines of a monologue among ten performers, who are also responsible for the music, results in a kind of jest, only accompanied by beautiful movements, gestures, attitudes, of greater aesthetic than dramatic concern. The result is visually very beautiful (despite inexpressive lighting, also by the director), with interesting sound effects (which often completely cover the lines), but not particularly expressive of what would be the essential content of the myth of *Medea*, or of some new meaning of it for today's world, as stated. [...]

The seriousness and good intentions of this *Medea* are undeniable, but the show does not really open up a new way of understanding the myth.

BARBARA HELIODORA,
"Tragic meaning still very distant from
the audience," *O Globo*, March 6, 1999.

[...] THE IRISH author Oscar Wilde is stripped of his masks in *De profundis*, written by Ivam Cabral and directed by Rodolfo García Vázquez, showing at the Satyros Space.

The audience—only sixty people per session—is locked-in with a Wilde weighed down by the shame of being humiliated by the people who respected him for the genius of his artistic work and for his boldness in the face of the rigidity and hypocrisy of a masked morality.

Without the subterfuge of the costumes he wore to provoke, without the freedom to just be, without the possibility of communicating to the world his disgust for preconceived ideas about art and man, what remains are ideas and memory [...].

The question of love without borders and without impediments—the reason for his social exile [...] is treated with beauty and rapture. [...]

Rodolfo García Vázquez's staging is impressive. There is a dialogue between different scenic and story planes that takes the audience into absolute rapture.

MICHEL FERNANDES,
"Os Satyros present a ravishing Wilde,"
Último Segundo, April 25, 2002.

A COMPANY hitherto considered by some to be an "aberration in Brazilian theater," with plays that were rejected not so much due to misconceptions as due to moral barriers, Os Satyros is celebrating its 15th anniversary, enjoying the maturity of this journey of provocation and indifference. [...]

This is what their new project promises, *Kapsar or the sad story of the little king of infinity torn out of his shell*, which opens in the Curitiba Official Festival, at the Arame Opera House. [...]

The enigma of Kaspar Hauser the the inspiration for the show. A 19th century German myth about a boy who was inexplicably kept in a dark cell on bread and water for about ten years. Kaspar is taken to the square in Nuremberg in 1828, as an exceptional being, the most perfect translation of the Romantic spirit of the time: a sweet, generous and at the same time melancholy man. [...]

The show goes through the phase of his "rebirth," when he is acclaimed; then accused of being fake; and finally his assassination. Four years of rise and fall for someone who was only 16 or 17 years old. "Our Kaspar is looking for the womb, for a homecoming. The passion with which he is received at the beginning and the way he is despised afterwards, dumped in the gutter, serves as a metaphor for understanding the disposable world we live in," says Cabral, 40.

What is natural or created? Here's one of the key questions. [...]

VALMIR SANTOS,
"Satyros guide Kaspar Hauser to the 'womb',"
Folha de S.Paulo, March 27, 2004.

IN *COSMOGONY* – Experiment No. 1, Rodolfo García Vázquez stages the clash between myth and science and renews the aesthetics of Os Satyros.

[...] In this clash, the conflict between reason (logos) and emotion (pathos) is outlined, in which the character appeals indirectly to the goddess Mnemosyne, in a remembrance of a life fading away. *Cosmogony – Experiment No. 1* follows this same structure by showing the final fifty minutes of life of a scientist in a coma. The play's author and director, Rodolfo García Vázquez, presents the verbal adventures of the scientist (Ivam Cabral) with his muse Belavoz and Moira (both played by Cléo De Páris) within his own consciousness. Here, the most important opposition is that between scientific arguments and mythical fatalities.

The novelty of this production is that it takes the viewer into the hospital room and into the walls of the scientist's troubled mind at the same time. [...]

There, within his consciousness, the audience's senses are provoked by a torrent of references and scenic resources; heat, smells, vapors and amidst a fragmented narrative full of verbal clashes. All to build a landscape of strong emotional appeal. [...]

It is panic theater—Expressionism, Symbolism, avant-garde, all together.

ALEXANDRE MATE,
"Nightamare metaphysics,"
Bravo! magazine, May 2005.

IT WAS at Roosevelt Square that Dea Loher, a German playwright, came to understand Brazil, listening to a transvestite tell of her passion for an alien, or a girl who is kicked out wearing only her body clothes and a wedding dress, in order to remake her life.

The material resulted in *Life at Roosevelt Square* (*Das Leben auf der Praça Roosevelt*), presented at the last São Paulo Biennale by the Thalia Theater from Hamburg and subsequently acclaimed by German critics. [...]

Now, Satyros overcomes its limits in this version of Loher's text and creates its masterpiece. [...]

The old run-down Roosevelt appears as though it were a Brechtian cabaret; the clowns, played with lightness by Soraya Saíde and Laerte Késsimos, could be the same ones who beat up the boss in Baden-Baden, in a tone that ranges from the bittersweet fable of Tim Burton to the hyperviolence of Sin City. [...]

And even though the play sometimes dips into melodrama, the care taken with details and the dizzying dramaturgy render identification inevitable—due to distance.

Faced with fantastic realism, a hideous and cathartic reality, the audience is returned to the square transformed.

SERGIO SALVIA COELHO,
"Os Satyros enshrine their Roosevelt Square,"
Folha de S.Paulo, August 25, 2005.

QUEEN Elizabeth I of England (1533-1603) ruled for exactly 45 years. Fidel Castro overthrew the corrupt and violent government of Fulgencio Batista, Elizabeth opened up the country to international trade and turned it into a powerhouse (the London Stock Exchange has been operating since 1506). In general terms, it can be said that both are close in their almost mystical obstinacy for power, seeing themselves as the guarantors of national existence. The reverse of this portentous image is the exercise of violence and loneliness. The play *Liz*, by the Cuban Reinaldo Montero, staged by Rodolfo García Vázquez with Os Satyros, is based on this theme of history and sword. [...] Elizabeth had greatness and cruelty. She was the sovereign of an island like Cuba, and Montero emphasizes this similarity in the plot, which deals with the artist's proximity to power. The lengthy text accumulates historical facts in an accelerated sequence that cannot be grasped immediately (relations between England and Spain in the 16th century, the bloody political-religious issues between Catholics and Protestants in the two countries and between England and Scotland ruled by Mary Stuart, Elizabeth's cousin). Among the beneficiaries and victims of these clashes are Walter Raleigh, the Queen's favorite, a mixture of entrepreneur and opportunist, and the playwright Christopher Marlowe, who was part of the royal spy network and was killed in a mysterious manner. [...] It is dangerous for an artist to be carried away by such seductions (Marlowe), just as it is convenient for those who are greedy for power (Raleigh). This is where *Liz*'s allegory goes, with scenes that have an impact and others that are vague. The show navigates between circus, parody and a degree of provocation. [...] If nothing is very clear in *Liz*, this may be, not surprisingly, a reflection of the England of the past and the Cuba of the present.

JEFFERSON DEL RIOS,
"Liz, a metaphor for art and oppression,"
O Estado de S. Paulo, May 22, 2009.

AT 19, he stabbed his mother and strangled his father, hiding the bodies in a bathtub to slow down the police. He ran away, was caught, tried and sent to a mental institution with a ten-year sentence. He spent five years there, taking the opportunity to study political science. He managed to escape, traveled to France by train, raped and killed two teenage girls, a doctor and two policemen who were chasing him. Kidnappings and murders followed in France, Italy and Switzerland. Finally arrested in his hometown of Mestre, near Venice, he still tried unsuccessfully to escape through the prison roof. Two months later, in May 1988, he killed himself in his cell. This was the tragic short life of the Italian Roberto Succo (1962-88), which the Frenchman Bernard-Marie Koltès (1948-89) recounted in the year of his death in his play Roberto Zucco, staged posthumously by the German Peter Stein in Berlin in 1990.

The same play by Koltès is now being presented in a new staging by Os Satyros group, directed by Rodolfo García Vázquez. The least that can be said about it is that it is an experience almost as powerful—the almost is due to the acting—as Zucco's journey towards the abyss. This explains Vázquez's choice of a circular staging, which occupies the four corners of the Satyros theater, allowing the audience to follow this mythical journey on mobile stands. The audience literally participates in the scene, not as viewers, but as witnesses to the crimes of this serial killer, who died at the age of 26. It is a way of symbolizing civil co-responsibility for the heinous crimes of an insolent anti-hero who broke the law of men and gods, as in the Greek tragedies. Unsurprisingly, each motion of the stands corresponds to a swing of Zucco's pendulum between hybris and sophrosyne, that is, between the insane unbridledness of the renegade and the search for the liberating virtue of reason.

It is, as has been said, an experience of impact, which destabilizes the audience and, why not say it, knocks them out of their passivity.

ANTONIO GONÇALVES FILHO,
"Satyros e Koltès, an explosive encounter,"
O Estado de S. Paulo, September 3, 2010.

[...] **COSMOGONY** – Experiment no. 1, staged by the Brazilian group Os Satyros and directed by Rodolfo García Vázquez, is among the most innovative shows, visually speaking, aiming to turn the viewer into an active entity within the play.

Based on multiple human cosmogonic theories, the work seeks to investigate the origin of the universe, the most transcendent questions about life, and the act of dying as closure of an uncontrollable cycle. It portrays the last moments in a scientist's life, during which the characters Moira, the Inflexible, and Belavoz, the Muse, show up to help him reflect on these questions. By turning the viewers into witnesses, dressed as nurses in the intensive care unit room in which the character agonizes, the director highlights the individual's vulnerability in the last moments of their existence, much beyond ideas or social class. [...]

The staging has an dream-like atmosphere. Like in a nightmare, the scenes goes through moments of chaos and harmony, euphoria and love, pain and pleasure, showing us that the world's balance is sustained through a compromise between opposing forces.

DANIA DEL PINO MÁS,
Boletín del 14 Festival de Teatro de La Habana,
Cuba, November 6, 2011.

EXTRAVAGANCE means exuberance; therefore, *Cabaret Stravaganza* is a very appropriate title for the Brazilian performance showing at the Unga Klara, in Stockholm, for five days, in collaboration with the Stockholm Academy of Dramatic Arts, SADA.

[...] Swedish actors Ulrika Malmgren and Katta Pålsson of the Darling Desperados group are part of the production, and the audience is invited to participate in the intense and noisy beginning.

Inspired by the German cabaret tradition, *Cabaret Stravaganza* has several and very different acts, music by Abba, a light show, and costume changes. It is visually extravagant and line-crossing when depicting sex and gender. [...]

One of the main themes, one that brings order to the creative chaos on stage, is the relationship between humans and machines, mobile phones, computers, iPads, and artificial limbs. The show is about the living body, human replacement parts, and robots. It is about how we search for our identity in the mirror. [...]

Os Satyros generously share their exuberance, inviting the audience to dance and be a part of the show.

SARA GRANATH,
"Chaotic and line-crossing entertainment,"
Svenska Dagbladet, Sweden, March 20, 2013.

THIS ACCLAIMED production of experimental Brazilian theater company Os Satyros in association with Combined Artform / Theatre Asylum is based on the novel PHILOSOPHY IN THE BOUDOIR written by the Marquis de Sade who used libertinism and sex to make arguments about overturning social and political hierarchies. [...]

The current production in Hollywood is not for the faint of heart. [...]

Yes it is titillating and shocking given many of the sexual acts presented and the subject matter in general. But it is also a show with actors comfortable in their skin and willing to bare it all for art. [...]

One quote from the show interested me the most: "Lust only increases with the lack of love." This to me is the true libertine motto on display during the show, simply stated as "Throw caution to the wind and let lust rule". [...]

Os Satyros believe the performance is very pertinent to the times we are living worldwide, in which fear, conservative traditionalism and radical religious fanaticism are taking control of our lives and attitudes, making Sade's text as fresh as ever. [...]

SHARI BARRETT,
"Titillating *Philosophy in the Boudoir* Continues in Best of Fringe", Broadway World, July 24, 2013.

THE FILM *Hypotheses for Love and Truth* is classified as a drama but would be better defined as an arthouse, or even cult, film due to how it presents the story line, transporting the audience from cinema to theater and then back to the big screen several times. As such, if defined as arthouse, it is a film full of events, poetry, and phrases to make you think. It is about life in a metropolis and, therefore, can symbolize any large city, but it speaks more directly to those who live in the city of São Paulo.

[...] two things continuously stand out in the film: the impeccable photography, the soundtrack and their synchronization. Both fulfill the role of creating a perfect aura and backdrop to the story's unfolding. [...]

The quality of the film is overall impressive and strikes everyone, making us reflect over and over again.

ALÊ ZEPHYR,
"Hypotheses for Love and Truth,"
Blah!zinga, August 10, 2015.

TO CELEBRATE its two and a half decades of existence, the company is presenting the play *Perfect People,* directed by Rodolfo García Vásquez, in its small theater at Roosevelt Square. The play portrays a group of anonymous citizens of a large metropolis like São Paulo, struggling with their ordinary lives, from which emerge intimate dramas, small joys, pathetic affections and a certain amount of lyricism. The script, written by Ivam Cabral and Rodolfo García Vásquez, based on their observation of the behavior of residents of the city center and interviews conducted with them, emanates a very engaging atmosphere which, in addition to drawing attention to the unique nature of the life stories it traces, invites the audience to come into contact with very acute images, conceived according to the nature of the category "person," the most debased of the concepts coined in psychology and philosophy in recent times, whose crisis of representation is spreading to all the arts. [...]

However, the main quality of Perfect People is the fact that the play does not confine itself to its documentary aspects, realistically giving voice to a group of individuals whose particular traits can be recognized by any audience member, for example, when walking attentively through the streets of São Paulo. Therefore, the show does not focus on the anthropological and sociological dimensions of the São Paulo resident. Rather, each of the "perfect people" to whom Os Satyros decided to give life is a failed being behind a mask, whose individual behavior is intimately associated with a performance of a dramatic nature, enhanced by the subordinate or displaced function they occupy on the social hierarchy. [...]

Their investigation regarding these perfect ghosts that modern capitalism has increasingly forced to wander anonymously through the streets of big cities invites some speculation. The variegated supermarket of mysticism, sex and frivolity has been offering its attractive products to the mass-individual—depersonalized and disconnected from any interiority, but always confident in his exacerbated singularity. Art has sought to indifferently anoint the talented and the incompetent, transforming itself into a lucrative business for which falsehood is the litmus test, hostile, therefore, to those who pride themselves on having a lot of inner truth. The most genuine affections, on the other hand, continue to bind individuals and offer them some respite from the impersonality that rages everywhere. But today, paradoxically, these affections seem all the more real the more virtual their channels of expression. [...]

Celebrating their 25th year of existence, Os Satyros are once again drinking from the sources of philosophy and psychology, linking them in a very original way to the spheres of politics and the world of theater itself.

WELINGTON ANDRADE,
"Between masks and roles,"
Cult Magazine, October 20, 2014.

REALITY is the structural pillar of *Sublime People*, the second show in the *People Trilogy* by Os Satyros Theater Company. As in *Perfect People* [...], the play written by founders Rodolfo García Vázquez, director, and Ivam Cabral, the group's key actor, is the result of research carried out by members of the collective with inhabitants of the city of São Paulo. This time, the focus is on residents living around the Guarapiranga reservoir. [...]

The emphasis is on the solitary and helpless existence of the people of São Paulo. The same as in the previous show, although this time the characters have the protection of nature and a distance from the sterility of urban centers. [...]

The director starts from the facts in order to subvert them. He transforms truth into fable, as if to show the audience how spectacular ordinary lives are. [...] The aesthetics are designed in such a way as to build a particular universe for each character, which turns each fragment of life into a presentation of an entire world. [...]

Vázquez's magic inspires the audience to look at the protagonists not as people, but as creatures. This allows the audience to observe the characters more closely than usual. The audience gets close to these solitary monsters and shares their company. Only then do they see their own reflection on stage, already disturbingly clear.

GABRIELA MELLÃO,
"Spectacular banalities,"
Teatrojornal, 28 April 2016.

[...] **IVAM** Cabral and Rodolfo García Vázquez—from the theater company Os Satyros—direct and adapt the book of the same name by the Marquis de Sade. A carnival of genitalia, shocking phrases and explicit penetrations. [...]

So far, nothing new on the frontline. The list of films that slide between pornography and "art cinema" is immense and old. [...]

Sex is no longer a box of prohibitions. It has become commonplace and futile. For the Marquis de Sade—who died in 1814—it could even lead to dissent or atheism. The devil was still scary and there was nothing better than embodying him in sexual acts. Add to that the debates about rationality, passion, the republic and aristocracy.

But what about a country like Brazil? Sade would fall on all fours if he knew about religious syncretism. The evil Exus, the exhibitionist Pomba Gira, the trickster Zé Pelintra. *Viagem ao céu da boca* (1981), by Roberto Mauro, used such imagery.

An analysis of Cabral and Vázquez's work cannot ignore this whole context. That which lies outside is greater than that which lies within the film. It does not dazzle, although it has some good moments.

ANDREA ORMOND,
"Grupo Satyros brings carnival of genitalia to present-day SP in film,"
Folha de S.Paulo, November 23, 2017.

OS SATYROS consolidates its importance without giving up its authorial research into language in *The Incredible World of the Wastrels* by uniting ethics and aesthetics.

There is an interesting play with the meanings of the word "wasteland": that of useless, abandoned land; and that of communal space. The friction between abandonment and encounter permeates the show. By presenting its wastrels, the work makes itself great by not ignoring the fact that there are people behind the stories.

The play presents, in five scenes, different situations that take place on New Year's Eve. They are different visions of miracles, seen here as improbable events, having in common the transformation they generate. [...]

Each tableau has a different power and tone (comic, poetic, critical) and reaches the audience in different ways. [...]

The incredible world of the wastrels takes on the theatrical to resize unique stories.

AMILTON DE AZEVEDO,
"Grupo Os Satyros creates a beautiful narrative of unique stories," *Folha de S.Paulo*, March 8, 2018.

[CABARET FUCÔ] is a musical tragicomedy by Os Satyros Theater Company, from Brazil. It has already been performed in 25 cities across the country and deals with various social problems from the perspective of philosopher Michel Foucault.

The characters are inspired by the freak shows of circuses in the United States in the 1930s.

Right from the start of the show, I think the actors do their make-up extremely well. No one skimps on the exaggerated and precise colors.

This is certainly a play that is precise and loose at the same time. [...]

The prologue announces that this is a ballroom; let us dance. There are some very strange people, we see a bearded woman, a dancer, a circus animal tamer, the lyricist and composer is always standing by. The lyrics tell us "this is a 90-minute lucid dream" and it is implied that we are now going to start counting down. Everyone appears as if it were the end, so it was all an illusion, and the theater was the dwelling place of my dreams.

From then on, various skits are performed. All the songs are beautiful, each with a specific theme. [...]

After the skits, the theme song comes back, but this time to the sound of voices: "laiá, laiá, laiá" (and I follow along singing rigorously). When I hear these voices, I almost cry. Each person takes off their extravagant clothes and heavy make-up and returns to simplicity. The clothes become almost a second skin, glued to the body. Seen from afar, each person looks like they have just been molded from clay. And, with the breath of the gods, they are given permission to move.

As expected, these strange beings are a reflection of us (apparently normal people). [...]

I see different types of people; this appears in the various proportions of different elements in each one. They are tall or short, burly or slender, men or women, old or young, white or black. All these words neutralize each other, because the opposite adjectives end up fitting well together, and a person is a person. [...]

On stage, I discovered that beauty can be very diverse, just as it probably does not exist only in a single object, but in the meeting of two: tall, strong, long-limbed people can fit around the waists of obese people; an older man walks slowly saying his prayer, but turns away arrogantly when a young man finally reacts and approaches; the bodies of the gay man and the tall girl fit together perfectly... each person uses a fake hand to touch the other; the fake hand is an extension of each person's inner self. An incredibly original scene!

"Cabaret: I am almost people, I am almost myself", November 4, 2018.

PERHAPS one of the most important life lessons I have ever personally learned was that the human mind is basically held back from moving forward in the decision-making process by the universal human emotions of fear and confusion. [...] And once I learned that lesson, when I sense fear and confusion are keeping me from walking through the door to experiencing life as I really want it to be, I simply acknowledge their presence and take that first step past them. Not the right choice to have made? Then simply choose something else and stop worrying about it. We all can learn from our mistakes.

Such is the theme of THE ART OF FACING FEAR, a one-hour virtual play offering a wildly surreal and cathartic experience, set in a possible not-too-distant dystopian future with the quarantine at 5,555 days. We are invited in to meet a diverse ensemble of individuals dealing with the stress and fear of being confined to home without the human need for physical contact possible. As they share effects of the Coronavirus on their everyday lives, a sense of the encroaching authoritarianism and intolerance which threatens our lives, liberty, and identity as free people of the world is brought into focus as they wonder when or if things will ever return to normal. And just what is normal anyway? And to whom? [...]

Written by Ivam Cabral and Rodolfo García Vázquez, founders of São Paulo's experimental theatre group, Os Satyros, and directed by Vázquez who has helmed all three productions of the piece to date, each has been developed with the actors bringing characters to life as they share not only his words but their own personal observations. "We don't know each other, but somehow our humanity in this pandemic makes us all very close to each other. There is a feeling of the human community and that we all belong to the same race and we are experiencing versions of the same thing right now", director Vázquez said during the first rehearsal with the U.S. team, speaking to the reactions from audience members in the Brazilian and African/European post-performance talk-backs.

The Art of Facing Fear challenges its audiences before the play even begins into revealing via the chat mode about what they are afraid of right now, then incorporate many into the play itself as the cast talks about their own fears. With such honestly shared fears becoming part of the story, the audience is drawn into the characters' worlds of isolation as if it is us being presented in the play.

[…] this brilliant theatrical production which speaks the truth about what is really going on in our world right now, asking us how we fit in while thinking about how we can, or will, move on together when the time is right to do so, hopefully after gaining a better understanding from many human viewpoints and emotions.

SHARI BARRETT,
"The Art of Facing Fear Produced By Company Of Angels and Rob Lecrone", *Broadway World* – Los Angeles, September 13, 2020.

NO OTHER group or company has been as active during the pandemic as Os Satyros—now having its 11th premiere during the recess period [A Play to Save the World].[…]

The mixture of intense work and obsession with the stage seems to have generated a very special way of thinking about the need for the theater to dialogue with the public today.

The cocktail generated the new production, a very strong result, the attempt to transport the spiral of human questions that structure art into the interior of each viewer. The format rips up the notion of the audience, an eventual and informal group of people, and flirts with the notion of the citizen—civic consciousness, being in the world, life with an identifiable signature. […]

The idea was born of immense daring. When it was first conceived, a huge breakthrough was planned: to do a play without actors, with only the audience following the team's commands, perhaps humans governed by machines. […]

There is a set of previous materials conceived or gathered by Ivam Cabral and Rodolfo García Vázquez, who wrote the play. […]

The material conceived as "dramaturgy"—and perhaps it is important to think of this term—consists of a list of simple, direct questions that the audience must answer, using the chat feature. The questions explore life truths that are in tune with current concerns.

There is also a set of strong images of the present, most of them disconcerting. The images appear as irrefutable proof of our failure as human beings. We are precarious, we live surrounded by varying degrees of moral, material and human misery.

Therefore, the play leads the audience to realize this: the general existential misery in which we live. But it points to a glimmer of light, the possibility of becoming protagonists of the act of existing, worthy of the fundamental demands of life.

By submitting to such an intense process of inner inquiry, the audience becomes, at the same time, the author and the text of the show. The extent of the transformation cannot be ascertained: each person carries within them, for themselves, a unique experience.

TANIA BRANDÃO,
"In Praise of Letters,"
Folias Teatrais website, April 27, 2021.

PLAYS

1. **AS AVENTURAS DE ARLEQUIM** (Harlequin's adventures)
2. **UM QORPO SANTO DOIS** (One Qorpo Santo two)
3. **SADES OU NOITES COM OS PROFESSORES IMORAIS** (Sades or nights with immoral mentors)
4. **A PROPOSTA** (The proposal)
5. **SALÓ, SALOMÉ**
6. **UMA ARQUITETURA PARA A MORTE** (An architecture for death)
7. **MUNACUYAY**
8. **VIVA A PALHOÇA** (Long live the hut)
9. **A FILOSOFIA NA ALCOVA** (Philosophy in the Boudoir) (Portuguese montage)
10. **RUSTY BROWN EM LISBOA** (Rusty Brown in Lisbon)
11. **DE PROFUNDIS** (Portuguese montage)
12. **SAPPHO DE LESBOS** (Sappho of Lesbos)
13. **VALSA Nº 6** (Waltz no. 6)
14. **QUANDO VOCÊ DISSE QUE ME AMAVA** (When you said you loved me)
15. **WOYZECK**
16. **HAMLET-MACHINE**
17. **PROMETEU AGRILHOADO** (Shackled Prometheus)
18. **ELECTRA**
19. **DIVINAS PALAVRAS** (Divine words)
20. **KILLER DISNEY**
21. **URFAUST**
22. **OS CANTOS DE MALDOROR** (The songs of Maldoror)
23. **MEDEA**
24. **A FARSA DE INÊS PEREIRA** (The farse of Inês Pereira)
25. **CORIOLANO** (Coriolanus)
26. **A MAIS FORTE** (The strongest)
27. **A DANÇA DA MORTE** (The dance of death)
28. **PACTO DE SANGUE** (Blood pact)
29. **RETÁBULO DA AVAREZA, LUXÚRIA E MORTE** (Altarpiece of greed, lust, and death)
30. **QUINHENTAS VOZES** (Five hundred voices)

31 **SAPPHO DE LESBOS**
32 **ROMEU E JULIETA**
   (Romeo and Juliet)
33 **DE PROFUNDIS**
   (Brazilian montage)
34 **KASPAR OU A TRISTE HISTÓRIA DO PEQUENO REI DO INFINITO ARRANCADO DE SUA CASCA DE NOZ**
   (Kaspar or the sad story of the small king of the infinite who was ripped from his nutshell)
35 **O TERRÍVEL CAPITÃO DO MATO**
   (The terrible captain of the woods)
36 **PRANTO DE MARIA PARDA**
   (The cry of Maria Parda)
37 **A FILOSOFIA NA ALCOVA**
   (Philosophy in the Boudoir)
   (Brazilian montage)
38 **ANTÍGONA**
   (Antigone)
39 **FAZ DE CONTA QUE TEM SOL LÁ FORA**
   (Pretend it's sunny outside)
40 **TRANSEX**
41 **SOBRE VENTOS NA FRONTEIRA**
   (On winds at the border)
42 **ENSAIO SOBRE NELSON**
   (Essay on Nelson)
43 **COSMOGONIA – EXPERIMENTO Nº 1**
   (Cosmogony – Experiment no. 1)
44 **O CÉU É CHEIO DE UIVOS, LATIDOS E FÚRIA DOS CÃES DA PRAÇA ROOSEVELT**
   (The sky is full of the howls, barks, and fury of Roosevelt Square's dogs)
45 **RUA TAYLOR Nº 214 – UM OUTRO ENSAIO SOBRE NELSON**
   (214 Taylor Street – Another essay on Nelson)
46 **A VIDA NA PRAÇA ROOSEVELT**
   (Life on Roosevelt Square)
47 **VESTIR O CORPO DE ESPINHOS**
   (To dress the body in thorns)

48 **JOANA EVANGELISTA**
   (Joan the Evangelist)
49 **OS 120 DIAS DE SODOMA**
   (The 120 days of Sodoma)
50 **INOCÊNCIA**
   (Innocence)
51 **O ANJO DO PAVILHÃO 5**
   (The angel of pavilion 5)
52 **HAMLET GASHÔ**
   (Gashô Hamlet)
53 **E SE FEZ A PRAÇA ROOSEVELT EM SETE DIAS / SEGUNDA-FEIRA: O AMOR DO SIM**
   (And Roosevelt Square was created in seven days / Monday: The love of yes)
54 **E SE FEZ A PRAÇA ROOSEVELT EM SETE DIAS / TERÇA-FEIRA: NA NOITE DA PRAÇA**
   (And Roosevelt Square was created in seven days / Tuesday: Night on the square)
55 **E SE FEZ A PRAÇA ROOSEVELT EM SETE DIAS / QUARTA-FEIRA: IMPOSTURA**
   (And Roosevelt Square was created in seven days / Wednesday: Imposture)
56 **E SE FEZ A PRAÇA ROOSEVELT EM SETE DIAS / QUINTA-FEIRA: HOJE É DIA DO AMOR**
   (And Roosevelt Square was created in seven days / Thursday: Today is the day of love)
57 **E SE FEZ A PRAÇA ROOSEVELT EM SETE DIAS / SEXTA-FEIRA: A NOITE DO AQUÁRIO**
   (And Roosevelt Square was created in seven days / Friday: The night of the aquarium)
58 **E SE FEZ A PRAÇA ROOSEVELT EM SETE DIAS / SÁBADO: ASSASSINOS, SUÍNOS E OUTRAS HISTÓRIAS NA PRAÇA ROOSEVELT**
   (And Roosevelt Square was created in seven days / Saturday: Murderers, swine, and other Roosevelt Square stories)
59 **E SE FEZ A PRAÇA ROOSEVELT EM SETE DIAS / DOMINGO: UMA PILHA DE PRATOS NA COZINHA**
   (And Roosevelt Square was created in seven days / Sunday: A pile of dishes in the kitchen)
60 **O DIA DAS CRIANÇAS**
   (Children's day)
61 **CIDADÃO DE PAPEL**
   (Paper citizen)
62 **DIVINAS PALAVRAS**
   (Divine words)
63 **O BURGUÊS FIDALGO**
   (The bourgeois nobleman)
64 **EL TRUCO**
   (The trick)
65 **VESTIDO DE NOIVA**
   (The wedding dress)
66 **ESSE RIO É MINHA RUA**
   (This river is my street)
67 **LIZ**
68 **O AMANTE DE LADY CHATTERLEY**
   (Lady Chatterley's Lover)
69 **MONÓLOGO DA VELHA APRESENTADORA**
   (Monolog of the elderly presenter)
70 **CANSEI DE TOMAR FANTA**
   (I am tired of drinking Fanta)
71 **JUSTINE**
72 **SOLIDÃO TAMBÉM ACOMPANHA**
   (Loneliness also follows)
73 **HIPÓTESES PARA O AMOR E A VERDADE**
   (Hypotheses for love and truth)
74 **ROBERTO ZUCCO**
75 **NA REAL (FOR REAL)**
76 **AZUL, DOCE AZUL**
   (Blue, sweet blue)
77 **CABARET STRAVAGANZA**
78 **O ÚLTIMO STAND UP**
   (The last stand-up)
79 **SATYROS' SATYRICON**
80 **CRIANÇA CIDADÃ**
   (Citizen child)

#	Title	#	Title	#	Title
81	**INFERNO NA PAISAGEM BELGA** (Hell on the Belgian landscape)	95	**3X ROVERI / MARIA ALICE VERGUEIRO**	117	**O INCRÍVEL MUNDO DOS BALDIOS** (The incredible world of vacant lands)
82	**ADORMECIDOS** (Sleepers)	96	**3X ROVERI / RODOLFO GARCÍA VÁZQUEZ**	118	**CABARET TRANSPERIPATÉTICO** (Transperipatetic cabaret)
83	**PHILOSOPHY IN THE BOUDOIR**	97	**3X ROVERI / FERNANDO NEVES**	119	**VIDA SUBLIME** (Sublime life)
84	**ÉDIPO NA PRAÇA** (Oedipus on the square)	98	**JULIETTE**	120	**HORA DE BRINCAR** (Time to play)
85	**MITOS INDÍGENAS** (Indigenous myths)	99	**NA REAL** (For real)	121	**[ES]TRAGADOS** (Rotten)
86	**PESSOAS PERFEITAS** (Perfect people)	100	**PHEDRA POR PHEDRA** (Phedra by Phedra)	122	**CARNE CRUA** (Raw meat)
87	**JUNTOS** (Together)	101	**MEU MUNDO EM PRETO E BRANCO** (My world in black and white)	123	**QUE BICHO SOU EU?** (What animal am I?)
88	**E SE FEZ A HUMANIDADE CIBORGUE EM SETE DIAS / NÃO PERMANECERÁS** (And the cyborg humanity was created in seven days / You will not stay)	102	**CABARET FUCÔ** (Fucô cabaret)	124	**UMA CANÇÃO DE AMOR** (A love song)
89	**E SE FEZ A HUMANIDADE CIBORGUE EM SETE DIAS / NÃO MORRERÁS** (And the cyborg humanity was created in seven days / You will not die)	103	**HAITI SOMOS NÓS** (We are Haiti)	125	**MISSISSIPPI**
90	**E SE FEZ A HUMANIDADE CIBORGUE EM SETE DIAS / NÃO VENCERÁS** (And the cyborg humanity was created in seven days / You will not win)	104	**VIDA BRUTA** (Brutal life)	126	**O REI DE SODOMA** (The king of Sodoma)
91	**E SE FEZ A HUMANIDADE CIBORGUE EM SETE DIAS / NÃO SALVARÁS** (And the cyborg humanity was created in seven days / You will not save)	105	**PESSOAS SUBLIMES** (Sublime people)	127	**ENTREVISTA COM PHEDRA** (Interview with Phedra)
92	**E SE FEZ A HUMANIDADE CIBORGUE EM SETE DIAS / NÃO SABERÁS** (And the cyborg humanity was created in seven days / You will not know)	106	**VIDA PERFEITA** (Perfect life)	128	**GAVETA D'ÁGUA** (Water drawer)
93	**E SE FEZ A HUMANIDADE CIBORGUE EM SETE DIAS / NÃO AMARÁS** (And the cyborg humanity was created in seven days / You will not love)	107	**À MARGEM** (At the margin)	129	**BADERNA PLANET** (Commotion planet)
94	**E SE FEZ A HUMANIDADE CIBORGUE EM SETE DIAS / NÃO FORNICARÁS** (And the cyborg humanity was created in seven days / You will not fornicate)	108	**PEQUENO CIDADÃO DO FUTURE** (Small citizen of the future)	130	**ALEGORIAS PANTAGRUÉLICAS** (Pantagruelesque allegories)
		109	**CABARET DOS ARTISTAS** (Artist's cabaret)	131	**A ARTE DE ENCARAR O MEDO** (The art of facing fear)
		110	**SE ESSA RUA FOSSE MINHA** (If this street were mine)	132	**NOVOS NORMAIS: SOBRE SEXO E OUTROS DESEJOS PANDÊMICOS** (New normals: on sex and other pandemic desires)
		111	**PESSOAS BRUTAS** (Brutal people)	133	**THE ACT OF FACING FEAR** (African-European version)
		112	**TODOS OS SONHOS DO MUNDO** (All the world's dreams)	134	**THE ACT OF FACING FEAR** (North American version)
		113	**PINK STAR**	135	**MACBETH PROJECT Nº 6**
		114	**VIDA SUBLIME** (Sublime life)	136	**AS MARIPOSAS** (The moths)
		115	**SONHO DE UMA NOITE DE VERÃO** (Midsummer Night's Dream)		
		116	**HELENAS**		

137 **THE ACT OF FACING FEAR – THE WORLD UNITED**

138 **TOSHANISHA: THE NEW NORMALS**

139 **UMA PEÇA PARA SALVAR O MUNDO**
(A play to save the world)

140 **CABARET DADA**
(Dada cabaret)

141 **AURORA**

142 **OS CONDENADOS**
(The condemned)

143 **AS BRUXAS DE SALÉM**
(The Crucible)

INTERNATIONAL TOURS

Argentina	Poland
Austria	Portugal
Bolivia	Russia
Cabo Verde	Scotland
Canada	Senegal
China	Singapore
Cuba	South Africa
Denmark	South Korea
England	Spain
Finland	Sweden
France	Switzerland
Germany	The Netherlands
India	The Philippines
Indonesia	Ukraine
Iran	United States
Italy	Venezuela
Kenya	Zimbabwe
Nigeria	

PRIZES, HONORS, AND AWARDS

1989

APCA (*Associação Paulista dos Críticos de Arte* [State of São Paulo Art Critics Association]) Prize

BEST ACTOR IN CHILDREN'S THEATER Ivam Cabral, for *Aventuras de Arlequim* (Harlequin's adventures)

BEST SUPPORTING ACTRESS IN CHILDREN'S THEATER Rosemeri Ciupak, for *As Aventuras de Arlequim* (Harlequin's adventures)

Mambembe Trophy
Nominated in the following category:

AUTHOR OF A NATIONAL WORK OF CHILDREN'S THEATER Ivam Cabral and Rodolfo García Vázquez, for *As Aventuras de Arlequim* (Harlequin's adventures)

1990

Apetesp (*Associação dos Produtores de Espetáculos Teatrais do Estado de São Paulo* [State of São Paulo Association of Theatrical Show Producers]) Theater Prize
Nominated in the following categories:

DIRECTOR Rodolfo García Vázquez, for *Sades ou noites com os professores imorais* (Sades or nights with immoral mentors)

ACTOR Ivam Cabral, for *Sades ou noites com os professores imorais* (Sades or nights with immoral mentors)

SUPPORTING ACTOR Camasi Guimarães, por *Sades ou noites com os professores imorais* (Sades or nights with immoral mentors)

UP AND COMING ACTOR Camasi Guimarães, for *Sades ou noites com os professores imorais* (Sades or nights with immoral mentors)

EXECUTIVE PRODUCER Ivam Cabral, for *Sades ou noites com os professores imorais* (Sades or nights with immoral mentors)

LIGHTING Paula Madureira, for *Sades ou noites com os professores imorais* (Sades or nights with immoral mentors)

BEST CHILDREN'S PLAY *As aventuras de Arlequim* (Harlequin's adventures)

CHILDREN'S THEATER AUTHOR Ivam Cabral and Rodolfo García Vázquez, for *As aventuras de Arlequim* (Harlequin's adventures)

CHILDREN'S THEATER DIRECTOR Rodolfo García Vázquez, for *As aventuras de Arlequim* (Harlequin's adventures)

CHILDREN'S THEATER ACTOR Néviton de Freitas, for *As aventuras de Arlequim* (Harlequin's adventures)

SUPPORTING CHILDREN'S THEATER ACTOR Camasi Guimarães, for *As aventuras de Arlequim* (Harlequin's adventures)

CHILDREN'S THEATER PRODUCER Os Satyros, for *As aventuras de Arlequim* (Harlequin's adventures)

CHILDREN'S THEATER COSTUMES Lauro Tramujas, for *As aventuras de Arlequim* (Harlequin's adventures)

CHILDREN'S THEATER PLAY *As aventuras de Arlequim* (Harlequin's adventures)

1991

Apetesp Theater Prize
Nominated in the following categories:

BEST PLAY *Saló, Salomé*

AUTHOR Ivam Cabral and Rodolfo García Vázquez, for *Saló, Salomé*

DIRECTOR Rodolfo García Vázquez, for *Saló, Salomé*

EXECUTIVE PRODUCER Penha Dias and Jane Patrício, for *Saló, Salomé*

LIGHTING Rodolfo García Vázquez, for *Saló, Salomé*

SCENOGRAPHY AND COSTUMES Camasi Guimarães and Tatiana Szymczakowski, for *Saló, Salomé*

UP AND COMING ACTOR Tatiana Szymczakowski, for *Saló, Salomé*

SUPPORTING ACTOR Emerson Caperbá, for *A proposta* (The proposal)

APCA Prize
Nominated in the following category:

BEST PLAY *Saló, Salomé*

1995

Gralha Azul Trophy

Nominated in the following categories:

BEST ACTOR Ivam Cabral, for *Quando você disse que me amava* (When you said you loved me)

1996

Gralha Azul Trophy

Nominated in the following category:

BEST DIRECTOR Rodolfo García Vázquez, for *Prometeu agrilhoado* (Shackled Prometheus)

1997

Gralha Azul Trophy

BEST PLAY *Killer Disney*

BEST ACTOR Ivam Cabral, for *Killer Disney*

BEST DIRECTOR Marcelo Marchioro, for *Killer Disney*

UP AND COMING ACTOR Cristina Conde, for *Killer Disney*

BEST ACTRESS Silvanah Santos, for *Electra*

BEST COSTUMES Jeanine Rhinow, for *Electra*

Nominated in the following categories:

BEST PLAY *Electra*

DIRECTOR Rodolfo García Vázquez, for *Electra*

LIGHTING Ana Fabrício, for *Electra*

BEST SOUND Paulo Biscaia Filho, for *Killer Disney*

Theater Café Prize – Poty Lazarotto Trophy

BEST ACTOR Ivam Cabral, for *Killer Disney*

UP AND COMING ACTRESS Andressa Medeiros, for *Killer Disney*

1998

Gralha Azul Trophy

BEST SUPPORTING ACTRESS Mazé Portugal, for *Os cantos de Maldoror* (The songs of Maldoror)

Nominated in the following categories:

BEST DIRECTOR Rodolfo García Vázquez, for *Os cantos de Maldoror* (The songs of Maldoror)

BEST ACTRESS Silvanah Santos, for *Os cantos de Maldoror* (The songs of Maldoror)

BEST SUPPORTING ACTRESS Patrícia Vilela, for *Os cantos de Maldoror* (The songs of Maldoror)

BEST SOUND DESIGN Demian Garcia, for *Os cantos de Maldoror* (The songs of Maldoror)

BEST LIGHTING Ana Fabrício, for *Os cantos de Maldoror* (The songs of Maldoror)

BEST PLAY *Os cantos de Maldoror* (The songs of Maldoror)

BEST SUPPORTING ACTOR Maurício Souza Lima, for *Urfaust*

UP AND COMING ACTRESS Brígida Menegatti, for *Urfaust*

MUSICAL COMPOSITION Demian Garcia, for *Urfaust*

1999

Gralha Azul Trophy

BEST ACTOR Tadeu Peroni, for *A farsa de Inês Pereira* (The farse of Inês Pereira)

BEST SUPPORTING ACTOR Adolfo Pimentel, for *Coriolano* (Coriolanus)

Nominated in the following categories:

BEST DIRECTOR Rodolfo García Vázquez, for *A farsa de Inês Pereira* (The farse of Inês Pereira)

BEST COSTUMES Iz, for *A farsa de Inês Pereira* (The farse of Inês Pereira)

BEST SUPPORTING ACTRESS Silvanah Santos, for *Coriolano* (Coriolanus)

2000

Press Trophy

International Press and Paraná in Review

The Best of the Year 2000 in Paraná, Os Satyros Theater Company

Gralha Azul Trophy

BEST ACTOR Ivam Cabral, for *Retábulo da avareza, luxúria e morte* (Altarpiece of greed, lust, and death)

Nominated in the following category:

BEST DIRECTOR Rodolfo García Vázquez, for *Retábulo da avareza, luxúria e morte* (Altarpiece of greed, lust, and death)

2001

Gralha Azul Trophy

BEST PLAY *Quinhentas vozes* (Five hundred voices)

BEST DIRECTOR Rodolfo García Vázquez, for *Quinhentas vozes* (Five hundred voices)

BEST AUTHOR Zeca Corrêa Leite, for *Quinhentas vozes* (Five hundred voices)

BEST ACTRESS Silvanah Santos, for *Quinhentas vozes* (Five hundred voices)

BEST SCENARIO Ivam Cabral, for *Quinhentas vozes* (Five hundred voices)

BEST SOUND DESIGN Ivam Cabral, for *Quinhentas vozes* (Five hundred voices)

Nominated in the following category:

BEST LIGHTING Ana Fabrício, for *Quinhentas vozes* (Five hundred voices)

Shell Prize

BEST LIGHTING Rodolfo García Vázquez, for *Sappho de Lesbos* (Sappho of Lesbos)

Nominated in the following category:

BEST LIGHTING Rodolfo García Vázquez, for *Retábulo da avareza, luxúria e morte* (Altarpiece of greed, lust, and death)

2002

Gralha Azul Trophy

Nominated in the following category:

BEST ACTRESS Olga Nenevê, for *Kaspar*

Shell Prize

Nominated in the following category:

BEST LIGHTING Rodolfo García Vázquez, for *De profundis*

Novo Rebouças Occupation Prize, conferred by the Curitiba Foundation for Culture, to the Os Satyros Theater Company

2003

Shell Prize

Nominated in the following categories:

BEST DIRECTOR Rodolfo García Vázquez, for *Antígona* (Antigone)

BEST ACTRESS Dulce Muniz, for *Antígona* (Antigone)

Citizenship Prize for Respect to Diversity

BEST PLAY *De profundis*

Ágora Playwrighting Prize

THE TOP 10 TEXTS *Faz de conta que tem sol lá fora* (Let's pretend the sun is shining outside), by Ivam Cabral

2004

Gralha Azul Trophy

UP AND COMING ACTRESS Gisa Gutervil, for *Sobre ventos na fronteira* (On winds at the border)

Nominated in the following categories:

BEST PLAY *Sobre ventos na fronteira* (On winds at the border)

BEST ACTOR Matheus Zucolotto, for *Sobre ventos na fronteira* (On winds at the border)

UP AND COMING ACTOR Tarciso Fialho, for *Sobre ventos na fronteira* (On winds at the border)

Shell Prize

BEST COSTUMES Fabiano Machado, for *Transex*

2005

Gralha Azul Trophy

BEST SCENARIO Ivam Cabral, for *Cosmogonia – Experimento nº 1* (Cosmogony – Experiment no. 1)

Nominated in the following categories:

ORIGINAL OR ADAPTED TEXT Rodolfo García Vázquez, for *Cosmogonia – Experimento nº 1* (Cosmogony – Experiment no. 1)

BEST SCENARIO Ivam Cabral, for *Cosmogonia – Experimento nº 1* (Cosmogony – Experiment no. 1)

BEST ACTRESS Pagu Leal, for *Cosmogonia – Experimento nº 1* (Cosmogony – Experiment no. 1)

BEST DIRECTOR Rodolfo García Vázquez, *Cosmogonia – Experimento nº 1* (Cosmogony – Experiment no. 1)

BEST PLAY *Cosmogonia – Experimento nº 1* (Cosmogony – Experiment no. 1)

Shell Prize

BEST DIRECTOR Rodolfo García Vázquez, for *A vida na praça Roosevelt* (Life on Roosevelt Square)

Nominated in the following categories:

BEST ACTRESS Angela Barros, por *A vida na praça Roosevelt* (Life on Roosevelt Square)

BEST COSTUMES Fabiano Machado, por *A vida na praça Roosevelt* (Life on Roosevelt Square)

Brazil Quality Prize

BEST DIRECTOR Rodolfo García Vázquez, for *A vida na praça Roosevelt* (Life on Roosevelt Square)

2006

APCA Prize

BEST PLAY *Inocência* (Innocence)

Shell

Nominated in the following categories:

BEST DIRECTOR Rodolfo García Vázquez, for *Inocência* (Innocence)

BEST SCENARIO Fábio Lupo and Marcelo Maffei, for *Inocência* (Innocence)

BEST LIGHTING Lenise Pinheiro, for *Inocência* (Innocence)

Bravo! Prime Culture Prize

Nominated in the following category:

BEST CULTURAL PROGRAMMING Os Satyros Space

2007

Shell Prize

BEST COSTUMES Marcio Vinicius, for *Divinas palavras* (Divine words)

Nominated in the following category:

BEST ACTRESS Nora Toledo, for *Divinas palavras* (Divine words)

Gralha Azul Trophy

BEST SUPPORTING ACTOR Luiz Bertazzo, for *O burguês fidalgo* (The bourgeois nobleman)

BEST SUPPORTING ACTRESS Fernanda Magnani, for *O burguês fidalgo* (The bourgeois nobleman)

BEST COSTUMES Marcelo Salles, for *O burguês fidalgo* (The bourgeois nobleman)

Nominated in the following categories:

BEST CHOREOGRAPHY Lubieska Berg, for *O burguês fidalgo* (The bourgeois nobleman)

BEST MAKEUP Cristóvão de Oliveira, for *O burguês fidalgo* (The bourgeois nobleman)

BEST COSTUMES Marcelo Salles, for *O burguês fidalgo* (The bourgeois nobleman)

BEST ACTOR Marcos Zenni, for *O burguês fidalgo* (The bourgeois nobleman)

BEST PLAY *O burguês fidalgo* (The bourgeois nobleman)

APCA Prize

CRITICS SPECIAL Satyrianas

FEMSA Children's and Young Adult's Theater Prize

Nominated in the following category:

BEST YOUNG ADULT PLAY *Cidadão de papel* (Paper citizen)

Bravo! Prime Cultural Prize

Nominated in the following category:

BEST CULTURAL PROGRAMMING Os Satyros Space

Revista da Folha (Folha de São Paulo Magazine) 60 icons of civility in São Paulo

Os Satyros, for *revitalizing Roosevelt Square*

Os Satyros, for *creating the Teatro da Vila (Village Theater)*

On Scene Column, *Caderno 2* Magazine, *O Estado de S. Paulo* Newspaper

BACKSTAGE SÃO PAULO CULTURE Os Satyros

2008

Villanueva Prize – UNEAC (*Unión Nacional de Escritores y Artistas de Cuba* [National Union of Writers and Artists of Cuba]), Cuba

BEST FOREIGN PLAY *Liz*

Ivam Cabral is honored for his career and political activity by Representative Carlos Giannazi at the State of São Paulo Legislative Assembly

On Scene Column, *Caderno 2*, *O Estado de São Paulo* newspaper

CULTURAL SHAKER Ivam Cabral

Época Magazine

50 REASONS TO LOVE SÃO PAULO Os Satyros, at number 47

2009

Shell Prize

Nominated in the following categories:

BEST DIRECTOR Rodolfo García Vázquez, for *Justine*

BEST LIGHTING Flavio Duarte, for *Justine*

The Satyrianas Event – A Salute to Spring is included in the Official Calendar for the State of São Paulo, through Law no. 13.750, of October 14, 2009

(Bill no. 741/2009, proposed by Representative Carlos Giannazi – PSOL [*Partido Socialismo e Liberdade* (Socialism and Freedom Party)])

Época Magazine

45 CITIZENS WHO EMBODY SÃO PAULO Ivam Cabral and Rodolfo García Vázquez

2010

Jabuti Prize

ART BOOK CATEGORY FINALIST Ivam Cabral, for his organization of the collection *Primeiras Obras* (First works)

Shell Prize

BEST DIRECTOR: Rodolfo García Vázquez, for *Roberto Zucco*

Nominated in the following categories:

BEST DIRECTOR Rodolfo García Vázquez, for *Hipóteses para o amor e a verdade* (Hypotheses for love and truth)

BEST LIGHTING Rodolfo García Vázquez and Leonardo Moreira Sá, for *Roberto Zucco*

2011

State of São Paulo Theater Cooperative Prize

BEST PLAY *Roberto Zucco*

Jabuti Prize

ART BOOK CATEGORY *Os Satyros*

Honrar Prize, José Martí Honor

Circle of Friends of the Grand Theater of Havana, Cuba

For the play *Cosmogonia – Experimento nº 1* (Cosmogony – Experiment no. 1)

Mix Brazil Festival

BEST DOCUMENTARY *Cuba Libre*

2012

Sustainable Citizenship Prize

Catraca Livre/Gilberto Dimenstein

CULTURE Ivam Cabral

State of São Paulo Theater Cooperative Prize

Nominated in the following category:

PUBLICATION DEDICATED TO THE THEATER UNIVERSE *A[l]berto #2* Magazine

Nelson Brasil Rodrigues FUNARTE (*Fundação Nacional de Artes* [National Art Foundation]) Prize

FUNARTE/Ministry of Culture

PERSONALITY Ivam Cabral

Best of R7 – Theater

BEST COSTUMES Dayse Neves, for *Cabaret Stravaganza*

PERSONALITY OF THE YEAR Phedra D. Córdoba

2013

Brazil Applause Prize

SPOTLIGHT Satyrianas

Nominated in the following categories:

BEST ENSEMBLE PLAY *Inferno na paisagem belga* (Hell in the Belgian landscape)

BEST ENSEMBLE PLAY *Édipo na praça* (Oedipus on the square)

BEST SUPPORTING ACTOR Robson Catalunha, for *Édipo na praça* (Oedipus on the square)

BEST SUPPORTING ACTRESS Cléo De Páris, for *Édipo na praça* (Oedipus on the square)

Shell Theater Prize

INNOVATION Satyrianas

Ezra Buzzington's Spirit of Fringe Award, Los Angeles/USA

Nominated in the following category:

BEST PRODUCTION *Philosophy in the Boudoir*

The International Award, Los Angeles/USA

Nominated in the following category:

BEST PRODUCTION *Philosophy in the Boudoir*

Citizenship in Respect to Diversity

CATEGORY Theater, to the Os Satyros Theater Company

10 Hollywood Fringe Festival Shows That Sound Awesome – *LA Weekly*, Los Angeles/USA

PLAY *Philosophy in the Boudoir*

Best of the Year – *Folha Guide*, *Folha de São Paulo* Newspaper

BEST RELEASE *Édipo na praça* (Oedipus on the square)

BEST RELEASE *Adormecidos* (Sleepers)

Best of R7 – Theater

PERSONALITY OF THE YEAR Ivam Cabral

2014

APCA Prize

BEST PLAY for *Pessoas perfeitas* (Perfect people)

Intangible Cultural Patrimony of the City of São Paulo

São Paulo Municipal Department of Culture, for Os Satyros Theater Company

Shell Prize

BEST AUTHOR Ivam Cabral and Rodolfo García Vázquez, for *Pessoas perfeitas* (Perfect people)

Silver Rounds

São Paulo City Council, for Os Satyros Theater Company

São Paulo Flag Theater

38th International Cinema Festival of São Paulo

Nominated in the following category:

BEST FICTIONAL FILM *Hipóteses para o amor e a verdade* (Hypotheses for love and truth)

Brazil Applause Prize

BEST PLAYWRIGHTING Ivam Cabral and Rodolfo García Vázquez, for *Pessoas perfeitas* (Perfect people)

Nominated in the following categories:

BEST ACTOR Ivam Cabral, for *Pessoas perfeitas* (Perfect people)

BEST SUPPORTING ACTOR Eduardo Chagas, for *Pessoas perfeitas* (Perfect people)

BEST SUPPORTING ACTRESS Adriana Capparelli, for *Pessoas perfeitas* (Perfect people)

BEST CAST *Pessoas perfeitas* (Perfect people)

BEST SCENE DESIGN Marcelo Maffei, for *Pessoas perfeitas* (Perfect people)

BEST ENSEMBLE PLAY *Pessoas perfeitas* (Perfect people)

Best of the Year – *Folha Guide*, *Folha de São Paulo*

BEST RELEASE OF THE YEAR *Pessoas perfeitas* (Perfect people)

2015

Drops Magazine – Best of the Year

BEST SOUNDTRACK Marcelo Amalfi, for *Hipóteses para o amor e a verdade* (Hypotheses for love and truth)

Actor's Portal

THE 50 MOST IMPORTANT TEXTS IN NATIONAL THEATER *Pessoas perfeitas* (Perfect people), as number 6

Best of R7 – Theater

BEST PLAY *Phedra por Phedra* (Phedra by Phedra)

BEST ACTOR Henrique Mello, for *A filosofia na alcove* (Philosophy in the Boudoir)

BEST FESTIVAL Satyrianas

Brazil Applause Prize

Nominated in the following categories:

BEST PLAY *Juliette*

BEST COSTUMES Bia Piaretti and Carol Reissman, for *Juliette*

BEST CAST *Juliette*

2016

APCA Prize

SPECIAL PRIZE to Ivam Cabral, for his career

Brazil Applause Prize

SPECIAL PRIZE to Ivam Cabral, for his career

Nominated in the following categories:

BEST SUPPORTING ACTRESS: Fernanda D'Umbra, for *Pessoas sublimes* (Sublime people)

BEST DIRECTOR Rodolfo García Vázquez, for *Pessoas sublimes* (Sublime people)

BEST SUPPORTING ACTOR Gustavo Ferreira, for *Pessoas sublimes* (Sublime people)

SP [São Paulo] Citizen Prize, Catraca Livre

CULTURAL PERSONALITY Ivam Cabral

State Governor Prize

CATEGORY Theater, for the Os Satyros Theater Company

Nelson Rodrigues Prize, National Culture, Entrepreneurship, and communication Agency – ANCEC (*Agência Nacional de Cultura, Empreendedorismo e Comunicação*)

CATEGORY Theater, for Ivam Cabral

Shell Prize

Special Prize for Founding the SP [São Paulo] School of Theater

Nominated in the following category:

BEST COSTUMES Bia Piaretti and Carol Reissman, for *Cabaret Fucô, um quase musical* (Fucô Cabaret, a quasi-musical)

42nd SESC Best Films Festival

Nominated in the following categories:

BEST FILM *Hipóteses para o amor e a verdade* (Hypotheses for love and truth)

BEST DIRECTOR Rodolfo García Vázquez, for *Hipóteses para o amor e a verdade* (Hypotheses for love and truth)

BEST SCRIPT Ivam Cabral, for *Hipóteses para o amor e a verdade* (Hypotheses for love and truth)

BEST ACTOR Ivam Cabral and Tiago Leal, for *Hipóteses para o amor e a verdade* (Hypotheses for love and truth)

BEST ACTRESS Luiza Gottschalk and Nany People, for *Hipóteses para o amor e a verdade* (Hypotheses for love and truth)

BEST PHOTOGRAPHY Laerte Késsimos, for *Hipóteses para o amor e a verdade* (Hypotheses for love and truth)

Best of the Year – *Folha Guide*, *Folha de São Paulo*

BEST PLAY *Pessoas sublimes* (Sublime people)

Best of the Year – *Arcanjo Blog*

BEST DIRECTOR Rodolfo García Vázquez, for *Pessoas sublimes* (Sublime people)

BEST SUPPORTING ACTOR Eduardo Chagas, for *Pessoas sublimes* (Sublime people)

BEST SUPPORTING ACTRESS Phedra D. Córdoba, for *Pessoas sublimes* (Sublime people)

BEST THEATER GROUP Os Satyros

BEST PROJECT *Phedra por Phedra* (Phedra by Phedra)

Brazil Applause Prize for Theater

Nominated in the following categories:

BEST COSTUMES Bia Piaretti and Carol Reissman, por *Cabaret Fucô, um quase musical* (Fucô Cabaret, a quasi-musical)

BEST CAST *Cabaret Fucô, um quase musical* (Fucô Cabaret, a quasi-musical)

ENSEMBLE PLAY *Cabaret Fucô, um quase musical* (Fucô Cabaret, a quasi-musical)

FEMSA Children and Young Adult Theater Prize

Nominated in the following categories:

REVELATION Satyros Teens

Best of the Year – *Folha Guide*, *Folha de São Paulo*

Nominated in the following category:

BEST PLAY *Pessoas sublimes* (Sublime people)

2017

Honorable Mention, Brazilian Chamber of Culture

CONTEMPLATED Ivam Cabral, for his career

São Paulo Citizen Prize
Catraca Livre/Gilberto Dimenstein

To Ivam Cabral and Rodolfo García Vázquez

Best of the Year – *Arcanjo Blog*

BEST ENSEMBLE Os Satyros

Brazil Applause

BEST ENSEMBLE PLAY *Pink Star*

Nominated in the following categories:

BEST COSTUMES Bia Piaretti and Carol Reissman, for *Pessoas brutas* (Brutal people)

BEST SUPPORTING ACTOR Robson Catalunha, for *Pessoas brutas* (Brutal people)

2018

Brazil Applause Prize for Theater

Nominated in the following categories:

BEST PLAYWRIGHTING Ivam Cabral and Rodolfo García Vázquez, for *O incrível mundo dos baldios* (The incredible world of vacant lands)

SPOTLIGHT Adriana Vaz and Rogerio Romualdo for their appearance design work, for *O incrível mundo dos baldios* (The incredible world of vacant lands)

BEST PLAY *O incrível mundo dos baldios* (The incredible world of vacant lands)

BEST PLAY *Cabaret Transperipatético* (Transperipatetic cabaret)

BEST ENSEMBLE PLAY *Pessoas brutas* (Brutal people)

BEST ACTOR Ivam Cabral, for *Pessoas brutas* (Brutal people)

BEST SUPPORTING ACTOR Fábio Penna, for *Pessoas brutas* (Brutal people)

Shell Prize

Nominated in the following category:

BEST AUTHOR Ivam Cabral and Rodolfo García Vázquez, for *O incrível mundo dos baldios* (The incredible world of vacant lands)

Best of the Year – *Arcanjo Blog*

BEST PLAY *Cabaret Transperipatético* (Transperipatetic cabaret)

BEST PLAYWRIGHTING Ivam Cabral and Rodolfo García Vázquez, *O incrível mundo dos baldios* (The incredible world of vacant lands)

BEST ACTRESS Nicole Puzzi, for *Transex*

BEST SUPPORTING ACTOR Gustavo Ferreira, for *Transex*

BEST SUPPORTING ACTOR Tiago Leal, for *Transex*

BEST SUPPORTING ACTRESS Sabrina Denobile, for *O incrível mundo dos baldios* (The incredible world of vacant lands)

BEST CAST *Transex*

REVELATION Gabriel Lodi, *Cabaret Transperipatético* (Transperipatetic cabaret)

REVELATION Luh Maza, *Cabaret Transperipatético* (Transperipatetic cabaret)

PERSONALITY Ivam Cabral

PERSONALITY Marcia Daylin

SOUND DESIGN Ivam Cabral, for *Transex*

MAKEUP Cinthia Cardoso, Lenin Cattai, and cast, for *Transex*

BEST ENSEMBLE Os Satyros

BEST TOUR *Satyros na China com 'Cabaret Fucô'* (Os Satyros in China with 'Fucô Cabaret')

BEST CULTURAL SPACE PROGRAMMING Os Satyros Space

2019

Arcanjo Culture Prize

Eduardo Chagas, for his career

SPECIAL Cia. de Teatro Os Satyros

2019 State of São Paulo Prize for the Arts

EDUCATION AND TRAINING to Ivam Cabral

Nelson Rodrigues Prize

Os Satyros, for *Entrevista com Phedra* (Interview with Phedra)

Title of Citizen of the City of São Paulo, to Ivam Cabral

São Paulo City Council, conferred by Councilmember Celso Giannazi

State of São Paulo Legislature Honorable Mention Sash

State of São Paulo Legislative Assembly, conferred by State Representative Carlos Giannazi

DIGO – International Festival of Sexual and Gender Diversity of Goiás (*Festival Internacional de Diversidade Sexual e de Gênero de Goiás*/GO)

HONORABLE MENTION *A filosofia na alcove* (Philosophy in the Boudoir)

Brazil Applause Prize

Nominated in the following categories:

BEST ACTOR Ivam Cabral, for *Mississipi*

BEST SUPPORTING ACTOR Fabio Penna, for *Mississipi*

BEST ENSEMBLE PLAY *Mississipi*

The Ivam Cabral Room is inaugurated in the city of Registro, in the interior of the State of São Paulo, by the Caixa Preta Theater Group.

2020

Red Curtain Festival, Calcutta, India

BEST PRODUCTION *The Art of Facing Fear*

BEST CAST *The Art of Facing Fear*

Arcanjo Culture Prize

BEST PLAY *A arte de encarar o medo* (*The Art of Facing Fear*)

NETWORKS Satyrianas

Broadway World Los Angeles Awards/USA

Nominated in the following categories:

PERFORMER OF THE DECADE Mia Hjelte, for *The Art of Facing Fear*

DANCER OF THE DECADE Mia Hjelte, for *The Art of Facing Fear*

BEST ENSEMBLE *The Art of Facing Fear*

PRODUCTION OF A PLAY OF THE DECADE *The Art of Facing Fear*

TOP STREAMING PRODUCTION/PERFORMANCE *The Art of Facing Fear*

CHOREOGRAPHER OF THE DECADE Mia Hjelte, for *The Art of Facing Fear*

DIRECTOR OF A PLAY OF THE DECADE Rodolfo García Vázquez, for *The Art of Facing Fear*

Best of the Year – *Folha Guide*, *Folha de São Paulo*

BEST PLAY *A arte de encarar o medo* (*The Art of Facing Fear*)

Young-Howze Theatre Awards

BEST PLAY *The Art of Facing Fear*

Nominated in the following categories:

BEST PLAY *New Normal*

BEST PLAY *Macbeth #6*, co-produced with the University of Birmingham, United Kingdom)

Top 100 Achievements 2020 Conferred by the Achievements Forum, London/United Kingdom

Ivam Cabral, for his work with the ADAAP – Association of Artists Friends of the Square (*Associação dos Artistas Amigos da Praça*)

Claudia Wonder Prize, SP [São Paulo] Transvisão

THEATER Os Satyros Theater Company

APTR (*Associação dos Produtores de Teatro do Rio de Janeiro* [Rio de Janeiro Association of Theater Producers]) Prize

Nominated in the following categories:

BEST ORIGINAL LIVE PLAY *A arte de encarar o medo* (*The Art of Facing Fear*)

BEST YOUNG TALENT, MANUELA PINTO GUIMARÃES TROPHY Nina Denobile Rodrigues, for *A arte de encarar o medo* (*The Art of Facing Fear*)

APCA Prize

Nominated in the following category:

BEST PLAY *A arte de encarar o medo* (*The Art of Facing Fear*)

2021

Community Awards – Hollywood Fringe Festival

Encore Producers Award

BEST PLAY *A Love Song*

BEST PLAY *Toshanisha: The New Normals*, co-performed with the Bold Theatre Group, Kenya

Hollywood Fringe

Nominated in the following categories:

INTERNATIONAL AWARDS *A Love Song*

TWO PERSON SHOW *A Love Song*

2 CENTS THEATRE'S LOOSE CHANGE AWARD SPONSORED BY TWO CENTS THEATRE & LOOSE CHANGE *A Love Song*

APCA

Nominated in the following category:

DIGITAL ADVANCEMENT *The Art of Facing Fear*

Young-Howze Theatre Awards

WORLD PRIZE FOR BEST COLLABORATIVE PLAY OF THE YEAR *The Art of Facing Fear*

2022

Young-Howze Theatre Awards

BEST ACTOR OF THE YEAR Roberto Francisco, for *A Love Song*

BEST WORLD COLLABORATION *Toshanisha: The New Normals*

2023

APCA Prize

Nominated in the following categories:

BEST DIRECTOR Rodolfo García Vázquez, for *As Bruxas de Salém* (*The Crucible*)

ABOUT THE AUTHORS

MARCIO AQUILES (ORG.) is a writer, and literary and theater critic. He is the author of the books *Artefato cognitivo nº 7√log5ie* (Cognitivo artifact nº 7√log5ie) (Digital Library Prize 2021); *A cadeia quântica dos nefelibatas em contraponto ao labirinto semântico dos lotófagos do sul* (The quantic chain of the cloud-walkers in opposition to the semantic labyrinth of the lotus-eaters of the south); *A odisseia da linguagem no reino dos mitos semióticos* (The odyssey of language in the kingdom of semiotic myths); *O esteticismo niilista do número imaginário* (The nihilistic aestheticism of the imaginary number); *Delírios metapoéticos neodadaístas* (Neodadaist metapoetic delusions), among others. He is one of the authors in the collection

Critical Articulations of Hope from the Margins of Arts Education and co-editor of the book *Teatro de grupo na cidade de São Paulo e na Grande São Paulo: Criações coletivas, sentidos e manifestações em processos de lutas e de travessias* (Group theater in the city of São Paulo and Greater São Paulo: Collective creations, meanings, and manifestations in struggle and breakthrough processes (APCA 2021 Prize). He was a reporter and critic for the *Folha de S.Paulo* newspaper, and, since 2014, has been the international projects co-ordinator at the SP School of Theater. In 2023, he received the 1º Prêmio Egresso Destaque Unicamp, "as a recognition of his distinguished professional trajectory".

BETH LOPES is a professor, researcher, and theater director. She is trained in art education, having obtained a bachelor's degree in performing arts from the Federal University of Santa Maria (UFSM), and master's (1992) and doctorate (2001) degrees in performing arts, funded by the CAPES, from the University of São Paulo (USP). She completed a post-doctorate at the UFSM (2006), granted by the CNPq, and, a second post-doctorate at the Tisch School of the Arts' Department of Performance Studies (2009-10), in the New York University, funded by the CAPES. As a theater director, she has produced countless plays and performances, which stand out for the visual and corporal strength of their actors and actresses.

DANA ALLYN HOWZE is a theater critic, social media manager, and scriptwriter from Mays Landing, New Jersey. Young-Howze has a bachelor's degree in North American Studies conferred by Rutgers University, and her capstone project on North American cinema and animation was developed during internships with the New York Animation Collective and the NJ [New Jersey] Film Coop. She completed five years of graduate work in scriptwriting at Hollins University. She also worked as a script supervisor for an independent film filmed in New York and participated in a document. She started *The Young-Howze Theatre Journal* with her partner, Ricky Young-Howze, with whom she has written theater reviews since the summer of 2016. Together, they have reviewed more than 150 online productions and virtual festivals.

GUILHERME GENESTRETI is a journalist, specializing in cinema. He was born in São Paulo, has a law degree from the University of São Paulo (USP) and studied new narratives at the University of California, Berkeley. Genestreti has followed the work of Os Satyros Theater Company since they put on the play *A vida na praça Roosevelt* (Life on Roosevelt Square), at the beginning of the 2000s; he has also written articles on the company's films and the reopening of the Cine Bijou. Today, he serves as adjunct editor for *Ilustrada*, the cultural supplement of the *Folha de S.Paulo* newspaper.

KIL ABREU is a theater reporter, critic, curator, and researcher. Abreu has a graduate degree in art from the University of São Paulo (USP) and served as director for theater in the São Paulo Municipal Department of Culture. He wrote for the *Folha de S.Paulo* newspaper and co-ordinated, for eight years, the Santo André Open School of Theater. Abreu also served as a juror for several prizes, such as the Shell and APCA Prizes, and as curator of various festivals—such as the Curitiba Theater Festival, Recife National Theater Festival, Fortaleza Festival, and São José do Rio Preto International Theater Festival—as well as of the reflexive activities for the São Paulo International Theater Exhibition (MITsp). He was also curator of the drama programming in the São Paulo Cultural Center (2015-21). Along with Rodrigo Nascimento, Abreu edits the website *Cena Aberta – theater, critique, and politics in the arts*. He is a member of the International Association of Theater Critics.

MARICI SALOMÃO is a playwright, researcher, and journalist graduated from the Pontifical Catholic University of Campinas (PUC). She was a reporter and associate critic for *Caderno 2* (the cultural supplement of the *O Estado de S. Paulo* newspaper) and *Bravo!* magazine, in the areas of theater and literature. Her plays *Bilhete* (Ticket) and *Maria Quitéria* were directed by Celso Frateschi and Fernando Peixoto, respectively. From 1999 to 2003, she co-ordinated the Dramaturgy Circle of the Centro de Pesquisa Teatral [Drama Research Center] (CPT), under the supervision of Antunes Filho, and from 2008 to 2019, the SESI-British Council Center for Dramaturgy. Salomão was the winner of the Shell Prize for Innovation in 2016. She is also one of the founders of the SP School of Theater, where she co-ordinates the playwriting course since the school's foundation. Salomão also has a degree in performing arts from the University of São Paulo () and wrote the books *O teatro de Marici Salomão* (The theater of Marici Salomão) and *Sala de trabalho: a experiência do Núcleo de Dramaturgia Sesi-British Council* (Work room: the experience of the SESI-British Council Center for Dramaturgy).

MIGUEL ARCANJO PRADO is a journalist, APCA's critic, director of the *Arcanjo Blog* and Arcanjo Culture Prize, and co-ordinator of cultural extension and special projects for the SP School of Theater. Prado has a bachelor's degree in social communication from the Federal University of Minas Gerais (UFMG), a graduate degree in media, information, and culture from the School of Communication and Arts of the University of São Paulo (ECA-USP) and a master's degree in arts from the

Art Institute of the State University of São Paulo (IA-Unesp).

RICKY STEVEN YOUNG JR. is a theater critic, playwright, and theater professor in Mays Landing, New Jersey. Young-Howze has a bachelor's degree in theater conferred by the Austin Peay State University and a master's degree in arts conferred by Hollins University. He is the author of school plays that have been presented all over the United States, including Colorado, Virginia, and California, and published by YouthPLAYS. He has been teaching composition and writing with his partner Dana Young-Howze since July 2019. Together, they created *The Young-Howze Theatre Journal*, in which they have written theater reviews since 2016, including 150 online productions and virtual festivals.

SILAS MARTÍ is a doctoral student in architecture and urban design at the University of São Paulo and was awarded the Knight-Wallace Scholarship at the University of Michigan. He is a journalist and art critic, as well as a culture editor and New York correspondent for the *Folha de S. Paulo* newspaper. Martí also writes for various publications, including *Aperture*, *The Art Newspaper*, *Artforum*, *Art Review*, and *Frieze*, among others.

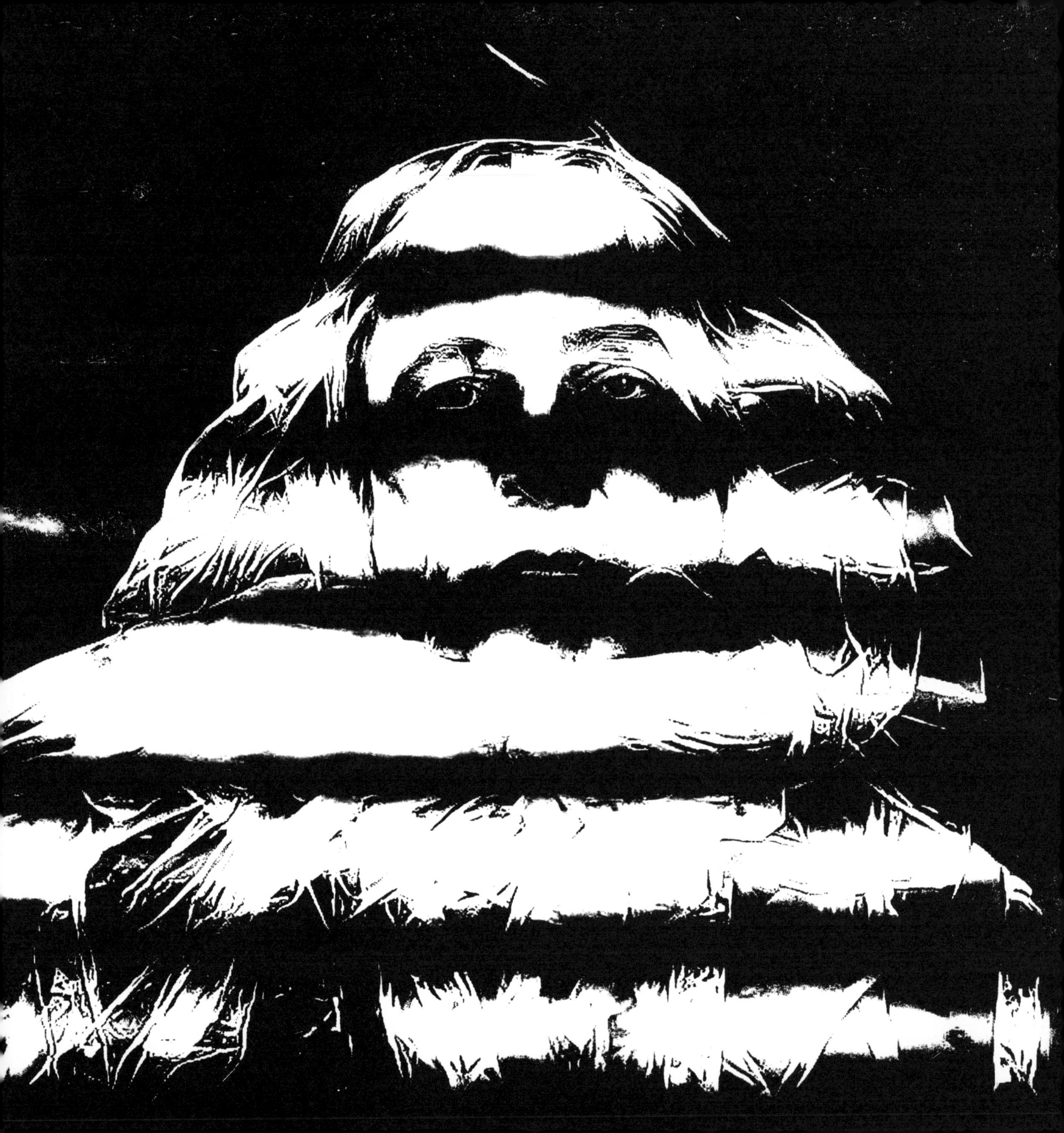

SELEÇÃO DE IMAGENS

image selection

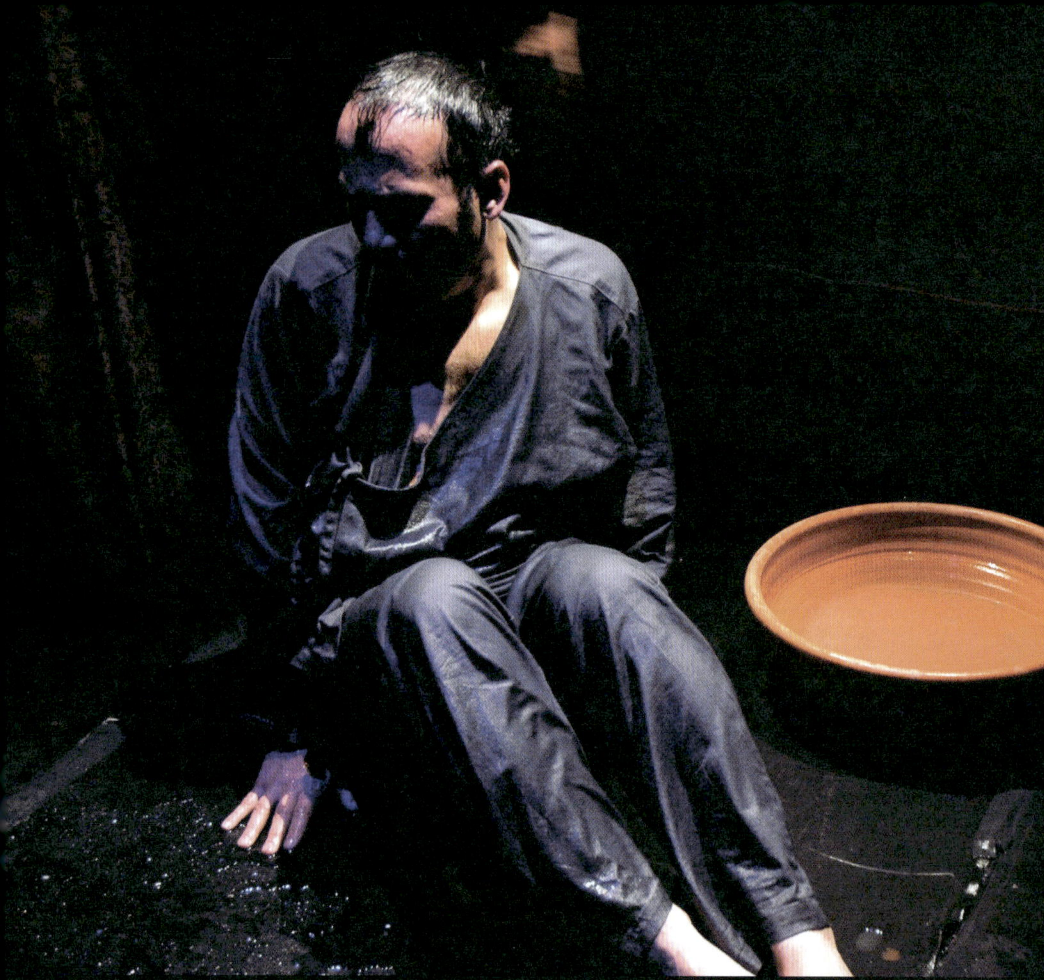

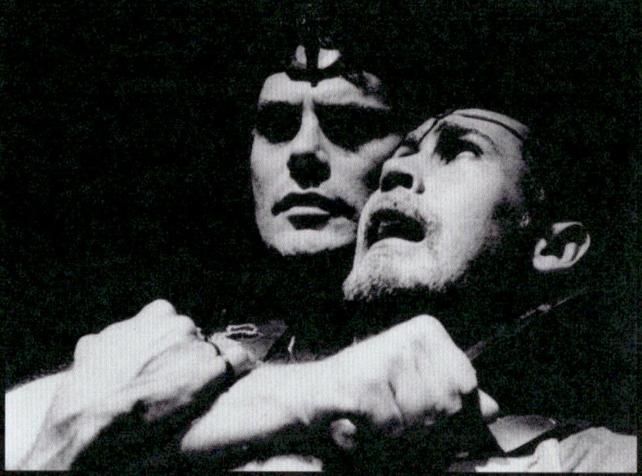

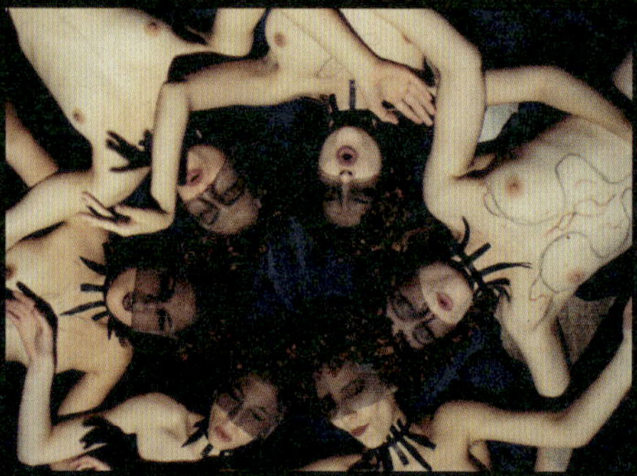

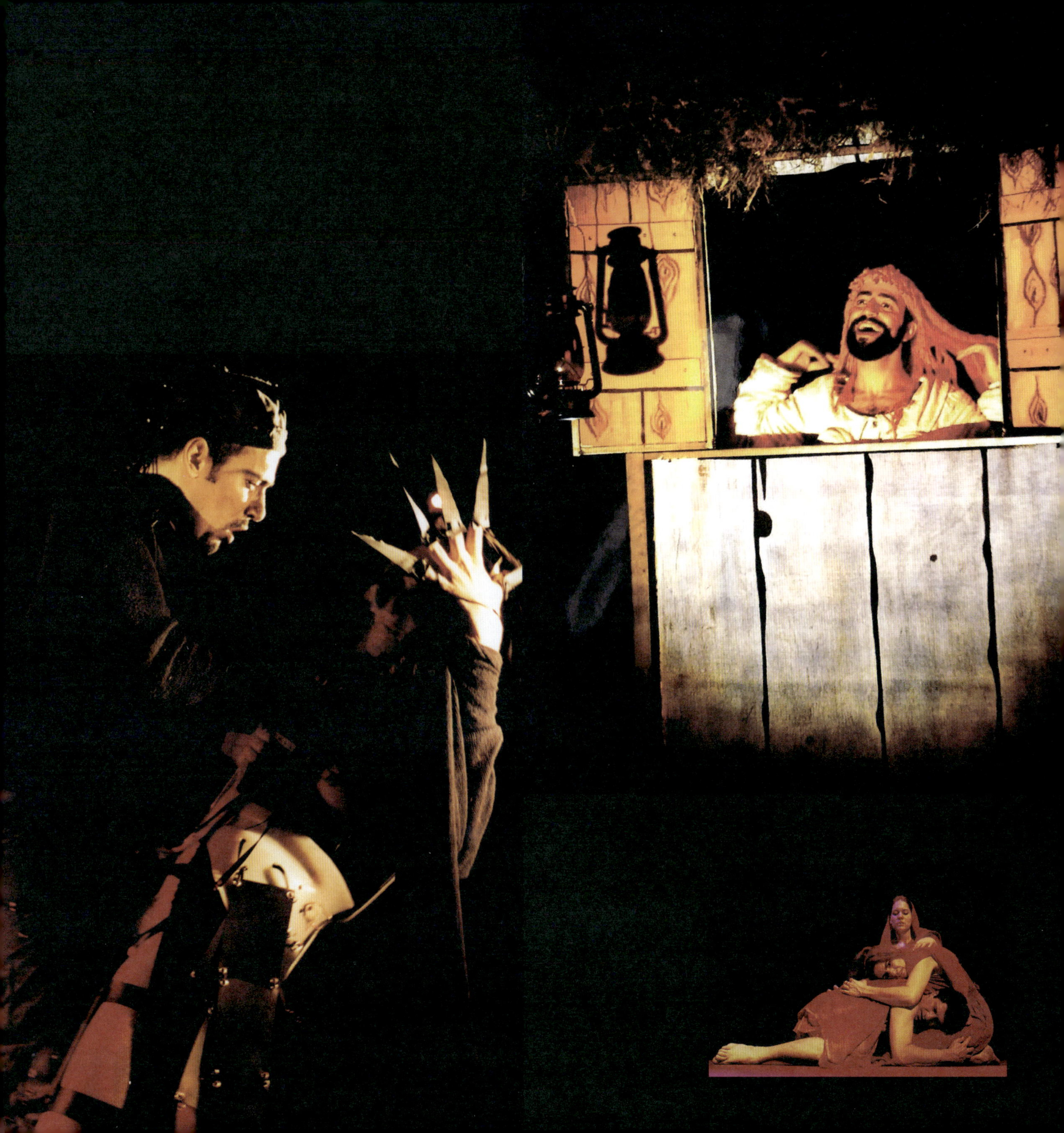

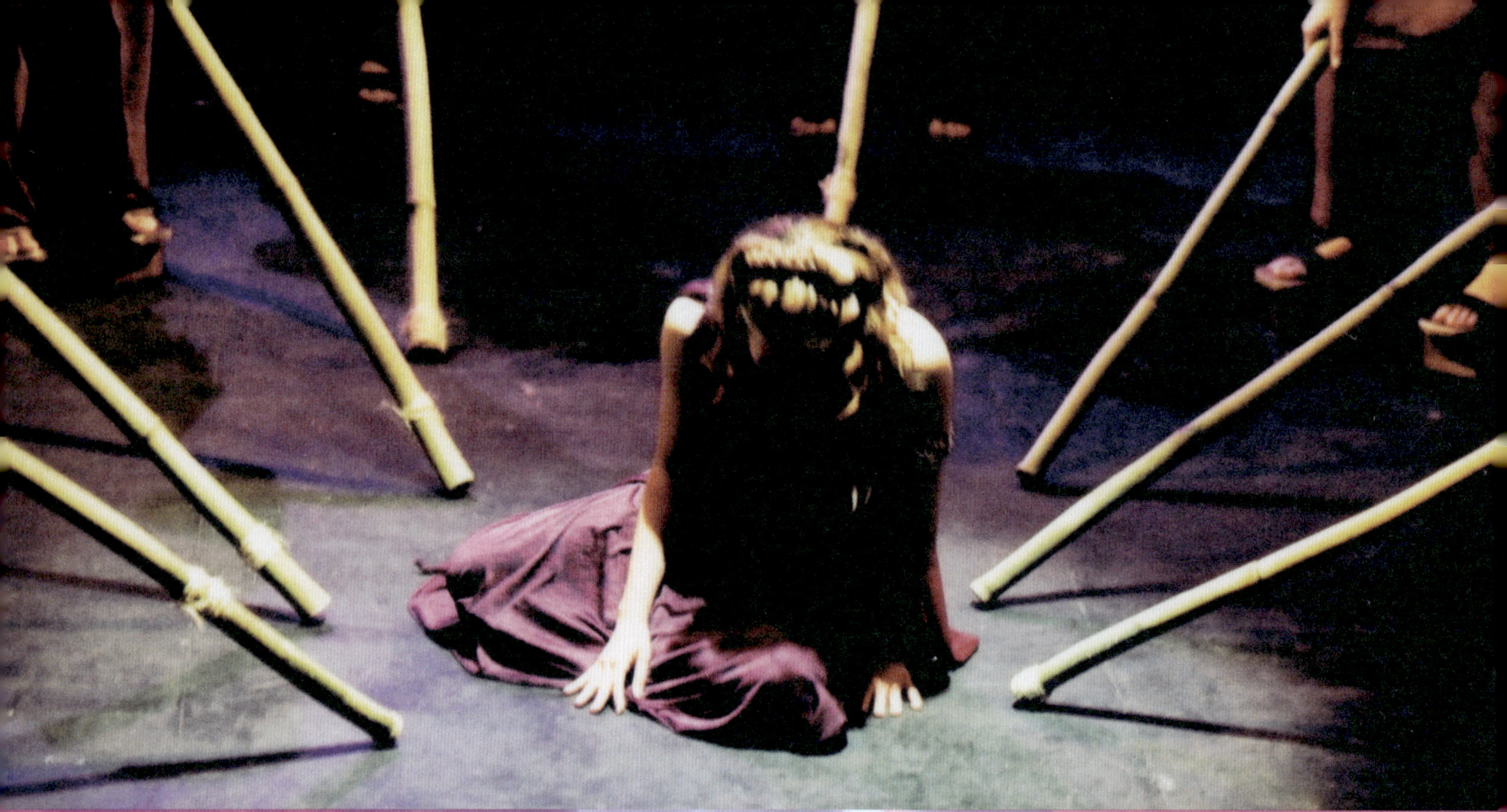

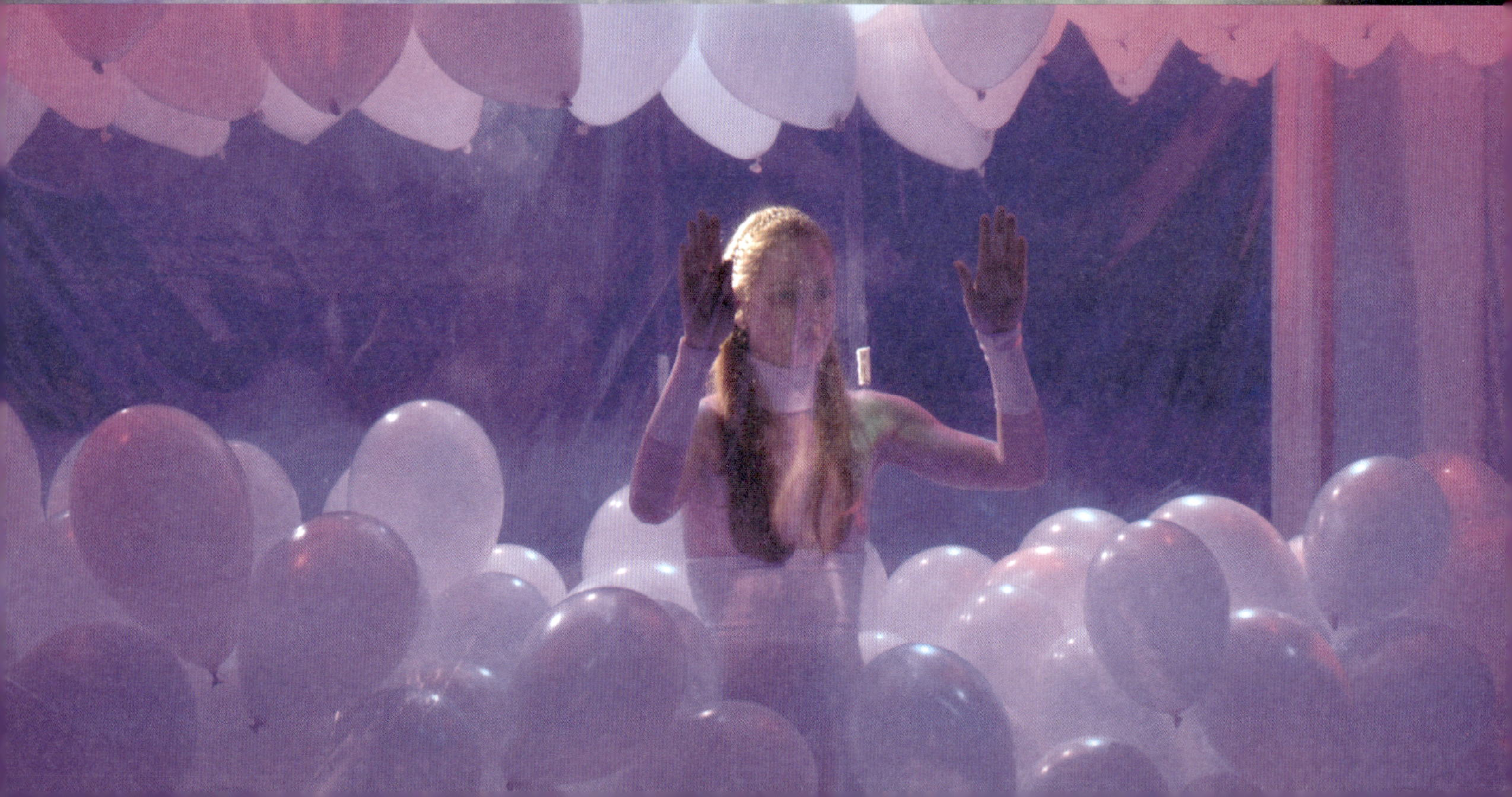

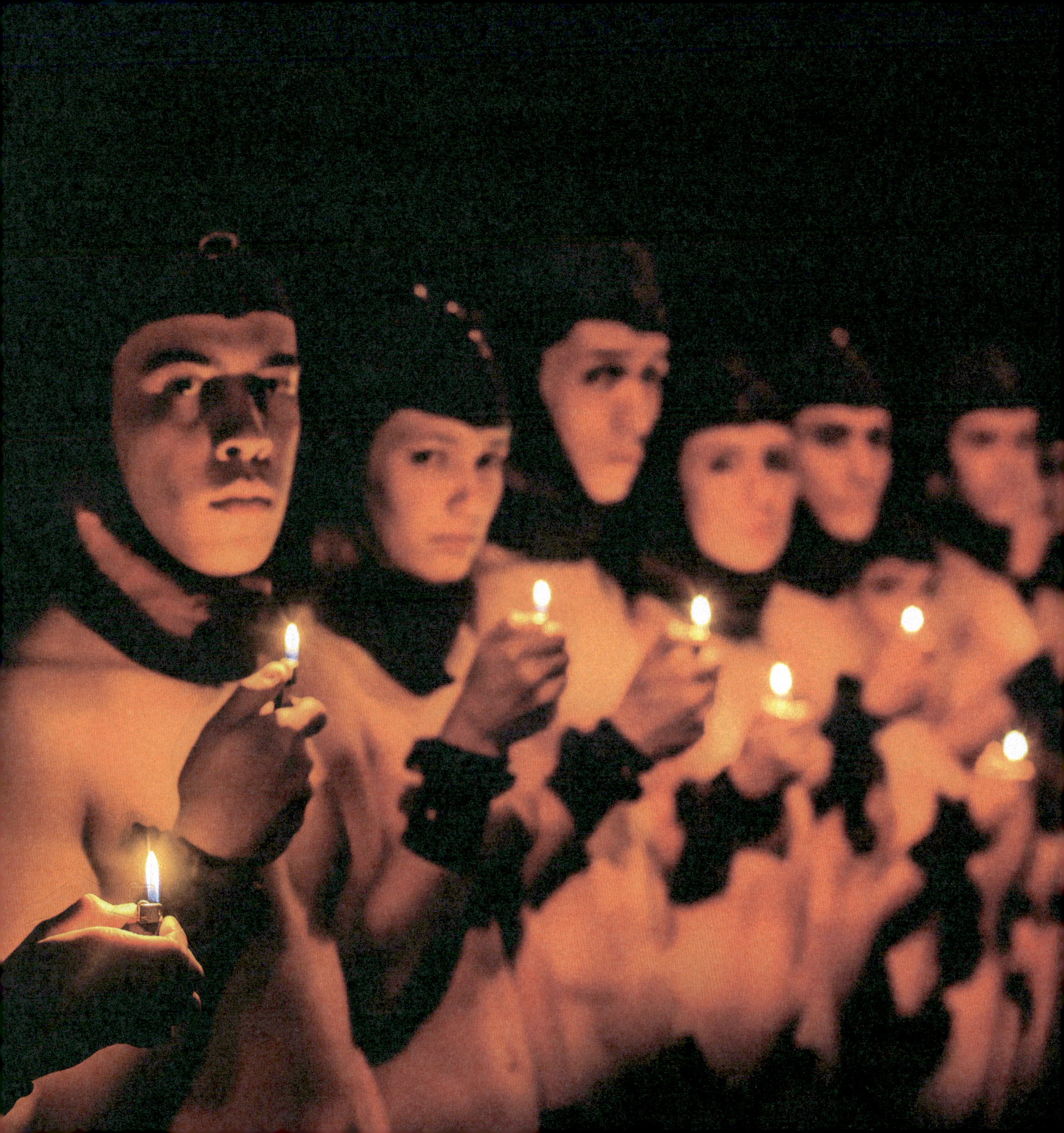

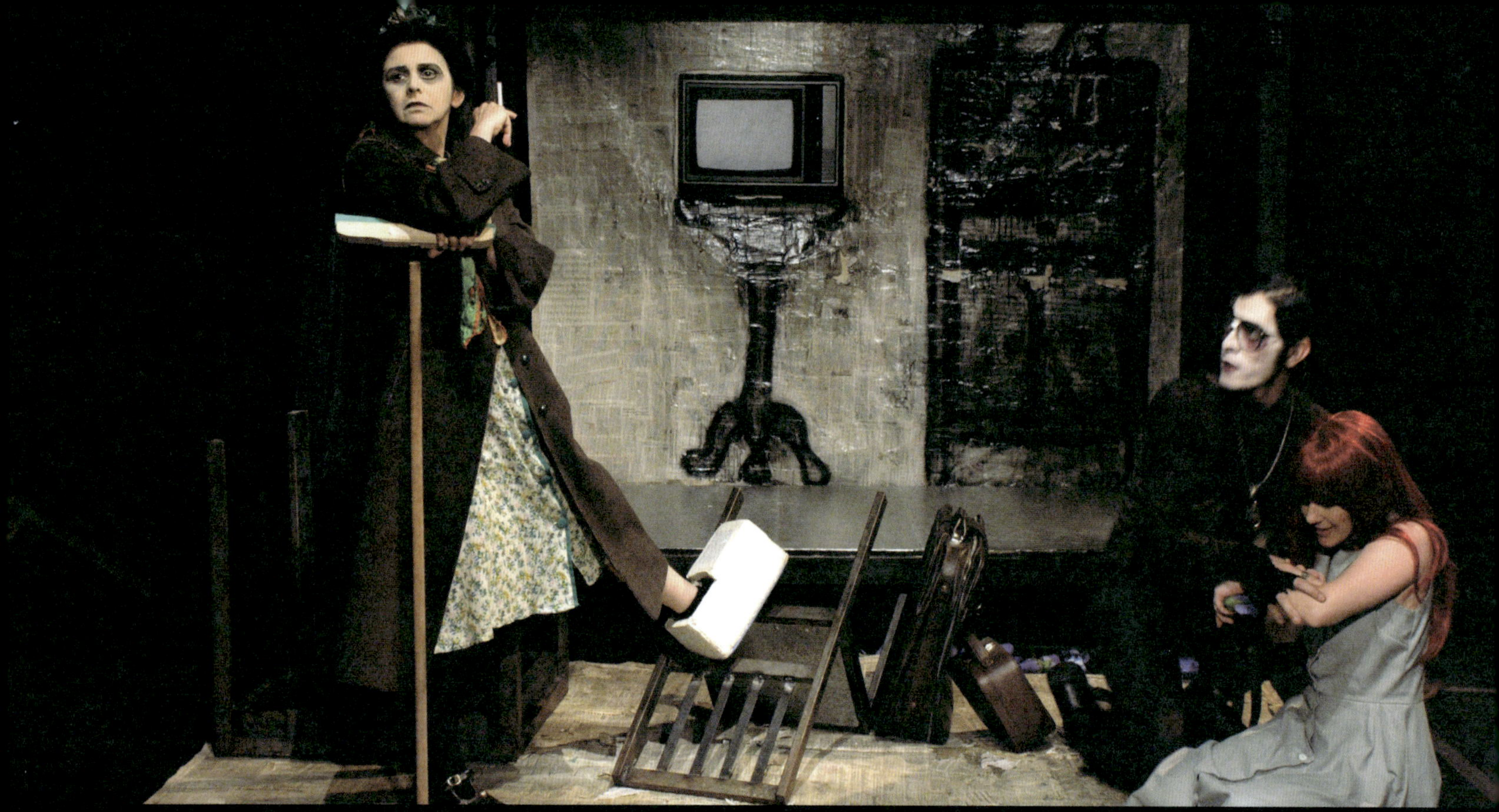

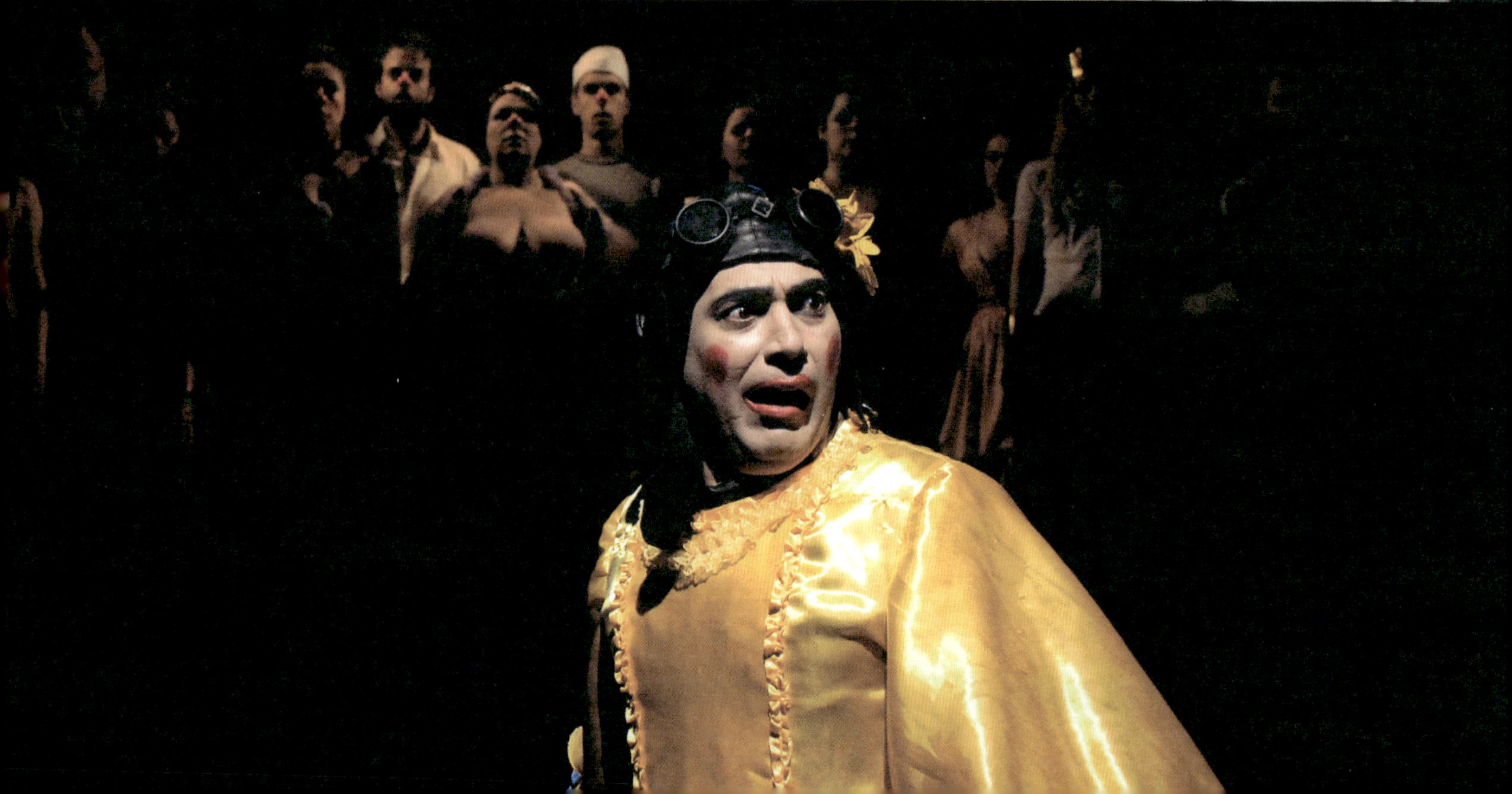

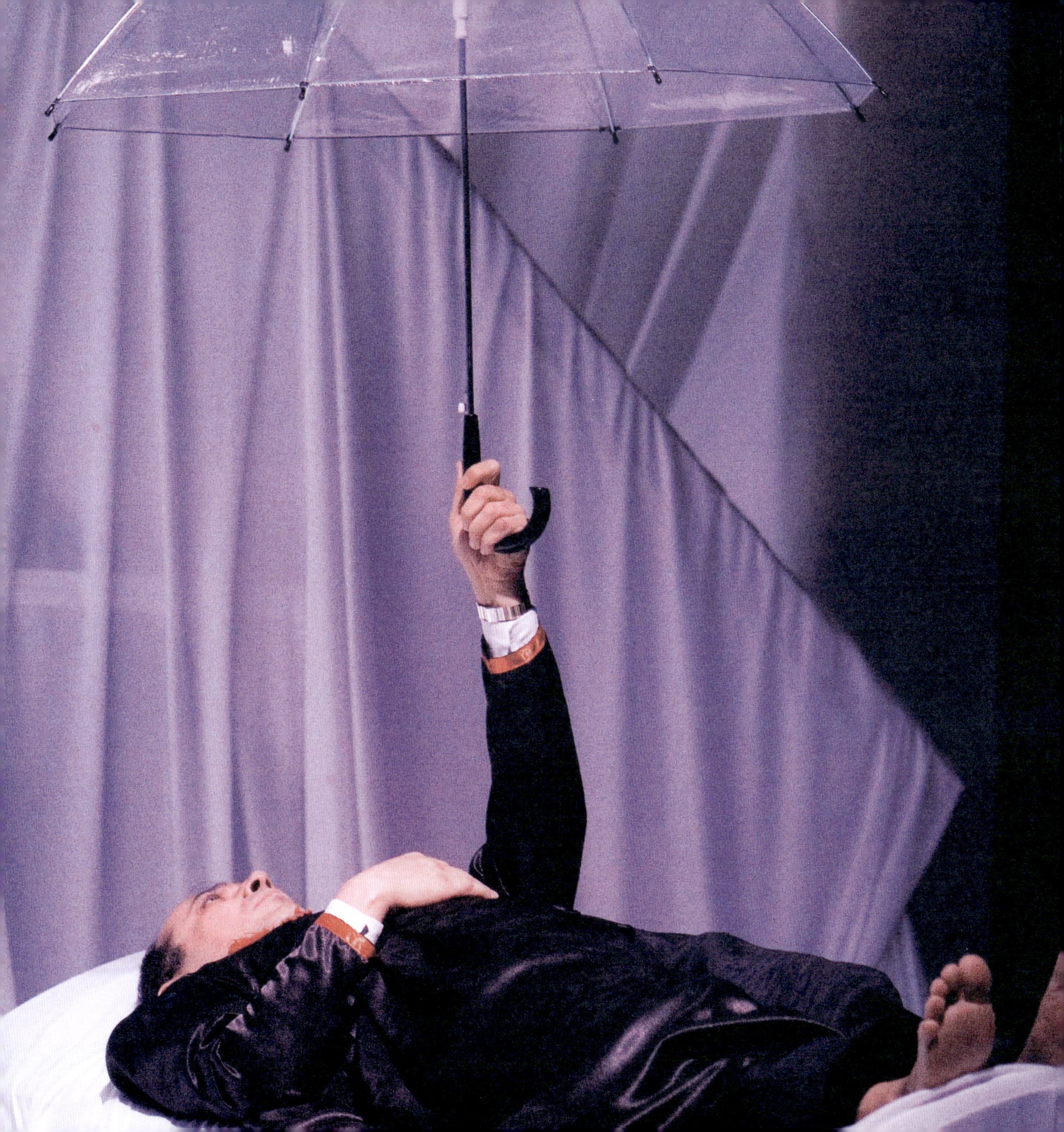

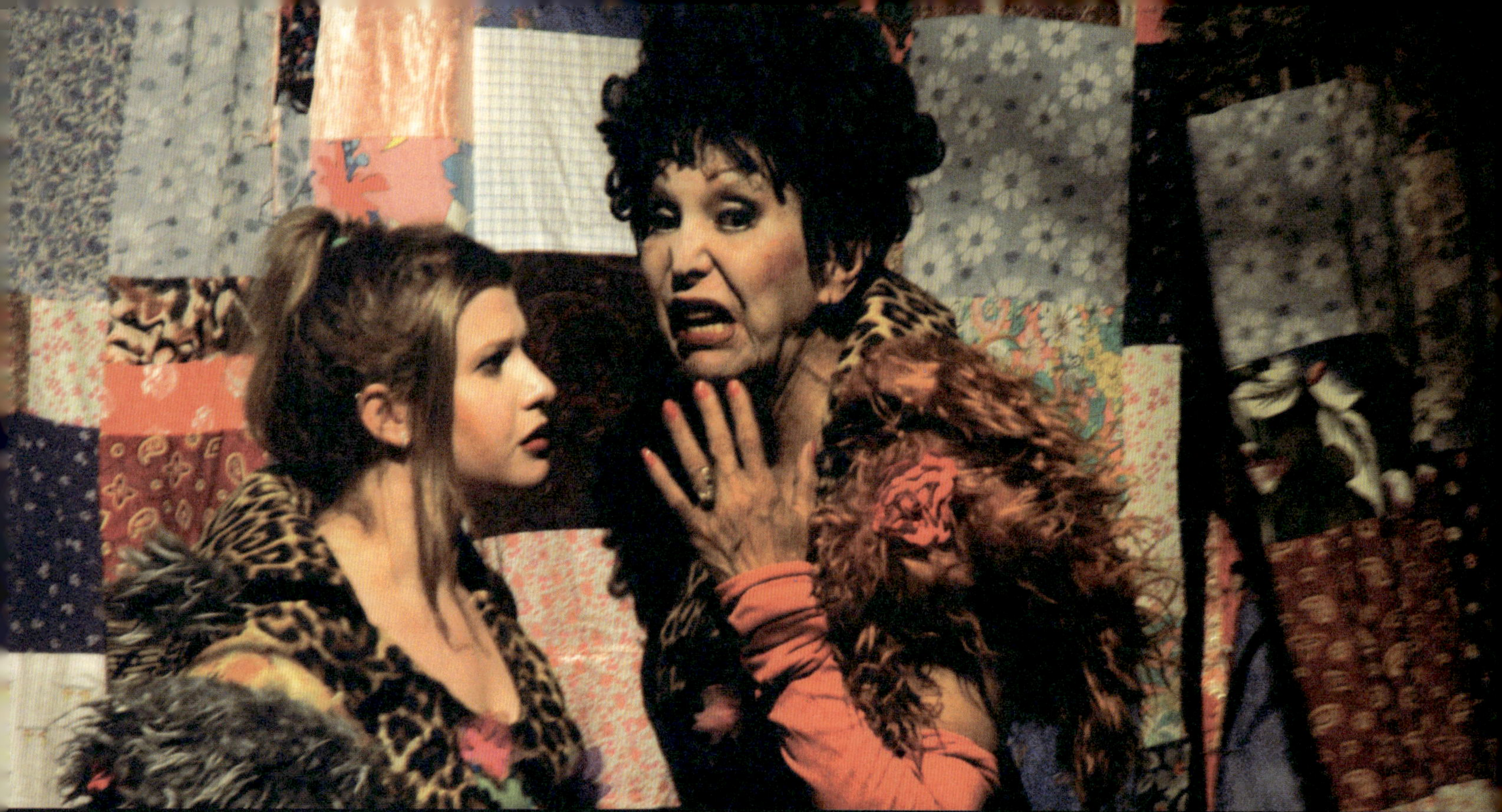

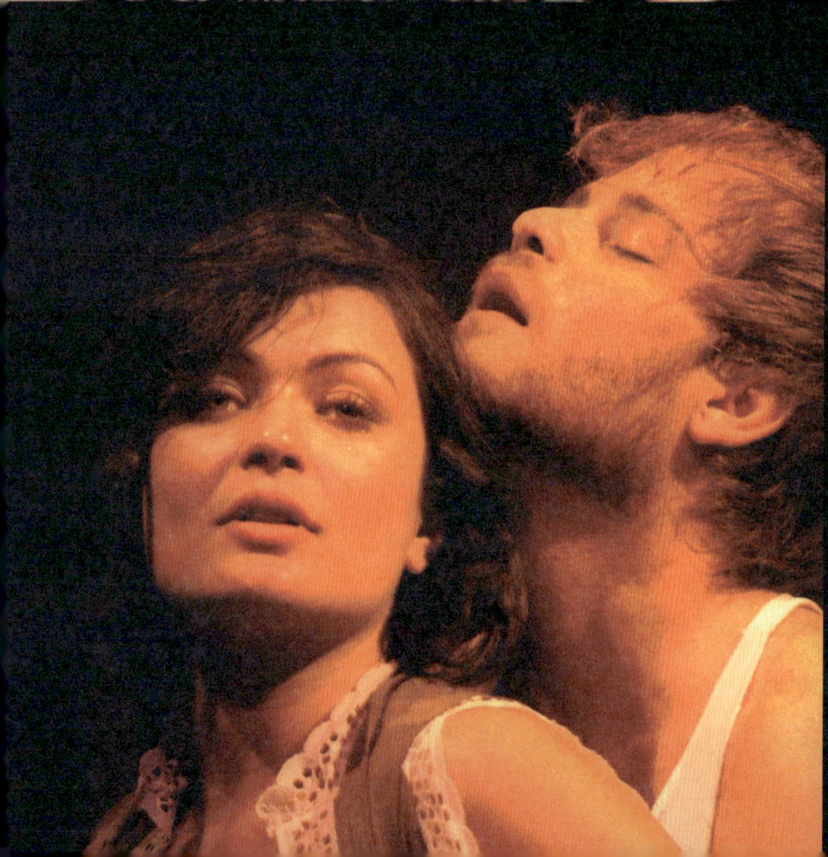

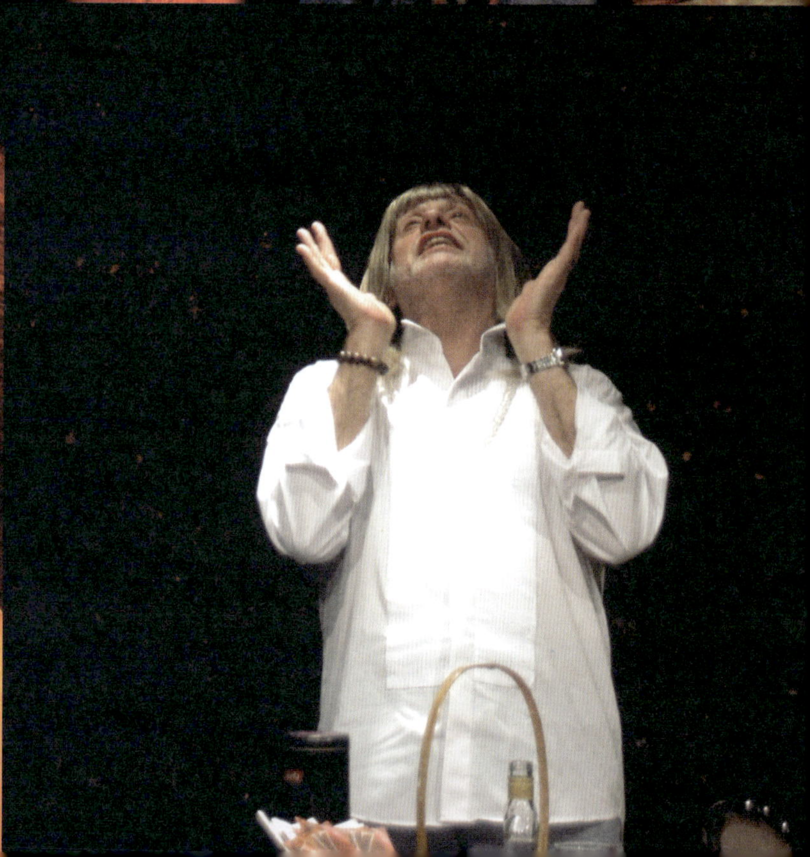

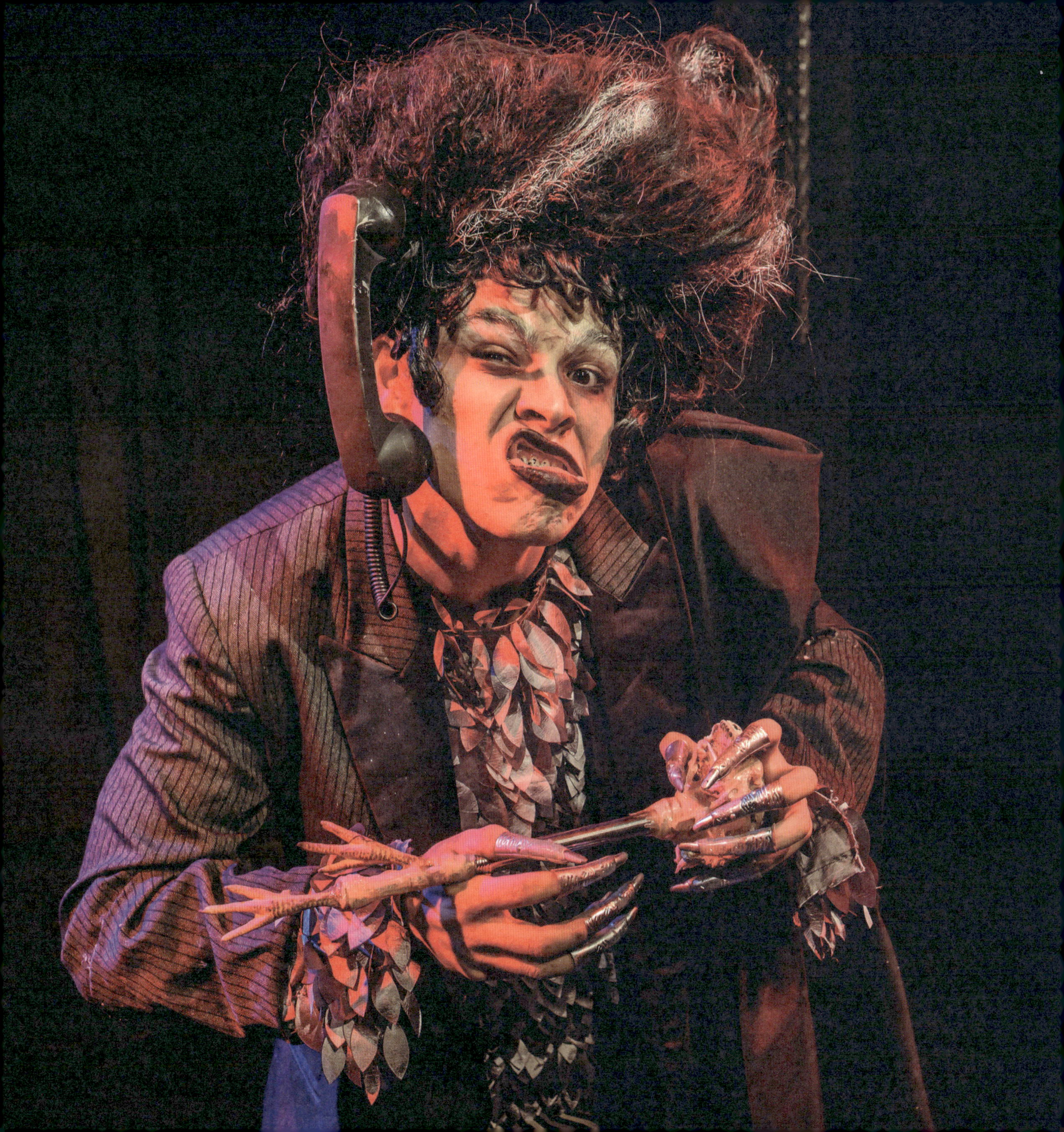

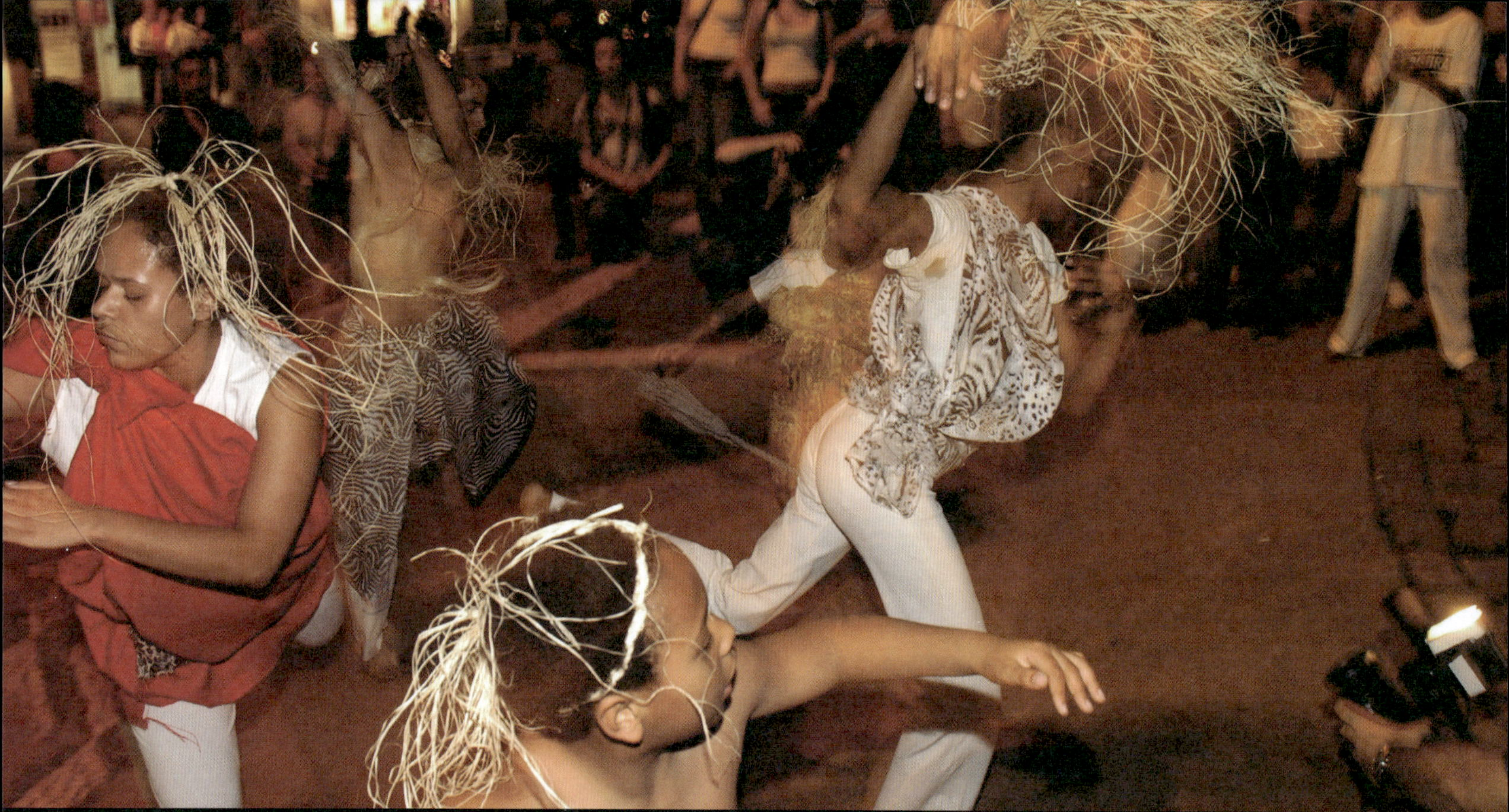
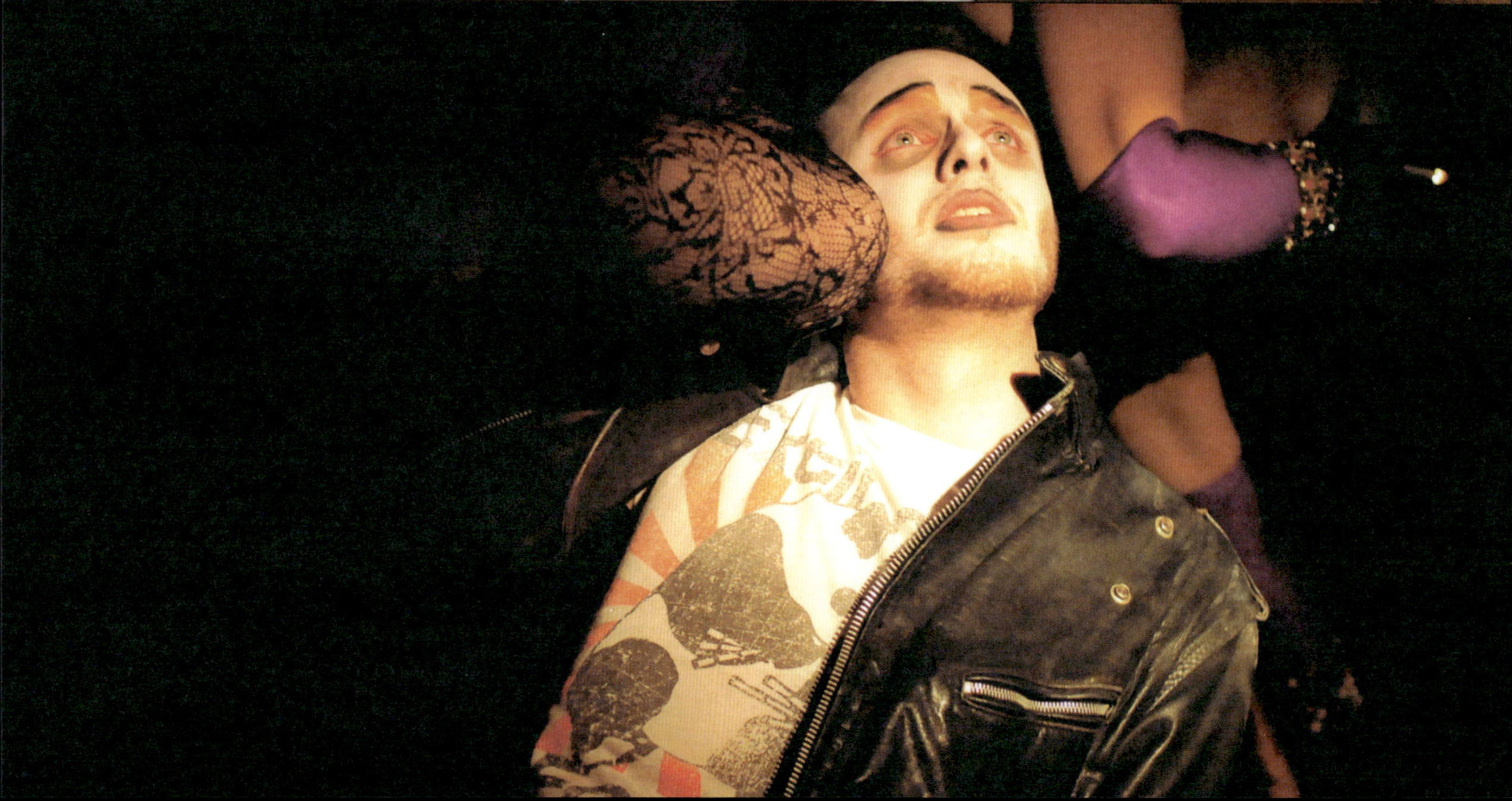

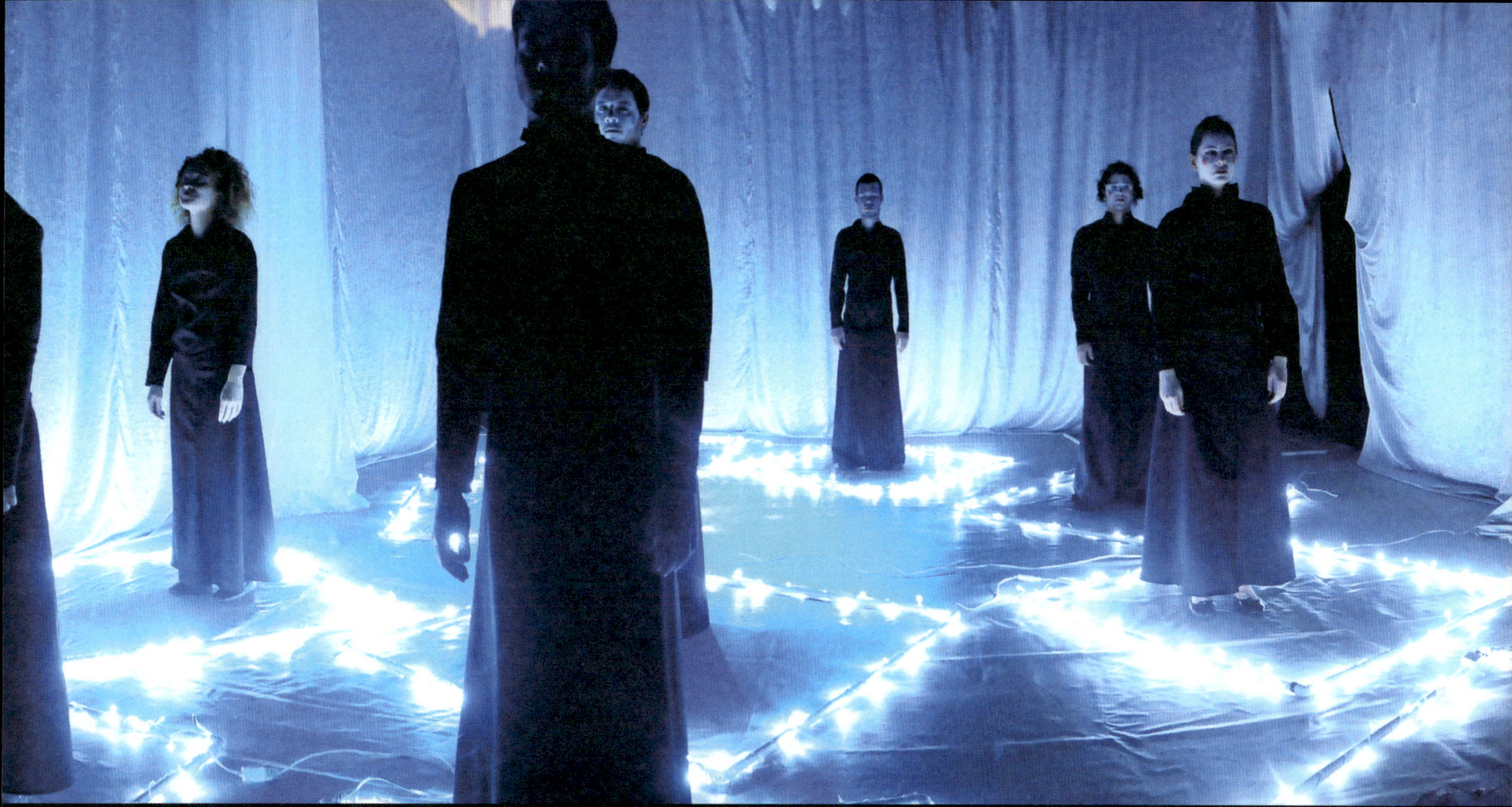

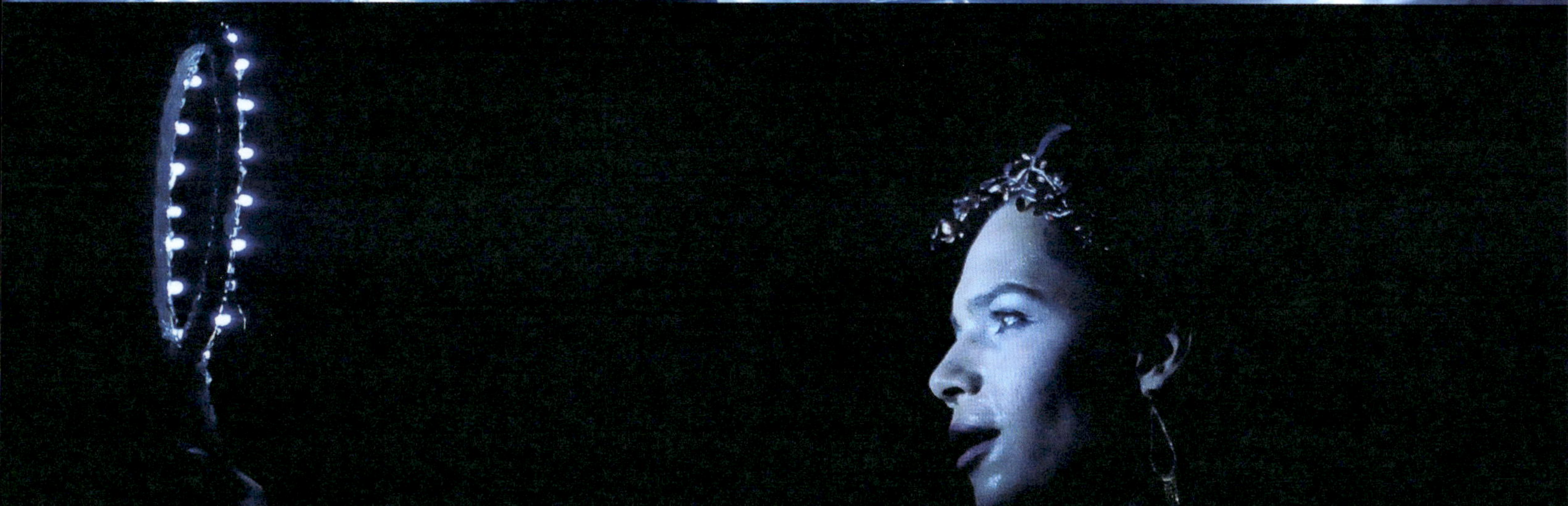

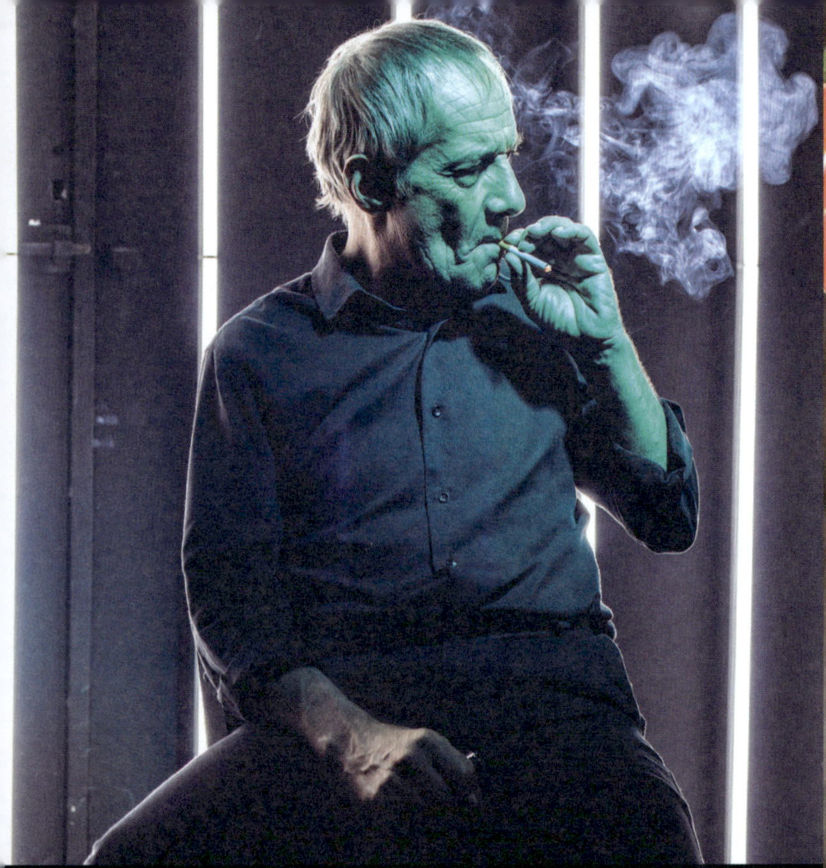

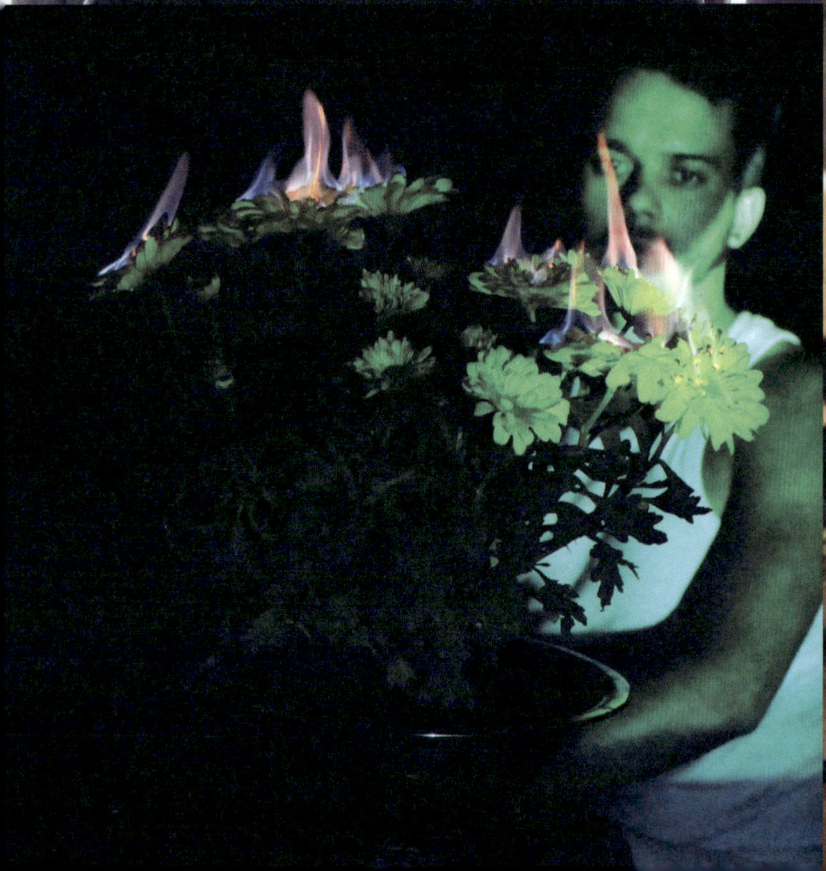

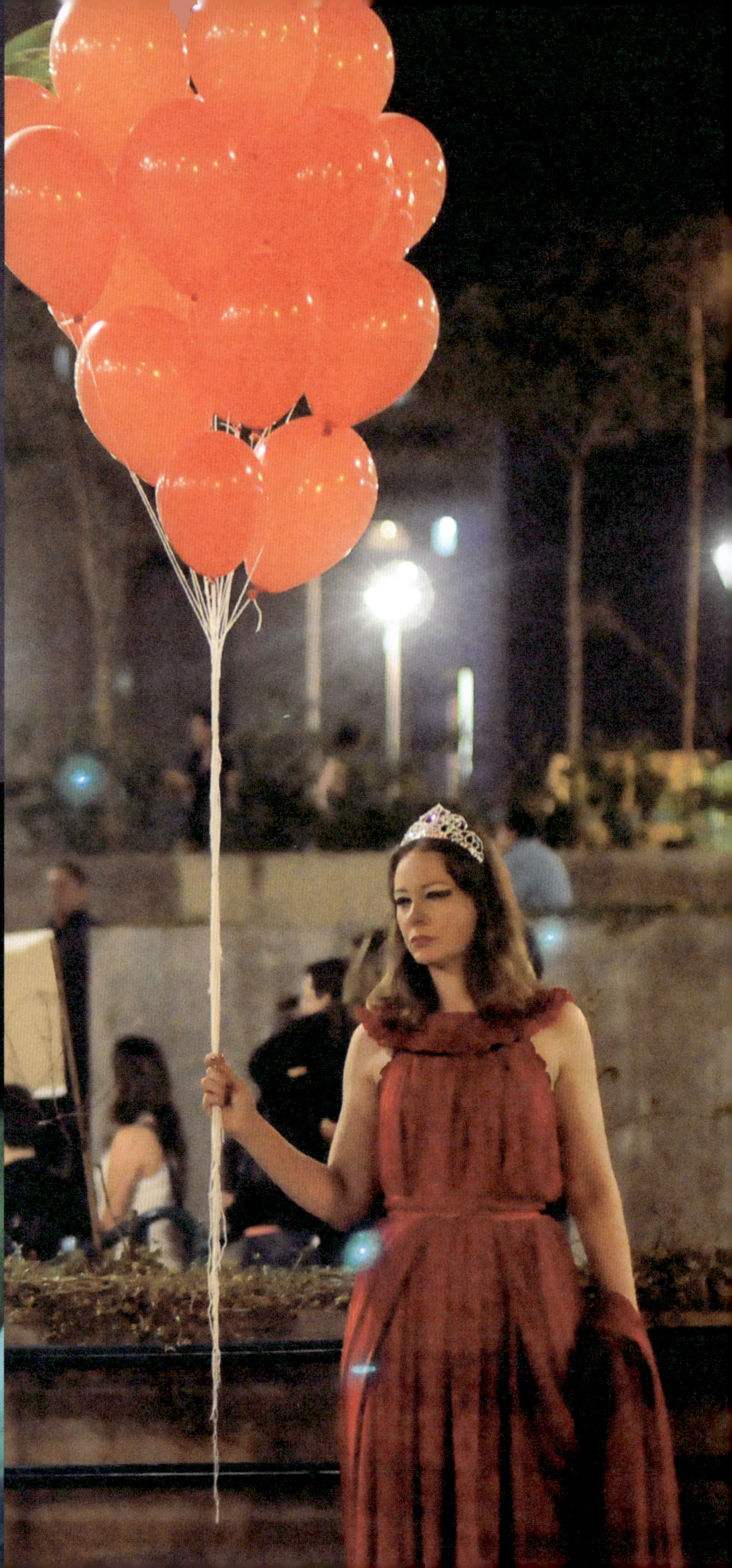

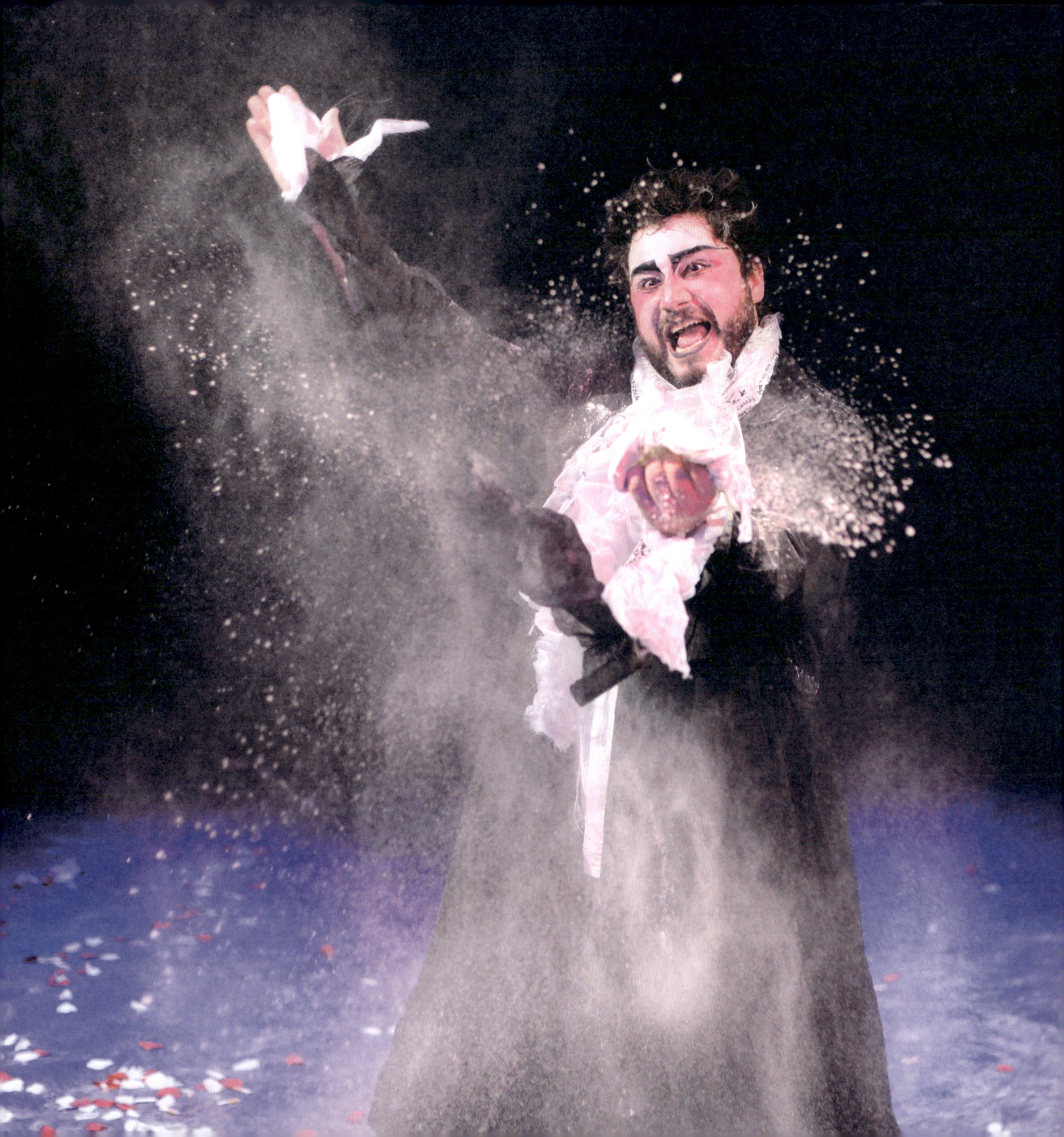

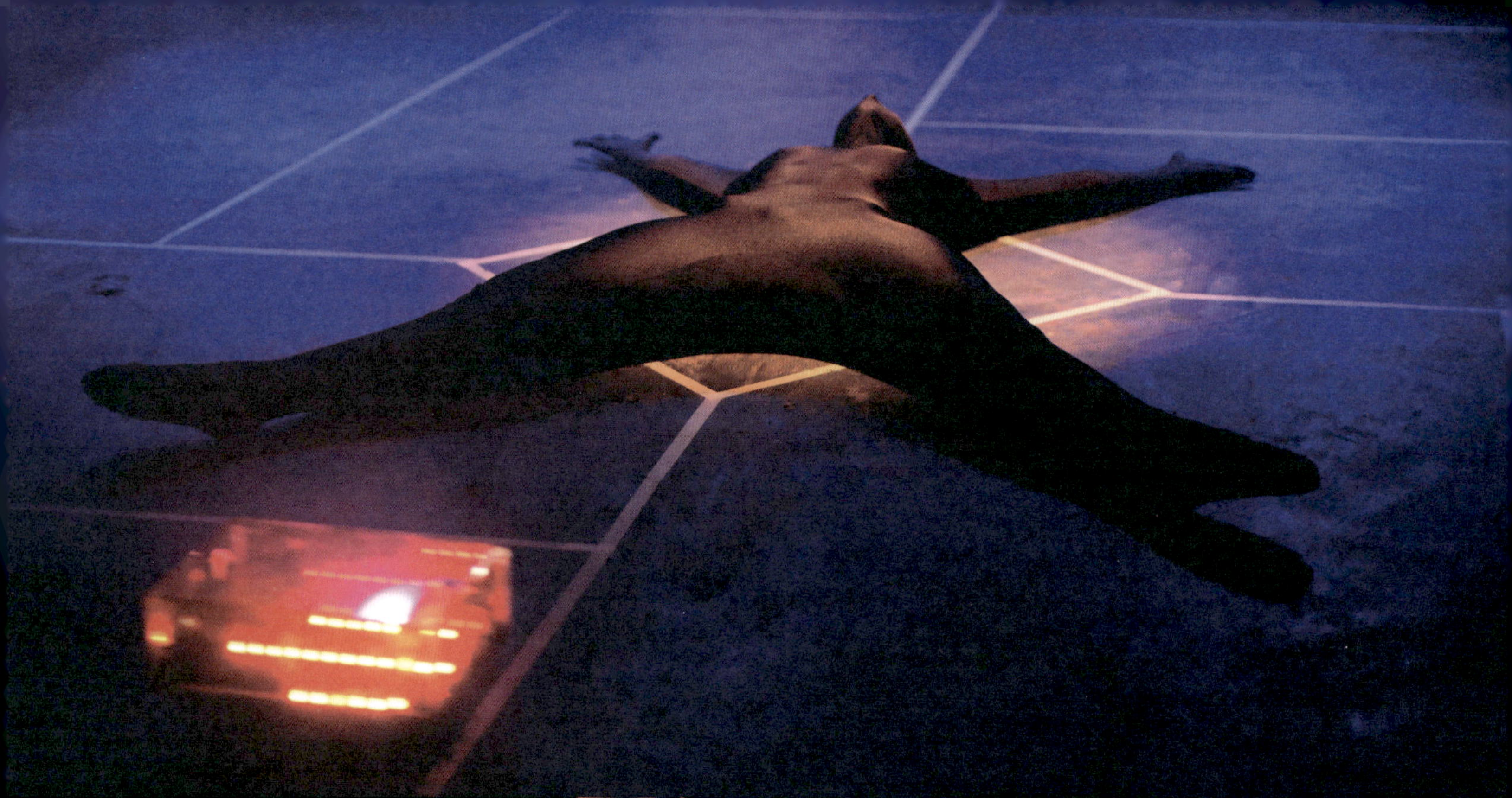

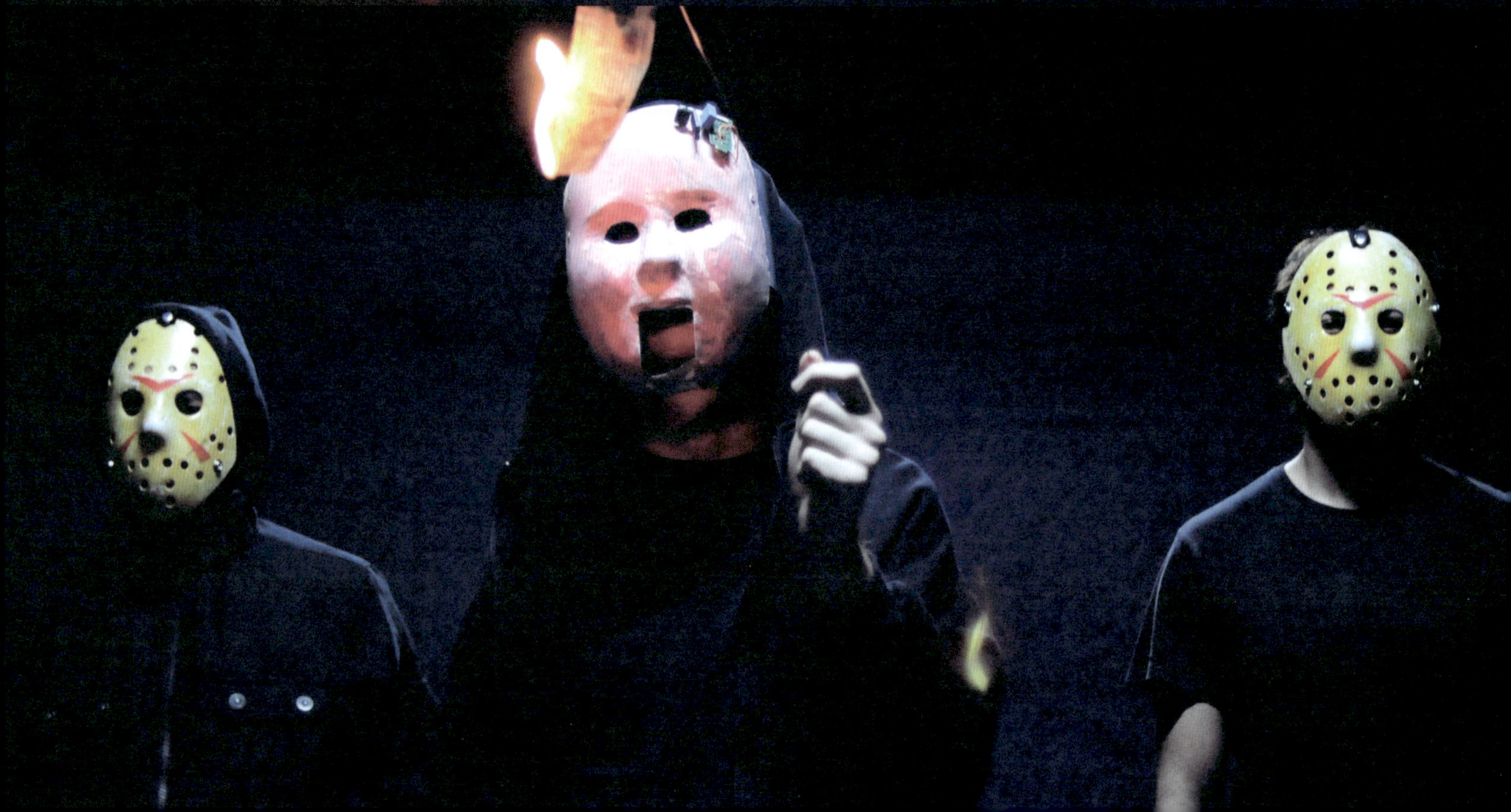

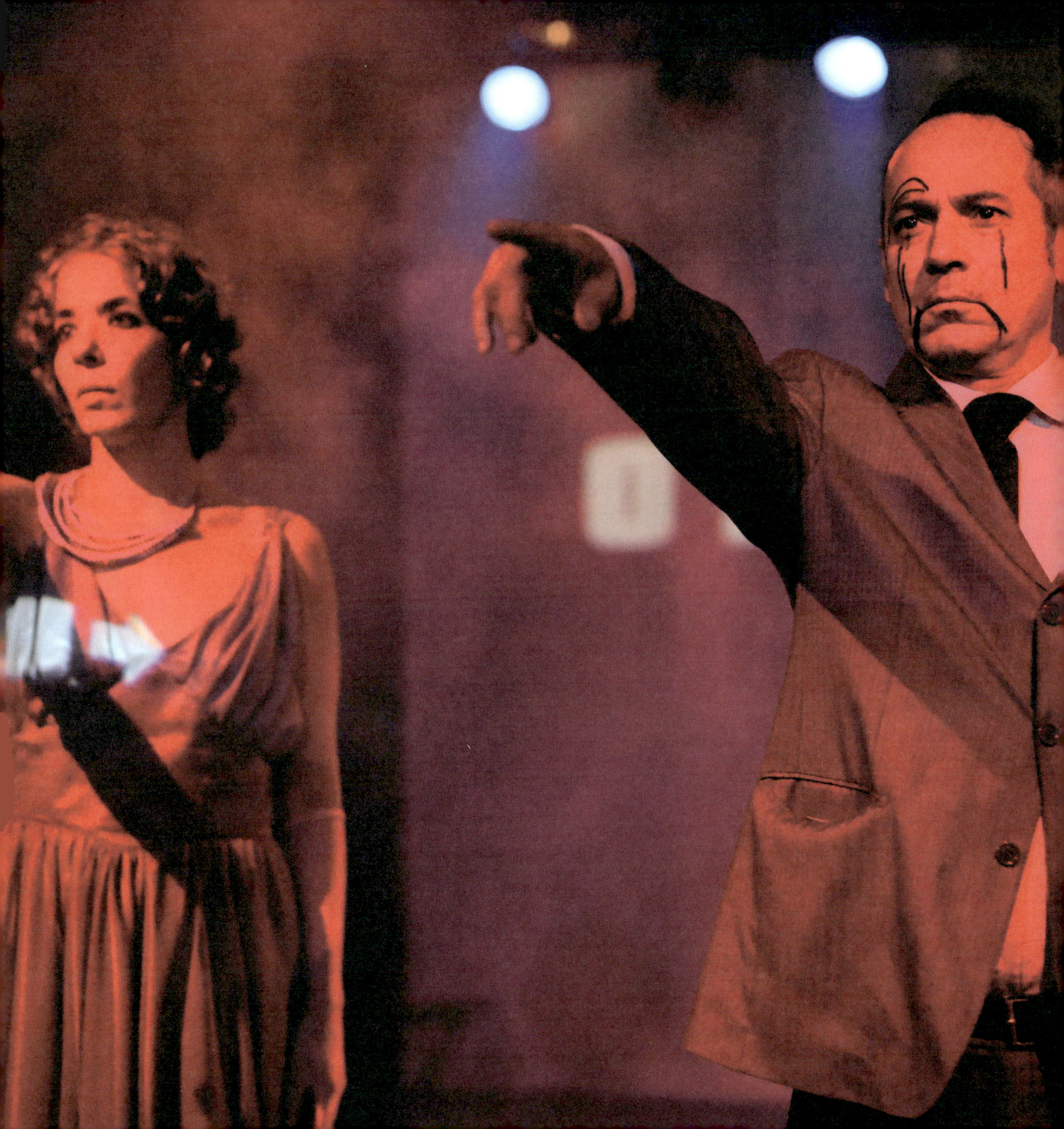

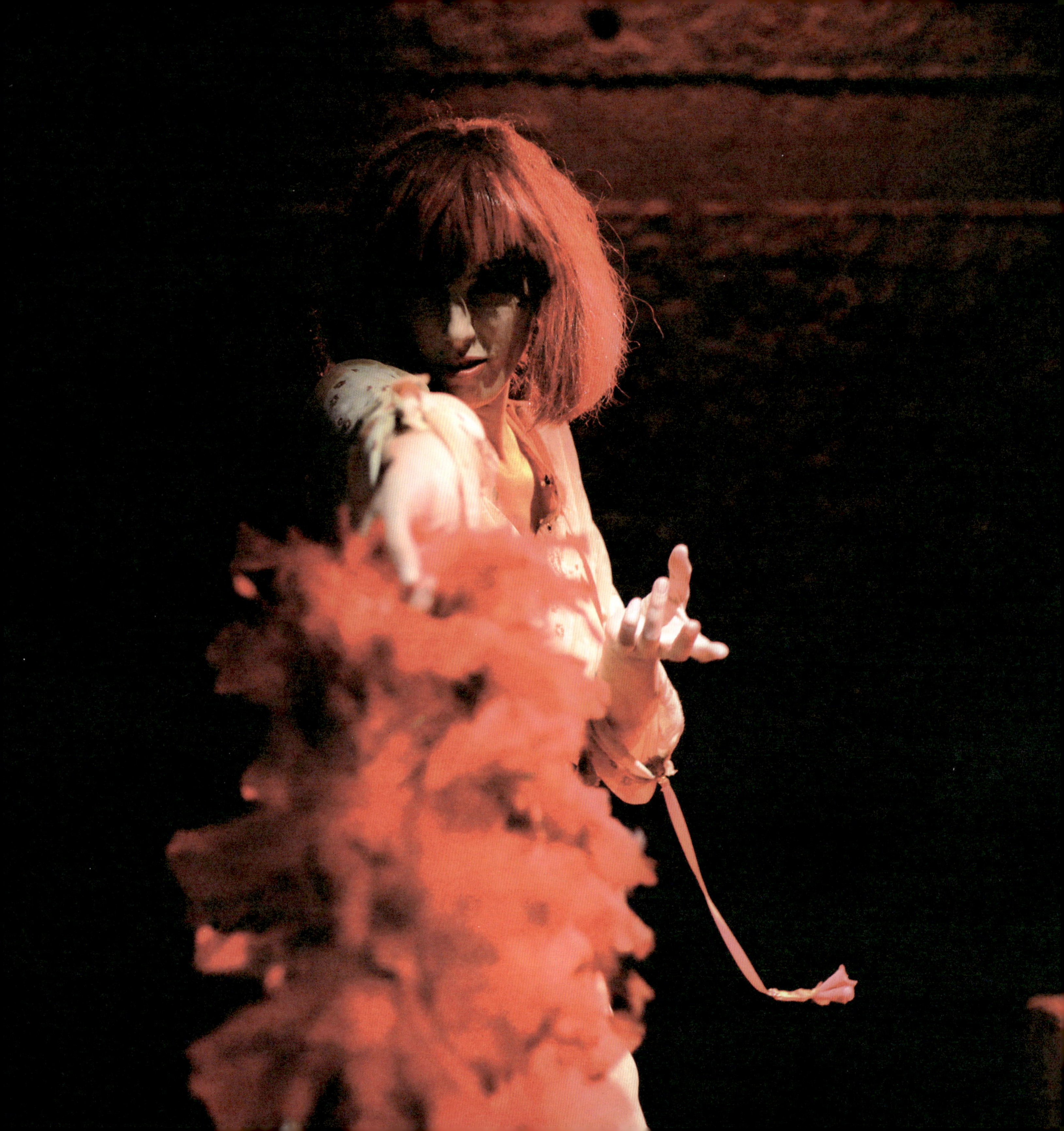

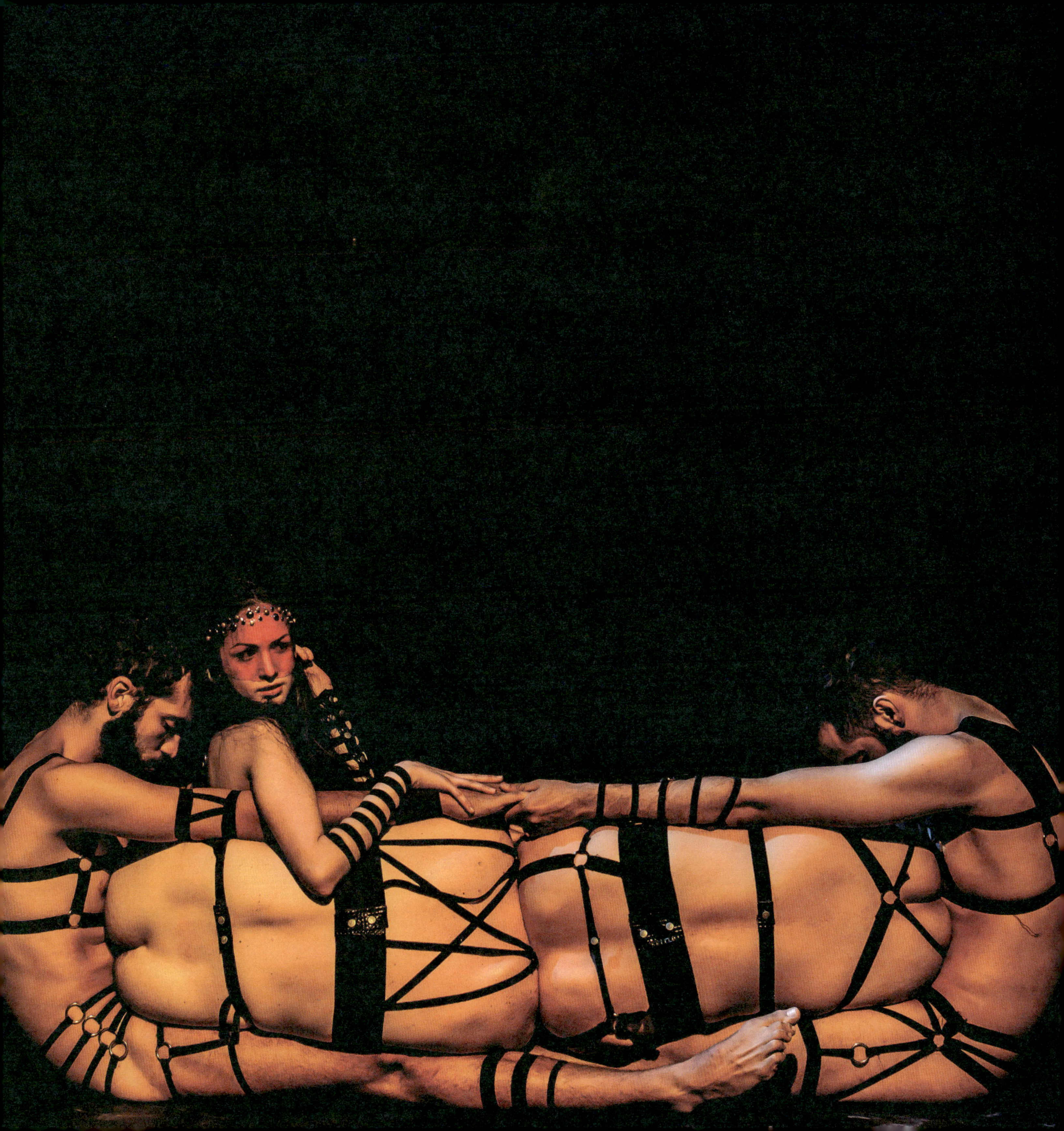

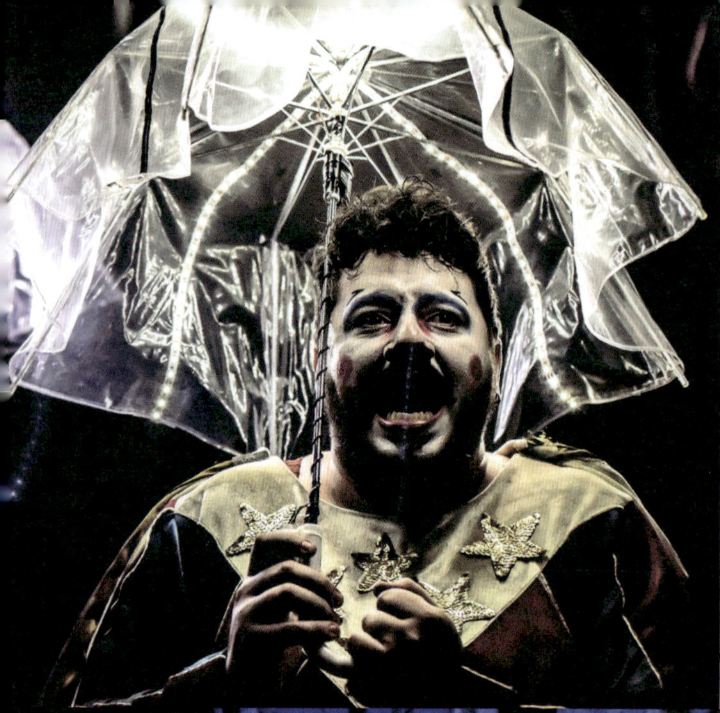
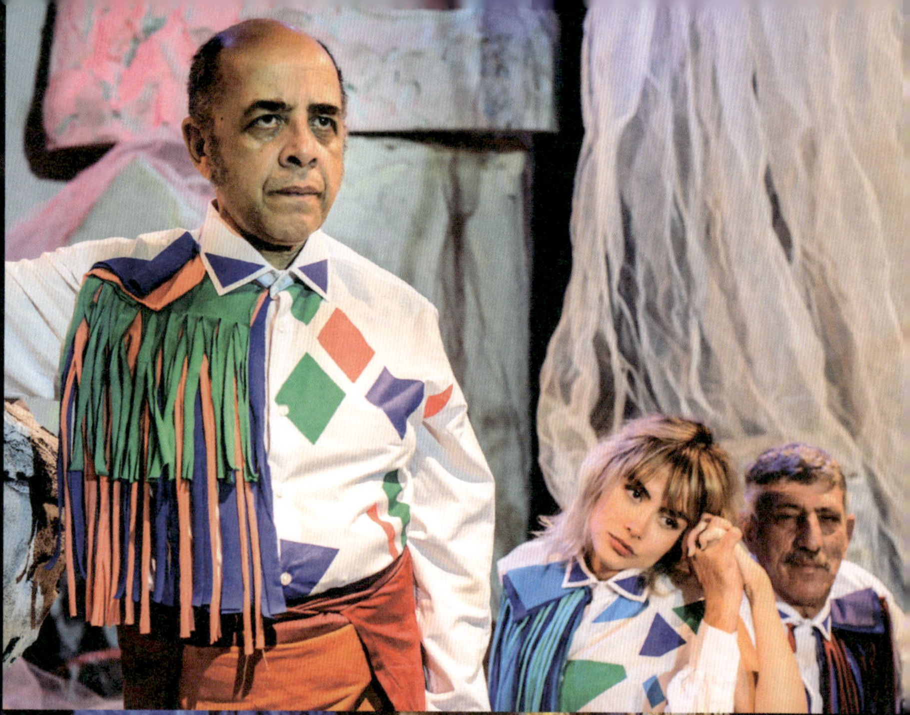
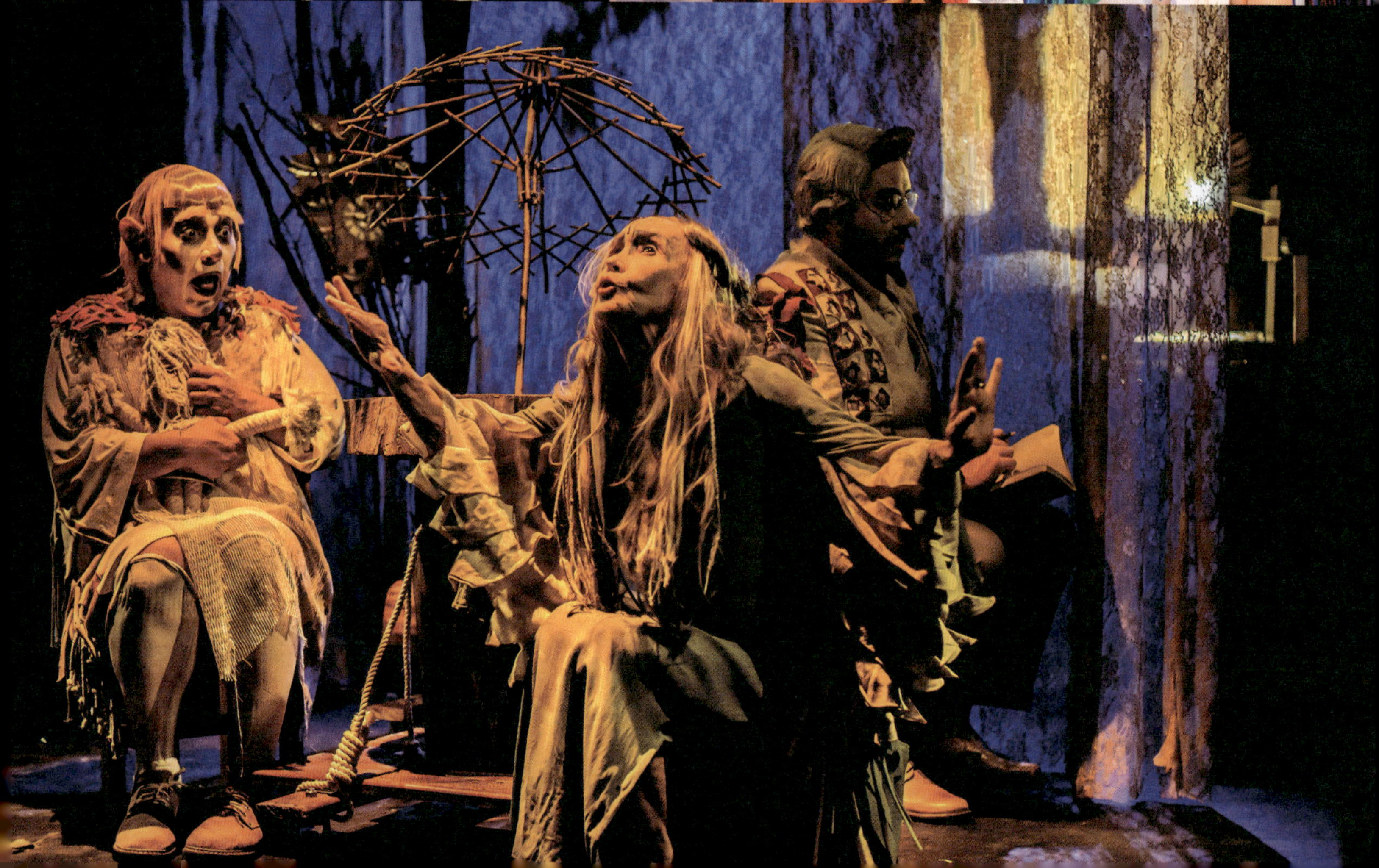

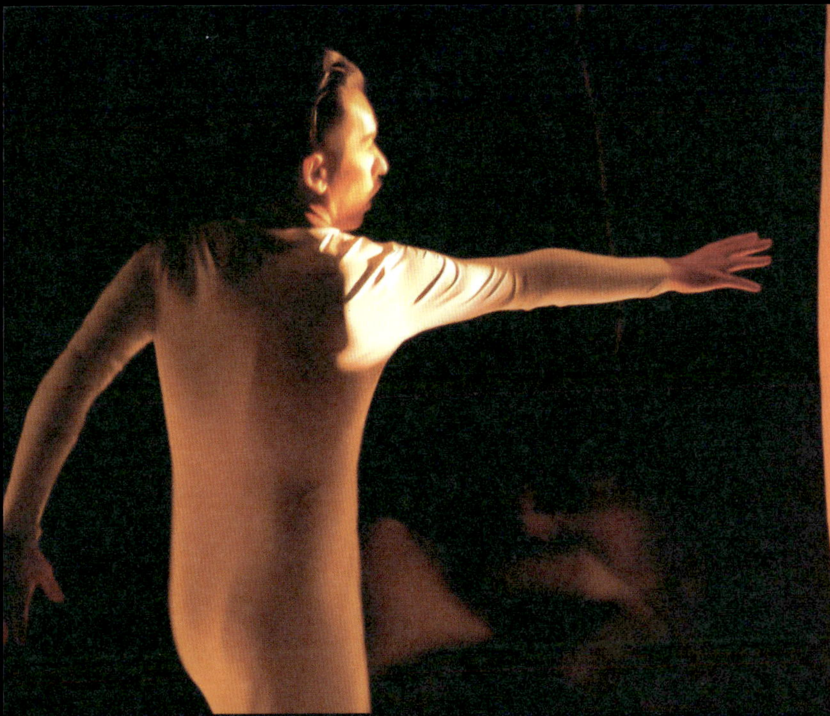

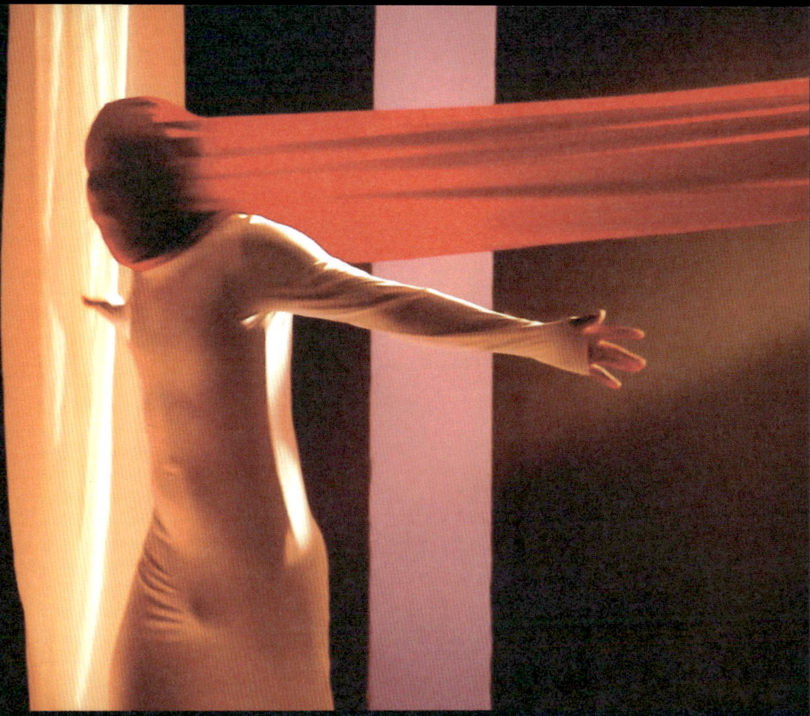

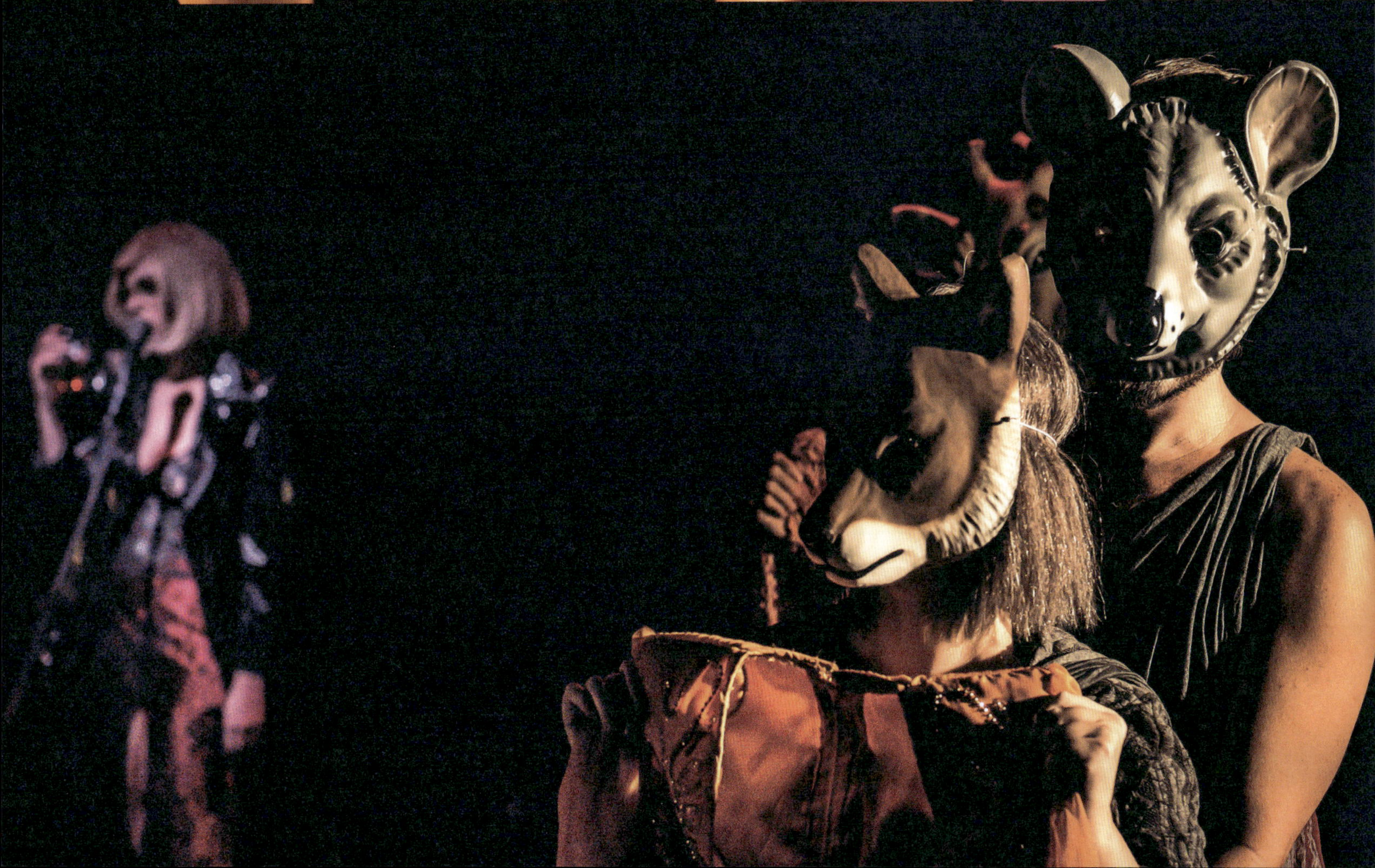

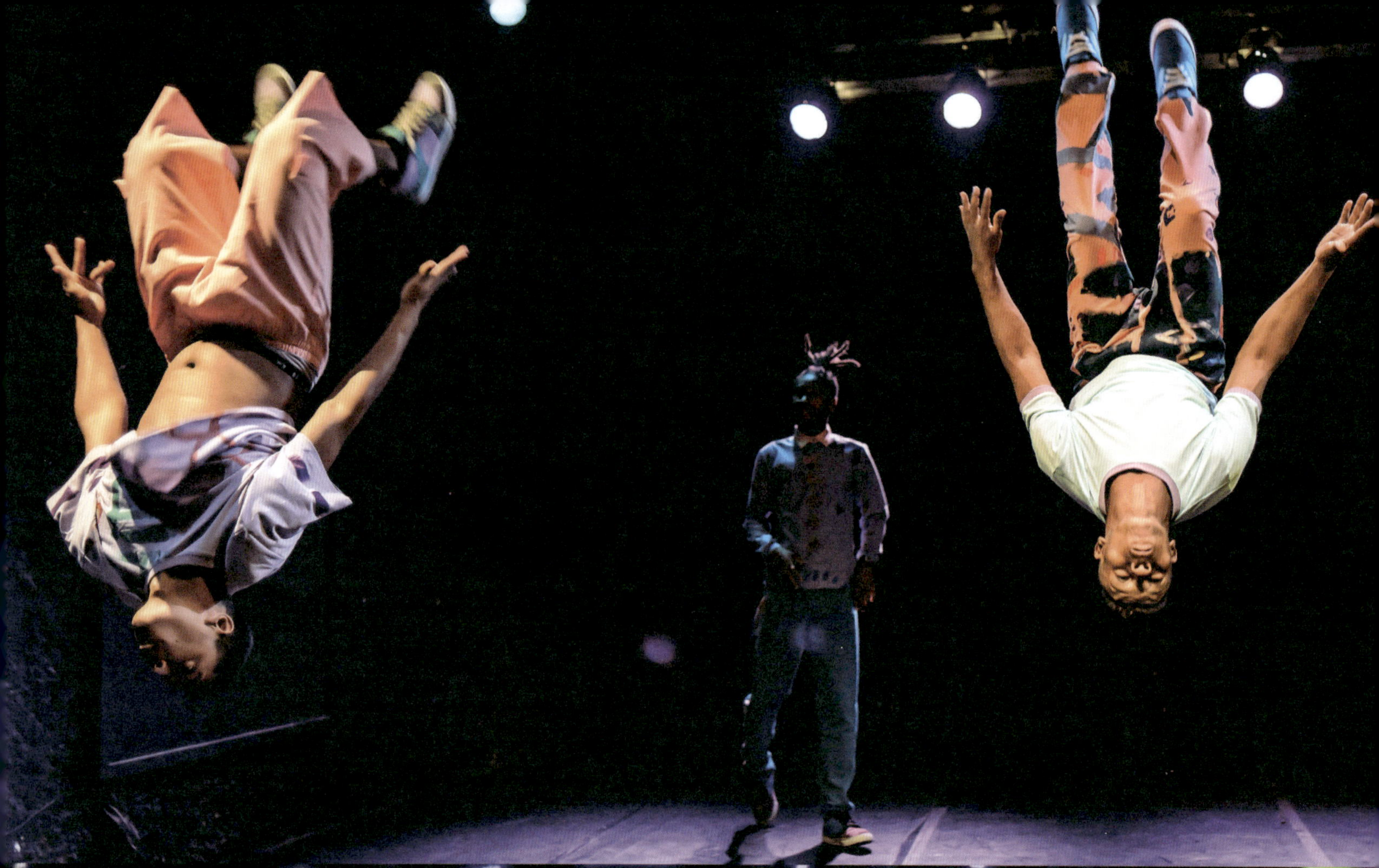

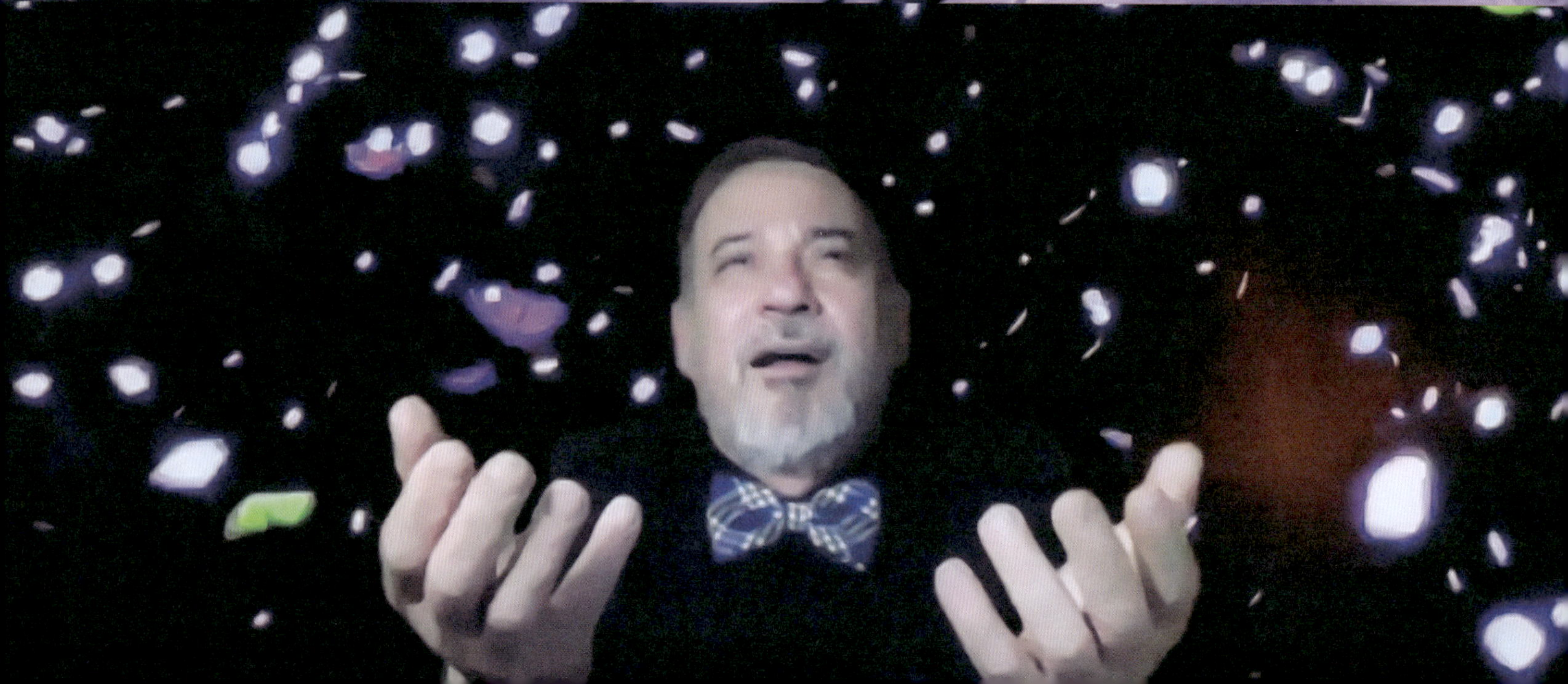

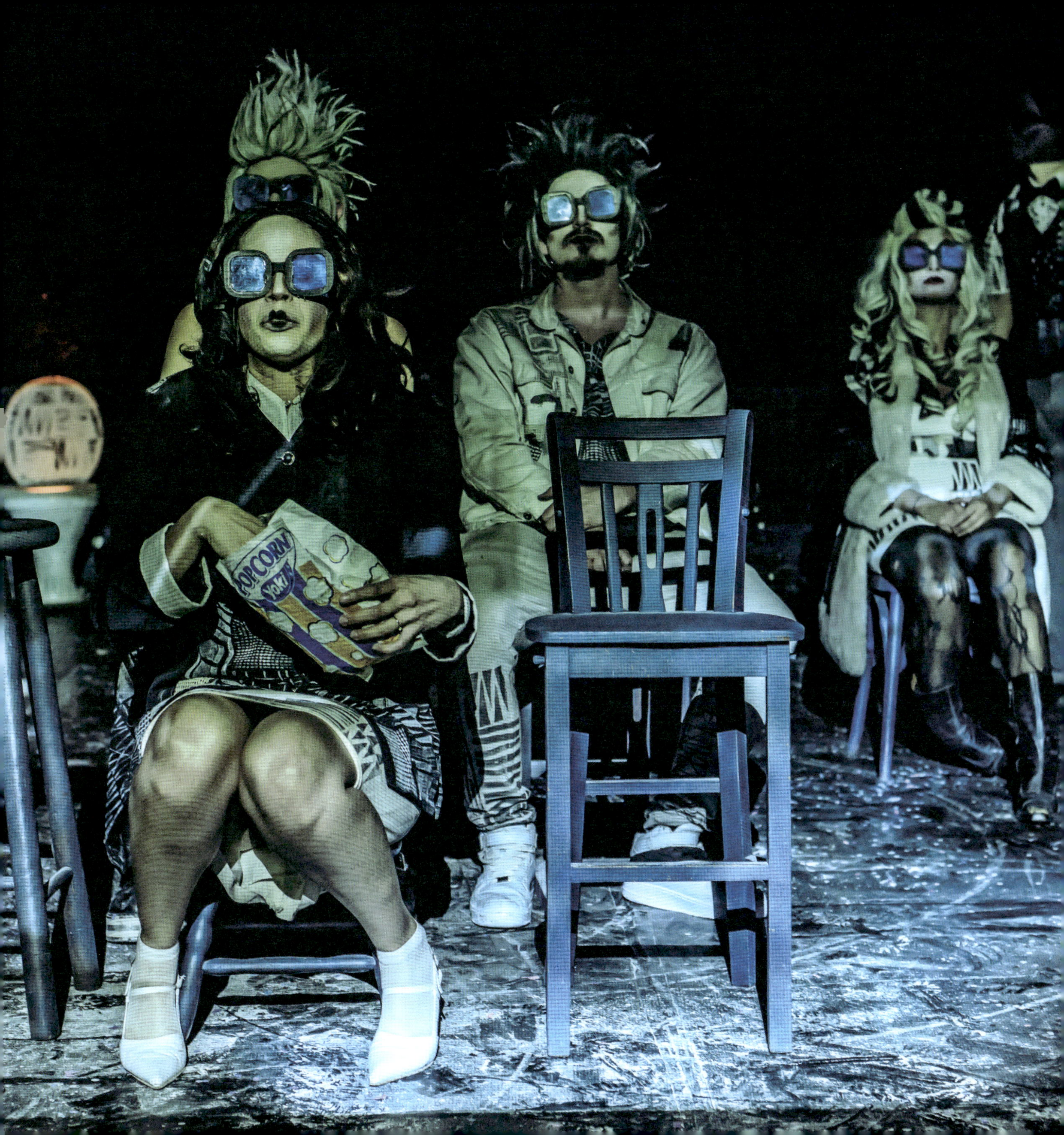
POPCORN

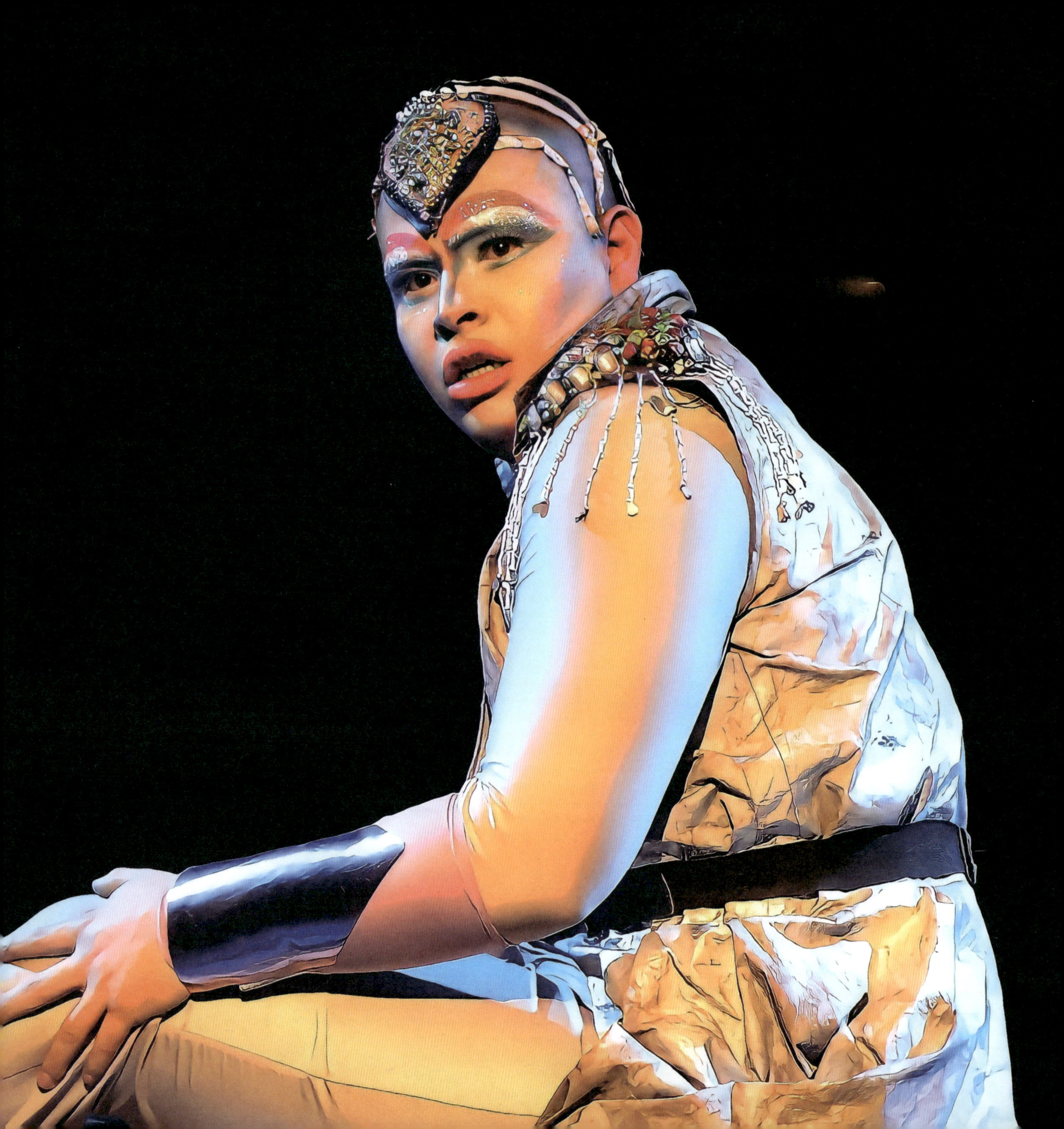

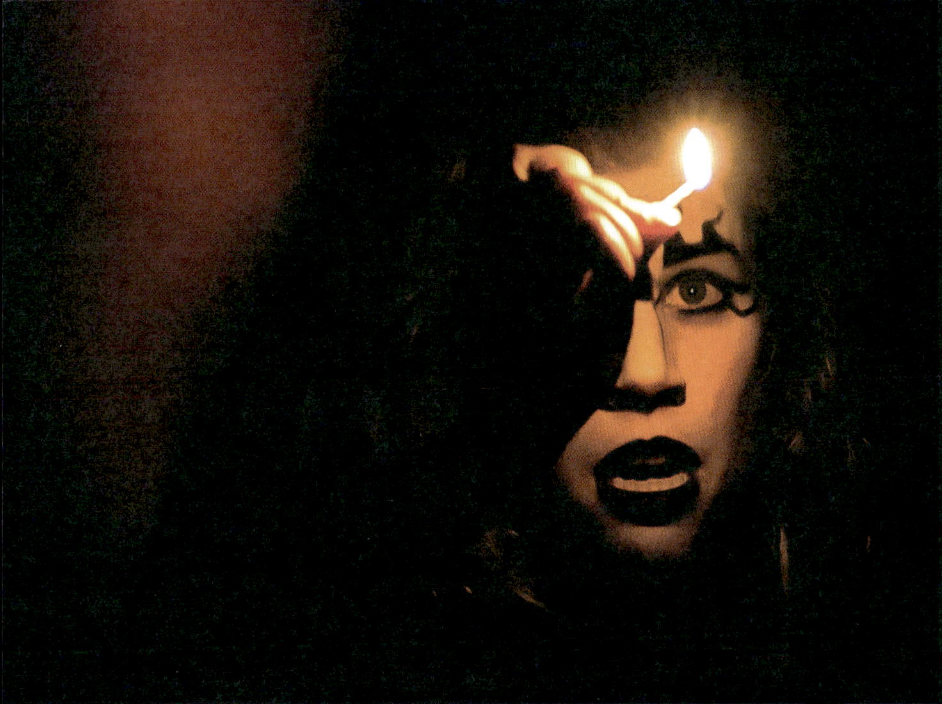

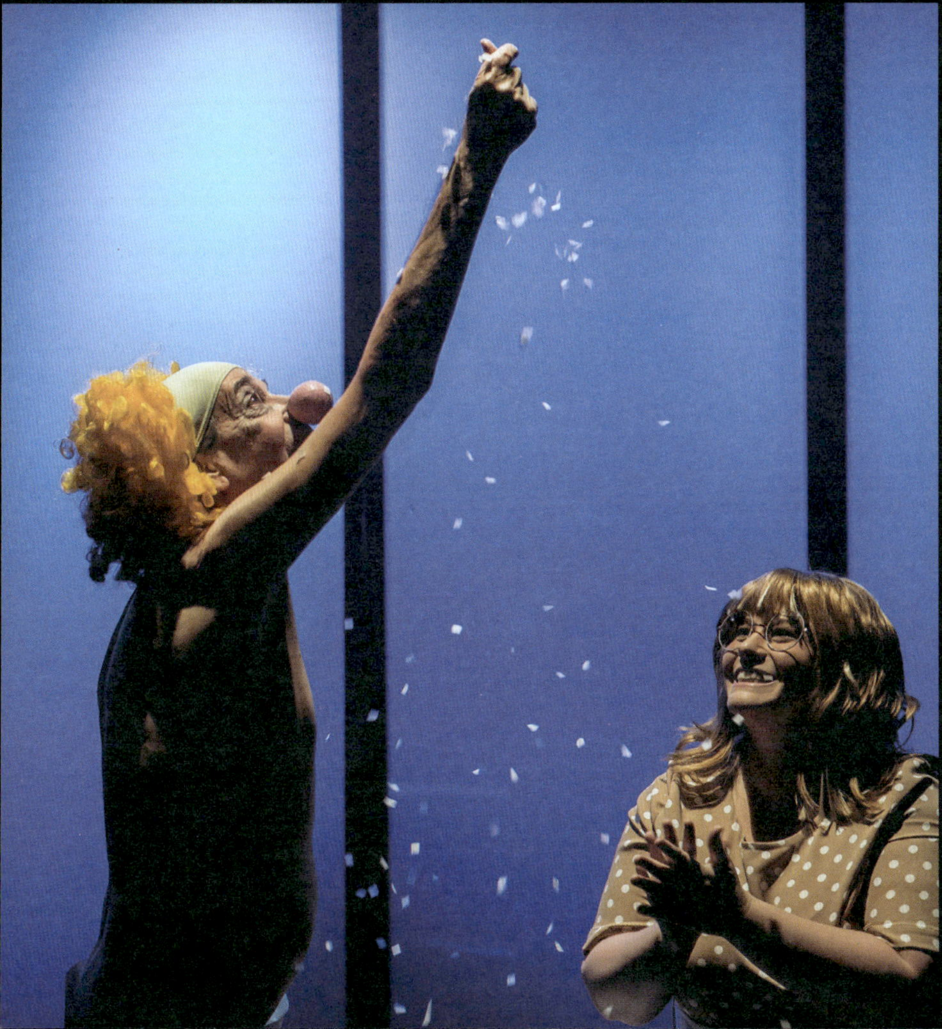

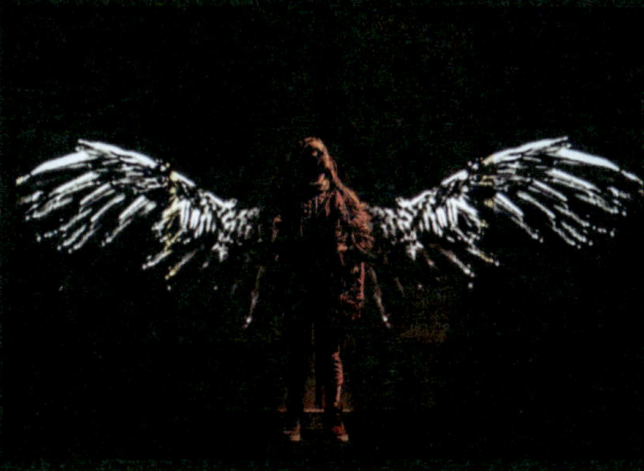

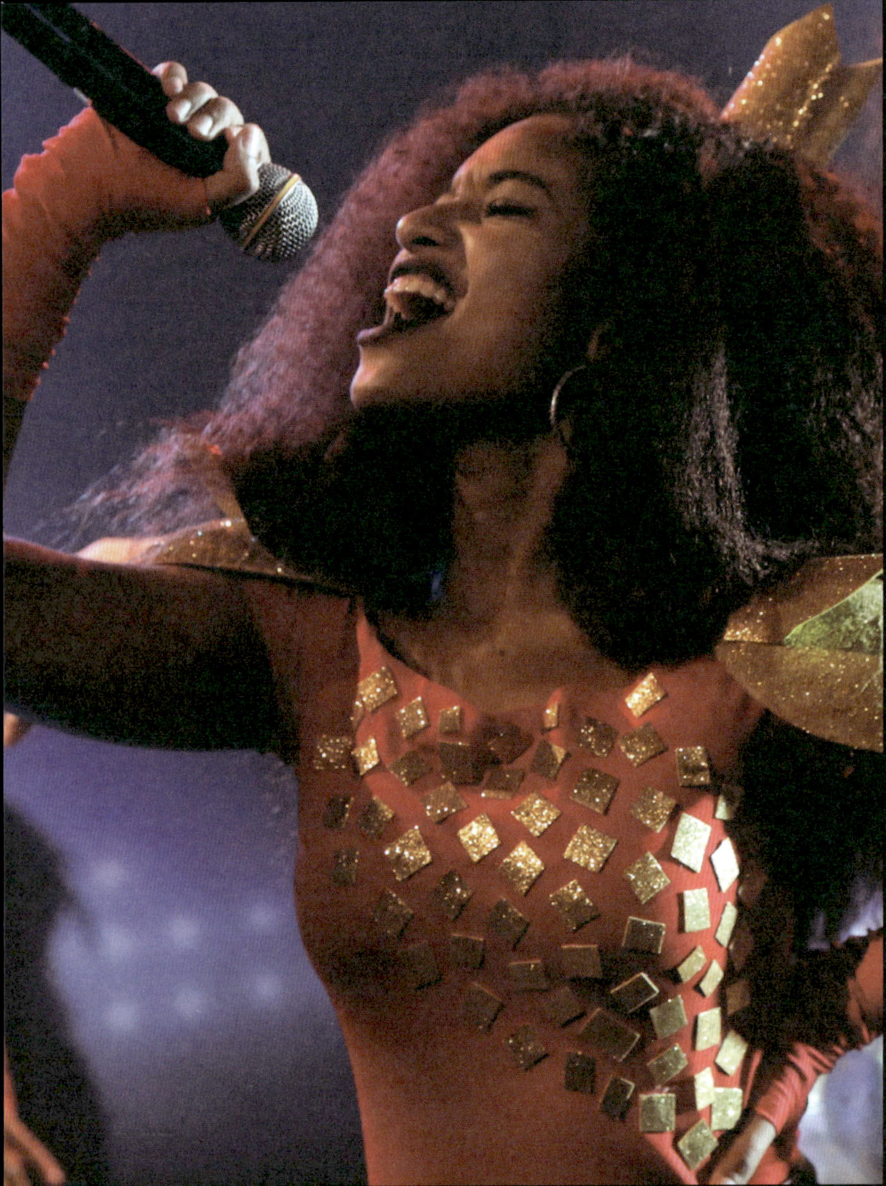
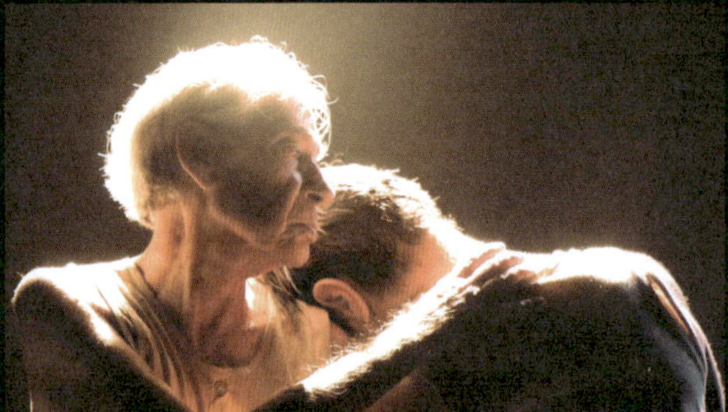

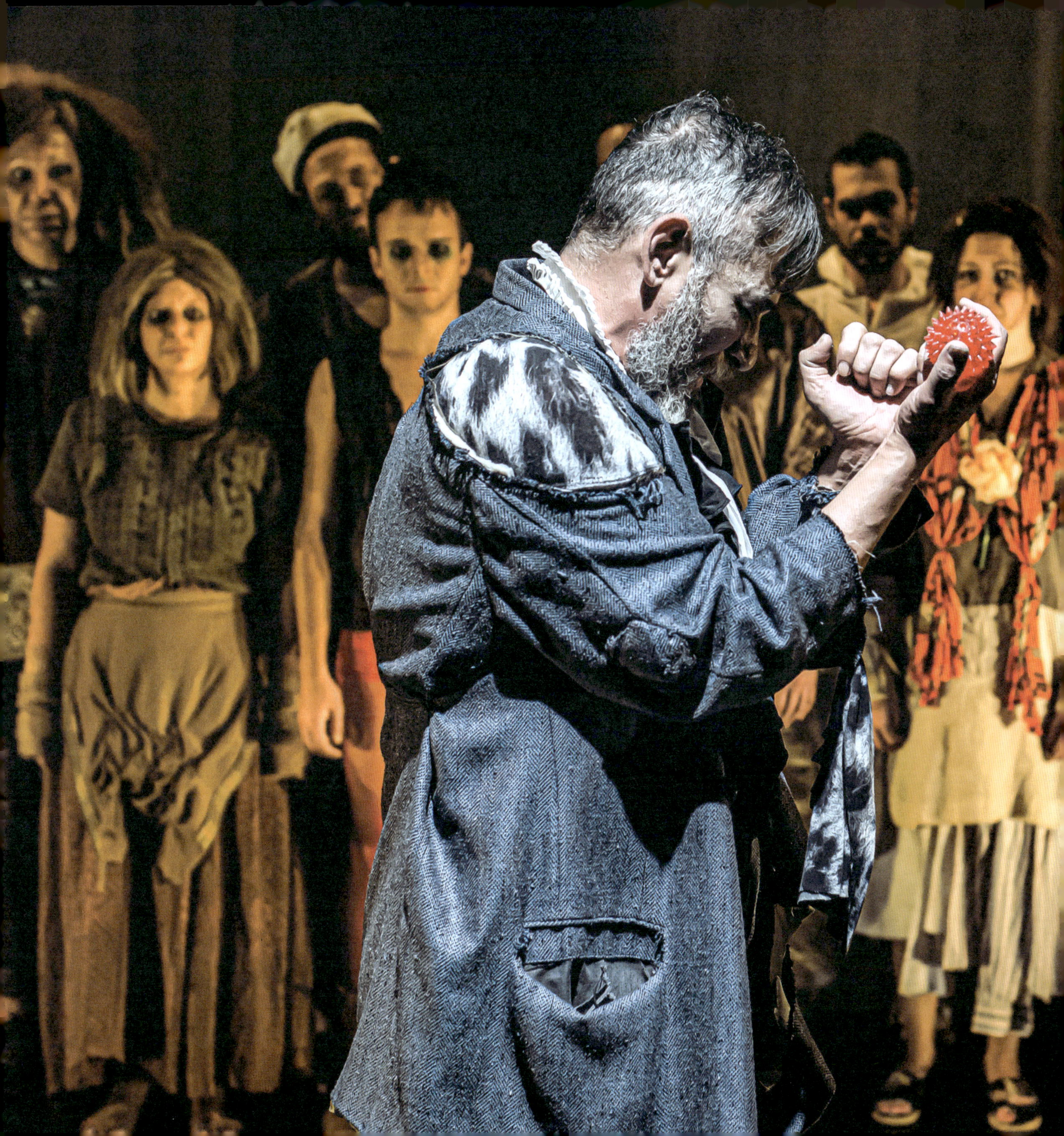

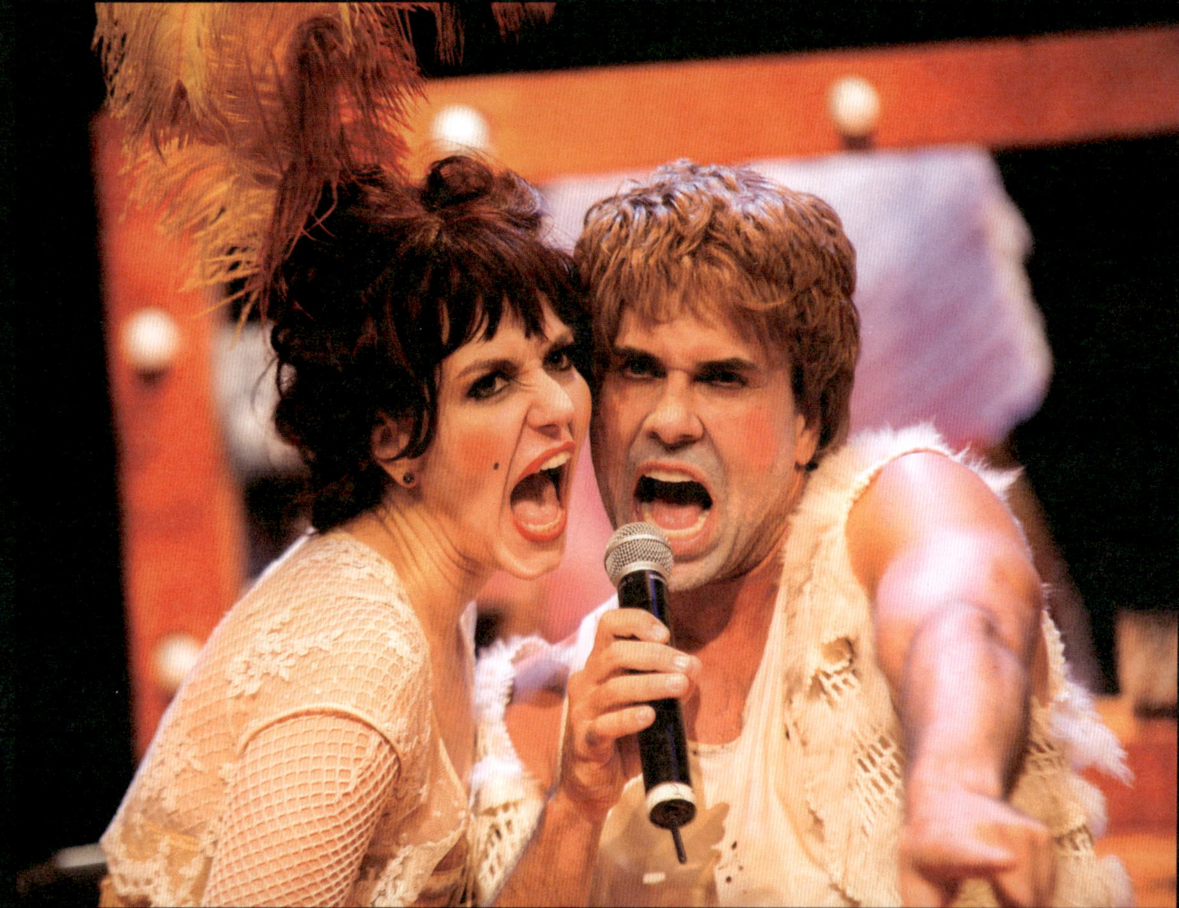

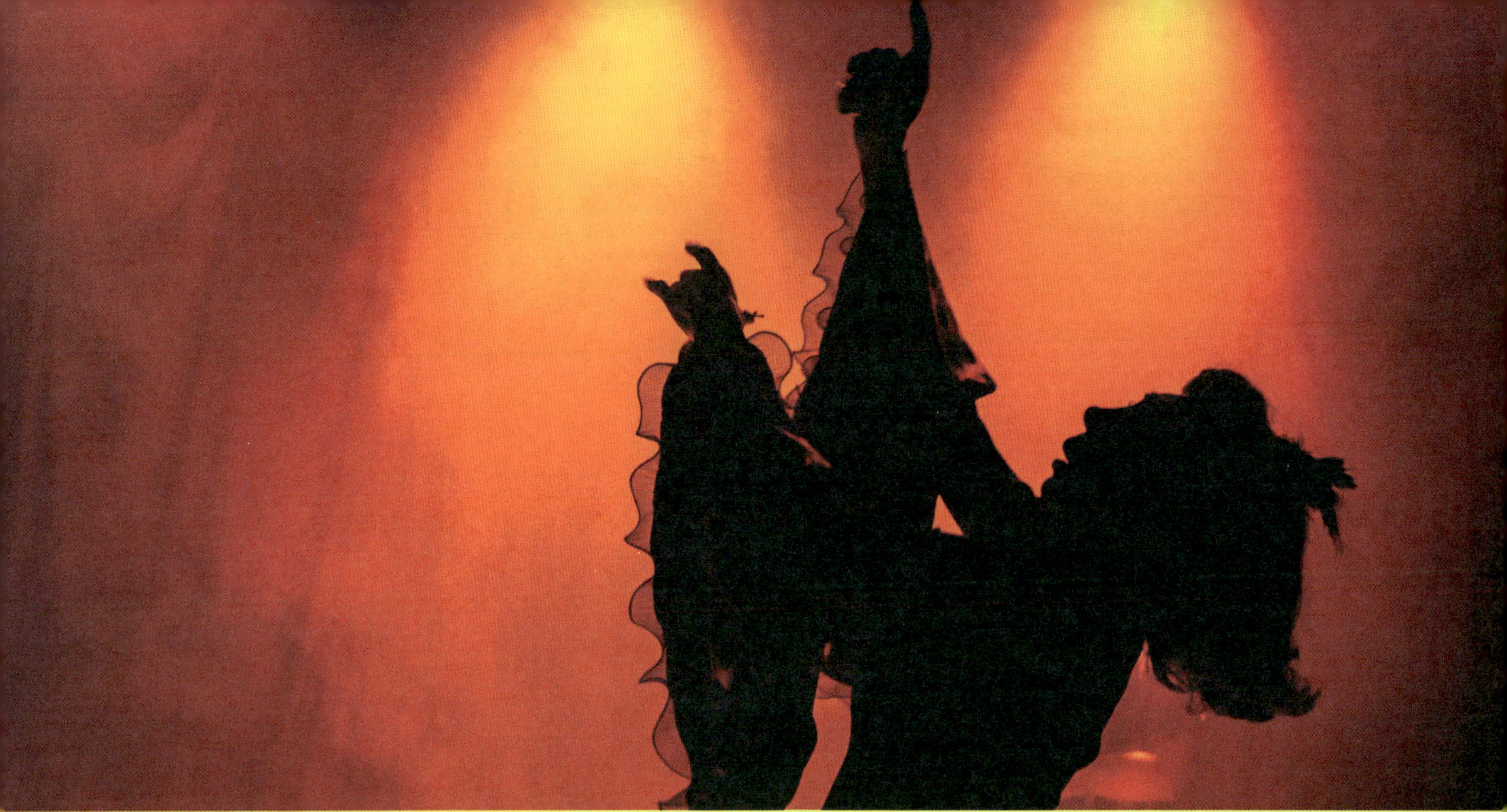

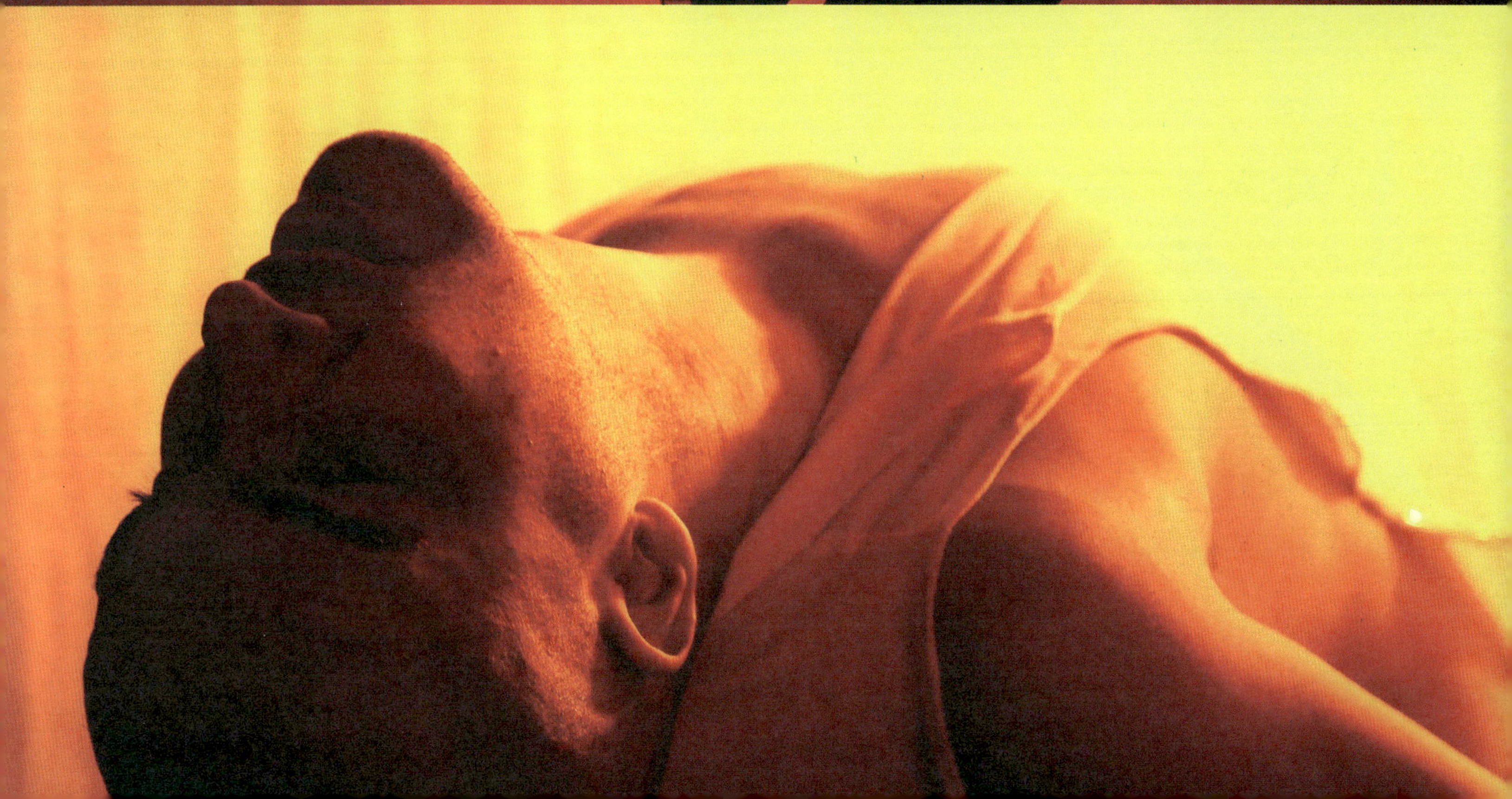

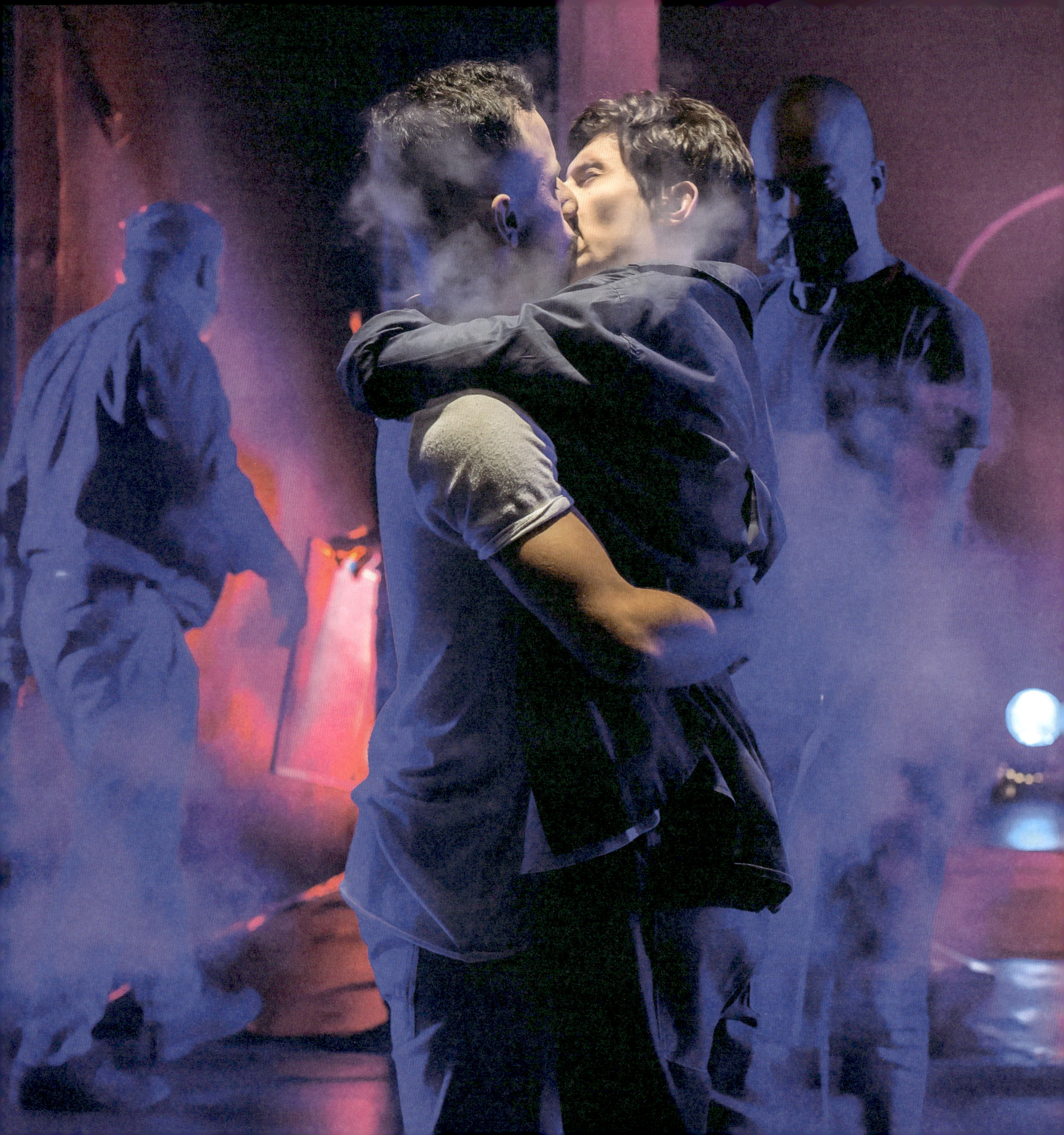

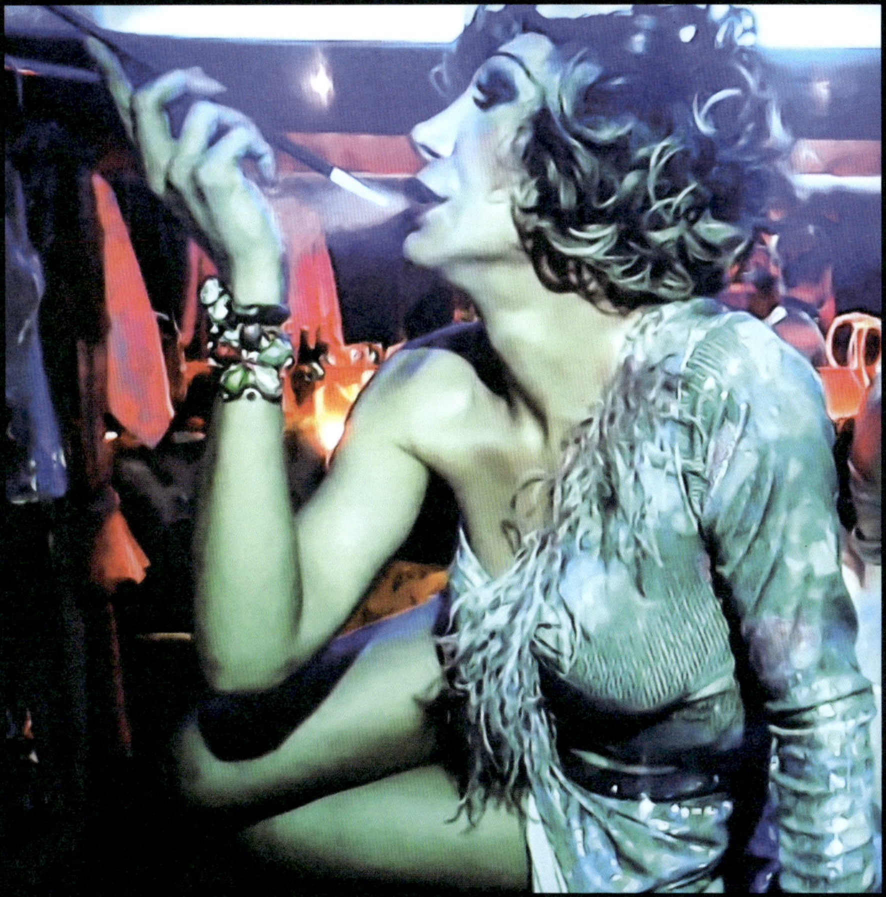

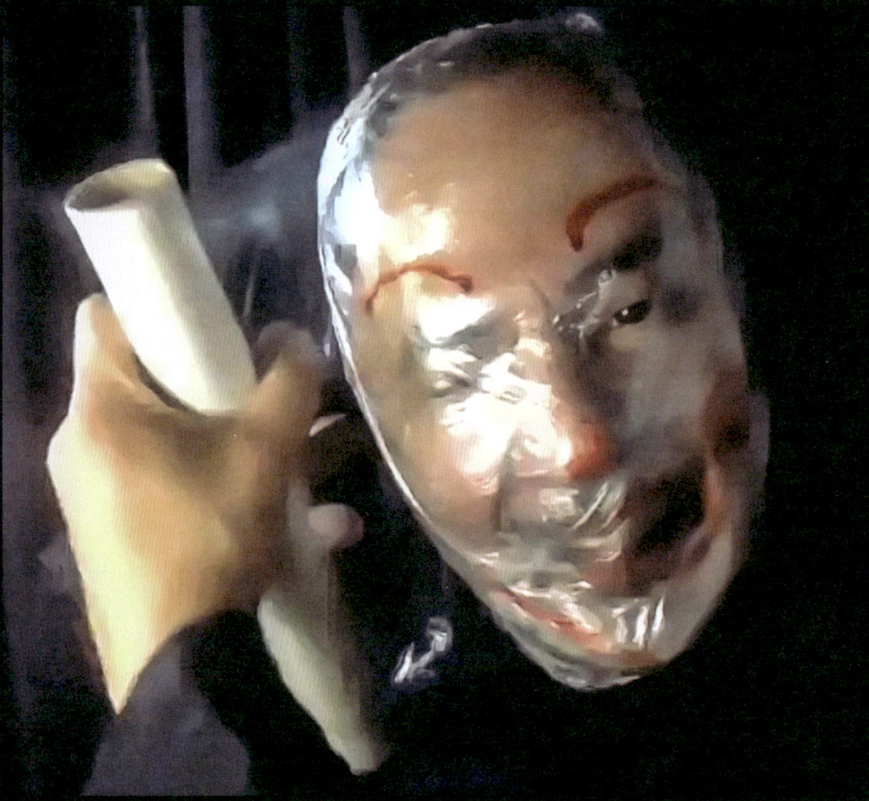

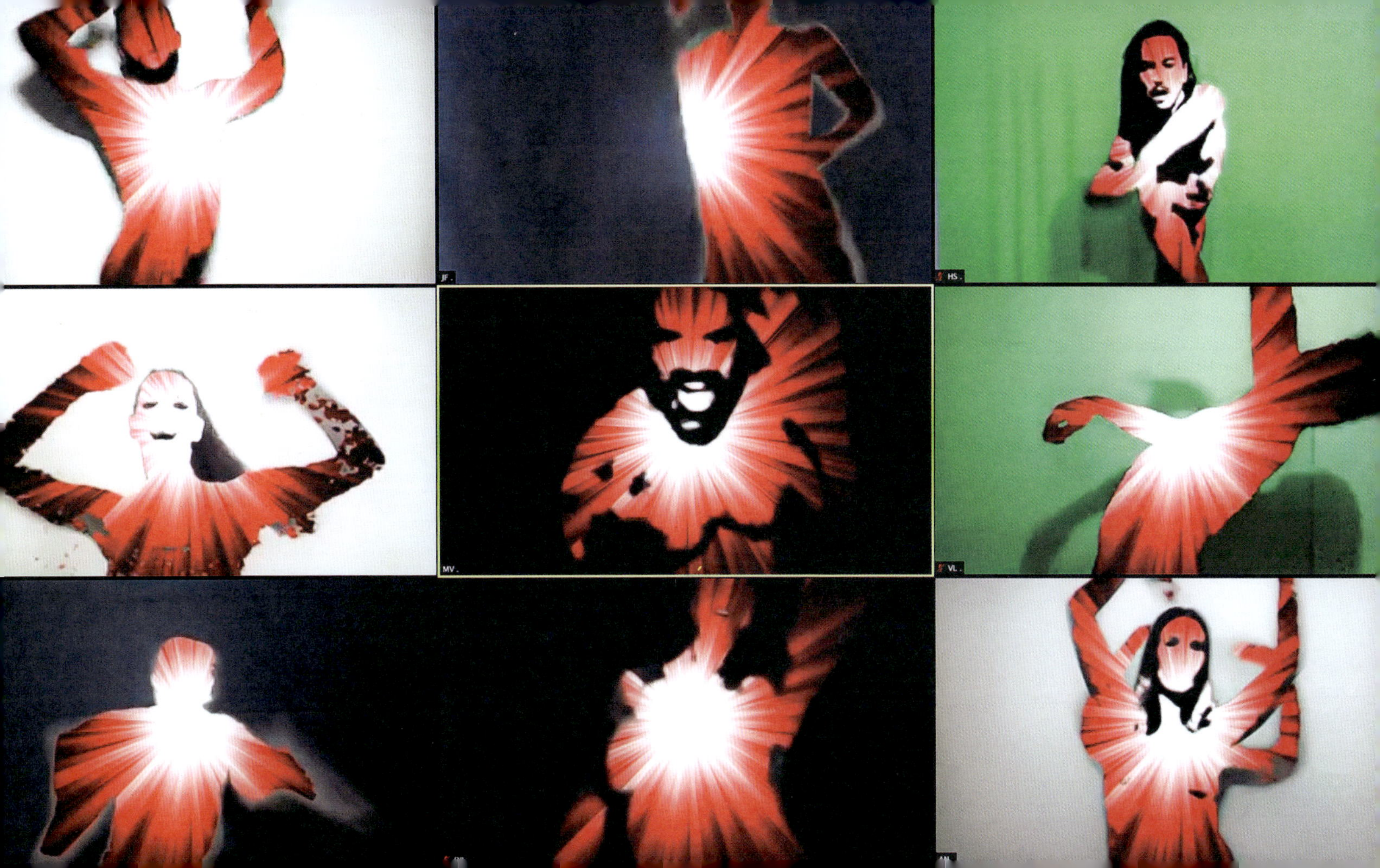
JF .
HS .
MV .
VL .

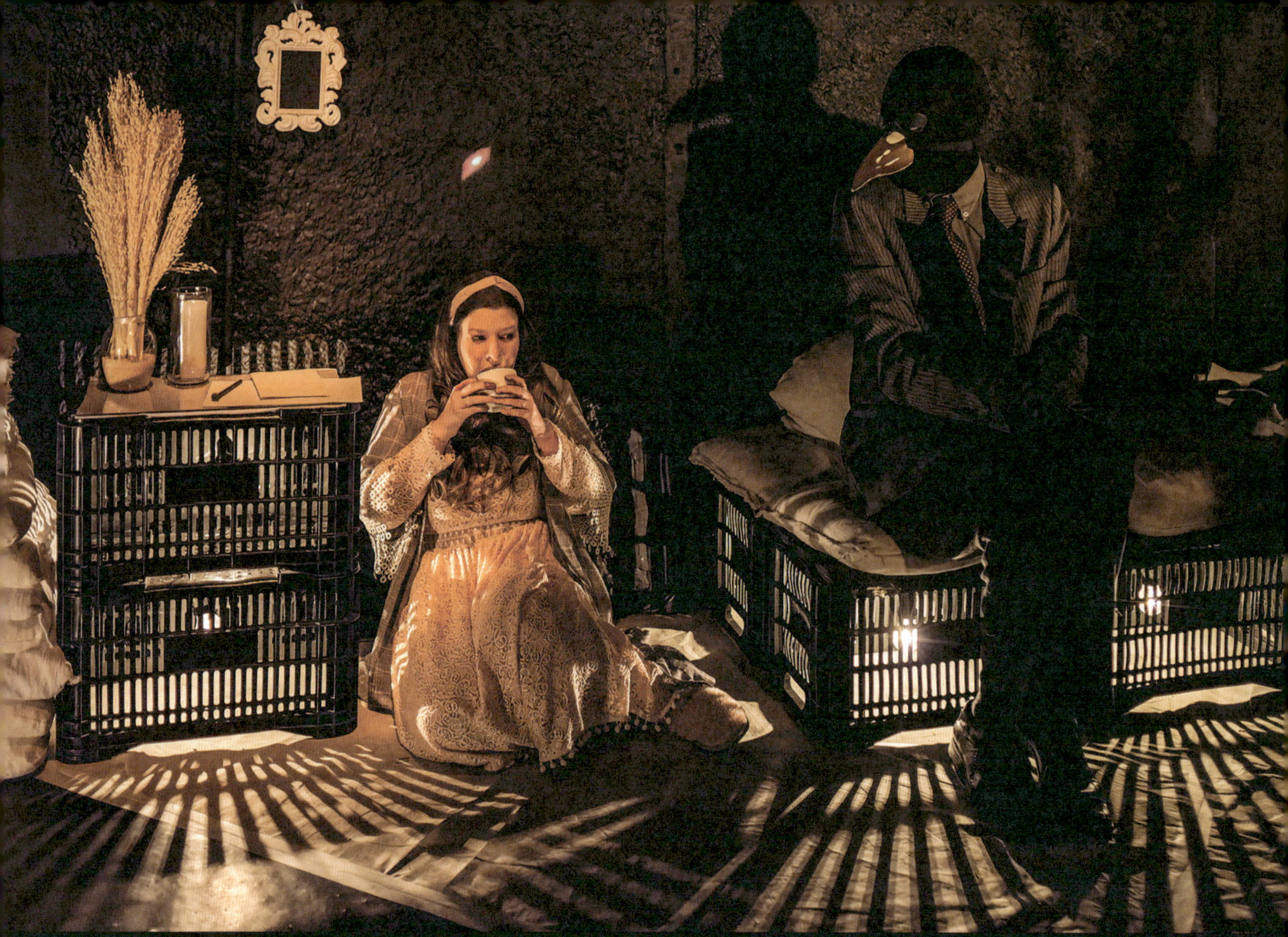

CRÉDITOS DAS IMAGENS[1]
image credit[2]

[1] Localização feita em sentido horário.
[2] Clockwise from top left.

P. 244

De profundis, com Ivam Cabral. Foto: André Stéfano / *Electra*, com Jewan Antunes e Helio Barbosa / *Sappho de Lesbos*, elenco.

P. 245

A farsa de Inês Pereira, com Thadeu Peronne / *Coriolano*, com Heitor Saraiva e Silvanah Santos / *Os cantos de Maldoror*, com Ivam Cabral e Silvanah Santos.

P. 246

Antígona, com Patricia Dinely. Foto: Rafael Bueno / *Cosmogonia*, com Cléo De Páris. Foto: André Stefano.

P. 247

120 dias de Sodoma, elenco. Foto: André Stefano.

P. 248

Inocência, com Soraya Saide, Laerte Késsimos e Nora Toledo. / *El truco*, com Ivam Cabral e elenco. Fotos: André Stefano.

P. 249

Vestido de noiva, com Ivam Cabral. Foto: Flávio Sampaio.

P. 250

Liz, com Julia Bobrow e Phedra D. Córdoba. Foto: Marcelo Ximenez / *Monólogo da velha*, com Alberto Guzik. Foto: Bob Sousa / *O amante de Lady C*, com Germano Pereira e Ana Carolina Lima. Foto: Bob Sousa.

P. 251

Justine, com Diego Ribeiro. Foto: André Stefano.

P. 252

Satyrianas_filme / *Zucco*, com José Sampaio. Foto: André Stefano.

P. 253

Cabaret Stravagaza, elenco. / *Satyricon*, com Julia Ornellas. Fotos: André Stefano.

P. 254

Édipo na praça, com Cléo De Páris / *Inferno na paisagem belga*, com Robson Catalunha / *As mariposas*, com Eduardo Chagas. Fotos: André Stefano..

P. 255

Pessoas perfeitas, com Fabio Penna. Foto: André Stefano.

P. 256

Não permanecerás, com Suzana Muniz. / *Não vencerás*, elenco. Fotos: André Stefano.

P. 257

Não amarás, com Fernanda D'Umbra e Ivam Cabral. Foto: André Stefano.

P. 258

3x Roveri, com Suzana Muniz. Foto: André Stefano.

P. 259

Juliette, com Fernando Soares, Diego Ribeiro, Felipe Moretti, Lucas Allmeida e Bel Friósi. Foto: André Stefano.

P. 260

Haiti somos nós, com Pascoal da Conceição, Maria Casadevall e Isam Ahmad Issa. / *Pessoas sublimes*, com Ivam Cabral, Helena Ignez e Gustavo Ferreira. / *Cabaret Fucô*, com Gustavo Ferreira (detalhe). Fotos: André Stefano.

P. 261

Faustroll, com Heyde Sayama e Domingos Júnior. Foto: Edson Degaki / Elenco de *Mississipi*. Foto: André Stefano.

P. 262

Se essa rua fosse minha, com Igor Amorim, Cleyton Favela e Everson Anderson. / *Todos os sonhos_dig*, com Ivam Cabral. Fotos: André Stefano.

P. 263

Pessoas brutas, com Henrique Mello, Felipe Moretti, Lorena Garrido, Robson Catalunha e Sabrina Denobile. Foto: André Stefano.

P. 264

Pink Star, com Diego Ribeiro. Foto: André Stefano.

P. 265

Helenas, com Maiara Cicutt. / *O incrível mundo dos baldios*, com Henrique Mello. / *O incrível mundo dos baldios*, com Roberto Francisco e Julia Bobrow. Fotos: André Stefano.

P. 266

Que bicho sou eu, com Christinah Silva Uac (detalhe). / *Uma canção de amor*, com Roberto Francisco e Henrique Mello. Fotos: Laysa Alencar.

P. 267

Mississipi, com Ivam Cabral e elenco. Foto: André Stefano.

P. 268

O rei de Sodoma, com Patrícia Vilela e Tiago Leal. Foto: Annelize Tozetto.

P. 269

Entrevista com Phedra, com Márcia Dailyn. Foto: Edson Lopes Jr. / *Gaveta d'água*, com Silvio Eduardo. Foto: Laysa Alencar.

P. 270

Baderna Planet, com Felipe Estevão, Luís Holiver e Silvio Eduardo. Foto: André Stefano.

P. 271

As mariposas, com Márcia Dailyn (detalhe). Foto: André Stefano.

P. 272

A arte de encarar o medo, com Ivam Cabral. Foto: André Stefano.

P. 273

Novos normais_dig, elenco. Foto: André Stefano.

P. 274

Os condenados, com Julia Bobrow. Foto: André Stefano.

Agradecemos a todos os fotógrafos e atores que gentilmente nos cederam fotos e tornaram este livro possível.
Todos os esforços foram realizados com o intuito de obtermos a permissão dos detentores dos direitos autorais e de imagem das fotos que compõem o livro. Caso recebamos informações complementares, elas serão devidamente creditadas na próxima edição.